EDITION DE J. BRY AINÉ

— 1 FRANC LE VOLUME —

OEUVRES COMPLÈTES

DE

J.-J. ROUSSEAU

RÉIMPRIMÉES D'APRÈS LES MEILLEURS TEXTES

SOUS LA DIRECTION DE

LOUIS BARRÉ

illustrées par Tony Johannot, Baron et Célestin Nanteuil

—

TOME ONZIÈME

CORRESPONDANCE

PARIS

J. BRY AINÉ, LIBRAIRE-ÉDITEUR

17, RUE GUÉNÉGAUD, 17

1857

ŒUVRES COMPLÈTES

DE

J.-J. ROUSSEAU

Paris, imp. Gaittet et Cie, rue Git-le-Cœur, 7.

ŒUVRES COMPLÈTES

DE

J.-J. ROUSSEAU

RÉIMPRIMÉES D'APRÈS LES MEILLEURS TEXTES

SOUS LA DIRECTION DE

LOUIS BARRÉ

Illustrées par T. Johannot, Baron C. Nanteuil et C. Mettais

ÉDITION J. BRY

TOME ONZIÈME

CORRESPONDANCE

PARIS

J. BRY AINÉ, LIBRAIRE-ÉDITEUR

17, RUE GUÉNÉGAUD, 17

1857

CORRESPONDANCE

— SUITE —

A JULIE.

Montmorency, le 10 novembre 1761.

Je crois, madame, que vous avez deviné juste, et que je me serais moins avancé, à l'égard de l'homme en question, si, malgré ce que m'avait écrit votre amie, j'avais cru que ce ne fût pas le frère Côme. Non, ce me semble, par le désir de me faire honneur d'une déférence que je ne voulais pas avoir, mais parce que avant d'avoir vu le frère Côme, il me restait à faire un dernier sacrifice, que vous eussiez sans doute obtenu, quoique j'en susse le désagrément et l'inutilité. Maintenant qu'il est fait, ce sacrifice a mis le terme à ma complaisance, et je ne veux plus rien faire, à cet égard, que ce que j'ai promis. Je ne me souviens pas de ma lettre, mais soyez vous-même juge de cet engagement : si je ne suis tenu à rien, je ne veux rien accorder ; si vous me croyez lié par ma parole, envoyez M. Sarbourg, il sera content de ma docilité. Mais au reste, de quelque manière que se passe cette entrevue, elle ne peut aboutir de sa part qu'à un examen de pure curiosité ; car, s'il osait entreprendre ma guérison, je ne serais pas assez fou pour me livrer à cette entreprise, et je suis très sûr de n'avoir rien promis de pareil. J'ai senti dès l'enfance les premières atteintes du mal qui me consume ; il a sa source dans quelque vice de conformation né avec moi ; les plus crédules dupes de la médecine ne le furent jamais au point de penser qu'elle pût guérir de ceux-là. Elle a son utilité, j'en conviens ; elle sert à leurrer l'esprit d'une vaine espérance ; mais les emplâtres de cette espèce ne mordent plus sur le mien.

A l'égard de la promesse conditionnelle de vous faire connaître, je vous en remercie ; mais je vous en relève, quelque parti que vous preniez au sujet de M. Sarbourg. En y mieux pensant, j'ai changé de sentiment sur ce point ; si, selon votre manière d'interpréter, vous trouvez encore là une indifférence désobligeante, ce ne sera pas en cette occasion que je vous reprocherai trop d'esprit. Mon empressement de savoir qui vous êtes venait de ma défiance sur votre sexe, elle n'existe plus; je vous crois femme, je n'en doute point, et c'est pour cela que je ne veux plus vous connaître; vous ne sauriez plus y gagner, et moi j'y pourrais trop perdre.

Ne croyez pas, au reste, que jamais j'aie pu vous prendre pour un homme; il n'y a rien de moins alliable que les deux idées qui me tourmentaient : j'ai seulement cru vos lettres de la main d'un homme : je l'ai cru, fondé sur l'écriture, aussi liée, aussi formée que celle d'un homme; sur la grande régularité de l'orthographe; sur la ponctuation plus exacte que celle d'un prote d'imprimerie; sur un ordre que les femmes ne mettent pas communément dans leurs lettres, et qui m'empêchait de me fier à la délicatesse qu'elles y mettent, mais que quelques hommes y mettent aussi; enfin sur les citations italiennes, qui me déroutaient le plus. Le temps est passé des Bouillon, des La Suze, des La Fayette, des dames françaises qui lisaient et aimaient la poésie italienne. Aujourd'hui leurs oreilles racornies à votre Opéra ont perdu toute finesse, toute sensibilité; ce goût est éteint pour jamais parmi elles.

    Nè più il vestigio appar; nè dir si può
    Egli qui fue.

Ajoutez à tout cela certain petit trait accolé de deux points, qui finit toutes vos lettres, et qui me fournissait un indice décisif au gré de ma pointilleuse défiance. Où diantre avez-vous aussi pêché ce maudit trait qu'on ne fit jamais que dans des bureaux, et qui m'a tant désolé? Charmante Claire, examinez bien la jolie main de votre amie; je parie que ses petits doigts ne sauraient faire un pareil trait sans contracter un durillon. Mais, ce n'est pas tout; vous voulez savoir sur quoi portait aussi ma frayeur que cette lettre ne fût de la main d'un homme : *c'est que votre Claire vous avait donné la vie, et que cet homme-là vous tuait.*

Il est vrai, madame, que je n'ai pas répondu à vos six pages, et que je n'y répondrais pas en cent. Mais, soit que vous comptiez les pages, les choses, les lettres, je serai toujours en reste; et, si vous exigez autant que vous donnez, je n'accepte point un marché qui passe mes forces. Je ne sais par quel prodige j'ai été jusqu'ici plus exact avec vous, que je ne connais point, que je ne le fus de ma vie avec mes amis les plus intimes. Je veux conserver ma liberté jusque dans mes attachements; je veux qu'une correspondance me soit un plaisir et non pas un devoir; je porte cette indépendance dans l'amitié même : je veux aimer librement mes amis pour le plaisir que j'y prends; mais, sitôt qu'ils mettent les services à la place des sentiments, et que la reconnaissance m'est imposée, l'attachement en souffre, et je ne fais plus avec plaisir ce que je suis forcé de faire. Tenez-vous cela pour dit, quand vous m'aurez envoyé votre M. Sarbourg. Je comprends que vous n'exigerez rien, c'est pour cela même que je vous devrai davantage, et que je m'acquitterai d'autant plus mal. Ces dispositions me font peu d'honneur, sans doute; mais les ayant malgré moi, tout ce que je puis faire, est de les déclarer : je ne vaux pas mieux que cela. Revenant donc à nos lettres, soyez persuadée que je recevrai toujours les vôtres et celles de votre amie *avec quelque chose de plus que du plaisir*, qu'elles peuvent charmer mes maux et parer ma solitude; mais, quand j'en recevrais dix de suite sans faire une réponse, et que vous écrivant enfin, au lieu de répondre article par article, je suivrais seulement le sentiment qui me fait prendre la plume, je ne ferais rien que j'aie promis de ne pas faire, et à quoi vous ne deviez vous attendre.

C'est encore à peu près la même chose à l'égard du ton de mes lettres. Je ne suis pas poli, madame; je sens dans mon cœur de quoi me passer de l'être, et il y *surviendra bien du changement, si jamais je suis tenté de l'être avec vous.* Voyez encore quelle interprétation votre bénignité veut donner à cela, car pour moi je ne puis m'expliquer mieux. D'ailleurs, j'écris très difficilement quand je veux châtier mon style : j'ai par-dessus la tête du métier d'auteur; la gêne qu'il impose est une des raisons qui m'y font renoncer. A force de peine et de soin, je puis trouver enfin le tour convenable et le mot propre; mais je ne veux mettre ni peine ni soin dans mes lettres; j'y cherche le délassement d'être incessamment vis-à-vis du public; et quand j'écris avec plaisir, je veux écrire à mon aise. Si je ne dis ni ce qu'il faut, ni comme il faut, qu'importe? Ne sais-je pas que mes amis m'entendront toujours; qu'ils expliqueront mes discours par mon caractère, non mon caractère par mes discours, et que si j'avais le malheur de leur écrire des choses malhonnêtes, ils seraient sûrs de ne m'avoir entendu qu'en y trouvant un sens qui ne le fût pas? Vous me direz que tous ceux à qui j'écris ne sont ni mes amis, ni obligés de me connaître. Pardonnez-moi, madame; je n'ai ni ne veux avoir de simples connaissances; je ne sais, ni ne veux savoir comment on leur écrit. Il se peut que je mette mon commerce à trop haut prix, mais je n'en veux rien rabattre, *surtout avec vous, quoique je ne vous connaisse pas*, car je présume qu'il m'est plus aisé de vous aimer sans vous connaître, que de vous connaître sans vous aimer. Quoi qu'il en soit, c'est ici une affaire de convention : n'attendez de moi nulle exactitude, et n'allez plus épiloguant sur mes mots. Si je ne vous écris ni régulièrement ni convenablement, je vous écris pourtant : cela dit tout, et corrige tout le reste. Voilà mes explications, mes conditions; acceptez ou refusez, mais ne marchandez pas; cela serait inutile.

Je vois par ce que vous me marquez, et par la couleur de votre cachet, que vous avez fait quelque perte, et je sais par votre amie que vous n'êtes pas heureuse : c'est peut-être à cela que je dois votre commisération et l'intérêt que vous daignez prendre à moi. L'infortune attendrit l'âme; les gens heureux sont toujours durs. Madame, *plus le cas que je fais de votre bienveillance augmente, plus je la trouve trop chère à ce prix.*

Je vous dirai une autre fois ce que je pense de l'affranchissement de votre lettre, et de la mauvaise raison que vous m'en donnez. En attendant, je vous prie, par cette raison même, de ne plus continuer d'affranchir, c'est le vrai moyen de faire perdre les lettres. Je suis à présent fort riche, et le serai, j'espère, longtemps *pour cela;* tout ce que j'ôte à la vanité dans ma dépense, *c'est pour le donner au vrai plaisir.*

A MADAME LATOUR.

Lundi 16.

Ah! ces maudits médecins, ils me la tueront avec leurs saignées. Madame, j'ai été très sujet aux esquinancies, et toujours par les saignées elles sont devenues pour moi des maladies terribles. Quand, au lieu de me faire saigner, je me suis contenté de me gargariser, et de tenir les pieds dans l'eau chaude, le mal de gorge s'est en allé dès le lendemain : mais malheureusement il était trop tard; quand on a commencé de saigner, alors il faut continuer, de peur d'étouffer. Des nouvelles, et très promptement, je vous en supplie; je ne puis, quant à présent, répondre à votre lettre; et moi-même aussi je suis encore moins bien qu'à mon ordinaire. J'ajouterai seulement, sur votre anonyme, qu'il n'est guère étonnant que vous ne puissiez deviner ce que je veux; car, en vérité, je ne le sais pas trop moi-même. J'avoue pourtant que toutes ces enveloppes et adresses me semblent assez incommodes, et que je ne vois pas l'inconvénient qu'il y aurait à s'en délivrer.

Je n'ai montré vos lettres à personne au monde. Si vous prenez le parti de vous nommer, j'approuve très fort que nous continuions à garder l'*incognito* dans notre correspondance.

A L'ABBÉ DE JODELH.

Montmorency, le 16 novembre 1761.

Est-il bien naturel, monsieur, que, pour avoir des éclaircissements sur un écrit des pasteurs de Genève, vous vous adressiez à un homme qui n'a pas l'honneur d'être de leur nombre? et ne serait-ce pas matière à scandale de voir un ecclésiastique dans un séminaire demander à un hérétique des instructions sur la foi, si l'on ne présumait que c'est une ruse polie de votre zèle pour me faire accepter les vôtres? Mais, monsieur, quelque disposé que je puisse être à les recevoir dans tout autre temps, les maux dont je suis accablé me forcent de vaquer à d'autres soins que cette petite escrime de controverse, bonne seulement pour amuser les gens oisifs qui se portent bien. Recevez donc, monsieur, mes remercîments de votre soin pastoral, et les assurances de mon respect.

A JULIE.

Montmorency, 24 novembre 1761.

Vous serez peu surprise, madame, et peut-être encore moins flattée, quand je vous dirai que la relation de votre amie m'a touché jusqu'aux larmes. Vous êtes faite pour en faire verser, et pour les rendre délicieuses; il n'y a rien là de nouveau ni de bien piquant pour vous. Mais ce qui sans doute est un peu plus rare, est que votre esprit et votre âme ont tout fait, sans que votre figure s'en soit mêlée; et, en vérité, je suis bien aise de vous connaître sans vous avoir vue, afin de lui dérober un cœur qui vous appartienne, et de vous aimer autrement que tous ceux qui vous approchent. Providence immortelle! il y a donc encore de la vertu sur la terre! il y en a chez des femmes; il y en a en France, à Paris, dans le quartier du Palais-Royal! Assurément, ce n'est pas là que j'aurais été la chercher. Madame, il n'y a rien de plus intéressant que vous : mais, malgré tous vos malheurs, je ne vous trouve point à plaindre. Une âme honnête et noble peut avoir des afflictions; mais elle a des dédommagements ignorés de tous les autres, et je suis tous les jours plus persuadé qu'il n'y a point de jouissance plus délicieuse que celle de soi-même, quand on porte un cœur content de lui.

Pardonnez-moi ce moment d'enthousiasme. Vous êtes au-dessus des louanges; elles profanent le vrai mérite, et je vous promets que vous n'en recevrez plus de moi. Mais, en revanche, attendez-vous à de fréquents reproches; vous ne savez peut-être pas que plus vous m'inspirez d'estime, plus vous me rendez exigeant et difficile. Oh! je vous avertis que vous faites tout ce qu'il faut, vous et votre amie, pour que je ne sois jamais content de vous. Par exemple, qu'est-ce que c'est que ce caprice, après que vous avez été rétablie, de ne pas m'écrire, parce que je ne vous avais pas écrit? Eh! mon Dieu, c'est précisément pour cela qu'il fallait écrire, de peur que le commerce ne languît des deux côtés. Avez-vous donc oublié notre traité, ou est-ce ainsi que vous en remplissez les conditions? Quoi! madame, vous allez donc compter mes lettres par numéros, un, deux, trois, pour savoir quand vous devez m'écrire, et quand vous ne le devez pas. Faites encore une fois ou deux un pareil calcul, et je pourrai vous adorer toujours, mais je ne vous écrirai de ma vie.

Et l'autre qui vient m'écrire bêtement qu'elle n'a point d'esprit! Je suis donc un sot, moi, qui lui en trouve presque autant qu'à vous? Cela n'est-il pas bien obligeant? Aimable Claire, pardonnez-moi ma franchise; je ne puis m'empêcher de vous dire que les gens d'esprit se mettent toujours à leur place, et que chez eux la modestie est toujours fausseté.

Mais si elle m'a donné quelque prise en parlant d'elle, que d'hommages ne m'arrache-t-elle point pour son compte en parlant de vous! avec quel plaisir son cœur s'épanche sur ce charmant texte! avec quel zèle, avec quelle énergie elle décrit les malheurs et les vertus de son amie! Vingt fois, en lisant sa dernière lettre, j'ai baisé sa main tout au moins, et nous étions au clavecin. Encore si c'était là mon plus grand malheur! mais non : le pis est qu'il faut vous dire cela comme un crime que je suis obligé de vous confesser.

Adieu, belle Julie; je ne vous écrirai de six semaines, cela est résolu : voyez ce que vous voulez faire durant ce temps-là. Je vous parlerais de moi si j'avais quelque chose de consolant à vous dire : mais quoi! plus souffrant qu'à l'ordinaire, accablé de tracas et de chagrins de toute espèce, mon mal est le moindre de mes maux. Ce n'est pas ici le moment de M. Sarbourg. Je n'ai pas oublié son article, auquel votre amie revient avec tant d'obstination, il sera traité dans ma première lettre.

A M. LE MARÉCHAL DE LUXEMBOURG.

Montmorency, le 26 novembre 1761.

Savez-vous bien, monsieur le maréchal, que celle de toutes vos lettres dont j'avais le plus grand besoin, savoir la dernière sans date, mais timbrée de Fontainebleau, ne m'est arrivée que depuis trois ou quatre jours, quoique je la croie écrite depuis assez longtemps? Je soupçonne, par les chiffres et les renseignements dont elle est couverte, qu'elle est allée à Enghien en Flandre avant de me parvenir. Ce sont des fatalités faites pour moi. Heureusement, il m'est venu dans l'intervalle une lettre de madame la maréchale, qui m'a rassuré; la vôtre achève de me rendre le repos, et enfin me voilà tranquille sur la chose qui m'intéresse le plus au monde. Assurément je n'avais pas besoin qu'une pareille alarme vînt me faire sentir tout le prix de vos bontés. Monsieur le maréchal, il me reste un seul plaisir dans la vie, c'est celui de vous aimer et d'être aimé de vous. Je sens que si jamais je perdais celui-là, je n'aurais plus rien à perdre.

A JULIE.

A Montmorency, le 29 novembre 1761.

Encore une lettre perdue, madame! Cela devient fréquent, et il est bizarre que ce malheur ne m'arrive qu'avec vous. Dans le premier transport que me donna la relation de votre amie, je vous écrivis, le cœur plein d'attendrissement, d'admiration et les yeux en larmes. Ma lettre fut mise à la poste, sous son adresse, rue..... comme elle me l'avait marqué. Le lendemain je reçus la vôtre, où vous me tancez de mon impolitesse, et je craignis de là que la dernière ne vous eût encore déplu; car je n'ai qu'un ton, madame; et je n'en saurais changer, même avec vous. Si mon style vous déplaît, il faut me taire; mais il me semble que mes sentiments devraient me faire pardonner. Adieu, madame; je ne puis maintenant vous parler de mon état, ni vous écrire de quelque temps; mais soyez sûre que, quoi qu'il arrive, votre souvenir me sera cher.

Mille choses de ma part à l'aimable Claire; j'ai du regret de ne pouvoir écrire à toutes deux.

A M. MOULTOU.

Montmorency, le 12 décembre 1761.

Vous voulez, cher Moultou, que je vous parle de mon état. Il est triste et cruel à tous égards; mon corps souffre, mon cœur gémit, et je vis encore. Je ne sais si je dois m'attrister ou me réjouir d'un accident qui m'est arrivé il y a trois semaines, et qui doit naturellement augmenter mais abréger mes souffrances. Un bout de sonde molle, sans laquelle je ne saurais plus pisser, est resté dans le canal de l'urètre, et augmente considérablement la difficulté du passage; et vous savez que dans cette partie-là les corps étrangers ne restent pas dans le même état, mais croissent incessamment, en devenant les noyaux d'autant de pierres. Dans peu de temps nous saurons à quoi nous en tenir sur ce nouvel accident.

Depuis longtemps j'ai quitté la plume et tout travail appliquant; mon état me forcerait à ce sacrifice, quand je n'en aurais pas pris la résolution. Que ne l'ai-je prise trois ans plus tôt! Je me serais épargné les cruelles peines qu'on me donne et qu'on me prépare au sujet de mon dernier ouvrage. Vous savez que j'ai jeté sur le papier quelques idées sur l'éducation. Cette importante matière s'est étendue sous ma plume au point de faire un assez et trop gros livre, mais qui m'était cher, comme le plus utile, le meilleur, et le dernier de mes écrits. Je me suis laissé guider dans la disposition de cet ouvrage; et, contre mon avis, mais non pas sans l'aveu du magistrat, le manuscrit a été remis à un libraire de Paris, pour l'imprimer; et il en a donné six mille francs, moitié comptant, et moitié en billets payables à divers termes. Ce libraire a ensuite traité avec un autre libraire de Hollande, pour faire en même temps, et sur ses feuilles, une autre édition parallèle à la sienne, pour la Hollande, l'Allemagne et l'Angleterre. Vous croiriez là-dessus que l'intérêt du libraire français étant de retirer et faire valoir son argent, il n'aurait eu plus grande hâte que d'imprimer et publier le livre; point du tout, monsieur. Mon livre se trouve perdu, puisque je n'en ai aucun double, et mon manuscrit supprimé, sans qu'il me soit possible de savoir ce qu'il est devenu. Pendant deux ou trois mois, le libraire, feignant de vouloir imprimer, m'a envoyé quelques épreuves, et même quelques dessins de planches, mais ces épreuves allant et revenant incessamment les mêmes, sans qu'il m'ait jamais été possible de voir une seule bonne feuille, et ces dessins ne se gravant point, j'ai enfin découvert que tout cela ne tendait qu'à m'abuser par une feinte; qu'après les épreuves tirées on défaisait les formes, au lieu d'imprimer, et qu'on ne songeait à rien moins qu'à l'impression de mon livre.

Vous me demanderez quel peut être de la part du libraire le but d'une conduite si contraire à son intérêt apparent. Je l'ignore; il ne peut certainement être arrêté que par un intérêt plus grand, ou par une force supérieure. Ce que je sais, c'est que ce libraire dépend d'un autre libraire nommé Guérin, beaucoup plus riche, plus accrédité, qui imprime pour la police, qui voit les ministres, qui a l'inspection de la bibliothèque de la Bastille, qui est au fait des affaires secrètes, qui a la confiance du gouvernement, et qui est absolument dévoué aux jésuites. Or, vous saurez que depuis longtemps les jésuites ont paru fort inquiets de mon traité de l'éducation : les alarmes qu'ils en ont prises m'ont fait plus d'honneur que je n'en mérite, puisque dans ce livre il n'est pas question d'eux ni de leurs colléges, et que je me suis fait une loi de ne jamais parler d'eux dans mes écrits ni en bien ni en mal. Mais il est vrai que celui-ci contient une profession de foi qui n'est pas plus favorable aux intolérants qu'aux incrédules, et qu'il faut bien à ces gens-là des fanatiques, mais non pas des gens qui croient en Dieu. Vous saurez de plus que ledit Guérin, par mille avances d'amitié, m'a circonvenu depuis plusieurs années en se récriant contre les marchés que je faisais avec Rey, en le décriant dans mon esprit, et prenant mes intérêts avec une générosité sans exemple. Enfin, sans vouloir être mon imprimeur lui-même, il m'a donné celui-ci, auquel sans doute il a fait les avances nécessaires pour avoir le manuscrit; car, malheureusement pour eux, il n'était plus dans mes mains, mais dans celles de madame de Luxembourg, qui n'a pas voulu le lâcher sans argent.

Voilà les faits; voici maintenant mes conjectures. On ne jette pas six mille francs dans la rivière simplement pour supprimer un manuscrit. Je présume que l'état de dépérissement où je suis aura fait prendre à ceux qui s'en sont emparés le parti de gagner du temps, et différer l'impression du mien jusqu'après ma mort. Alors, maîtres de l'ouvrage, sur lequel personne n'aura plus d'inspection, ils le changeront et falsifieront à leur fantaisie; et le public sera tout surpris de voir paraître une doctrine jésuitique sous le nom de J.-J. Rousseau.

Jugez de l'effet que doit faire une pareille prévoyance sur un pauvre solitaire qui n'est au fait de rien, sur un pauvre malade qui se sent finir, sur un auteur enfin qui peut-être a trop cherché sa gloire, mais qui ne l'a cherchée au moins que dans des écrits utiles à ses semblables. Cher Moultou, il faut tout mon espoir dans celui qui protège l'innocence pour me faire endurer l'idée qu'on n'attend que de me voir les yeux fermés pour déshonorer ma mémoire par un livre pernicieux. Cette crainte m'agite au point que, malgré mon état, j'ose entreprendre de me remettre sur mon brouillon pour refaire une seconde fois mon livre : mais, en pareil cas même, comment en tirer parti, je ne dis pas quant à l'argent ; car, vu la matière et les circonstances, un tel livre doit donner au moins vingt mille francs de profit au libraire, et je ne demande qu'à pouvoir rendre les mille écus que j'ai reçus ; mais je dis quant au crédit des opposants, qui trouveront partout, avec leurs intrigues, le moyen d'arrêter une édition dont ils seront instruits ? Il faudrait un libraire en état de faire une pareille entreprise ; et Rey pour cela peut être bon ; mais il faudrait aussi de la diligence et du secret, et l'on ne peut attendre de lui ni l'un ni l'autre. D'ailleurs il faut du temps, et je ne sais si la nature m'en donnera ; sans compter que ceux qui ont intercepté le livre ne seront pas, quels qu'ils soient, gens à laisser l'auteur en repos, s'il vit trop longtemps à leur gré. Souvent l'offensé pardonne, mais l'offenseur ne pardonne jamais. Voilà mes embarras : je crois qu'un plus sage en aurait à moins. Prendre le parti de me plaindre serait agir en enfant : *Nescit Orcus reddere prædam.* Je n'ai pour moi que le droit et la justice contre des adversaires qui ont la ruse, le crédit, la puissance : c'est le moyen de se faire haïr.

Cher Moultou, cher Roustan, soyez tous deux, dans cet état, ma consolation, mon espérance. Instruits de mon malheur et de sa cause, promettez-moi, si mes craintes se vérifient, que vous ne laisserez pas sans désaveu passer sous mon nom un livre falsifié. Vous reconnaîtrez aisément mon style, et vous n'ignorez pas quels sont mes sentiments : ils n'ont point changé. J'ai peine à croire que jamais des jésuites y substituent assez adroitement les leurs pour vous en imposer ; mais au moins ils tronqueront et mutileront mon livre, et par cela seul ils le défigureront : en ôtant mes éclaircissements et mes preuves, ils rendront extravagant ce qui est démontré. Protestez hautement contre une édition infidèle, désavouez-la publiquement en mon nom : cette lettre vous y autorise ; une telle démarche est sans danger dans le pays où vous êtes ; et prendre la juste défense d'un ami qui n'est plus, c'est travailler à sa propre gloire. Que Roustan ne laisse pas avilir la mémoire d'un homme qu'il honora du nom de son maître. Quelque peu mérité que soit de ma part un pareil titre, cela ne le dispense pas des devoirs qu'il s'est imposés en me le donnant. Rien ne l'obligeait à contracter la dette, mais maintenant il doit la payer. Vous avez en commun celle de l'amitié, d'autant plus sacrée qu'elle eut pour premier fondement l'estime et l'amour de la vertu. Marquez-moi si vous acceptez l'engagement. J'ai grand besoin de tranquillité, et je n'en aurai point jusqu'à votre réponse.

Parlons maintenant de votre voyage. L'espérance est la dernière chose qui nous quitte, et je ne puis renoncer à celle que vous m'avez donnée. Oh ! venez, cher Moultou. Qui sait si le plaisir de vous voir, de vous presser contre mon cœur, ne me rendra pas assez de force pour vous suivre dans votre retour, et pour aller au moins mourir dans cette terre chérie où je n'ai pu vivre. C'est un projet d'enfant, je le sens ; mais quand toutes les autres consolations nous manquent, il faut bien s'en faire de chimériques. Venez, cher Moultou, voilà l'essentiel ; si nous y sommes à temps, alors nous délibérerons du reste. Quant au passe-port, ayez-le par vos amis, si cela se peut ; sinon, je crois, de manière ou d'autre, pouvoir vous le procurer : mais je vous avoue que je sens une répugnance mortelle à demander des grâces dans un pays où l'on me fait des injustices.

Je vous remercie de ce que vous avez fait pour moi sur la lettre à M. de

Voltaire, et je vous prie d'en faire aussi mes très humbles remercîments à M. le syndic Mussard. Je n'ai pour raison de m'opposer à sa publication que les égards dus à M. de Voltaire, et que je ne perdrai jamais de quelque manière qu'il se conduise avec moi; car je ne me sens porté à l'imiter en rien. Cependant puisque cette lettre est déjà publique, il y aurait peu de mal qu'elle le devînt davantage en devenant plus correcte; et je ne crains sur ce point la critique de personne, honoré du suffrage de M. Abauzit. Faites là-dessus tout ce qui vous paraîtra convenable; je m'en rapporte entièrement à vous.

J'ai trouvé, parmi mes chiffons, un petit morceau que je vous destine, puisque vous l'avez souhaité. Le morceau est très faible; mais il a été fait pour une occasion où il n'était pas permis de mieux faire, ni de dire ce que j'aurais voulu. D'ailleurs il est lisible et complet; c'est déjà quelque chose : de plus, il ne peut jamais être imprimé, parce qu'il a été fait de commande et qu'il m'a été payé. Ainsi c'est un dépôt d'estime et d'amitié qui ne doit jamais passer en d'autres mains que les vôtres; et c'est uniquement par là qu'il peut valoir quelque chose auprès de vous. Je voudrais bien espérer de vous le remettre; mais si vous m'indiquez quelque occasion pour vous l'envoyer, je vous l'enverrai.

Que Dieu bénisse votre famille croissante, et donne à ma patrie, dans vos enfants, des citoyens qui vous ressemblent! Adieu, cher Moultou.

P. S. 18 *déc*. J'ai suspendu l'envoi de ma lettre jusqu'à plus ample éclaircissement sur la matière principale qui la remplit; et tout concourt à guérir des soupçons conçus mal à propos, bien plus sur la paresse du libraire que sur son infidélité. Or ces soupçons, ébruités, deviendront d'horribles calomnies; ainsi, jusqu'à nouvel avis, le secret en doit demeurer entre vous et moi sans que personne en ait le moindre vent, non pas même le cher Roustan. Je récrirais même ma lettre, ou j'en ferais une autre, si j'avais la force; mais je suis accablé de mal et de travail; et ce qui serait indiscrétion avec un autre, n'est que confiance avec un homme vertueux. Dans cet intervalle j'ai travaillé à remettre au net le morceau le plus important de mon livre, et je voudrais trouver quelque moyen de vous l'envoyer secrètement. Quoique écrit fort serré, il coûterait beaucoup par la poste. Je ne suis pas à portée d'affranchir sûrement; et si je fais contresigner le paquet, mon secret tout au moins est aventuré. Marquez-moi votre avis là-dessus, et du secret. Adieu.

A MADAME LA MARÉCHALE DE LUXEMBOURG.

Montmorency, le 13 décembre 1761.

Je ne voulais point, madame la maréchale, vous inquiéter de l'histoire de mon malheur; mais puisque le chevalier vous en a parlé et que vous voulez y chercher remède, je ne puis vous dissimuler que mon livre est perdu. Je ne doute nullement que les jésuites ne s'en soient emparés avec le projet de ne point le laisser paraître de mon vivant; et, sûrs de ne pas longtemps attendre, d'en substituer, après ma mort, un autre toujours sous mon nom, mais de leur fabrique, lequel réponde mieux à leurs vues. Il faudrait un mémoire pour vous exposer les raisons que j'ai de penser ainsi. Ce qu'il y a de très sûr, au moins, c'est que le libraire n'imprime ni ne veut imprimer, qu'il a trompé M. Malesherbes, qu'il vous trompera, et qu'il se moque de moi avec l'impudence d'un coquin qui n'a pas peur et qui se sent bien soutenu. Cette perte, la plus sensible que j'aie jamais faite, a mis le comble à mes maux, et me coûtera la vie : mais je la crois irréparable; ce qui tombe dans ce gouffre-là n'en sort plus : ainsi je vous conjure de tout laisser là et de ne pas vous compromettre inutilement. Toutefois, si vous voulez absolument parler au libraire, M. de Malesherbes est au fait et lui a parlé; il serait peut-être à propos qu'il vous vît auparavant. Si, contre toute attente de ma part, il est possible d'avoir mon manuscrit en rendant tout, faites, madame la maréchale, et je vous devrai plus que la vie. Les quinze cents francs que j'ai reçus ne doivent point faire d'obstacle; je puis les retrouver et vous les envoyer au premier signe.

A JULIE.

A Montmorency, le 19 décembre 1761.

Je voudrais continuer à vous écrire, madame, à vous et à votre digne amie; mais je ne puis, et je ne supporterais pas l'idée que vous attribuassiez à négligence ou à indifférence un silence que je compte parmi les malheurs de mon état. Vous exigez de l'exactitude dans le commerce, et c'est bien le moins que je doive à celui que vous daignez lier avec moi; mais cette exactitude m'est impossible : ma situation empirée partage mon temps entre l'occupation et la souffrance; il ne m'en reste plus à donner à mon plaisir. Il n'est pas naturel que vous vous mettiez à ma place; vous qui avez du loisir et de la santé; mais faites donc comme les dieux,

Donnez en commandant le pouvoir d'obéir.

Il faut, malgré moi, finir une correspondance dans laquelle il m'est impossible de mettre assez du mien, et qu'avec raison vous n'êtes point d'humeur d'entretenir seules. Si peut-être dans la suite.... mais.... c'est une folie de vouloir s'aveugler, et une bêtise de regimber contre la nécessité. Adieu donc, mesdames; forcé par mon état, je cesse de vous écrire, mais je ne cesse point de penser à vous.

Je découvre à l'instant que toutes vos lettres ont été à Beaumont avant que de me parvenir. Il ne fallait que *Montmorency* sur l'adresse, sans parler de la route de Beaumont.

A M. MOULTOU.

Montmorency, le 23 décembre 1761.

C'est en fait, cher Moultou, nous ne nous reverrons plus que dans le séjour des justes. Mon sort est décidé par les suites de l'accident dont je vous ai parlé ci-devant; et quand il en sera temps, je pourrai, sans scrupule, prendre chez mylord Edouard les conseils de la vertu même.

Ce qui m'humilie et m'afflige est une fin si peu digne, j'ose dire, de ma vie, et du moins de mes sentiments. Il y a six semaines que je ne fais que des iniquités, et n'imagine que des calomnies contre deux honnêtes libraires, dont l'un n'a de tort que quelques retards involontaires, et l'autre un zèle plein de générosité et de désintéressement, que j'ai payé, pour toute reconnaissance, d'une accusation de fourberie. Je ne sais quel aveuglement, quelle sombre humeur, inspirée dans la solitude par un mal affreux, m'a fait inventer, pour en noircir ma vie et l'honneur d'autrui, ce tissu d'horreurs, dont le soupçon, changé dans mon esprit prévenu presque en certitude, n'a pas mieux été déguisé à d'autres qu'à vous. Je sens pourtant que la source de cette folie ne fut jamais dans mon cœur. Le délire de la douleur m'a fait perdre la raison avant la vie; en faisant des actions de méchant, je n'étais qu'un insensé.

Toutefois, dans l'état de dérangement où est ma tête, ne me fiant plus à rien de ce que je vois et de ce que je crois, j'ai pris le parti d'achever la copie du morceau dont je vous ai parlé ci-devant, et même de vous l'envoyer, très persuadé qu'il ne sera jamais nécessaire d'en faire usage, mais plus sûr encore que je ne risque rien de le confier à votre probité. C'est avec la plus grande répugnance que je vous extorque les frais immenses que ce paquet vous coûtera par la poste. Mais le temps presse; et, tout bien pesé, j'ai pensé que de tous les risques, celui que je pouvais regarder comme le moindre était celui d'un peu d'argent. Certainement j'aurais fait mieux si je l'avais pu sans danger. Mais au reste en supposant, je l'espère, qu'il ne sera

jamais nécessaire d'ébruiter cette affaire, je vous en demande le secret, e
je mets mes dernières fautes à couvert sous l'aile de votre charité. Le paque
sera mis, demain 24 décembre, à la poste, sans lettre; et même il y
quelque apparence que c'est ici la dernière que je vous écrirai.

Adieu, cher Moultou. Vous concevrez aisément que la profession de foi du
vicaire savoyard est la mienne. Je désire trop qu'il y ait un Dieu pour n
pas le croire; et je meurs avec la ferme confiance que je trouverai dans so
sein le bonheur et le paix dont je n'ai pu jouir ici-bas.

J'ai toujours aimé tendrement ma patrie et mes concitoyens; j'ose attendr
de leur part quelque témoignage de bienveillance pour ma mémoire. Je laiss
une gouvernante presque sans récompense, après dix-sept ans de service
et de soins très-pénibles, auprès d'un homme presque toujours souffrant. l
me serait affreux de penser qu'après m'avoir consacré ses belles années, ell
passerait ses vieux jours dans la misère et l'abandon. J'espère que cel
n'arrivera pas : je lui laisse pour protecteurs et pour appuis tous ceux qu
m'ont aimé de mon vivant. Toutefois, si cette assistance venait à lui manquer
je crois pouvoir espérer que mes compatriotes né lui laisseraient pas mendie
son pain. Engagez, je vous supplie, ceux d'entre eux en qui vous connaisse
d'âme genevoise à ne jamais la perdre de vue, et à se réunir, s'il le fallait
pour lui aider à couler ses jours en paix à l'abri de la pauvreté.

Voici une lettre pour mon très honoré disciple. Je crois que j'aurais ét
son maître en amitié; en tout le reste je me serais glorifié de prendre leço
de lui. Je souhaite fort qu'il accepte la proposition de faire la préface d
recueil de mes œuvres; et, en ce cas vous voudrez bien faire avec M. l
maréchal de Luxembourg des arrangements pour lui faire agréer un présen
sur l'édition. Au reste, si les choses ne tournaient pas comme je l'espèr
pour une édition en France, je n'ai point à me plaindre de la probité d
Rey, et je crois qu'il n'a pas non plus à se plaindre de mes écrits. On pour
rait s'adresser à lui.

Adieu derechef. Aimez vos devoirs, cher Moultou; ne cherchez point le
vertus éclatantes. Elevez avec grand soin vos enfants; édifiez vos nouveau
compatriotes sans ostentation et sans dureté, et pensez quelquefois que l
mort perd beaucoup de ses horreurs quand on en approche avec un cœu
content de sa vie.

Gardez-moi tous deux le secret sur ces lettres, du moins jusqu'après l'évé
nement, dont j'ignore encore le temps quoique sûrement peu éloigné. J
commence par les amis et les affaires, pour voir ensuite en repos avec Jean
Jacques si par hasard il n'a rien oublié.

Si vous venez, vous trouverez le morceau que je vous destinais parmi c
qui me reste encore de petits manuscrits. Si vous ne venez pas, et qu'o
négligeât de vous l'envoyer, vous pouvez le demander, car votre nom y es
en écrit. C'est, comme je crois vous l'avoir déjà marqué, une oraison funèbr
de feu M. le duc d'Orléans.

A M. ROUSTAN.

Montmorency, le 23 décembre 1761.

Mon disciple bien aimé, quand je reçus votre dernière lettre, j'espérai
encore vous voir et vous embrasser un jour; mais le ciel en ordonne autre
ment, il faut nous quitter avant que de nous connaître. Je crois que nous
perdons tous deux. Vous avez du talent, cher Roustan; quand je finissai
ma courte carrière, vous commenciez la vôtre, et j'augurais que vous irie
loin. La gêne de votre situation vous a forcé d'accepter un emploi qui vou
éloigne de la culture des lettres. Je ne regarde point cet éloignement comm
un malheur pour vous. Mon cher Roustan, pesez bien ce que je vais vou
dire. J'ai fait quelque essai de la gloire : tous mes écrits ont réussi; pas u
homme de lettres vivant, sans en excepter Voltaire, n'a eu des moments plu

brillants que les miens; et cependant je vous proteste que, depuis le moment que j'ai commencé de faire imprimer, ma vie n'a été que peine, angoisse et douleur de toute espèce. Je n'ai vécu tranquille, heureux, et n'ai eu de vrais amis que durant mon obscurité Depuis lors il a fallu vivre de fumée, et tout ce qui pouvait plaire à mon cœur a fui sans retour. Mon enfant, fais-toi petit, disait à son fils cet ancien politique; et moi, je dis à mon disciple Roustan : mon enfant, reste obscur; profite du triste exemple de ton maître. Gardez cette lettre, Roustan : je vous en conjure. Si vous en dédaignez les conseils, vous pourrez réussir sans doute; car, encore une fois, vous avez du talent, quoique encore mal réglé par la fougue de la jeunesse : mais si jamais vous avez un nom, relisez ma lettre, et je vous promets que vous ne l'achèverez pas sans pleurer. Votre famille, votre fortune étroite, un émule, tout vous tentera; résistez, et sachez que, quoi qu'il arrive, l'indigence est moins dure, moins cruelle à supporter que la réputation littéraire.

Toutefois voulez-vous faire un essai? l'occasion est belle; le titre dont vous m'honorez vous la fournit, et tout le monde approuvera qu'un tel disciple fasse une préface à la tête du recueil des écrits de son maître. Faites donc cette préface; faites-la même avec soin, concertez-vous là-dessus avec Moultou : mais gardez-vous d'aller faire le fade louangeur; vous feriez plus de tort à votre réputation que de bien à la mienne. Louez-moi d'une seule chose, mais louez-m'en de votre mieux, parce qu'elle est louable et belle, c'est d'avoir eu quelque talent et de ne m'être point pressé de le montrer, d'avoir passé sans écrire tout le feu de la jeunesse; d'avoir pris la plume à quarante ans, et de l'avoir quittée avant cinquante; car vous savez que telle était ma résolution, et le *Traité de l'Education* devait être mon dernier ouvrage, quand j'aurais encore vécu cinquante ans. Ce n'est pas qu'il n'y ait chez Rey un *Traité du Contrat social*, duquel je n'ai encore parlé à personne, et qui ne paraîtra peut-être qu'après l'*Education*; mais il lui est antérieur d'un grand nombre d'années. Faites donc cette préface, et puis des sermons, et jamais rien de plus. Au surplus, soyez bon père, bon mari, bon régent, bon ministre, bon citoyen, homme simple en toute chose, et rien de plus, et je vous promets une vie heureuse. Adieu, Roustan; tel est le conseil de votre maître et ami prêt à quitter la vie, en ce moment où ceux mêmes qui n'ont pas aimé la vérité lui disent. Adieu.

A M. COINDET.

Montmorency, ce vendredi.

Quelque aimable que puisse être M. l'abbé de Grave, comme je ne le connais point, et qu'en France tout le monde est aimable, il me semble que rien n'est moins pressé que d'abuser de sa complaisance pour l'amener à Montmorency, sans savoir si vous ne lui feriez point passer une mauvaise journée et à moi aussi. Vous êtes toujours là-dessus si peu difficile, qu'il faut bien que je le sois pour tous deux.

A l'égard de l'édition projetée, si tant est qu'elle doive se faire, il ne convient pas qu'elle se fasse si vite, au moins si j'y dois consentir. M. de Malesherbes a exigé des réponses à ses observations, il faut me laisser le temps de les faire et de les lui envoyer. Il faut laisser à Robin le temps de débiter les éditions précédentes, afin qu'il ne tire pas de là un prétexte pour ne pas payer Rey. Enfin il faut me laisser, à moi, le temps de voir pourquoi je dois mutiler mon livre, pour une édition dont je ne me soucie point de devenir peut-être un jour responsable au gouvernement de France de ce qui peut y déplaire à quelque ministre de mauvaise humeur. Puisque la permission du magistrat ne met à couvert de rien, qu'aurai-je à répondre à ceux qui viendront me dire : Pourquoi imprimez-vous chez nous des maximes hérétiques et républicaines? Je dirai que ce sont les miennes et celles de mon pays. Hé bien!

me dira-t-on, que ne les imprimez-vous hors de chez nous? Qu'aurai-je à dire? Vous me direz que je n'ai qu'à les ôter. Autant vaudrait me dire de n'être plus moi. Je ne puis ni ne veux les ôter qu'en ôtant tout le livre. Je voudrais bien savoir ce qu'on peut répondre à cela. Tant y a que, si je veux bien m'exposer, je veux m'exposer avec toute ma vigueur première, et non pas déjà tout châtré, déjà tout tremblant, et comme un homme qui a déjà peur. Adieu, mon cher Coindet, je vous embrasse.

A M. DE MALESHERBES.
Montmorency, le 23 décembre 1761.

Il fut un temps, monsieur, où vous m'honorâtes de votre estime, et où je ne m'en sentais pas indigne : ce temps est passé, je le reconnais enfin ; et quoique votre patience et vos bontés envers moi soient inépuisables, je ne puis plus les attribuer à la même cause sans le plus ridicule aveuglement. Depuis plus de six semaines ma conduite et mes lettres ne sont qu'un tissu d'iniquités, de folies, d'impertinences. Je vous ai compromis, monsieur, j'ai compromis madame la maréchale de la manière la plus punissable. Vous avez tout enduré, tout fait pour calmer mon délire; et cet excès d'indulgence, qui pouvait le prolonger, est en effet ce qui l'a détruit. J'ouvre en frémissant les yeux sur moi, et je me vois tout aussi méprisable que je le suis devenu. Devenu! non; l'homme qui porta cinquante ans le cœur que je sens renaître en moi n'est point celui qui peut s'oublier au point que je viens de faire : on ne demande point pardon à mon âge, parce qu'on n'en mérite plus: mais, monsieur, je ne prends aucun intérêt à celui qui vient d'usurper et déshonorer mon nom. Je l'abandonne à votre juste indignation, mais il est mort pour ne plus renaître : daignez rendre votre estime à celui qui vous écrit maintenant; il ne saurait s'en passer, et ne méritera jamais de la perdre. Il en a pour garant non sa raison, mais son état qui le met désormais à l'abri des grandes passions.

Quoique je ne doive ni ne veuille plus, monsieur, vous importuner de l'affaire de Duchesne, et que je prétende encore moins m'excuser envers lui, je ne puis cependant me dispenser de vous dire que s'il était vrai qu'il m'eût proposé de ne m'envoyer les bonnes feuilles que volume à volume, alors mes alarmes et le bruit que j'en ai fait ne seraient plus seulement les actes d'un fou, mais d'un vrai coquin.

Il faut vous avouer aussi, monsieur, que je n'ose écrire à madame la maréchale, et que je ne sais comment m'y prendre auprès d'elle, ignorant à quel point elle peut être irritée.

A M. HUBER.
Montmorency, le 24 décembre 1761.

J'étais, monsieur, dans un accès du plus cruel des maux du corps quand je reçus votre lettre et vos idylles. Après avoir lu la lettre, j'ouvris machinalement le livre, comptant le refermer aussitôt; mais je ne le refermai qu'après avoir tout lu, et je le mis à côté de moi pour le relire encore. Voilà l'exacte vérité. Je sens que votre ami Gessner est un homme selon mon cœur, d'où vous pouvez juger de son traducteur et de son ami, par lequel seul il m'est connu. Je vous sais, en particulier, un gré infini d'avoir osé dépouiller notre langue de ce sot et précieux jargon qui ôte toute vérité aux images et toute vie aux sentiments. Ceux qui veulent embellir et parer la nature sont des gens sans âme et sans goût qui n'ont jamais connu ses beautés. Il y a six ans que je coule dans ma retraite une vie assez semblable à celle de Ménalque et d'Amyntas, au bien près, que j'aime comme eux, mais que je ne sais pas faire, et je puis vous protester, monsieur, que j'ai plus vécu depuis ces six ans que je n'avais fait dans tout le cours de ma vie.

Maintenant vous me faites désirer de revoir encore un printemps, pour faire avec vos charmants pasteurs de nouvelles promenades, pour partager avec eux ma solitude, et pour revoir avec eux des asiles champêtres, qui ne sont pas inférieurs à ceux que M. Gessner et vous avez si bien décrits. Saluez-le de ma part, je vous supplie, et recevez aussi mes remercîments et mes salutations.

Voulez-vous bien, monsieur, quand vous écrirez à Zurich, faire dire mille choses pour moi à M. Usteri? J'ai reçu de sa part une lettre que je ne me lasse pas de relire, et qui contient des relations d'un paysan plus sage, plus vertueux, plus sensé que tous les philosophes de l'univers. Je suis fâché qu'il ne me marque pas le nom de cet homme respectable. Je lui voulais répondre un peu au long, mais mon déplorable état m'en a empêché jusqu'ici.

A MADAME LA MARÉCHALE DE LUXEMBOURG.

Montmorency, le 24 décembre 1761.

Je sens vivement tous mes torts et je les expie : oubliez-les, madame la maréchale, je vous en conjure. Il est certain que je ne saurais vivre dans votre disgrâce ; mais si je ne mérite pas que cette considération vous touche, ayez, pour m'en délivrer, moins d'égard à moi qu'à vous. Songez que tout ce qui est grand et beau doit plaire à votre bon cœur, et qu'il n'y a rien de si grand et de si beau que de faire grâce. Je voulais d'abord supplier M. le maréchal d'employer son crédit pour obtenir la mienne; mais j'ai pensé que la voie la plus courte et la plus simple était de recourir directement à vous, et qu'il ne fallait point arracher de votre complaisance ce que j'aime mieux devoir à votre seule générosité. Si l'histoire de mes fautes en faisait l'excuse, je reprendrais ici le détail des indices qui m'ont alarmé, et que mon imagination troublée a changés en preuves certaines : mais madame la maréchale, quand je vous aurai montré comme quoi je fus un extravagant, je n'en serais pas plus pardonnable de l'être; et je ne vous demande pas ma grâce parce qu'elle m'est due, mais parce qu'il est digne de vous de me l'accorder.

A MADAME LATOUR.

A Montmorency, le 11 janvier 1762.

Saint-Preux avait trente ans, se portait bien, et n'était occupé que de ses plaisirs; rien ne ressemble moins à Saint-Preux que J.-J. Rousseau. Sur une lettre pareille à la dernière, Julie se fût moins offensée de mon silence qu'alarmée de mon état; elle ne se fût point, en pareil cas, amusée à compter des lettres et à souligner des mots : rien ne ressemble moins à Julie que madame de.... Vous avez beaucoup d'esprit, madame, vous êtes bien aise de le montrer, et tout ce que vous voulez de moi ce sont des lettres : vous êtes plus de votre quartier que je ne pensais.

A LA MÊME.

Montmorency, le 21 janvier 1762.

J'ai vous ai écrit, madame, espérant à peine de revoir le soleil; je vous ai écrit dans un état où, si vous aviez souffert la centième partie de mes maux, vous n'auriez sûrement guère songé à m'écrire; je vous ai écrit dans des moments où une seule ligne est sans prix. Là-dessus, tout ce que vous avez fait de votre côté a été de compter les lettres, et voyant que j'étais en reste avec vous de ce côté, de m'envoyer pour toute consolation, des plaintes, des reproches, et même des invectives. Après cela, vous apprenez dans le public que j'ai été très-mal, et que je le suis encore; cela fait nouvelle pour vous. Vous n'en avez rien vu dans mes lettres; c'est, madame, que votre cœur n'a pas autant d'esprit que votre esprit. Vous voulez alors être instruite de mon état, vous demandez que ma gouvernante vous écrive; mais ma gouvernante n'a pas d'autre secrétaire que moi, et quand dans ma situation l'on est obligé de faire ses bulletins soi-même, en vérité on est bien dispensé d'être exact. D'ailleurs je vous avoue qu'un commerce de querelles n'a pas pour moi d'assez grands charmes pour me fatiguer à l'entretenir. Vous pouvez vous dispenser de mettre à prix la restitution de votre estime; car je vous jure, madame, que c'est une restitution dont je ne me soucie point.

A M. DE MALESHERBES.

Montmorency, le 8 février 1762.

Sitôt que j'appris, monsieur, que mon ouvrage serait imprimé en France, je prévis ce qui m'arrive; et j'en suis moins fâché que si j'en étais surpris. Mais n'y aurait-il pas moyen de remédier pour l'avenir aux inconvénients que je prévois encore, si, publiant d'abord les deux premiers volumes, Duchesne et Néaulme son correspondant restent propriétaires des deux autres? Il résultera certainement de toutes ces cascades des difficultés et des embarras qui pourraient tellement prolonger la publication de mon livre, qu'il serait à la fin supprimé ou mutilé, ou que je serais forcé de recourir tôt ou tard à quelque expédient dont ces libraires croiraient avoir à se plaindre. Le remède à tout cela me paraît simple; la moitié du livre est faite ou à peu près, la moitié de la somme est payée; que le marché soit résilié pour le reste, et que Duchesne me rende mon manuscrit : ce sera mon affaire ensuite d'en disposer comme je l'entendrai. Bien entendu que cet arrangement n'aura lieu qu'avec l'agrément de madame la maréchale, qui sûrement ne le refusera pas lorsqu'elle saura mes raisons. Si vous vouliez bien, monsieur, négocier cette affaire, vous soulageriez mon cœur d'un grand poids qui m'oppressera sans relâche jusqu'à ce qu'elle soit entièrement terminée.

Quant aux changements à faire dans les deux premiers volumes avant leur publication, je voudrais bien qu'ils fussent une fois tellement spécifiés, que je fusse assuré qu'on n'en exigera pas d'ultérieurs, ou, pour parler plus juste, qu'ils ne seront pas nécessaires; car, monsieur, je serais bien fâché que, par égard pour moi, vous laissassiez rien qui pût tirer à conséquence : il vaudrait alors cent fois mieux suivre l'idée d'envoyer toute l'édition hors du pays. C'est de quoi l'on ne peut juger qu'après avoir vu bien précisément à quoi se réduit tout ce qu'il s'agit d'ôter ou de changer; car je crains sur toute chose qu'on n'y revienne à deux fois. Pour prévenir cela, je vous supplie, monsieur, de lire ou faire lire les deux volumes en entier, afin qu'il ne s'y trouve plus rien qui n'ait été vu.

Je ne vous parlerai point de votre visite, jugeant que ce silence doit être entendu de vous. Agréez, monsieur, mon profond respect.

Je ne vois point qu'il soit nécessaire que vous vous donniez la peine d'envoyer ici personne pour cette affaire; il suffira peut-être de m'envoyer une note de ce qui doit être ôté, et j'écrirai là-dessus à Duchesne de faire les cartons nécessaires; car, encore une fois, monsieur, je ne veux en cette occasion disputer sur rien, et je serais bien fâché de laisser un seul mot qui pût faire trouver étrange qu'on eût laissé faire cette édition à Paris. Indiquez seulement ce qu'il convient qu'on ôte, et tout cela sera ôté. Une seule chose me fait de la peine, c'est qu'on ne saurait exiger de Néaulme de faire en Hollande les mêmes cartons, et que, ne les faisant pas, son édition pourrait nuire à celle de Duchesne.

A M. MOULTOU.

Montmorency, le 10 février 1762.

Plus de monsieur, cher Moultou, je vous en supplie; je ne puis souffrir ce mot-là entre gens qui s'estiment et qui s'aiment : je tâcherai de mériter que vous ne vous en serviez plus avec moi.

Je suis touché de vos inquiétudes sur ma sûreté; mais vous devez comprendre que, dans l'état où je suis, il y a plus de franchise que de courage à dire des vérités utiles, et je puis désormais mettre les hommes au pis, sans avoir grand'chose à perdre. D'ailleurs, en tout pays, je respecte la police et les lois; et, si je parais ici les éluder, ce n'est qu'une apparence qui n'est point fondée; on ne peut être plus en règle que je le suis. Il est vrai que si l'on m'attaquait, je ne pourrais sans bassesse employer tous mes avantages pour me défendre; mais il n'en est pas moins vrai qu'on ne pourrait m'attaquer justement, et cela suffit pour ma tranquillité : toute ma prudence dans ma conduite est qu'on ne puisse jamais me faire mal sans me faire tort; mais aussi je ne me départs pas de là. Vouloir se mettre à l'abri de l'injustice, c'est tenter l'impossible, et prendre des précautions qui n'ont point de fin. J'ajouterai qu'honoré dans ce pays de l'estime publique, j'ai une grande défense dans la droiture de mes intentions, qui se fait sentir dans mes écrits. Le Français est naturellement humain et hospitalier : que gagnerait-on de persécuter un pauvre malade qui n'est sur le chemin de personne, et ne prêche que la paix et la vertu? Tandis que l'auteur du livre *de l'Esprit* vit en paix dans sa patrie, J.-J. Rousseau peut espérer de n'y être pas tourmenté.

Tranquillisez-vous donc sur mon compte, et soyez persuadé que je ne risque rien. Mais pour mon livre, je vous avoue qu'il est maintenant dans un état de crise qui me fait craindre pour son sort. Il faudra peut-être n'en laisser paraître qu'une partie, ou le mutiler misérablement; et, là-dessus, je vous dirai que mon parti est pris. Je laisserai ôter ce qu'on voudra des deux premiers volumes; mais je ne souffrirai pas qu'on touche à la Profession de foi : il faut qu'elle reste telle qu'elle est, ou qu'elle soit supprimée : la copie qui est entre vos mains me donne le courage de prendre ma résolution là-dessus. Nous en reparlerons quand j'aurai quelque chose de plus à vous dire; quant à présent tout est suspendu. Le grand éloignement de Paris et d'Amsterdam fait que toute cette affaire se traite fort lentement, et tire extrêmement en longueur.

L'objection que vous me faites sur l'état de la religion en Suisse et à Genève, et sur le tort qu'y peut faire l'écrit en question, serait plus grave si elle était fondée; mais je suis bien éloigné de penser comme vous sur ce point. Vous dites que vous avez lu vingt fois cet écrit; eh bien! cher Moultou, lisez-le encore une vingt-unième; et si vous persistez alors dans votre opinion, nous la discuterons.

J'ai du chagrin de l'inquiétude de monsieur votre père, et surtout par l'influence qu'elle peut avoir sur votre voyage; car, d'ailleurs, je pense trop bien de vous pour croire que, quand votre fortune serait moindre, vous en fussiez plus malheureux. Quand votre résolution sera tout à fait prise là-dessus, marquez-le-moi, afin que je vous garde ou vous envoie le misérable chiffon auquel votre amitié veut bien mettre un prix. J'aurais d'autant plus de plaisir à vous voir que je me sens un peu soulagé et plus en état de profiter de votre commerce; j'ai quelques instants de relâche que je n'avais pas auparavant, et ces instants me seraient plus chers si je vous avais ici. Toutefois vous ne me devez rien, et vous devez tout à votre père, à votre famille, à votre état; et l'amitié qui se cultive aux dépens du devoir n'a plus de charmes. Adieu, cher Moultou, je vous embrasse de tout mon cœur. J'ai brûlé votre précédente lettre : mais pourquoi signer, avez-vous peur que je ne vous reconnaisse pas?

A MADAME LA MARÉCHALE DE LUXEMBOURG.

Montmorency, le 18 février 1762.

Vous êtes, madame la maréchale, comme la Divinité, qui ne parle aux mortels que par les soins de sa providence et les dons de sa libéralité. Quoi que ces marques de votre souvenir me soient très précieuses, d'autres me le seraient encore plus : mais quand on est si riche, on ne doit pas être insatiable ; et il faut bien, quant à présent, me contenter du bien que vous me faites en signe de celui que vous me voulez. Avec quel empressement je vois approcher le temps de recevoir des témoignages d'amitié de votre bouche, et combien cet empressement n'augmenterait-il pas encore, si mes maux, me donnant un peu de relâche, me laissaient plus en état d'en profiter ! Oh ! vevez, madame la maréchale ; quand, aux approches de Pâques, j'aurai vu M. le maréchal et vous, en quelque situation que je reste, je chanterai d'un cœur content le cantique de Siméon.

M. de Malesherbes vous aura dit, madame la maréchale, qu'il se présente sur la publication de mon ouvrage, quelques difficultés que j'ai prévues depuis longtemps, et qu'il faudra lever par des changements pour la partie qui est imprimée ; mais quant à la partie qui ne l'est pas, je souhaite fort, tant pour la sûreté du libraire que pour ma propre tranquillité, qu'elle ne soit pas imprimée en France. Ce même libraire ne devant plus l'imprimer lui-même, il est inutile qu'il en reste chargé pour la faire imprimer en pays étranger par un autre ; et toutes ces cascades diminuant mon inspection sur mon propre ouvrage, le laissent trop à la discrétion de ces messieurs-là. Voilà ce qui me fait désirer, si vous l'agréez, que le traité soit annulé pour cette partie ; que les billets soient rendus à Duchesne, et que le reste de mon manuscrit me soit aussi rendu. J'aime beaucoup mieux supprimer mon ouvrage que le mutiler ; et, s'il lui demeure, il faudra nécessairement qu'il soit mutilé, gâté, estropié pour le faire paraître ; ou, ce qui est encore pis, qu'il reste après moi à la discrétion d'autrui, pour être ensuite publié sous mon nom dans l'état où l'on voudra le mettre. Je vous supplie, madame la maréchale, de peser ces considérations, et de décider là-dessus ce que vous jugez à propos qui se fasse ; car mon plus grand désir dans cette affaire est qu'il vous plaise d'en être l'arbitre, et que rien ne soit fait que sur votre décision.

A LA MÊME.

Montmorency, le 19 février 1762.

Je vois, madame la maréchale, que vous ne vous lassez point de prendre soin de mon malheureux livre : et véritablement il a grand besoin de votre protection et de celle de M. de Malesherbes, qui a poussé la bonté jusqu'à venir même à Montmorency pour cela. Je crains que le parti de faire imprimer les deux derniers volumes en Hollande ne devienne chaque jour sujet à plus d'inconvénients, parce que Duchesne, paresseux ou diligent mal à propos, a commencé ces deux volumes, quoique je lui eusse écrit de suspendre ; mais comme, de peur d'en trop dire, je ne lui ai écrit que par forme de conseil, il n'en a tenu compte ; et ce sera du travail perdu dont il faudra le dédommager, à moins qu'il n'envoie les feuilles en Hollande ; auquel cas autant vaudrait peut-être qu'il achevât et prît le même parti pour le tout. Je souffre véritablement, madame la maréchale, du tracas que tout ceci vous donne depuis si longtemps ; et moi, de mon côté, j'en suis aussi depuis cinq mois dans des angoisses continuelles, sans qu'il me soit possible encore de prévoir quand et comment tout ceci finira. Voici une petite note en réponse à celle que M. de Malesherbes m'a envoyée, et que je suppose que vous aurez vue. Je vous supplie de la lui communiquer quand il sera de retour.

Vous me marquez et M. le maréchal me marque aussi que vous me cherchez un chien. En combien de manières ne vous occupez-vous point de moi ! Mais, madame, ce n'est pas un autre chien qu'il me faut, c'est un autre *Turc*, et le mien était unique : les pertes de cette espèce ne se remplacent point. J'ai juré que mes attachements de toutes les sortes seraient désormais les derniers. Celui-là, dans son espèce, était du nombre; et pour avoir un chien auquel je ne m'attache point, je l'aime mieux de toute autre main que de la vôtre. Ainsi, ne songez plus, de grâce, à m'en chercher un. Bonjour, madame la maréchale; bonjour, monsieur le maréchal : je ne vous écris jamais à l'un ou à l'autre sans m'attendrir sur cette réflexion, qu'il y a longtemps que je n'ai plus de moments heureux de la part des hommes que ceux qui me viennent de vous.

A LA MÊME.

Montmorency, le 25 mars 1762.

Il faut, madame la maréchale, que je vous confie mes inquiétudes, car elles troublent mon cœur à proportion qu'il tient à ses attachements. M. le maréchal ayant été incommodé, et M. Dubettier ayant bien voulu m'informer de son état, je l'avais prié de continuer jusqu'à son entier rétablissement; et précisément depuis ce moment il ne m'a pas écrit un mot : le même M. Dubettier est venu hier à Montmorency, et ne m'a rien fait dire. J'ai écrit en dernier lieu à M. le maréchal, et il ne m'a point répondu. Le temps du voyage approche; il avait accoutumé de me réjouir le cœur en me l'annonçant, et cette fois il a gardé le silence : enfin tout le monde se tait, et moi je m'alarme. C'est un défaut très importun, je le sens bien, aux personnes qui me sont chères, mais qui, tenant à mon caractère, est impossible à guérir, et que la solitude et les maux ne font qu'augmenter. Ayez-en pitié, madame la maréchale, vous qui m'en pardonnez tant d'autres, et sur qui tant de marques d'intérêt et de bontés que j'ai reçues de vous en dernier lieu m'empêchent d'étendre mes craintes; engagez, de grâce, M. le maréchal à les dissiper par une simple feuille de papier blanc. Ce témoignage si chéri, si désiré, me dira tout; et, en vérité, j'en ai besoin pour goûter sans alarme l'attente du moment qui s'approche, et pour me livrer sans crainte à l'épanouissement de cœur que j'éprouve toujours en vous abordant.

A MADAME LATOUR.

Ce 4 avril 1762.

Ma situation, madame, est toujours la même, et j'avoue que sa durée me la rend quelquefois pénible à supporter; elle me met hors d'état d'entretenir aucune correspondance suivie, et le ton de vos précédentes lettres achevait de me déterminer à n'y plus répondre; mais vous en avez pris un dans les dernières auquel j'aurai toujours peine à résister. N'abusez pas de ma faiblesse, madame; de grâce, devenez moins exigeante, et ne faites pas le tourment de ma vie d'un commerce qui, dans tout autre état, en ferait l'agrément.

A LA MÊME.

24 avril 1762.

J'étais si occupé, madame, à l'arrivée de votre exprès, que je fus contraint d'user de la permission de ne lui donner qu'une réponse verbale. Je n'ai pas un cœur insensible à l'intérêt qu'on paraît prendre à moi, et je ne puis qu'être touché de la persévérance d'une personne faite pour éprouver celle d'autrui; mais, quand je songe que mon âge et mon état ne me laissent plus sentir que la gêne du commerce avec les dames, quand je vois ma vie pleine d'assujettissements, auxquels vous en ajoutez un nouveau, je voudrais bien pouvoir accorder le retour que je vous dois avec la liberté de ne vous écrire que lorsqu'il m'en prend envie. Quant au silence de votre amie, j'en avais deviné la cause, et ne lui en savais point mauvais gré, quoiqu'elle rendît en cela plus de justice à ma négligence qu'à mes sentiments. Du reste, cette fierté ne me déplaît pas, et je la trouve de fort bon exemple. Bonjour, madame; on n'a pas besoin d'être bienfaisant pour vous rendre ce qui vous est dû; il suffit d'être juste, et c'est ce que je serai toujours avec vous, tout au moins.

A M. MOULTOU.

Montmorency, le 25 avril 1762.

Je voulais, mon cher concitoyen, attendre pour vous écrire, et pour vous envoyer le chiffon ci-joint, puisque vous le désirez, de pouvoir vous annoncer définitivement le sort de mon livre; mais cette affaire se prolonge trop pour m'en laisser attendre la fin. Je crois que le libraire a pris le parti de revenir au premier arrangement, et de faire imprimer en Hollande, comme il s'y était d'abord engagé. J'en suis charmé; car c'était toujours malgré moi que, pour augmenter son gain, il prenait le parti de faire imprimer en France, quoique de ma part je fusse autant en règle qu'il me convient, et que je n'eusse rien fait sans l'aveu du magistrat. Mais maintenant que le libraire a reçu et payé le manuscrit, il en est le maître. Il ne me le rendrait pas quand je lui rendrais son argent, ce que j'ai voulu faire inutilement plusieurs fois, et ce que je ne suis plus en état de faire. Ainsi, j'ai résolu de ne plus m'inquiéter de cette affaire, et de laisser courir sa fortune au livre, puisqu'il est trop tard pour l'empêcher.

Quoique par là toute discussion sur le danger de la profession de foi devienne inutile, puisque assurément, quand je la voudrais retirer, le libraire ne me la rendrait pas, j'espère pourtant que vous avez mis ses effets au pis, en supposant qu'elle jetterait le peuple parmi nous dans une incrédulité absolue : car, premièrement, je n'ôte pas à pure perte, et même je n'ôte rien, et j'établis plus que je ne détruis. D'ailleurs le peuple aura toujours une religion positive, fondée sur l'autorité des hommes, et il est impossible que, sur mon ouvrage, le peuple de Genève en préfère une autre à celle qu'il a. Quant aux miracles, ils ne sont pas tellement liés à cette autorité qu'on ne puisse les en détacher à certain point; et cette séparation est très importante à faire, afin qu'un peuple religieux ne soit pas à la discrétion des fourbes et des novateurs; car, quand vous ne tenez le peuple que par les miracles, vous ne tenez rien. Où je me trompe fort, ou ceux sur qui mon livre ferait quelque impression parmi le peuple, en seraient beaucoup plus gens de bien, et n'en seraient guère moins chrétiens, ou plutôt ils le seraient plus essentiellement. Je suis donc persuadé que le mauvais effet que pourra faire mon livre parmi les nôtres sera contre moi, et même je ne doute point que les incrédules ne soufflent encore plus le feu que les dévots : mais cette considération ne m'a jamais retenu de faire ce que j'ai cru bon et utile. Il y a longtemps que j'ai mis les hommes au pis; et puis je vois très bien que cela ne fera que démasquer les haines qui couvent; autant vaut les mettre à leur aise. Pouvez-vous croire que je ne m'aperçoive pas que ma réputation blesse les yeux de mes concitoyens, et que, si Jean-Jacques n'était pas de Genève, Voltaire y eût été moins fêté? Il n'y a pas une ville de l'Europe dont il ne me vienne des visites à Montmorency; mais on n'y aperçoit jamais la trace d'un Genevois; et, quand il y en est venu quelqu'un, ce n'a jamais été que des disciples de Voltaire, qui ne sont venus que comme espions. Voilà, très cher concitoyen, la véritable raison qui m'empêchera de jamais me retirer à Genève; un seul haineux empoisonnerait tout le plaisir d'y trouver quelques amis. J'aime trop ma patrie pour supporter de m'y voir haï : il vaut mieux vivre et mourir en exil. Dites-moi donc ce que je risque. Les bons sont à l'épreuve, et les autres me haïssent déjà. Ils prendront ce prétexte pour se montrer; et je saurai du moins à qui j'ai affaire. Du reste, nous n'en serons pas sitôt à la peine. Je vois moins clair que jamais dans le sort de mon livre; c'est un abîme de mystère où je ne saurais pénétrer. Cependant il est payé, du moins en partie, et il me semble que dans les actions des hommes, il faut toujours, en dernier ressort, remonter à la loi de l'intérêt. Attendons.

Le *Contrat social* est imprimé, et vous en recevrez, par l'envoi de Rey, douze exemplaires, franc de port, comme j'espère; sinon vous aurez la bonté de m'envoyer la note de vos déboursés. Voici la distribution que je vous prie de vouloir bien faire des onze qui vous resteront, le vôtre prélevé:

Un à la Bibliothèque, etc.

A propos de la Bibliothèque, ne sachant point les noms des messieurs qui en sont chargés à présent, et par conséquent ne pouvant leur écrire, je vous prie de vouloir bien leur dire de ma part que je suis chargé, par M. le maréchal de Luxembourg, d'un présent pour la Bibliothèque. C'est un exemplaire de la magnifique édition des Fables de La Fontaine, avec des figures d'Oudry, en quatre volumes in-folio. Ce beau livre est actuellement entre mes mains, et ces messieurs le feront retirer quand il leur plaira. S'ils jugent à propos d'en écrire une lettre de remercîment à M. le maréchal, je crois qu'ils feraient une chose convenable. Adieu, cher concitoyen; ma feuille est finie, et je ne sais finir avec vous que comme cela. Je vous embrasse.

P. S. Vous verrez que cette lettre est écrite à deux reprises, parce que je me suis fait une blessure à la main droite, qui m'a longtemps empêché de tenir la plume. C'est avec regret que je vous fais coûter un si gros port, mais vous l'avez voulu.

A MM. DE LA SOCIÉTÉ ÉCONOMIQUE DE BERNE.

Montmorency, le   avril 1762.

Vous êtes moins inconnus, messieurs, que vous ne pensez; il faut que votre société ne manque pas de célébrité dans le monde, puisque le bruit en est parvenu dans cet asile à un homme qui n'a plus aucun commerce avec les gens de lettres. Vous vous montrez par un côté si intéressant que votre projet ne peut manquer d'exciter le public, et surtout les honnêtes gens, à vouloir vous connaître; et pourquoi voulez-vous dérober aux hommes le spectacle si touchant et si rare dans notre siècle de vrais citoyens aimant leurs frères et leurs semblables, et s'occupant sincèrement du bonheur de la patrie et du genre humain?

Quelque beau cependant que soit votre plan, et quelques talents que vous ayez pour l'exécuter, ne vous flattez pas d'un succès qui réponde entièrement à vos vues. Les préjugés qui ne tiennent qu'à l'erreur se peuvent détruire, mais ceux qui sont fondés sur nos vices ne tomberont qu'avec eux. Vous voulez commencer par apprendre aux hommes la vérité pour les rendre sages, et, tout au contraire, il faudrait d'abord les rendre sages pour leur faire aimer la vérité. La vérité n'a presque jamais rien fait dans le monde, parce que les hommes se conduisent toujours plus par leurs passions que par leurs lumières, et qu'ils font le mal, approuvant le bien. Le siècle où nous vivons est des plus éclairés, même en morale : est-il des meilleurs? Les livres ne sont bons à rien; j'en dis autant des académies et des sociétés littéraires; on ne donne jamais à ce qui en sort d'utile qu'une approbation stérile : sans cela, la nation qui a produit les Fénelon, les Montesquieu, les Mirabeau, ne serait-elle pas la mieux conduite et la plus heureuse de la terre? En vaut-elle mieux depuis les écrits de ces grands hommes? et un seul abus a-t-il été redressé sur leurs maximes? Ne vous flattez pas de faire plus qu'ils n'ont fait. Non, messieurs, vous pourrez instruire les peuples, mais vous ne les rendrez ni meilleurs ni plus heureux. C'est une des choses qui m'ont le plus découragé durant ma courte carrière littéraire, de sentir que, même en me supposant tous les talents dont j'avais besoin, j'attaquerais sans fruit des erreurs funestes, et que, quand je les pourrais vaincre, les choses n'en iraient pas mieux. J'ai quelquefois charmé mes maux en satisfaisant mon cœur, mais sans m'en imposer sur l'effet de mes soins. Plusieurs m'ont lu, quelques-uns m'ont approuvé même; et, comme je l'avais prévu, tous sont restés ce qu'ils étaient auparavant. Messieurs, vous direz mieux et davantage, mais vous n'aurez pas un meilleur succès; et, au lieu du bien public que vous cherchez, vous ne trouverez que la gloire que vous semblez craindre

Quoi qu'il en soit, je ne puis qu'être sensible à l'honneur que vous me faites de m'associer en quelque sorte, par votre correspondance, à de si nobles travaux. Mais, en me la proposant, vous ignoriez sans doute que vous vous adressiez à un pauvre malade qui, après avoir essayé dix ans du triste métier d'auteur pour lequel il n'était point fait, y renonce dans la joie de son cœur, et après avoir eu l'honneur d'entrer en lice avec respect, mais en homme libre, contre une tête couronnée, ose dire, en quittant la plume pour ne la jamais reprendre :

   Victor cæstus artemque repono.

Mais sans aspirer aux prix donnés par votre munificence, j'en trouverai toujours un très grand dans l'honneur de votre estime; et si vous me jugez digne de votre correspondance, je ne refuse point de l'entretenir autant que mon état, ma retraite et mes lumières pourront le permettre; et, pour commencer par ce que vous exigez de moi, je vous dirai que votre plan, quoique très bien fait, me paraît généraliser un peu trop les idées, et tourner trop vers la métaphysique des recherches qui deviendraient plus utiles, selon vos vues, si elles avaient des applications pratiques, locales et particulières. Quant à vos questions, elles sont très belles; la troisième surtout me plaît beaucoup; c'est celle qui me tenterait si j'avais à écrire. Vos vues, en la proposant, sont assez claires, et il faudra que celui qui la traitera soit bien maladroit s'il ne les remplit pas. Dans la première, où vous demandez *quels sont les moyens de tirer un peuple de la corruption*, outre que ce mot de *corruption* me paraît un peu vague, et rendre la question presque indéterminée, il faudrait commencer peut-être par demander s'il est de tels moyens, car c'est de quoi l'on peut tout au moins douter. En compensation vous pourriez ôter ce que vous ajoutez à la fin, ce qui n'est qu'une répétition de la question même, ou en fait une autre tout-à-fait à part (1).

Si j'avais à traiter votre seconde question (2), je ne puis vous dissimuler que je me déclarerais avec Platon pour l'affirmative, ce qui sûrement n'était pas votre intention en la proposant. Faites comme l'Académie française, qui prescrit le parti que l'on doit prendre et qui se garde bien de mettre en problème les questions sur lesquelles elle a peur qu'on ne dise la vérité.

La quatrième (3) est la plus utile, à cause de cette application locale dont j'ai parlé ci-devant; elle offre de grandes vues à remplir. Mais il n'y a qu'un Suisse, ou quelqu'un qui connaisse à fond la constitution physique, politique et morale du corps helvétique, qui puisse la traiter avec succès. Il faudrait voir soi-même pour oser dire : *O utinam!* Hélas! c'est augmenter ses regrets de renouveler des vœux formés tant de fois et devenus inutiles. Bonjour, monsieur : je vous salue, vous et vos collègues, de tout mon cœur et avec le plus vrai respect.

A M. DE MALESHERBES.

Montmorency, le 7 mai 1762.

C'est à moi, monsieur, de vous remercier de ne pas dédaigner de si faibles hommages, que je voudrais bien rendre plus dignes de vous être offerts. Je crois, à propos de ce dernier écrit, devoir vous informer d'une action du

---

(1) Voici la suite de cette question, « et quel est le plan le plus parfait qu'un législateur puisse suivre à cet égard? »

(2) « Est-il des préjugés respectables qu'un bon citoyen doive se faire un scrupule de combattre publiquement ? »

(3) « Par quel moyen pourrait-on resserrer les liaisons et l'amitié entre les citoyens des diverses républiques qui composent la confédération helvétique? »

sieur Rey, laquelle a peu d'exemples chez les libraires, et ne saurait manquer de lui valoir quelque partie des bontés dont vous m'honorez. C'est, monsieur, qu'en reconnaissance des profits qu'il prétend avoir faits sur mes ouvrages, il vient de passer, en faveur de ma gouvernante, l'acte d'une pension viagère de trois cents livres, et cela de son propre mouvement et de la manière du monde la plus obligeante. Je vous avoue qu'il s'est attaché pour le reste de ma vie un ami par ce procédé; et j'en suis d'autant plus touché que ma plus grande peine, dans l'état où je suis, était l'incertitude de celui où je laisserais cette pauvre fille après dix-sept ans de services, de soins et d'attachement. Je sais que le sieur Rey n'a pas une bonne réputation dans ce pays-ci, et j'ai eu moi-même plus d'une occasion de m'en plaindre, quoique jamais sur des discussions d'intérêts, ni sur sa fidélité à faire honneur à ses engagements. Mais il est constant aussi qu'il est généralement estimé en Hollande; et voilà, ce me semble, un fait authentique qui doit effacer bien des imputations vagues. En voilà beaucoup, monsieur, sur une affaire dont j'ai le cœur plein; mais le vôtre est fait pour sentir et pardonner ces choses-là.

A MADAME LA MARÉCHALE DE LUXEMBOURG.

Montmorency, le 19 mai 1762.

Je ne croyais pas, madame la maréchale, que votre livre pût paraître avant les fêtes; mais Duchesne me marque qu'il compte pouvoir le mettre en débit la semaine prochaine; et vous pensez bien que je vois ce qui l'a rendu diligent. J'avais destiné, pour vos distributions et celles de M. le maréchal, les quarante exemplaires qui ont été stipulés de plus que les soixante que je me réserve ordinairement; mais mes distributions indispensables ont tellement augmenté, que je me vois forcé de vous en voler dix pour y suffire; sauf restitution cependant, si vous n'en avez pas assez : encore ai-je espéré que vous voudriez bien en faire agréer un à M. le prince de Conti, et un autre à M. le duc de Villeroi, désirant qu'ils reçoivent quelque prix auprès d'eux de la main qui les offrira. Je voudrais bien en présenter un exemplaire à M. le marquis d'Armentières, qui m'a paru prendre intérêt à cet ouvrage; mais ne sachant comment le lui envoyer, je vous supplie, madame la maréchale, de vouloir bien, si vous le jugez à propos, vous charger de cet envoi, et j'en remplirai le vide.

J'ai écrit à Duchesne d'envoyer les trente exemplaires à l'hôtel de Luxembourg, dans le courant de la semaine, et de commencer, dimanche prochain 23, mes distributions, dont je lui ai envoyé la note. Si vous voulez bien, madame la maréchale, n'ordonner les vôtres que le même jour, cela fera que moins de gens auront à se plaindre que d'autres aient eu le livre avant eux. Au reste, quel que soit son succès dans le monde, mon dernier ouvrage ayant été publiquement honoré de vos soins et de votre protection, je crois ma carrière très heureusement couronnée : il était impossible de mieux finir.

Pour éviter tout double emploi, je crois devoir vous prévenir, madame la maréchale, que j'enverrai un exemplaire à madame la comtesse de Boufflers, ainsi qu'au chevalier de Lorenzi.

A MADAME LATOUR.

A Montmorency, le 23 mai 1762.

Vous avez fait, madame, un petit *quiproquo* : voilà la lettre de votre heureux papa; redemandez-lui la mienne, je vous prie : étant pour moi, elle est à moi, je ne veux pas la perdre; car depuis que vous avez changé de ton, votre douceur me gagne, et je m'affectionne de plus en plus à tout ce qui me vient de vous. Ce petit accident même ne vous rend pas, dans mon esprit, un mauvais office; et dût-il entrer du bonheur dans cette affaire, on ne peut que bien penser des mœurs d'une jeune femme dont les méprises ne sont pa plus dangereuses.

Mais, à juger de vos sociétés par les gens dont vous m'avez parlé, j'avoue que ce préjugé vous serait bien moins favorable. Je n'avais de ma vie oui parler de Sire-Jean, non plus que de M. Maillard, dont vous m'avez fait mention ci-devant. Mon prétendu jugement contre vous a été controuvé par le premier, ainsi que mon prétendu voyage à Paris par l'autre. Je n'aime point à prononcer; je ne blâme qu'avec connaissance, et ne vais jamais à Paris. Que faut-il donc penser de ces messieurs-là, madame, et quelle liaison doit exister entre vous et de tels gens?

A MADAME LA MARÉCHALE DE LUXEMBOURG.

Vendredi 28 mai.

Vous savez, madame la maréchale, qu'il y a une édition contrefaite de mon livre, laquelle doit paraître ces fêtes. Il est certain que si cette édition se débite, Duchesne est ruiné, et que si les auteurs ne sont pas découverts, je suis déshonoré. Quelque nouvel embarras que ceci vous donne, il ne faut pas qu'il puisse être dit qu'une affaire entreprise par madame la maréchale de Luxembourg ait eu une si triste fin. J'ai écrit hier à M. de Malesherbes : mais j'ai quelque frayeur, je l'avoue, qu'on n'ait abusé de sa confiance, et que l'auteur de la fraude ne soit plus près de lui qu'il ne pense. Car enfin cet auteur est l'imprimeur, ou le correcteur, ou l'homme chargé de cette affaire, ou moi. Or, il est bien difficile que ce soit l'imprimeur, puisqu'ils étaient deux, lesquels n'avaient aucune communication ensemble : le correcteur est l'ami du libraire, et même toutes les feuilles n'ont pas passé par ses mains. Resterait donc à chercher le fripon entre deux hommes dont je suis l'un. J'écris aujourd'hui à M. le lieutenant de police, et je vous envoie copie de ma lettre. J'aurais voulu me trouver à votre passage au retour de l'Ile-Adam; mais je n'ai pu venir à bout de savoir si c'était aujourd'hui ou demain que vous deviez venir, et je suis si faible, si troublé, si occupé, que, ne sachant pas non plus l'heure, je ne tenterai pas même de m'y trouver, espérant me dédommager mardi prochain; je vous excède, madame la maréchale, j'en suis navré; mais si cette affaire n'est éclaircie, il faut que j'en meure de désespoir.

Vous comprenez qu'il ne faudrait pas montrer ma lettre à M. de Malesherbes, mais seulement le prier de vouloir bien regarder lui-même à cette affaire. Le premier colporteur saisi d'un exemplaire de la fausse édition donne le bout de la pelotte; il n'y a plus qu'à dévider.

A M. DE SARTINE.

Du 28 mai 1762.

Monsieur,

Permettez que l'auteur d'un livre sur l'éducation, au sujet duquel requête vous a été présentée, prenne la liberté d'y joindre la sienne. Si l'édition contrefaite est mise en vente, mon libraire en souffrira des pertes que je dois partager; si les auteurs de la fraude ne sont pas connus, je serai suspect d'en être complice. N'en voilà que trop, monsieur, pour autoriser l'extrême inquiétude où je suis, et l'importunité que je vous cause. A la manière dont s'y prennent ces éditeurs frauduleux, j'ai lieu de croire qu'ils se sentent appuyés, et même, malgré vos ordres, le colporteur Désauges en promet à ses camarades pour la veille des fêtes. Mais je suis fortement persuadé, sur quelque protection qu'ils comptent, qu'un magistrat de votre intégrité et de votre fermeté ne permettra jamais que cette protection soit portée jusqu'à favoriser les fripons aux dépens de la fortune du libraire et de la réputation de l'auteur.

Daignez, monsieur, agréer mon profond respect, et vous rappeler que je m'honorais de ce sentiment pour vous avant que je pusse prévoir que j'implorerais un jour votre justice.

A MADAME LATOUR.

Ce samedi 29.

La preuve, madame, que je n'ai point voulu mettre en égalité votre amie et vous, est que son exemplaire vous a été remis, quoique j'eusse son adresse ainsi que la vôtre. J'ai pensé qu'ayant une fille à élever, elle serait peut-être bien aise de voir ce livre, et comme le libraire le vend fort cher, et qu'elle n'est pas riche, j'ai pensé encore que vous seriez bien aise de le lui offrir. Offrez-le-lui donc, madame, non de ma part, mais de la vôtre, et ne lui faites aucune mention de moi. Du reste, quoi que vous puissiez dire, je n'appellerai ni Julie ni Claire deux femmes dont l'une aura des secrets pour l'autre : car, si j'imagine bien les cœurs de Julie et de Claire, ils étaient transparents l'un pour l'autre; il leur était impossible de se cacher. Contentez-vous, croyez-moi, d'être Marianne; et si cette Marianne est telle que je me la figure, elle n'a pas trop à se plaindre de son lot.

A M. MOULTOU.

Montmorency, le 30 mai 1762.

L'état critique où étaient vos enfants quand vous m'avez écrit me fait sentir pour vous la sollicitude et les alarmes paternelles. Tirez-moi d'inquiétude aussitôt que vous le pourrez; car, cher Moultou, je vous aime tendrement.

Je suis très sensible au témoignage d'estime que je reçois de la part de M. de Reventlow, dans la lettre dont vous m'avez envoyé l'extrait : mais outre que je n'ai jamais aimé la poésie française, et que n'ayant pas fait de vers depuis très longtemps, j'ai absolument oublié cette petite mécanique, je vous dirai, de plus, que je doute qu'une pareille entreprise eût aucun succès; et, quant à moi du moins, je ne sais mettre en chanson rien de ce qu'il faut dire aux princes : ainsi je ne puis me charger du soin dont veut bien m'honorer M. de Reventlow. Cependant, pour lui prouver que ce refus ne vient point de mauvaise volonté, je ne refuserai pas d'écrire un mémoire pour l'instruction du jeune prince, si M. de Reventlow veut m'en prier. Quant à la récompense, je sais d'où la tirer sans qu'il s'en donne le soin. Aussi bien, quelque médiocre que puisse être mon travail en lui-même, si je faisais tant que d'y mettre un prix, il serait tel que ni M. de Reventlow, ni le roi de Danemarck, ne pourraient le payer.

Enfin mon livre paraît depuis quelques jours, et il est parfaitement prouvé par l'événement que j'ai payé les soins officieux d'un honnête homme des soupçons les plus odieux. Je ne me consolerai jamais d'une ingratitude aussi noire, et je porte au fond de mon cœur le poids d'un remords qui ne me quittera plus.

Je cherche quelque occasion de vous envoyer des exemplaires, et, si je ne puis faire mieux, du moins le vôtre avant tout. Il y a une édition de Lyon qui m'est très suspecte, puisqu'il ne m'a pas été possible d'en voir les feuilles; d'ailleurs le libraire Bruyset qui l'a faite s'est signalé dans cette affaire par tant de manœuvres artificieuses, nuisibles à Néaulme et à Duchesne, que la justice, aussi bien que l'honneur de l'auteur, demandent que cette édition soit décriée autant qu'elle mérite de l'être. J'ai grand'peur que ce ne soit la seule qui sera connue où vous êtes, et que Genève n'en soit infecté. Quand vous aurez votre exemplaire, vous serez en état de faire la comparaison et d'en dire votre avis.

Vous avez bien prévu que je serais embarrassé du transport des *Fables de*

La Fontaine. Moi, que le moindre tracas effarouche, et qui laisse dépérir mes propres livres dans les transports, faute d'en pouvoir prendre le moindre soin, jugez du souci où me met la crainte que celui-là ne soit pas assez bien emballé pour ne point souffrir en route, et la difficulté de le faire entrer à Paris sans qu'il aille traînant des mois entiers à la chambre syndicale. Je vous jure que j'aurais mieux aimé en procurer dix autres à la bibliothèque que de faire faire une lieue à celui-là. C'est une leçon pour une autre fois.

Vous qui dites que je suis si bien voulu dans Genève, répondez au fait que je vais vous exposer. Il n'y a pas une ville en Europe dont les libraires ne recherchent mes écrits avec le plus grand empressement. Genève est la seule où Rey n'a pu négocier des exemplaires du *Contrat social.* Pas un seul libraire n'a voulu s'en charger. Il est vrai que l'entrée de ce livre vient d'être défendue en France; mais c'est précisément pour cela qu'il devrait être bien reçu dans Genève; car même j'y préfère hautement l'aristocratie à tout autre gouvernement. Répondez. Adieu, cher Moultou. Des nouvelles de vos enfants.

A MADAME LA MARQUISE DE CRÉQUI.

Montmorency, fin de mai 1762.

C'est vous, madame, qui m'oubliez; je le sens fort bien; mais je ne vous laisserai pas faire; car si j'ai peine à former des liaisons, j'en ai plus encore à les rompre, et surtout.....

J'aurai donc soin, malgré vous, de vous faire quelquefois souvenir de moi, mais non pas de la même manière. Ayant posé la plume pour ne la jamais reprendre, je n'aurai plus, grâces au ciel, de pareils hommages à vous offrir; mais pour ceux d'un cœur plein de respect, de reconnaissance et d'attachement, ils ne finiront pour vous, madame, de ma part, qu'avec ma vie.

Quoi! vous voulez faire un pèlerinage à Montmorency? Vous y viendrez visiter ces pauvres reliques genevoises, qui bientôt ne seront bonnes qu'à enchâsser? Que j'attends avec empressement ce pèlerinage d'une espèce nouvelle, où l'on ne vient pas chercher le miracle, mais le faire; car vous me trouverez mourant, et je ne doute pas que votre présence ne me ressuscite, au moins pour quinze jours. Au reste, madame, préparez-vous à voir un joli garçon, qui s'est bien formé depuis cinq ou six ans; j'étais un peu sauvage à la ville, mais je suis venu me civiliser dans les bois.

M. et madame de Luxembourg viennent ici mardi pour un mois. J'ai cru vous devoir cet avertissement, madame, sur la répugnance que vous avez à vous y trouver avec eux. Mais j'avoue que les raisons que vous en alléguez me semblent très mal fondées; et de plus, j'ai pour eux tant d'attachement et d'estime, que quand on ne m'en parle pas avec éloge, j'aimerais mieux qu'on ne m'en parlât point du tout.

Puisque vous aimez les solitaires, vous aimez aussi les promenades qui le sont: et, quoique vous connaissiez le pays, je vous en promets de charmantes que vous ne connaissez sûrement pas. J'ai aussi mon intérêt à cela; car, outre l'avantage du moment présent, j'aurai encore pour l'avenir celui de parcourir avec plus de plaisir les lieux où j'aurai eu le bonheur de vous suivre.

A MADAME LATOUR.

Le 1er juin 1762.

Je suis mortifié, madame, que mon exemplaire n'ait pu être employé, et peut-être ne vous sera-t-il pas si aisé de le remplacer que vous avez pu le croire; car on dit que mon livre est arrêté, et ne se vend plus: à tout événement, il reste ici à vos ordres. Je ne renonce qu'à regret à l'espoir de vous en voir disposer, et je vous avoue que la délicatesse qui vous en empêche n'est pas de mon goût. Mais il faut se soumettre, nous parlerons du reste plus à loisir. Votre voyage est une affaire à méditer; car je vous avoue que, malgré mon état, j'ai grand'peur de vous.

A LA MÊME.

A M. M. 4 juin 1762.

J'ai, madame, une requête à vous présenter; le cœur plein de vous, j'en ai parlé à madame la maréchale de Luxembourg; et, sans prévoir l'effet de mon zèle, je lui ai inspiré le désir de savoir qui vous êtes, et peut-être d'aller plus loin. Elle m'a donc chargé de vous demander la permission de vous nommer à elle, et je dois ajouter que vous m'obligerez de me l'accorder. Mais, du reste, vous pouvez me signifier vos volontés en toute confiance, vous serez fidèlement obéie. La seule chose que je vous demande pour l'acquit de ma commission, est, en cas de refus, de vouloir bien tourner votre lettre de manière que je puisse la lui montrer.

Dois-je désirer ou craindre la visite que vous semblez me promettre? Je crois, en vérité, qu'elle m'ôte le repos d'avance; que sera-ce après l'événement, mon Dieu! Que voulez-vous venir faire ici de ces beaux yeux vainqueurs des Suisses? Ne sauraient-ils du moins laisser en paix les Genevois? Ah! respectez mes maux et ma barbe grise, ne venez pas grêler sur le persil. Il faut pourtant achever de m'humilier, en vous disant combien les préjugés que vous craignez sont chimériques. Hélas! ce n'est pas d'aujourd'hui que de jolies femmes viennent impudemment insulter à ma misère, et me faire à la fois de leurs visites un honneur et un affront! Je ne sais pourquoi le cœur me dit que je me tirerai mal de la vôtre. Non, je n'ai jamais redouté femme autant que vous. Cependant je dois vous prévenir que si vous voulez tout de bon faire ce pèlerinage, il faut nous concerter d'avance, et convenir du jour entre nous, surtout dans une saison où, sans cesse accablé d'importuns de toutes les sortes, je suis réduit à me ménager d'avance, et même avec peine, un jour de pleine liberté. Vous pouvez renvoyer la réponse à cet article à quelque autre lettre, et n'en point parler dans la réponse à celle-ci.

Je n'ai encore montré aucune de vos lettres à madame de Luxembourg; et si je lui en montre, et que vous ne vouliez pas être connue, soyez sûre que j'y mettrai le choix nécessaire, et qu'elle ne saura jamais qui vous êtes, à moins que vous n'y consentiez. Excusez mon barbouillage; j'écris à la hâte, fort distrait, et du monde dans ma chambre.

A M. NÉAULME.

Montmorency, le 5 juin 1762.

Je reçois, monsieur, à l'instant et dans le même paquet, avec six feuilles imprimées, et cinq cartons, vos quatre lettres des 20, 22, 24 et 26 mai. J'y vois avec déplaisir la continuation de vos plaintes vis-à-vis de vos deux confrères; mais n'étant entré ni dans les traités ni dans les négociations réciproques, je me borne à désirer que la justice soit observée, et que vous soyez tous contents, sans avoir droit de m'ingérer dans une affaire qui ne me regarde pas. J'ajouterai seulement que j'aurais souhaité, et de grand cœur, que le tout eût passé par vos mains seules, et qu'on n'eût traité qu'avec vous; mais, n'ayant pas été consulté dans cette affaire, je ne puis répondre de ce qui s'est fait à mon insu.

Je vous ai dit, monsieur, et je le répète, qu'*Émile* est le dernier écrit qui soit sorti et sortira jamais de ma plume pour l'impression. Je ne comprends pas sur quoi vous pouvez inférer le contraire; il me suffit de vous avoir dit la vérité : vous en croirez ce qu'il vous plaira.

Je suis très fâché des embarras où vous dites être au sujet de la Profession de foi; mais comme vous ne m'avez point consulté sur le contenu de mon manuscrit, en traitant pour l'impression, vous n'avez point à vous prendre à moi des obstacles qui vous arrêtent, et d'autant moins que les vérités hardies semées dans tous mes livres devaient vous faire présumer que celui-là n'en serait pas exempt. Je ne vous ai ni surpris ni abusé, monsieur; j'en suis incapable; je voudrais même vous complaire, mais ce ne saurait être en ce que vous exigez de moi sur ce point; et je m'étonne que vous puissiez croire qu'un homme qui prend tant de mesures pour que son ouvrage ne soit point altéré après sa mort le laisse mutiler durant sa vie.

A l'égard des raisons que vous m'exposez, vous pouviez vous dispenser de cet étalage, et supposer que j'avais pensé à ce qu'il me convenait de faire. Vous dites que les gens mêmes qui pensent comme moi me blâment. Je vous réponds que cela ne peut pas être; car moi, qui sûrement pense comme moi, je m'approuve, et ne fis rien de ma vie dont mon cœur fût aussi content. En rendant gloire à Dieu, et parlant pour le vrai bien des hommes, j'ai fait mon devoir : qu'ils en profitent ou non, qu'ils me blâment ou m'approuvent, c'est leur affaire; je ne donnerais pas un fétu pour changer leur blâme en louange. Du reste, je les mets au pis; que me feront-ils que la nature et mes maux ne fassent bientôt sans eux? Ils ne me donneront ni ne m'ôteront ma récompense; elle ne dépend d'aucun pouvoir humain. Vous voyez bien, monsieur, que mon parti est pris. Ainsi je vous conseille de ne plus en parler, car cela serait parfaitement inutile.

A M. MOULTOU.

Montmorency, le 7 juin 1762.

Je me garderais de vous inquiéter, cher Moultou, si je croyais que vous fussiez tranquille sur mon compte; mais la fermentation est trop forte pour que le bruit n'en soit pas arrivé jusqu'à vous : et je juge par les lettres que je reçois des provinces que les gens qui m'aiment y sont encore plus alarmés pour moi qu'à Paris. Mon livre a paru dans des circonstances malheureuses. Le parlement de Paris, pour justifier son zèle contre les jésuites, veut, dit-on, persécuter aussi ceux qui ne pensent pas comme eux; et le seul homme en France qui croie en Dieu doit être la victime des défenseurs du christianisme. Depuis plusieurs jours tous mes amis s'efforcent à l'envi de m'effrayer : on m'offre partout des retraites; mais comme on ne me donne pas, pour les accepter, des raisons bonnes pour moi, je demeure; car votre ami Jean-Jacques n'a point appris à se cacher. Je pense aussi qu'on grossit le mal à mes yeux pour tâcher de m'ébranler; car je ne saurais concevoir à quel titre, moi citoyen de Genève, je puis devoir compte au parlement de Paris d'un livre que j'ai fait imprimer en Hollande avec privilége des Etats-Généraux. Le seul moyen de défense que j'entends employer, si l'on m'interroge, est la récusation de mes juges : mais ce moyen ne les contentera pas; car je vois que, tout plein de son pouvoir suprême, le parlement a peu d'idée du droit des gens, et ne le respectera guère dans un petit particulier comme moi. Il y a dans tous les corps des intérêts auxquels la justice est toujours subordonnée; et il n'y a pas plus d'inconvénient à brûler un innocent au parlement de Paris, qu'à en rouer un autre au parlement de Toulouse. Il est vrai qu'en général les magistrats du premier de ces corps aiment la justice, et sont toujours équitables et modérés quand un ascendant trop fort ne s'y oppose pas; mais si cet ascendant agit dans cette affaire, comme il est probable, ils n'y résisteront point. Tels sont les hommes, cher Moultou; telle est cette société si vantée; la justice parle, et les passions agissent. D'ailleurs, quoique je n'eusse qu'à déclarer ouvertement la vérité des faits, ou, au contraire, à user de quelque mensonge pour me tirer d'affaire, même malgré eux, bien résolu de ne rien dire que de vrai, et de ne compromettre personne, toujours gêné dans mes réponses, je leur donnerai le plus beau jeu du monde pour me perdre à leur plaisir.

Mais, cher Moultou, si la devise que j'ai prise n'est pas un pur bavardage, est ici l'occasion de m'en montrer digne ; et à quoi puis-je employer mieux le peu de vie qui me reste ? De quelque manière que me traitent les hommes, ne me feront-ils que la nature et mes maux ne m'eussent bientôt fait sans eux ? Ils pourront m'ôter une vie que mon état me rend à charge, mais ils ne m'ôteront pas ma liberté ; je la conserverai, quoi qu'ils fassent, dans leurs fers et dans leurs murs. Ma carrière est finie, il ne me reste plus qu'à la couronner. J'ai rendu gloire à Dieu, j'ai parlé pour le bien des hommes. O ami ! pour une si grande cause, ni toi ni moi ne refuserons jamais de souffrir. C'est aujourd'hui que le parlement rentre ; j'attends en paix ce qu'il lui plaira d'ordonner de moi.

Adieu, cher Moultou ; je vous embrasse tendrement : sitôt que mon sort sera décidé, je vous en instruirai, si je reste libre ; sinon vous l'apprendrez par la voix publique.

A MADAME DE CRÉQUI.

Montmorency, le 7 juin 1762.

Je vous remercie, madame, de l'avis que vous voulez bien me donner ; on me le donne de toutes parts, mais il n'est pas de mon usage ; J.-J. Rousseau ne sait point se cacher. D'ailleurs, je vous avoue qu'il m'est impossible de concevoir à quel titre un citoyen de Genève, imprimant un livre en Hollande, avec privilége des États-Généraux, en peut devoir compte au parlement de Paris. Au reste, j'ai rendu gloire à Dieu, et parlé pour le bien des hommes. Pour une si digne cause, je ne refuserai jamais de souffrir. Je vous réitère mes remercîments, madame, et n'oublierai point ce soin de votre amitié.

A MADAME LATOUR.

A Montmorency, le 7 juin 1762.

Rassurez-vous, madame, je vous supplie ; vous ne serez ni nommée ni connue : je n'ai fait que ce que je pouvais faire sans indiscrétion. Je visiterai dès aujourd'hui toutes vos lettres, et n'ayant pas le courage de les brûler, à moins que vous ne l'ordonniez, j'en ôterai du moins avec le plus grand soin tout ce qui pourrait servir de renseignement ou d'indice pour vous reconnaître. Au reste, attendez quelques jours à m'écrire. On dit que le parlement de Paris veut disposer de moi ; il faut le laisser faire, et ne pas compromettre vos lettres dans cette occasion.

Je rouvre ma lettre pour vous dire que j'aurai grand soin d'ôter aussi votre cachet, et de mettre toutes vos lettres en sûreté ; ainsi, soyez tranquille.

A M. DE LA POPLINIÈRE.

Montmorency, le 8 juin 1762.

Non, monsieur, les livres ne corrigent pas les hommes, je le sais bien ; dans l'état où ils sont, les mauvais les rendraient pires, s'ils pouvaient l'être, sans que les bons les rendissent meilleurs. Aussi ne m'en imposai-je point, en prenant la plume, sur l'inutilité de mes écrits ; mais j'ai satisfait mon cœur en rendant hommage à la vérité. En parlant aux hommes pour leur vrai bien, en rendant gloire à Dieu, en arrachant aux préjugés du vice l'autorité de la raison, je me suis mis en état, en quittant la vie, de rendre à l'auteur de mon être compte des talents qu'il m'avait confiés. Voilà, monsieur, tout ce que je pouvais faire ; rien de plus n'a dépendu de moi. Du reste, j'ai fini ma courte tâche ; je n'ai plus rien à dire, et je me tais. Heureux, monsieur, si, bientôt oublié des hommes, et rentré dans l'obscurité qui me convient, je conserve encore quelque place dans votre estime et dans votre souvenir.

A M. MOULTOU.

Yverdun, le 15 juin 1762.

Vous aviez mieux jugé que moi, cher Moultou; l'événement a justifié votre prévoyance, et votre amitié voyait plus clair que moi sur mes dangers. Après la résolution où vous m'avez vu dans ma précédente lettre, vous serez surpris de me savoir maintenant à Yverdun; mais je puis vous dire que ce n'est pas sans peine, et sans des considérations très graves, que j'ai pu me déterminer à un parti si peu de mon goût. J'ai attendu jusqu'au dernier moment sans me laisser effrayer; et ce ne fut qu'un courrier venu dans la nuit du 8 au 9, de M. le prince de Conti à madame de Luxembourg, qui apporta les détails sur lesquels je pris sur-le-champ mon parti. Il ne s'agissait plus de moi seul, qui sûrement n'ai jamais approuvé le tour qu'on a pris dans cette affaire, mais des personnes qui, pour l'amour de moi, s'y trouvaient intéressées, et qu'une fois arrêté, mon silence même, ne voulant pas mentir, eût compromises. Il a donc fallu fuir, cher Moultou, et m'exposer, dans une retraite assez difficile, à toutes les transes des scélérats, laissant le parlement dans la joie de mon évasion, et très résolu de suivre la contumace aussi loin qu'elle peut aller. Ce n'est pas, croyez-moi, que ce corps me haïsse et ne sente fort bien son iniquité; mais voulant fermer la bouche aux devots en poursuivant les jésuites, il m'eût, sans égard pour mon triste état, fait souffrir les plus cruelles tortures : il m'eût fait brûler vif avec aussi peu de plaisir que de justice, et simplement parce que cela l'arrangeait. Quoi qu'il en soit, je vous jure, cher Moultou, devant ce Dieu qui lit dans mon cœur, que je n'ai rien fait en tout ceci contre les lois; que non-seulement j'étais parfaitement en règle, mais que j'en avais les preuves les plus authentiques, et qu'avant de partir je me suis défait volontairement de ces preuves pour la tranquillité d'autrui.

Je suis arrivé ici hier matin, et je vais errer dans ces montagnes jusqu'à ce que j'y trouve un asile assez sauvage pour y passer en paix le reste de mes misérables jours. Un autre me demanderait peut-être pourquoi je ne me retire pas à Genève; mais, ou je connais mal mon ami Moultou, ou il ne me fera sûrement pas cette question; il sentira que ce n'est point dans la patrie qu'un malheureux proscrit doit se réfugier; qu'il n'y doit point porter son ignominie, ni lui faire partager ses affronts. Que ne puis-je, dès cet instant, y faire oublier ma mémoire! N'y donnez mon adresse à personne; n'y parlez plus de moi; ne m'y nommez plus. Que mon nom soit effacé de dessus la terre! Ah! Moultou, la Providence s'est trompée; pourquoi m'a-t-elle fait naître parmi les hommes, en me faisant d'une autre espèce qu'eux?

A M. LE MARÉCHAL DE LUXEMBOURG.

Yverdun, le 16 juin 1762.

Enfin j'ai mis le pied sur cette terre de justice et de liberté qu'il ne fallait jamais quitter. Je ne puis écrire aujourd'hui... Il était temps d'arriver.

Mon adresse, sous le couvert de M. Daniel Roguin, à Yverdun en Suisse. Les lettres ne parviennent ici qu'affranchies jusqu'à la frontière. De grâce, monsieur le maréchal, un mot de mademoiselle Le Vasseur. J'attends sa résolution pour prendre la mienne.

A M. LE PRINCE DE CONTI.

Yverdun, le 17 juin 1762.

Monseigneur,

Je dois à V. A. S. ma vie, ma liberté, mon honneur même, plus augmenté par l'intérêt que vous daignez prendre à moi qu'altéré par l'iniquité du parlement de Paris. Ces biens, les plus estimés des hommes, ont un nouveau prix pour celui qui les tient de vous. Que ne puis-je, monseigneur, les employer au gré de ma reconnaissance! C'est alors que je me glorifierais tous les jours de ma vie d'être avec le plus profond respect, etc.

A MADAME LA MARÉCHALE DE LUXEMBOURG.

Yverdun, le 17 juin 1762.

Vous l'avez voulu, madame la maréchale. Me voilà donc exilé loin de tout ce qui m'attachait à la vie! Est-ce un bien de la conserver à ce prix? Du moins en perdant le bonheur auquel vous m'aviez accoutumé, ce sera quelque consolation dans ma misère de songer aux motifs qui m'ont déterminé.

Étant allé à Villeroy, comme nous en étions convenus, je remis à M. le duc la lettre que vous m'aviez donnée pour lui. Il me reçut en homme bien voulu de vous, et me donna une lettre pour le secrétaire de M. le commandant de Lyon; mais réfléchissant en chemin que celui à qui elle était adressée pouvait être absent ou malade, et qu'alors je serais plus embarrassé peut-être que si M. le duc n'avait point écrit, je pris le parti d'éviter également Lyon et Besançon, afin de n'avoir à comparaître par-devant aucun commandant; et, prenant entre les deux une route moins suivie, je suis venu ici, sans accident, par Salins et Pontarlier. Je dois pourtant vous dire qu'en passant à Dijon il fallut donner mon nom, et qu'ayant pris la plume dans l'intention de substituer celui de ma mère à celui de mon père, il me fut impossible d'en venir à bout : la main me tremblait tellement que je fus contraint deux fois d'en poser la plume; enfin le nom de Rousseau fut le seul que je pus écrire, et toute ma falsification consista à supprimer le J d'un de mes deux prénoms. Sitôt que je fus parti, je croyais toujours entendre la maréchaussée à mes trousses; et un courrier ayant passé la même nuit sous mes fenêtres, je crus aussitôt qu'il venait m'arrêter. Quels sont donc les tourments du crime, si l'innocence opprimée en a de tels?

Je suis arrivé ici dans un accablement inconcevable; mais, depuis deux jours que j'y suis, je me sens déjà beaucoup mieux : l'air natal, l'accueil de l'amitié, la beauté des lieux, la saison, tout concourt à réparer les fatigues du plus triste voyage. Quand j'aurai reçu de vos nouvelles, que vous m'aurez dit que vous m'aimez toujours, que M. le maréchal m'aura dit la même chose, je serai tranquille sur tout le reste. Quelque malheur qui m'attende, une consolation qui m'est sûre est de ne l'avoir pas mérité.

Voilà, madame la maréchale, une lettre pour M. le prince de Conti; je vous supplie de la lui faire agréer, et d'y joindre tout ce qui vous paraîtra propre à lui montrer la reconnaissance dont je suis pénétré pour ses bontés. Quand l'innocence a besoin de faveurs et de grâces, elle est heureuse au moins de les recevoir d'une main dont elle peut s'honorer. Je voudrais écrire à madame la comtesse de Boufflers; mais l'heure presse, et le courrier ne repartira de huit jours.

N'ayant point encore commencé mes recherches, j'ignore en quel lieu je fixerai ma retraite : de nouvelles courses m'effraient trop pour la chercher bien loin d'ici. Tout séjour m'est bon pourvu qu'il soit ignoré, et que l'injustice et la violence ne viennent pas m'y poursuivre, et c'est un malheur qu'on n'a pas à craindre en ce pays. Je n'ose vous demander des nouvelles, je les attends horribles; mais les jugements du parlement de Paris ne sont pas si respectables qu'on n'en puisse appeler à l'Europe et à la postérité. Je prends la liberté de vous recommander ma pauvre gouvernante. Dans quel embarras je l'ai laissée, et quel bonheur pour elle et pour moi que vous ayez été à Montmorency dans ces temps de nos calamités!

A M. LE MARÉCHAL DE LUXEMBOURG.

Yverdun, le 17 juin 1762.

Je vous écrivis de Dôle, monsieur le maréchal, samedi dernier. Hier je vous écrivis d'ici par la route de Genève; et je vous écris aujourd'hui par la route de Pontarlier. En voilà maintenant pour huit jours avant qu'aucun courrier ne reparte. A l'égard de ceux de Paris pour ce pays, on peut écrire presque tous les jours; il y en a cependant trois de préférence, mais le mercredi est le meilleur.

Si quelque chose au monde pouvait me consoler de m'être éloigné de vous, ce serait de retrouver ici, dans un digne Suisse, tout l'accueil de l'amitié, et dans tous les habitants du pays l'hospitalité la plus douce et la moins gênante. Je n'ai pourtant dit mon nom qu'à M. Roguin, et je ne suis connu de personne que comme un de ses amis; mais je ne pourrai éviter d'être présenté, aujourd'hui ou demain, à M. le bailli, qui est ici le gouverneur de la province. J'espère qu'en m'ouvrant à lui il me gardera le secret.

Tous mes arrangements ultérieurs dépendent tellement de la décision de mademoiselle Le Vasseur, qu'il faut que j'en sois instruit avant que de rien faire. Je verrai en attendant tous les lieux des environs où je puis chercher un asile; mais je ne le choisirai qu'après que j'aurai su si elle veut le partager; et, là-dessus, je vous supplie qu'il ne lui soit rien insinué pour l'engager à venir si elle y a la moindre répugnance; car l'empressement de l'avoir avec moi n'est que le second de mes désirs; le premier sera toujours qu'elle soit heureuse et contente, et je crains qu'elle ne trouve ma retraite trop solitaire, qu'elle ne s'y ennuie. Si elle ne vient pas, je la regretterai toute ma vie; mais si elle vient, son séjour ici ne sera pas pour moi sans embarras; cependant qu'à cela ne tienne, et fût-elle ici dès demain!

Une autre chose qui me tient en suspens, c'est le sort des petits effets que j'ai laissés: s'ils me restent, ce que mademoiselle Le Vasseur ne voudra pas, et qui sera d'un plus facile transport, pourrait être emballé et encaissé, et envoyé ici par les soins de M. de Rougemont, banquier, rue Beaubourg, lequel est prévenu. Mais si le parlement juge à propos de tout confisquer et de s'enrichir de mes guenilles, il faut que je pourvoie ici peu à peu aux choses dont j'ai un absolu besoin. Voulez-vous bien, monsieur le maréchal, me faire donner un mot d'avis sur tout cela, et vous charger des lettres que mademoiselle Le Vasseur peut avoir à m'écrire? car elle n'a pas mon adresse, et je souhaite qu'elle ne soit communiquée à personne, ne voulant plus être connu que de vous. Voici une lettre pour elle. Je me crois autorisé, par vos bontés, à prendre ces sortes de libertés.

Je ne vous ai point fait l'histoire de mon voyage; il n'a rien de fort intéressant. Je ne vous renouvelle plus l'exposition de mes sentiments, ils seront toujours les mêmes. Mon tendre attachement pour vous est à l'épreuve du temps, de l'éloignement, des malheurs, de ces malheurs mêmes auxquels le cœur d'un honnête homme ne sait point se préparer, parce qu'il n'est pas fait pour l'ignominie, et qui l'absorbent tout entier quand ils lui sont arrivés. En cachant ma honte à toute la terre, je penserai toujours à vous avec attendrissement, et ce précieux souvenir fera ma consolation dans mes misères. Mais vous, monsieur le maréchal, daignerez-vous quelquefois vous souvenir d'un malheureux proscrit?

A MADEMOISELLE LE VASSEUR.

Yverdun, le 17 juin 1762.

Ma chère enfant, vous apprendrez avec grand plaisir que je suis en sûreté. Puissé-je apprendre bientôt que vous vous portez bien et que vous m'aimez toujours! Je me suis occupé de vous en partant et durant tout mon voyage; je m'occupe à présent du soin de nous réunir. Voyez ce que vous voulez faire, et ne suivez en cela que votre inclination; car quelque répugnance que j'aie à me séparer de vous après avoir si longtemps vécu ensemble, je le puis cependant sans inconvénient, quoique avec regret; et même votre séjour en ce pays trouve des difficultés qui ne m'arrêteront pourtant pas s'il vous convient d'y venir. Consultez-vous donc, ma chère enfant, et voyez si vous pourrez supporter ma retraite. Si vous venez, je tâcherai de vous la rendre douce, et je pourvoirai même, autant qu'il sera possible, à ce que vous puissiez remplir les devoirs de votre religion aussi souvent qu'il vous plaira. Mais si vous aimez mieux rester, faites-le sans scrupule, et je concourrai toujours de tout mon pouvoir à vous rendre la vie commode et agréable.

Je ne sais rien de ce qui se passe; mais les iniquités du parlement ne peuvent plus me surprendre, et il n'y a point d'horreurs auxquelles je ne sois déjà préparé. Mon enfant, ne me méprisez pas à cause de ma misère. Les hommes peuvent me rendre malheureux, mais ils ne sauraient me rendre méchant ni injuste; et vous savez mieux que personne que je n'ai rien fait contre les lois.

J'ignore comment on aura disposé des effets qui sont restés dans ma maison; j'ai toute confiance en la complaisance qu'a eue M. Dumoulin de vouloir bien en être le gardien. Je crois que cela pourra lever bien des difficultés que d'autres auraient pu faire. Je ne présume pas que le parlement, tout injuste qu'il est, ait la bassesse de confisquer mes guenilles. Cependant, si cela arrivait, venez avec rien, mon enfant, et je serai consolé de tout quand je vous aurai près de moi. Si, comme je le crois, on ferme les yeux et qu'on vous laisse disposer du tout, consultez MM. Mathas, Dumoulin, de La Roche, sur la manière de vous défaire de tout cela ou de la plus grande partie, surtout des livres et des gros meubles, dont le transport coûterait plus qu'ils ne valent; et vous ferez emballer le reste avec soin, afin qu'il me soit envoyé par une voie qui est connue de M. le maréchal : mais, avant tout, vous tâcherez de me faire parvenir une malle pleine de linge et de hardes, dont j'ai un très grand besoin, donnant avec la malle un mémoire exact de tout ce qu'elle contient. Si vous venez, vous garderez ce qu'il y a de meilleur et qui occupe le moins de volume, pour l'apporter avec vous, ainsi que l'argent que le reste aura produit, dont vous vous servirez pour votre voyage. Si cela, joint à l'appoint du compte de M. de La Roche, excède ce qui vous est nécessaire, vous le convertirez en lettre de change par le banquier qui dirigera votre voyage; car, contre mon attente, j'ai trouvé qu'il faisait ici très cher vivre, que tout y coûtait beaucoup, et que s'il faut nous remonter absolument en meubles et hardes, ce ne sera pas une petite affaire. Vous savez qu'il y a l'épinette et quelques livres à restituer, et M. Mathas, et le boucher, et mon barbier à payer : je vous enverrai un mémoire sur tout cela. Vous avez dû trouver, dans le couvercle de la boîte aux bonbons, trois ou quatre écus qui doivent suffire pour le paiement du boucher.

Je ne suis point encore déterminé sur l'asile que je choisirai dans ce pays. J'attends votre réponse pour me fixer; car si vous ne veniez pas je m'arrangerais différemment. Je vous prie de témoigner à MM. Mathas et Dumoulin, à madame de Verdelin, à MM. Alamanni et Mandar, à M. et madame de La Roche, et généralement à toutes les personnes qui vous paraîtront s'intéresser à mon sort, combien il m'en a coûté pour quitter si brusquement tous mes amis, et un pays où j'étais bien voulu. Vous savez le vrai motif de mon départ; si personne n'eût été compromis dans cette malheureuse affaire, je ne serais sûrement jamais parti, n'ayant rien à me reprocher. Ne manquez pas aussi de voir de ma part M. le curé, et de lui marquer avec quelle édification j'ai toujours admiré son zèle et toute sa conduite, et combien j'ai regretté de m'éloigner d'un pasteur si respectable dont l'exemple me rendait meilleur. M. Alamanni avait promis de me faire faire un bandage semblable à un modèle qu'il m'a montré, excepté que ce qui était à droite devait être à gauche : je pense que ce bandage peut très bien se faire sans mesure exacte, en n'ouvrant pas les boutonnières, en sorte que je les pourrais faire ouvrir ici à ma mesure. S'il voulait bien prendre la peine de m'en faire faire deux semblables, je lui en serais sensiblement obligé; vous auriez le soin de lui en rembourser le prix et de me les envoyer dans la première malle que vous me ferez parvenir. N'oubliez pas aussi les étuis à bougies, et soyez attentive à envelopper le tout avec le plus grand soin.

Adieu, ma chère enfant. Je me console un peu des embarras où je vous laisse, par les bontés et la protection de M. le maréchal et de madame la maréchale, qui ne vous abandonneront pas au besoin. M. et madame Dubettier m'ont paru bien disposés pour vous; je souhaiterais que vous fissiez les avances d'un raccommodement, auquel ils se prêteront sûrement : que ne puis-je les raccommoder de même avec monsieur et madame de La Roche! Si j'étais resté j'aurais tenté cette bonne œuvre, et j'ai dans l'esprit que j'aurais réussi. Adieu derechef. Je vous recommande toutes choses, mais surtout de vous conserver et de prendre soin de vous.

A M. MOULTOU.

Yverdun, le 22 juin 1762.

Ce que vous me marquez, cher Moultou, est à peine croyable. Quoi! décrété sans être ouï! Et où est le délit? où sont les preuves? Genevois, si telle est votre liberté, je la trouve peu regrettable. Cité à comparaître, j'étais obligé d'obéir, au lieu qu'un décret de prise-de-corps ne m'ordonnant rien, je puis demeurer tranquille. Ce n'est pas que je ne veuille purger le décret, et me rendre dans les prisons en temps et lieu, curieux d'entendre ce qu'on peut avoir à me dire; car j'avoue que je ne l'imagine pas. Quant à présent, je pense qu'il est à propos de laisser au Conseil le temps de revenir sur lui-même, et de mieux voir ce qu'il a fait. D'ailleurs, il serait à craindre que dans ce moment de chaleur quelques citoyens ne vissent pas sans murmure le traitement qui m'est destiné, et cela pourrait ranimer des aigreurs qui doivent rester à jamais éteintes. Mon intention n'est pas de jouer un rôle, mais de remplir mon devoir.

Je ne puis vous dissimuler, cher Moultou, que, quelque pénétré que je sois de votre conduite dans cette affaire, je ne saurais l'approuver. Le zèle que vous marquez ouvertement pour mes intérêts ne me fait aucun bien présent, et me nuit beaucoup pour l'avenir en vous nuisant à vous-même. Vous vous ôtez un crédit que vous auriez employé très utilement pour moi dans un temps plus heureux. Apprenez à louvoyer, mon jeune ami, et ne heurtez jamais de front les passions des hommes, quand vous voulez les ramener à la raison. L'envie et la haine sont maintenant contre moi à leur comble. Elles diminueront quand, ayant depuis longtemps cessé d'écrire, je commencerai d'être oublié du public, et qu'on ne craindra plus de moi la vérité. Alors, si je suis encore, vous me servirez, et l'on vous écoutera. Maintenant taisez-vous; respectez la décision des magistrats et l'opinion publique; ne m'abandonnez pas ouvertement, ce serait une lâcheté; mais parlez peu de moi, n'affectez point de me défendre, écrivez-moi rarement, et surtout gardez-vous de me venir voir, je vous le défends avec toute l'autorité de l'amitié; enfin, si vous voulez me servir, servez-moi à ma mode, je sais mieux que vous ce qui me convient.

J'ai fait assez bien mon voyage, mieux que je n'eusse osé l'espérer : mais ce dernier coup m'est trop sensible pour ne pas prendre un peu sur ma santé. Depuis quelques jours je sens des douleurs qui m'annoncent peut-être une rechute. C'est grand dommage de ne pas jouir en paix d'une retraite si agréable. Je suis ici chez un ancien et digne patron et bienfaiteur, dont l'honorable et nombreuse famille m'accable, à son exemple, d'amitiés et de caresses. Mon bon ami, que j'aime à être bien voulu et caressé! Il me semble que je ne suis plus malheureux quand on m'aime : la bienveillance est douce à mon cœur, elle me dédommage de tout. Cher Moultou, un temps viendra peut-être que je pourrai vous presser contre mon sein, et cet espoir me fait encore aimer la vie.

A M. DE GINGINS DE MOIRY,

Membre du conseil souverain de la république de Berne, et Seigneur bailli à Yverdun.

Yverdun, le 22 juin 1762.

Monsieur,

Vous verrez, par la lettre ci-jointe, que je viens d'être décrété à Genève de prise-de-corps. Celle que j'ai l'honneur de vous écrire n'a point pour objet ma sûreté personnelle; au contraire, je sais que mon devoir est de me rendre dans les prisons de Genève, puisqu'on m'y a jugé coupable, et c'est certainement ce que je ferai sitôt que je serai assuré que ma présence ne causera aucun trouble dans ma patrie. Je sais, d'ailleurs, que j'ai le bonheur de vivre sous les lois d'un souverain équitable et éclairé, qui ne se gouverne point par les idées d'autrui, qui peut et qui veut protéger l'innocence opprimée. Mais, monsieur, il ne me suffit pas dans mes malheurs de la protection même du souverain, si je ne suis encore honoré de son estime, et s'il ne me voit de bon œil chercher un asile dans ses états. C'est sur ce point, monsieur, que j'ose implorer vos bontés, et vous supplier de vouloir bien faire au souverain Sénat un rapport de mes respectueux sentiments. Si ma démarche a le malheur de ne pas agréer à LL. EE., je ne veux point abuser d'une protection qu'elles n'accorderaient qu'au malheureux, et dont l'homme ne leur paraîtrait pas digne, et je suis prêt à sortir de leurs états, même sans ordre; mais si le défenseur de la cause de Dieu, des lois, de la vertu, trouve grâce devant elles, alors, supposé que mon devoir ne m'appelle point à Genève, je passerai le reste de mes jours dans la confiance d'un cœur droit et sans reproche, soumis aux justes lois du plus sage des souverains.

A M. MOULTOU.

Yverdun, le 24 juin 1762.

Encore un mot, cher Moultou, et nous ne nous écrirons plus qu'au besoin. Ne cherchez point à parler de moi; mais, dans l'occasion, dites à nos magistrats que je les respecterai toujours, même injustes; et à tous nos concitoyens, que je les aimerai toujours, même ingrats. Je sens dans mes malheurs que je n'ai point l'âme haineuse, et c'est une consolation pour moi de me sentir bon aussi dans l'adversité. Adieu, vertueux Moultou; si mon cœur est ainsi pour les autres, vous devez comprendre ce qu'il est pour vous.

A M. LE MARÉCHAL DE LUXEMBOURG.

Yverdun, le 29 juin 1762.

N'ayant plus à Paris d'autre correspondance que la vôtre, monsieur le maréchal, je me trouve forcé de vous importuner de mes commissions, puisque je ne puis m'adresser pour cela qu'à vous seul. Je crois qu'on a sauvé quelques exemplaires de mon dernier livre. M. le bailli d'Yverdun, qui m'a fait l'accueil le plus obligeant, a le plus grand empressement de voir cet ouvrage; et moi j'ai le plus grand désir et le plus grand intérêt de lui complaire. J'en ai promis aussi un à mon hôte et ami M. Roguin. Il s'agirait donc d'en faire empaqueter deux exemplaires, de les faire porter chez M. Rougemont, rue Beaubourg, en lui faisant remarquer sur une carte qu'il est prié par M. D. Roguin de les lui faire parvenir par la voie la plus courte et la plus sûre, qui est, je pense, le carrosse de Besançon. Pardon, monsieur le maréchal; je suis dans un de ces moments qui doivent tout excuser. Mes deux livres viennent d'exciter la plus grande fermentation dans Genève. On dit que la voix publique est pour moi; cependant ils sont défendus tous deux. Ainsi mes malheurs sont au comble; il ne peut plus guère m'arriver pis.

J'attends avec grande impatience un mot sur la décision de mademoiselle

Le Vasseur, dont le séjour ici ne sera pas sans inconvénient; mais qu'à cela ne tienne, et qu'elle fasse ce qu'elle aimera le mieux.

A MADAME CRAMER DE LON.

2 juillet 1762.

Il y a longtemps, madame, que rien ne m'étonne plus de la part des hommes, pas même le bien quand ils en font. Heureusement je mets toutes les vingt-quatre heures un jour de plus à couvert de leurs caprices; il faudra bientôt qu'ils se dépêchent s'ils veulent me rendre la victime de leurs jeux d'enfants.

A MADAME LA COMTESSE DE BOUFFLERS.

Yverdun, 4 juillet 1762.

Touché de l'intérêt que vous prenez à mon sort, je voulais vous écrire, madame, et je le voudrais plus que jamais : mais ma situation, toujours empirée, me laisse à peine un moment à dérober aux soins les plus indispensables. Peut-être dans deux jours serai-je forcé de partir d'ici; et tandis que j'y reste, je vous réponds qu'on ne m'y laisse pas sans occupation. Il faut attendre que je puisse respirer pour vous rendre compte de moi. Mademoiselle Le Vasseur m'avait déjà parlé de vos bontés pour elle, et de celles de M. le prince de Conti. J'emporte en mon cœur tous les sentiments qu'elles m'ont inspirés : puissent des jours moins orageux m'en laisser jouir plus à mon aise!

Vous m'étonnez, madame, en me reprochant mon indignation contre le parlement de Paris. Je le regarde comme une troupe d'étourdis qui, dans leurs jeux, font, sans le savoir, beaucoup de mal aux hommes; mais cela n'empêche pas qu'en ne l'accusant envers moi que d'iniquité, je ne me sois servi du mot le plus doux qu'il était possible. Puisque vous avez lu le livre, vous savez bien, madame, que le réquisitoire de l'avocat-général n'est qu'un tissu de calomnies qui ne pourraient sauver que par leur bêtise le châtiment dû à l'auteur, quand il ne serait qu'un particulier. Que doit-ce être d'un homme qui ose employer le sacré caractère de la magistrature à faire le métier qu'il devrait punir?

C'est cependant sur ce libelle qu'on se hâte de me juger dans toute l'Europe, avant que le livre y soit connu; c'est sur ce libelle que, sans m'assigner ni m'entendre, on a commencé par me décréter, à Genève, de prise de corps; et quand enfin mon livre y est arrivé, sa lecture y a causé l'émotion, la fermentation qui y règne encore à tel point, que le magistrat désavoue son décret, nie même qu'il l'ait porté, et refuse, à la requête même de ma famille, la communication du jugement rendu en conseil à cette occasion : procédé qui n'eut peut-être jamais d'exemple depuis qu'il existe des tribunaux.

Il est vrai que le crédit de M. de Voltaire à Genève a beaucoup contribué à cette violence et à cette précipitation. C'est à l'instigation de M. de Voltaire qu'on y a vengé, contre moi, la cause de Dieu. Mais à Berne, où le même réquisitoire a été imprimé dans la gazette, il y a produit un tel effet, que je sais, de M. le bailli même, qu'il attend, peut-être demain, l'ordre de me faire sortir des terres de la république; et je puis dire qu'il le craint. Je sais bien que, quand mon livre sera parvenu à Berne, il y excitera la même indignation qu'à Genève contre l'auteur du réquisitoire; mais en attendant, je serai chassé; l'on ne voudra pas s'en dédire, et, quand on le voudrait, il ne me conviendrait pas de revenir. Ainsi successivement on me refusera partout l'air et l'eau. Voilà l'effet de ces procédures si régulières, dont vous voulez que j'admire l'équité.

Vous pouvez bien juger, madame, que toutes ces circonstances ne peuvent que me rendre encore plus précieuses les offres de madame ***, et, si j'ai l'honneur d'être connu de vous, vous pourrez aisément lui faire comprendre à quel point j'en suis touché. Mais, madame, où est ce château? Faut-il encore faire des voyages, moi qui ne puis plus me tenir? Non; dans l'état où je suis, il ne me reste qu'à me laisser chasser de frontière en frontière, jusqu'à ce que je ne puisse plus aller. Alors le dernier fera de moi ce qu'il lui plaira. A l'égard de l'Angleterre, vous jugez bien qu'elle est désormais pour moi comme l'autre monde : je ne la reverrai de mes jours.

Je devrais maintenant vous parler de vos propres offres, madame, de ma reconnaissance, du chevalier de Lorenzi, de miss Becquet, et de mille autres choses qui, dans vos bontés pour moi, m'importent à vous dire. Mais voilà du monde; le papier me manque, et la poste partira bientôt. Il faut finir pour aujourd'hui.

A M. MOULTOU.

Yverdun, 6 juillet 1762.

Je vois bien, cher concitoyen, que tant que je serai malheureux vous ne pourrez vous taire, et cela vraisemblablement m'assure vos soins et votre correspondance pour le reste de mes jours. Plaise à Dieu que toute votre conduite dans cette affaire ne vous fasse pas autant de tort qu'elle vous fera d'honneur! Il ne fallait pas moins, avec votre estime, que celle de quelques vrais pères de la patrie pour tempérer le sentiment de ma misère dans un concours de calamités que je n'ai jamais dû prévoir : la noble fermeté de M. Jalabert ne me surprend point. J'ose croire que son sentiment était le plus honorable au Conseil, ainsi que le plus équitable; et pour cela même je lui suis encore plus obligé du courage avec lequel il l'a soutenu. C'est bien des philosophes qui lui ressemblent qu'on peut dire que s'ils gouvernaient les états, les peuples seraient heureux.

Je suis aussi fâché que touché de la démarche des citoyens dont vous me parlez. Ils ont cru, dans cette affaire, avoir leurs propres droits à défendre sans voir qu'ils me faisaient beaucoup de mal. Toutefois, si cette démarche s'est faite avec la décence et le respect convenables, je la trouve plus nuisible que répréhensible. Ce qu'il y a de très sûr, c'est que je ne l'ai ni sue ni approuvée, non plus que la requête de ma famille, quoiqu'à dire le vrai, le refus qu'elle a produit soit surprenant et peut-être inouï.

Plus je pèse toutes les considérations, plus je me confirme dans la résolution de garder le plus parfait silence. Car enfin que pourrais-je dire sans renouveler le crime de Cham? Je me tairai, cher Moultou, mais mon livre parlera pour moi; chacun y doit voir avec évidence que l'on m'a jugé sans m'avoir lu.

Donzel est venu chargé du livre de Deluc; mais il ne m'a point dit être envoyé par lui. Ils prennent bien leur temps pour me faire des visites! Les sermons par écrit n'importunent qu'autant qu'on veut; mais que M. Deluc ne m'en vienne pas faire en personne. Il s'en retournerait peu content.

Non-seulement j'attendrai le mois de septembre avant d'aller à Genève, mais je ne trouve pas même ce voyage fort nécessaire depuis que le Conseil lui-même désavoue le décret, et je ne suis guère en état d'aller faire pareille corvée. Il faut être fou, dans ma situation, pour courir à de nouveaux désagréments quand le devoir ne l'exige pas. J'aimerai toujours ma patrie, mais je n'en peux plus revoir le séjour avec plaisir.

On a écrit ici à M. le bailli que le sénat de Berne, prévenu par le réquisitoire imprimé dans la gazette, doit dans peu m'envoyer un ordre de sortir des terres de la république. J'ai peine à croire qu'une pareille délibération soit mise à exécution dans un si sage Conseil. Sitôt que je saurai mon sort, j'aurai soin de vous en instruire; jusque-là, gardez-moi le secret sur ce point.

Ce réquisitoire, ou plutôt ce libelle, me poursuit d'état en état pour me faire interdire partout le feu et l'eau. On vient encore de l'imprimer dans le

Mercure de Neuchâtel. Est-il possible qu'il ne se trouve pas dans tout le public un seul ami de la justice et de la vérité qui daigne prendre la plume et montrer les calomnies de ce sot libelle, lesquelles ne pourraient que par leur bêtise sauver l'auteur du châtiment qu'il recevrait d'un tribunal équitable, quand il ne serait qu'un particulier? Que doit-ce être d'un homme qui ose employer le sacré caractère de la magistrature à faire le métier qu'il devrait punir? Je vous embrasse de tout mon cœur.

Je dois vous dire que Donzel m'a questionné si curieusement sur mes correspondances, que je l'ai jugé plus espion qu'ami.

AU MÊME.

Motiers-Travers, le 11 juillet 1762.

Avant-hier, cher Moultou, je fus averti que le lendemain devait m'arriver de Berne l'ordre de sortir des terres de la république dans l'espace de quinze jours; et l'on m'apprit aussi que cet ordre avait été donné à regret, aux pressantes sollicitations du Conseil de Genève. Je jugeai qu'il me convenait de le prévenir; et avant que cet ordre arrivât à Yverdun j'étais hors du territoire de Berne. Je suis ici depuis depuis hier, et j'y prends haleine jusqu'à ce qu'il plaise à MM. de Voltaire et Tronchin de m'y poursuivre et de m'en faire chasser; ce que je ne doute pas qui n'arrive bientôt. J'ai reçu votre lettre du 7 : n'avez-vous pas reçu la mienne du 6? Ma situation me force à consentir que vous écriviez, si vous le jugez à propos, pourvu que ce soit d'une manière convenable à vous et à moi, sans emportements, sans satires, surtout sans éloges, avec douceur et dignité, avec force et sagesse; enfin, comme il convient à un ami de la justice encore plus que de l'opprimé. Du reste, je ne veux point voir cet ouvrage; mais je dois vous avertir que, si vous l'exécutez comme j'imagine, il immortalisera votre nom (car il faut vous nommer ou ne pas écrire). Mais vous serez un homme perdu. Pensez-y. Adieu, cher Moultou.

Vous pouvez continuer de m'écrire sous le pli de M. Roguin, ou ici directement; mais écrivez rarement.

A MYLORD MARÉCHAL.

Vitam impendere vero.

Juillet 1762.

Mylord,

Un pauvre auteur proscrit de France, de sa patrie, du canton de Berne, pour avoir dit ce qu'il pensait être utile et bon, vient chercher un asile dans les états du roi. Mylord, ne me l'accordez pas si je suis coupable, car je ne demande point de grâce et ne crois point en avoir besoin; mais si je ne suis qu'opprimé, il est digne de vous et de sa majesté de ne pas me refuser le feu et l'eau qu'on veut m'ôter par toute la terre. J'ai cru devoir déclarer ma retraite et mon nom trop connu par mes malheurs; ordonnez de mon sort, je suis soumis à vos ordres; mais si vous m'ordonnez aussi de partir dans l'état où je suis, obéir m'est impossible, et je ne saurais plus où fuir.

Daignez, mylord, agréer les assurances de mon profond respect.

AU ROI DE PRUSSE.

A Motiers-Travers, juillet 1762.

J'ai dit beaucoup de mal de vous; j'en dirai peut-être encore; cependant, chassé de France, de Genève, du canton de Berne, je viens chercher un asile dans vos états. Ma faute est peut-être de n'avoir pas commencé par là : cet éloge est de ceux dont vous êtes digne. Sire, je n'ai mérité de vous aucune grâce, et je n'en demande pas; mais j'ai cru devoir déclarer à votre majesté que j'étais en son pouvoir, et que j'y voulais être; elle peut disposer de moi comme il lui plaira.

A M. MOULTOU.

Motiers-Travers, le 15 juillet 1762.

Votre dernière lettre m'afflige fort, cher Moultou. J'ai tort dans les termes, je le sens bien; mais ceux d'un ami doivent-ils être si durement interprétés, et ne deviez-vous pas vous dire à vous-même : S'il dit mal, il ne pense pas ainsi?

Quand j'ai demandé s'il ne se trouverait pas un ami de la justice et de la vérité pour prendre ma défense contre le réquisitoire, j'imaginais si peu que ce discours eût quelque trait à vous, que quand vous m'avez proposé de vous charger de ce soin, j'en ai été effrayé pour vous, comme vous l'aurez pu voir dans ma précédente. Il ne m'est pas même venu dans l'esprit qu'une pareille entreprise vous fût praticable en cette occasion, et d'autant moins que mes défenseurs, si jamais j'en ai, ne doivent point être anonymes. Mais sachant que vous voyez et connaissez des gens de lettres, j'ai pensé que vous pourriez exciter ou encourager en quelqu'un d'eux l'idée de faire ce que, sans imprudence, vous ne pouvez faire vous-même; et que, si le projet était bien exécuté, il vous remercierait quelque jour peut-être de le lui avoir suggéré.

Cependant, comme personne ne connaît mieux que vous votre situation et vos risques, que d'ailleurs cette entreprise est belle et honnête, et que je ne connais personne au monde qui puisse mieux s'en tirer et s'en faire honneur, si vous avez le courage de la tenter après l'avoir bien examinée, je ne m'y oppose pas, persuadé que, selon l'état des choses que je ne connais point et que vous pouvez connaître, elle peut vous être plus glorieuse que périlleuse. C'est à vous de bien peser tout avant que de vous résoudre. Mais comme c'est votre avis que vous devez dire, et non pas le mien, je persiste dans la résolution de ne pas me mêler de votre ouvrage, et de ne le voir qu'avec le public.

Ce que M. de Voltaire a dit à madame d'Anville sur la délibération du sénat de Berne à mon sujet n'est rien moins que vrai, et il le savait mieux que personne. Le 9 de ce mois, M. le bailli d'Yverdun, homme d'un mérite rare, et que j'ai vu s'attendrir sur mon sort jusqu'aux larmes, m'avoua qu'il devait recevoir le lendemain et me signifier le même jour l'ordre de sortir dans quinze jours des terres de la république. Mais il est vrai que cet avis n'a pas passé sans contradiction ni sans murmure, et qu'il y a eu peu d'approbateurs dans le Deux-Cents, et aucun dans le pays. Je partis le même jour 9, et le lendemain j'arrivai ici, où, malgré l'accueil qu'on m'y fait, j'aurais tort de me croire plus en sûreté qu'ailleurs. Mylord maréchal attend à mon sujet des ordres du roi, et, en attendant, m'a écrit la réponse la plus obligeante.

Comment pouvez-vous penser que ce soit par rapport à moi que je veux suspendre notre correspondance? Jugez-vous que j'aie trop de consolations pour vouloir encore m'ôter les vôtres? Si vous ne craignez rien pour vous, écrivez, je ne demande pas mieux; et surtout n'allez pas sans cesse interprétant si mal les sentiments de votre ami. Donnez mon adresse à M. Usteri. Je ne me cache point; on m'écrit même et l'on peut m'écrire ici directement sans enveloppe; je souhaite seulement que tous les désœuvrés ne se mettent pas à écrire comme ci-devant; aussi bien ne répondrai-je qu'à mes amis, et je ne puis être exact même avec eux. Adieu; aimez-moi comme je vous aime, et de grâce ne m'affligez plus.

Remerciez pour moi M. Usteri, je vous prie. Je ne rejette point ses offres; nous en pourrons reparler.

A M. DE GINGINS DE MOIRY.

Motiers, 24 juillet 1762.

J'use, monsieur, de la permission que vous m'avez donnée de rappeler à votre souvenir un homme dont le cœur plein de vous et de vos bontés conserva toujours chèrement les sentiments que vous lui avez inspirés. Tous mes malheurs me viennent d'avoir trop bien pensé des hommes. Ils me font sentir combien je m'étais trompé. J'avais besoin, monsieur, de vous connaître, vous et le petit nombre de ceux qui vous ressemblent, pour ne pas me reprocher une erreur qui m'a coûté si cher. Je savais qu'on ne pouvait dire impunément la vérité dans ce siècle, ni peut-être dans aucun autre : je m'attendais à souffrir pour la cause de Dieu ; mais je ne m'attendais pas, je l'avoue, aux traitements inouïs que je viens d'éprouver. De tous les maux de la vie humaine, l'opprobre et les affronts sont les seuls auxquels l'honnête homme n'est point préparé. Tant de barbarie et d'acharnement m'ont surpris au dépourvu. Calomnié publiquement par des hommes établis pour venger l'innocence, traité comme un malfaiteur dans mon propre pays que j'ai tâché d'honorer, poursuivi, chassé d'asile en asile, sentant à la fois mes propres maux et la honte de ma patrie, j'avais l'âme émue et troublée, j'étais découragé sans vous. Homme illustre et respectable, vos consolations m'ont fait oublier ma misère, vos discours ont élevé mon cœur, votre estime m'a mis en état d'en demeurer toujours digne : j'ai plus gagné par votre bienveillance que je n'ai perdu par mes malheurs. Vous me la conserverez, monsieur, je l'espère, malgré les hurlements du fanatisme et les adroites noirceurs de l'impiété. Vous êtes trop vertueux pour me haïr d'oser croire en Dieu, et trop sage pour me punir d'user de la raison qu'il m'a donnée.

M. . . . .

Motiers, juillet 1762.

J'ai rempli ma mission, monsieur, j'ai dit tout ce que j'avais à dire ; je regarde ma carrière comme finie ; il ne me reste plus qu'à souffrir et mourir ; le lieu où cela doit se faire est assez indifférent. Il importait peut-être que, parmi tant d'auteurs menteurs et lâches, il en existât un d'une autre espèce qui osât dire aux hommes des vérités utiles qui feraient leur bonheur s'ils savaient les écouter. Mais il n'importait pas que cet homme ne fût point persécuté ; au contraire, on m'accuserait peut-être d'avoir calomnié mon siècle si mon histoire même n'en disait plus que mes écrits ; et je suis presque obligé à mes contemporains de la peine qu'ils prennent à justifier mon mépris pour eux. On en lira mes écrits avec plus de confiance. On verra même, et j'en suis fâché, que j'ai souvent trop bien pensé des hommes. Quand je sortis de France je voulus honorer de ma retraite l'état de l'Europe pour lequel j'avais le plus d'estime, et j'eus la simplicité de croire être remercié de ce choix. Je me suis trompé ; n'en parlons plus. Vous vous imaginez bien que je ne suis pas, après cette épreuve, tenté de me croire ici plus solidement établi. Je veux rendre encore cet honneur à votre pays de penser que la sûreté que je n'y ai pas trouvée ne se trouvera pour moi nulle part. Ainsi, si vous voulez que nous nous voyions ici, venez tandis qu'on m'y laisse ; je serai charmé de vous embrasser.

Quant à vous, monsieur, et à votre estimable société, je suis toujours à votre égard dans les mêmes dispositions où je vous écrivis de Montmorency. Je prendrai toujours un véritable intérêt au succès de votre entreprise, et si je n'avais formé l'inébranlable résolution de ne plus écrire, à moins que la furie de mes persécuteurs ne me force à reprendre enfin la plume pour ma défense, je me ferais un honneur et un plaisir d'y contribuer ; mais, monsieur, les maux et l'adversité ont achevé de m'ôter le peu de vigueur d'esprit qui m'était resté ; je ne suis plus qu'un être végétatif, une machine ambulante ; il ne me reste qu'un peu de chaleur dans le cœur pour aimer mes amis et ceux qui méritent de l'être : j'eusse été bien réjoui d'avoir à ce titre le plaisir de vous embrasser.

A MADAME LA MARÉCHALE DE LUXEMBOURG.

Motiers-Travers, 21 juillet 1762.

Je me hâte de vous apprendre, madame la maréchale, que mademoiselle Le Vasseur est arrivée ici hier en assez bonne santé, et le cœur plein de nouveaux sentiments qu'elle m'aurait communiqués si les miens pour vous étaient susceptibles d'augmentation, et si vos bontés et celles de M. le maréchal n'avaient pas dès longtemps atteint la mesure où les augmentations n'ajoutent plus rien. Elle m'a apporté un reçu de M. Rougemont d'une somme trop considérable pour être fort bien en règle, puisqu'entre autres articles M. de La Roche rembourse en entier les six cents francs que je lui remis au voyage de Pâques, sans faire aucune déduction des déboursés qu'il a faits pour mes habits d'Arménien; erreur sur laquelle j'attends éclaircissement et redressement.

Vous avez su, madame la maréchale, que pour prévenir l'ordre qui venait de m'être signifié de sortir du canton de Berne sous quinzaine, je suis venu, avant l'intimation de cet ordre, me réfugier dans les états du roi de Prusse, où mylord maréchal d'Ecosse, gouverneur du pays, m'a accordé, avec toutes sortes d'honnêtetés, la permission de demeurer jusqu'à la réception des ordres du roi, auquel il a donné avis de mon arrivée. En attendant, voici le second ménage dont je commence l'établissement : si l'on me chasse de celui-ci, je ne sais plus où aller, et je dois m'attendre qu'on me refusera le feu et l'eau par toute la terre. L'équitable et judicieux réquisitoire de M. Joly de Fleuri a produit tous ces effets : il a donné une telle horreur pour mon livre, qu'on ne peut se résoudre à le lire, et qu'on n'a rien de plus pressé à faire que de proscrire l'auteur comme le dernier des scélérats. Quand enfin quelque téméraire ose faire cette abominable lecture et en parler, tout surpris de ce qu'on trouve et de ce qu'on a fait, on s'en repent, comme il est arrivé à Genève, et comme il arrive actuellement à Berne; on maudit le réquisitoire et son fat auteur : mais l'infortuné n'en demeure pas moins proscrit : et vous savez que la maxime la plus fondamentale de tout gouvernement est de ne jamais revenir des sottises qu'il a faites. Du reste, c'est le polichinelle Voltaire et le compère Tronchin, qui, tout doucement et derrière la toile, ont mis en jeu toutes les autres marionnettes de Genève et de Berne : celles de Paris sont menées aussi, mais plus adroitement encore, par un autre arlequin que vous connaissez bien. Reste à savoir s'il y a aussi des marionnettes à Berlin. Je vous demande pardon de mes folies; mais, dans l'état où je suis, il faut s'égayer ou s'égorger.

J'ai envoyé ci-devant à M. le maréchal copie d'une lettre d'un membre de notre conseil des Deux-Cents au sujet de mon *Contrat social*. Cette lettre ayant fait beaucoup de bruit, l'auteur a pris noblement le parti de la reconnaître par-devant nos quatre syndics : aussitôt l'affaire est devenue criminelle, et l'on est maintenant occupé et embarrassé peut-être à former un tribunal pour la juger. Trop intéressé dans tout cela, je suis suspect en jugeant mes juges; mais j'avoue que les Genevois me paraissent devenus fous. Quoi qu'il en soit, qu'on fasse tout ce qu'on voudra, je ne dirai rien, je n'écrirai point, je resterai tranquille : tout ceci me paraît trop violent pour pouvoir durer.

Excusez, madame la maréchale, mes longues jérémiades. Avec qui épancherais-je mon cœur, si ce n'était avec vous? Je n'ai pas peur qu'elles vous ennuient, mais qu'elles ne vous chagrinent : encore un coup, ceci ne saurait durer. Après les peines vient le repos; cette alternative n'a jamais manqué dans ma vie : et il me reste un espoir très solide, c'est que mon sort ne peut plus changer qu'en mieux, à moins que vous ne vinssiez à m'oublier; malheur que j'ai d'autant moins à craindre que je ne l'endurerais pas longtemps. Après vos bontés et celles de M. le maréchal, rien n'a tant pénétré mon âme que celles que M. le prince de Conti a daigné étendre jusqu'à mademoiselle Le Vasseur. Pour madame la comtesse de Boufflers, il faut l'adorer. Eh! pourquoi me plaindre de mes malheurs? ils m'étaient nécessaires pour sentir tout le prix des biens qui m'étaient laissés.

On peut m'écrire en droiture à Motiers-Travers, sous mon nom, ou, si l'on aime mieux, sous le couvert de M. le major Girardier; mais il faut que les lettres soient affranchies jusqu'à Pontarlier. Il ne m'est encore arrivé aucune malle.

Quand M. de La Tour a voulu faire graver mon portrait je m'y suis opposé; j'y consens maintenant si vous le jugez à propos, pourvu qu'au lieu d'y mettre mon nom l'on n'y mette que ma devise : ce sera désormais assez me nommer.

Le nom de ma demeure doit être écrit ainsi :

A Motiers-Travers, par Pontarlier.

A M. MOULTOU.

Motiers, le 24 juillet 1762.

La lettre ci-jointe, mon bon ami, a été occasionnée par une de M. Marcet, dans laquelle il me rapporte celle qu'il a écrit à Genève au sujet du tribunal légal qu'on dit devoir être formé contre M. Pictet. Comme depuis fort longtemps je n'ai eu nulle correspondance avec M. Marcet, et que j'ignore quelle est aujourd'hui sa manière de penser, j'ai cru devoir vous adresser la lettre que je lui écris, pour être envoyée ou supprimée, comme vous le jugez à propos. Au reste, ne soyez pas surpris de me voir changer de ton; mon expulsion du canton de Berne, laquelle vient certainement de Genève, a comblé la mesure. Un état dans lequel le poète et le jongleur règnent ne m'est plus rien; il vaut mieux que j'y sois étranger qu'ennemi. Que la crainte de nuire à mes intérêts dans ce pays-là ne vous empêche donc pas d'envoyer la lettre, si vous n'avez nulle autre raison pour la supprimer. Je jugerai désormais de sangfroid toutes les folies qu'ils vont faire, et je les jugerai comme s'il n'était pas question de moi.

Si vous persistez dans le projet que vous aviez formé, je vous recommande sur toute chose le réquisitoire de Paris, fabriqué à Montmorency par deux prêtres déguisés, qui font la *Gazette ecclésiastique*, et qui m'ont pris en haine parce que je n'ai pas voulu me faire janséniste. Il ne faut pourtant pas dire tout cela, du moins ouvertement; mais en montrant combien ce libelle est calomnieux et méchant, il n'est pas défendu de montrer combien il est bête. Du reste, parlez peu de Genève et de ce qui s'y est fait, de même qu'à Berne et même à Neuchâtel, où l'on vient aussi de défendre mon livre. Il faut avouer que les prêtres papistes ont chez les réformés des recors bien zélés.

Je n'aimerais pas trop que votre ouvrage fût imprimé à Zurich, ou du moins qu'il ne le fût que là; car ce serait le moyen qu'il ne fût connu qu'en Suisse et à Genève. J'aimerais bien mieux qu'il se répandît en France et en Angleterre, où je suis un peu plus en honneur. Ne pourriez-vous pas vous adresser à Rey, surtout si vous vous nommez? Car, si vous gardez l'anonyme, il ne faudrait peut-être pas vous servir de lui de peur qu'on ne crût que l'ouvrage vient de moi. Du reste, travaillez avec confiance, et n'allez pas vous figurer que vous manquez de talent; vous en avez plus que vous ne pensez. D'ailleurs l'amour du bien, la vertu, la générosité, vous élèveront l'âme. Vous songerez que vous défendez l'opprimé, que vous écrivez pour la vérité et pour votre ami; vous traiterez un sujet dont vous êtes digne; et je suis bien trompé dans mon espérance si vous n'effacez votre client. Surtout ne vous battez pas les flancs pour faire. Soyez simple, et aimez-moi. Adieu.

Convenons que nous ne parlerons plus de cet écrit dans nos lettres, de peur qu'elles ne soient vues; car je crois qu'il faut du secret.

Après un long silence, je viens de recevoir de M. Vernes une lettre de bavardage et de cafardise, qui m'achève de dévoiler le pauvre homme. Je m'étais bien trompé sur son compte. Ses directeurs l'ont chargé de me tirer, comme on dit, les vers du nez. Vous vous doutez bien qu'il n'aura pas de réponse.

A M. MARCET.

Vitam impendere vero.

Votre lettre, monsieur, sur l'affaire de M. Pictet est judicieuse; elle va très bien au fait. Permettez-moi d'y ajouter quelques idées pour achever de déterminer l'état de la question.

1. La doctrine de la Profession de foi du vicaire savoyard est-elle si évidemment contraire à la religion établie à Genève, que cela n'ait pas même pu faire une question, et que le Conseil, quand il s'agissait de l'honneur et du sort d'un citoyen, ait dû sur cet article ne pas même consulter les théologiens?

2. Supposé que cette doctrine y soit contraire, est-il bien sûr que Jean-Jacques Rousseau en soit l'auteur? L'est-il même qu'il soit l'auteur du livre qui porte son nom? Ne peut-on pas faussement imprimer le nom d'un homme à la tête d'un livre qui n'est pas de lui? Ne convenait-il pas de commencer par avoir ou des preuves ou la déclaration de l'accusé, avant de procéder contre sa personne? On dirait qu'on s'est hâté de le décréter sans l'entendre, de peur de le trouver innocent.

3. Le cas du parlement de Paris est tout-à-fait différent, et n'autorise point la procédure du Conseil de Genève. Le parlement ayant prétendu, je ne sais sur quel fondement, que le livre était imprimé dans le royaume sans approbation ni permission, avait ou croyait avoir à ce titre inspection sur le livre et sur l'auteur. Cependant tout le monde convient qu'il a commis une irrégularité choquante en décrétant d'abord de prise-de-corps celui qu'il devait premièrement assigner pour être ouï. Si cette procédure était légitime, la liberté de tout honnête homme serait toujours à la merci du premier imprimeur. On dira que la voix publique est unanime, et que celui à qui l'on attribue le livre ne le désavoue pas. Mais, encore une fois, avant que de flétrir l'honneur d'un homme irréprochable, avant que d'attenter à la liberté d'un citoyen, il faudrait quelque preuve positive : or, la voix publique n'en est pas une; et nul n'est tenu de répondre lorsqu'il n'est pas interrogé. Si donc la procédure du parlement de Paris est irrégulière en ce point, comme il est incontestable, que dirons-nous de celle du Conseil de Genève, qui n'a pas le moindre prétexte pour la fonder? Quelquefois on se hâte de décréter légèrement un accusé qu'on peut saisir, de peur qu'il ne s'échappe; mais pourquoi le décréter absent, à moins que le délit ne soit de la dernière évidence? Ce procédé violent est sans prétexte ainsi que sans raison. Quand le public juge avec étourderie, il est d'autant moins permis aux tribunaux de l'imiter que le public se rétracte comme il juge; au lieu que la première maxime de tous les gouvernements du monde est d'entasser plutôt sottise sur sottise que de convenir jamais qu'ils en ont fait une, encore moins de la réparer.

4. Maintenant supposons le livre bien reconnu pour être de l'auteur dont il porte le nom : il s'agit ensuite de savoir si la Profession de foi en est aussi. Autre preuve positive et juridique indispensable en cette occasion : car enfin, l'auteur du livre ne s'y donne point pour celui de la Profession de foi; il déclare que c'est un écrit qu'il transcrit dans son livre; et cet écrit, dans le préambule, paraît lui être adressé par un de ses concitoyens. Voilà tout ce qu'on peut inférer de l'ouvrage même; aller plus loin c'est deviner : et si

l'on se mêle une fois de deviner dans les tribunaux, que deviendront les p[ar]ticuliers qui n'auront pas le bonheur de plaire aux magistrats? Si donc ce qui est nommé à la tête du livre où se trouve la Profession de foi doit êt[re] puni pour l'avoir publiée, c'est comme éditeur et non comme auteur; on [a] nul droit de regarder la doctrine qu'elle contient comme étant la sien[ne] surtout après la déclaration qu'il fait lui-même qu'il ne donne point cet[te] profession de foi pour règle des sentiments qu'on doit suivre en matière [de] religion, et il dit pourquoi il la donne. Mais on imprime tous les jours d[e] Genève des livres catholiques, même de controverse, sans que le Cons[eil] cherche querelle aux éditeurs. Par quelle injuste partialité punit-on l'édite[ur] genevois d'un ouvrage prétendu hétérodoxe, imprimé en pays étranger, sa[ns] rien dire aux éditeurs genevois d'ouvrages incontestablement hétérodox[es] imprimés dans Genève même?

5. A l'égard du *Contrat social*, l'auteur de cet écrit prétend qu'une religio[n] est toujours nécessaire à la bonne constitution d'un état. Ce sentiment pe[ut] bien déplaire au poëte Voltaire, au jongleur Tronchin, et à leurs satellite[s] mais ce n'est pas par là qu'ils oseront attaquer le livre en public. L'aut[eur] examine ensuite quelle est la religion civile sans laquelle nul état ne peu[t] être bien constitué. Il semble, il est vrai, ne pas croire que le christianisme[,] du moins celui d'aujourd'hui, soit cette religion civile indispensable à tou[te] bonne législation : et en effet beaucoup de gens ont regardé jusqu'ici [les] républiques de Sparte et de Rome comme bien constituées, quoiqu'elles [ne] crussent pas en Jésus-Christ. Supposons toutefois qu'en cela l'auteur se so[it] trompé : il aura fait une erreur en politique; car il n'est pas ici question d'autre chose. Je ne vois point où sera l'hérésie, encore moins le crime [à] punir.

6. Quant aux principes de gouvernement établis dans cet ouvrage, ils se réduisent à ces deux principaux : le premier, que légitimement la souveraineté appartient toujours au peuple; le second, que le gouvernement aristocratique est le meilleur de tous. Peut-être importerait-il beaucoup au peuple de Genève, et même à ses magistrats, de savoir précisément en quoi quelqu'un d'eu[x] trouve ce livre blâmable et son auteur criminel. Si j'étais procureur-général de la république de Genève, et qu'un bourgeois, quel qu'il fût, osât condamn[er] les principes établis dans cet ouvrage, je l'obligerais à s'expliquer avec clarté, ou je le poursuivrais criminellement comme traître à la patrie et criminel d[e] lèse-majesté.

On s'obstine cependant à dire qu'il y a un décret secret du Conseil contr[e] J.-J. Rousseau, et même que sa famille ayant par requête demandé communication de ce décret, elle lui a été refusée. Cette manière ténébreuse de procéder est effrayante ; elle est inouïe dans tous les tribunaux du monde, excepté celui des inquisiteurs d'état à Venise. Si jamais elle s'établissait à Genève, il vaudrait mieux être né Turc que Genevois.

Au reste, je ne puis croire qu'on érige contre M. Pictet le tribunal dont vous parlez. En tout cas, ce sera fournir à un homme ferme, qui a du sens, de la santé, des lumières, l'occasion de jouer un très beau rôle, et de donner à ses concitoyens de grandes leçons.

Celui qui vous écrit ces remarques vous aime et vous salue de tout son cœur.

A MADAME LA COMTESSE DE BOUFFLERS.

A Motiers-Travers, le 27 juillet 1762.

J'ai enfin le plaisir, madame, d'avoir ici mademoiselle Le Vasseur, et j'apprends d'elle à combien de nouveaux titres je dois être pénétré de reconnaissance pour les bienfaits que M. le prince de Conti a versés sur cette pauvre fille, pour les soins bien plus précieux dont il a daigné l'honorer, et surtout, madame, pour tout ce que vous avez fait pour elle et pour moi dans ces moments si tristes et si peu prévus. Pourquoi faut-il que la détresse et l'oppression qui resserrent mon cœur le ferment encore à l'effusion des sentiments dont il est pénétré? Tout est encore en dedans, madame, mais tout y est, et vous m'avez fait encore plus de bien que vous ne pensez.

La réponse du roi n'est point encore venue sur l'asile que j'ai cherché dans ses états, et j'ignore quels seront ses ordres à mon égard. Après ce qui vient de m'arriver à Berne, je ne dois me croire en sûreté nulle part; et j'avoue que, sans la nécessité qui m'y force, ce n'est pas ici que je le serais venu chercher, quelque plaisir que me fasse mademoiselle Le Vasseur. Surcroît d'embarras s'il faut fuir encore; et moi qui ne sait plus ni où ni comment, il ne me reste qu'à m'abandonner à la Providence et à me jeter tête baissée dans mon destin. L'argent ne me manque pas par les soins que l'on a pris de ma bourse et par ce qu'on a mis dans la sienne. Mais l'indigence pourrait augmenter mes infortunes, sans que l'argent les puisse adoucir, et je n'ai jamais été si misérable que quand j'ai été le plus riche. J'ai toujours ouï dire que l'or était bon à tout sans l'avoir jamais trouvé bon à rien.

Vous ne sauriez concevoir à quel point le réquisitoire de ce Fleuri a effarouché tous nos ministres; et ceux-ci sont les plus remuants de tous. Ils ne me voient qu'avec horreur : ils prennent beaucoup sur eux pour me souffrir dans les temples. Spinosa, Diderot, Voltaire, Helvétius, sont des saints auprès de moi. Il y a presque un raccommodement avec le parti philosophique pour me poursuivre de concert : les dévots ouvertement; les philosophes en secret, par leurs intrigues, toujours en gémissant tout haut sur mon sort. Le poète Voltaire et le jongleur Tronchin ont admirablement joué leur rôle à Genève et à Berne. Nous verrons si je prévois juste, mais j'ai peine à croire qu'on me laisse tranquille où je suis. Cependant jusqu'ici mylord maréchal paraît m'y voir de bon œil. J'ai reçu hier, sous la date et le timbre de Metz, d'un prétendu baron de Corval, une lettre à mourir de rire, laquelle sent son Voltaire à pleine gorge. Je ne puis résister, madame, à l'envie de vous transcrire quelques articles de la lettre de M. le baron, j'espère qu'elle vous amusera.

« Je voudrais pouvoir vous adresser, sans frais, deux de mes ouvrages. Le premier est un plan d'éducation tel que je l'ai conçu. Il n'approche pas de l'excellence du vôtre, mais jusqu'à vous j'étais le seul qui pût se flatter d'approcher le but de plus près. Le second est votre *Héloïse*, dont j'ai fait une comédie en trois actes, en prose, le mois de décembre dernier. Je l'ai communiquée à gens d'esprit, surtout aux premiers acteurs de notre théâtre messin. Tous l'ont trouvée digne de celui de Paris : elle est de sentiment, dans le goût de celles de feu M. de La Chaussée. Je l'ai adressée à M. Dubois, premier commis en chef des bureaux de l'artillerie et du génie, il y a trois mois, sans que j'en reçoive de réponse, je ne sais pourquoi. Si j'eusse connu l'excellence de votre cœur comme à présent et que j'eusse su votre adresse à Paris, je vous l'aurais adressée pour la corriger et la faire recevoir aux Français, à mon profit.

« J'ai une proposition à vous faire, je vous demande le même service que vous avez reçu du vicaire savoyard; c'est-à-dire de me recevoir chez vous, sans pension, pour deux ans; me loger, nourrir, éclairer et chauffer. Vous êtes le seul qui puissiez me conduire de toute façon à la félicité et m'apprendre à mourir. Mon excès d'humanité, inséparable de la pitié, m'a engagé à cautionner un militaire pour 3,200 livres. En établissant mes enfants, je ne me suis réservé qu'une pension de 1,300 livres : la voilà plus qu'absorbée pour deux ans; c'est ce qui me force à partager votre pain pendant cet intervalle. Vous n'aurez pas sujet de vous plaindre de moi : je suis très sobre; je n'aime que les légumes, et fort peu la viande; je renchéris sur la soupe, à laquelle je suis habitué deux fois par jour, je mange de tout, mais jamais de ces ragoûts faits dans le cuivre, ni de ces ragoûts raffinés qui empoisonnent.

« Je vous préviens que la suite d'une chute m'a rendu sourd; cependant j'entends très bien de l'oreille gauche, sans qu'on hausse la voix, pourvu qu'on me parle doucement et de près à cette oreille. De loin j'entends avec la plus grande facilité par des signes très faciles que je vous apprendrai, ainsi qu'à vos amis. Je ne suis point curieux; je ne questionne jamais; j'attends qu'on ait la bonté de me faire part de la conversation. »

Toute la lettre est sur le même ton. Vous me direz qu'il n'y a là qu'une folle plaisanterie. J'en conviens; mais je vois qu'en plaisantant cet honnête homme s'occupe de moi continuellement, et, madame, cela ne vaut rien. Je suis convaincu qu'on ne me laissera vivre en paix sur la terre que quand il m'aura oublié.

Depuis quinze jours je me mets souvent en devoir d'écrire au chevalier (de Lorenzi), et toujours quelque soin pressant m'en empêche; et même à présent que je voulais vous parler de vous, madame, de madame la maréchale, voilà qu'on vient m'arracher à moi-même et aux bienfaisantes divinités que mon cœur adore, pour aller, en vrai manichéen, servir celles qui peuvent me nuire, sans pouvoir me faire aucun bien.

A M. MOULTOU.

Motiers, 3 août 1762.

Je soupçonne, ami, que nos lettres sont interceptées, ou du moins ouvertes; car la dernière que vous m'avez envoyée de notre ami, avec un mot de vous au dos d'une autre lettre timbrée de Metz, ne m'est parvenue que six jours après sa date. Marquez-moi, je vous prie, si vous avez reçu celle que je vous écrivis il y a huit ou dix jours, avec une réponse à un citoyen de Genève qui m'avait écrit au sujet de l'affaire de M. Pictet. Je vous laissais le maître d'envoyer cette réponse à son adresse, ou de la supprimer si vous le jugiez à propos.

Vous aviez raison de croire que quelqu'un qui m'écrirait à Genève ne serait pas fort au fait de ma situation. Mais la lettre que vous m'avez envoyée, quoique datée et timbrée de Metz, sent son Voltaire à pleine gorge, et je ne doute point qu'elle ne soit de ce glorieux souverain de Genève, qui, tout occupé de ses noirceurs, ne néglige pas pour cela les plaisanteries; son génie universel suffit à tout. Laissez donc au rebut les lettres qu'on m'écrit à Genève; mes amis savent bien que ce n'est pas là qu'il faut me chercher désormais.

Je viens de recevoir l'arrêt du parlement qui me concerne, apostillé par un anonyme que j'ai lieu de soupçonner être un évêque. Quoi qu'il en soit, les notes sont bien faites et de bonne main; et je n'attends, pour vous faire passer ce papier, que de savoir si mes paquets et lettres vous parviennent sûrement et dans leur temps. C'est par la même défiance que je n'écris point à notre ami, que je ne veux pas compromettre; car, pour vous, il est désormais trop tard; vous êtes noté d'amitié pour moi, et c'est à Genève un crime irrémissible. Adieu.

Réponse aussitôt, je vous prie, si cette lettre vous parvient. Cachetez les vôtres avec un peu plus de soin, afin que je puisse juger si elles ont été ouvertes.

AU MÊME.

Motiers, ce 10 août 1762.

J'ai reçu hier au soir votre lettre du 7 : ainsi, à quelques petits retards près, notre correspondance est en règle; et si l'on n'ouvre pas nos lettres à Genève on ne les ouvre sûrement pas en Suisse. De sorte qu'à moins d'affaires importantes à traiter, et malgré les voies intermédiaires qu'on pourra vous proposer, je suis d'avis que nous continuions à nous écrire directement l'un à l'autre.

Si notre ami lisait dans mon cœur, il ne serait pas en peine de mon silence. Dites lui que, s'il peut me tenir parole sans se compromettre et sans qu'on sache où il va, j'aimerais bien mieux l'embrasser que lui écrire. Son projet de me réfuter est excellent, et peut même m'être très utile et très honorable. Il est bon qu'on voie qu'il me combat et qu'il m'aime; il est bon qu'on sache que mes amis ne me sont point attachés par esprit de parti, mais par un sincère amour pour la vérité, lequel nous unit tous.

L'arrêt est si volumineux que j'ai mieux aimé vous transcrire les notes. Attachez-vous surtout à la huitième. Quelle doctrine abominable que celle de ce réquisitoire, qui détruit tout principe commun de société entre les fidèles et les autres hommes! Conséquemment à cette doctrine il faut nécessairement poursuivre et massacrer comme des loups tous ceux qui ne sont pas jansénistes : car si la loi naturelle est criminelle, il faut brûler ceux qui ne la suivent pas. Ce que vous a mandé M. C..... ne doit point vous retenir; car, outre que je n'ai pas grande foi à ses almanachs, vous devez toujours parler du parlement avec le plus grand respect, et même avec considération de l'avocat-général. Le tort de ce magistrat est très grand, sans doute, d'avoir adopté ce réquisitoire sans avoir lu le livre; mais il serait bien plus grand encore s'il en était lui-même l'auteur. Ainsi séparez toujours le tribunal et l'homme du libelle, et tombez sur cet horrible écrit comme il le mérite. C'est un vrai service à rendre au genre humain d'attirer sur cet écrit toute l'exécration qui lui est due; nul ménagement pour votre ami ne doit l'emporter sur cette considération.

Je souhaiterais que l'écrit de notre ami fût imprimé en France, et même le vôtre; car il est bon qu'ils y paraissent, et s'ils sont imprimés dehors on ne les y laissera pas entrer. Je pense encore qu'il ne trouvera nulle part ailleurs un certain profit de son ouvrage, et il faut un peu faire ce qu'il ne fera pas, c'est-à-dire songer à ses intérêts. Si vous jugez à propos de me confier ce soin, je tâcherai de le remplir. Cependant je crois que l'homme dont je vous ai parlé ci-devant pourrait également se charger de cette affaire. Mais, comme je n'ai point de ses nouvelles, je ne me soucie pas de lui écrire le premier. A l'égard de la Suisse et de Genève, j'ai cessé de prendre intérêt à ce qu'on y pensait de moi. Ces gens-là sont si cafards, ou si faux, ou si bêtes, qu'il faut renoncer à les éclairer.

Plus je médite sur votre entreprise, plus je la trouve grande et belle. Jamais plus noble sujet ne put être plus dignement traité. Votre état même vous permet et vous prescrit de mettre dans vos discours une certaine élévation qui ne siérait pas à tout autre. Quelle touchante voix que celle du chrétien relevant les fautes de son ami! et quel spectacle aussi de le voir couvrir l'opprimé de l'égide de l'Évangile! Ministre du Très-Haut, faites tomber à vos pieds tous ces misérables, sinon jetez la plume et courez vous cacher; vous ne ferez jamais rien.

Il est certain qu'il y a des gens de mauvaise humeur à Neuchâtel, qui meurent d'envie d'imiter les autres et de me chercher chicane à leur tour; mais outre qu'ils seront retenus par d'autres gens plus sensés, que peuvent-ils me faire? Ce n'est pas sous leur protection que je me suis mis, c'est sous celle du roi de Prusse; il faut attendre ses ordres pour disposer de moi : en attendant, il ne paraît pas que mylord maréchal soit d'avis de retirer la protection qu'il m'a accordée, et que probablement ils n'oseront pas violer. Au reste, comme l'expérience m'apprend à tout mettre au pis, il ne peut plus rien m'arriver de désagréable à quoi je ne sois préparé. Il est vrai cependant que dans cette affaire-ci j'ai trouvé la stupidité publique plus grande que je ne l'aurais attendu; car quoi de plus plaisant que de voir les dévots se faire les satellites de Voltaire et du parti philosophique, bien plus vivement ulcéré qu'eux, et les ministres protestants se faire, à ma poursuite, les archers des prêtres? La méchanceté ne me surprend plus; mais je vous avoue que la bêtise, poussée à ce point, m'étonne encore. Adieu, ami; je vous embrasse.

A MADAME LA MARÉCHALE DE LUXEMBOURG.

Motiers-Travers, le 14 août 1762.

Voici, madame la maréchale, une troisième lettre depuis mon arrivée à Motiers. Je vous supplie de ne pas vous rebuter de mon importunité; il est difficile de n'être pas un peu plus inquiet d'un long silence à un si grand éloignement que si l'on était plus à portée. Quand je vous écris, madame, vous m'êtes présente; c'est en quelque sorte comme si vous m'écriviez. Il faut se dédommager comme on peut de ce qu'on désire et qu'on ne saurait avoir. D'ailleurs M. le maréchal m'a marqué qu'il croyait que vous m'aviez écrit; et, pour savoir si les lettres se perdent, il faut accuser ce qu'on reçoit, et aviser de ce qu'on ne reçoit pas.

A MADAME LA COMTESSE DE BOUFFLERS.

Motiers-Travers, août 1762.

J'ai reçu dans leur temps, madame, vos deux lettres des 21 et 31 juillet, avec l'extrait par duplicata d'un P. S. de M. Hume, que vous y avez joint. L'estime de cet homme unique efface tous les outrages dont on m'accable. M. Hume était l'homme selon mon cœur, même avant que j'eusse le bonheur de vous connaître, et vos sentiments sur son compte ont encore augmenté les miens; il est le plus vrai philosophe que je connaisse, et le seul historien qui jamais ait écrit avec impartialité. Il n'a pas plus aimé la vérité que moi, j'ose le croire; mais j'ai mis de la passion dans sa recherche, et lui n'y a mis que ses lumières et son beau génie. L'amour-propre m'a souvent égaré par mon aversion même pour le mensonge; j'ai haï le despotisme en républicain, et l'intolérance en théiste. M. Hume a dit : Voilà ce que fait l'intolérance, et ce que fait le despotisme. Il a vu par toutes ses faces l'objet que la passion ne m'a laissé voir que par un côté. Il a mesuré, calculé les erreurs des hommes en être au-dessus de l'humanité. J'ai cent fois désiré et je désire encore voir l'Angleterre, soit pour elle-même, soit pour y converser avec lui, et cultiver son amitié, dont je ne me crois pas indigne. Mais ce projet devient de jour en jour moins praticable; et le grand éloignement des lieux suffirait seul pour le rendre tel, surtout à cause du tour qu'il faudrait faire, ne pouvant plus passer par la France.

Quoi! madame, moi qui ne puis plus, sans horreur, souffrir l'aspect d'une rue, moi qui mourrai de tristesse lorsque je cesserai de voir des prés, des buissons, des arbres devant ma fenêtre, irai-je maintenant habiter la ville de Londres? irai-je, à mon âge, et dans mon état, chercher fortune à la cour, et me fourrer parmi la valetaille qui entoure les ministres? Non, madame; je puis être embarrassé des restes d'une vie plus longue que je n'ai compté; mais ces restes, quoi qu'il arrive, ne seront point si mal employés. Je ne me suis que trop montré pour mon repos; je ne commencerai vraiment à jouir de moi que quand on ne saura plus que j'existe : or je ne vois pas, dans cette manière de penser, comment le séjour de l'Angleterre me serait possible; car si je n'en tire pas mes ressources, il m'en faudra bien plus là qu'ailleurs. Il est de plus très douteux que j'y vécusse dans mon indépendance aussi agréablement que vous le supposez. J'ai pris sur la nation anglaise une liberté qu'elle ne pardonne à personne, et surtout aux étrangers, c'est d'en dire le mal ainsi que le bien; et vous savez qu'il faut être buse pour aller vivre en Angleterre mal voulu du peuple anglais. Je ne doute pas que mon dernier livre ne m'y fasse détester, ne fût-ce qu'à cause de ma note sur le *Good naturel people*. Vous m'obligerez, madame, si vous pouvez vous informer de ce qu'il en est, et m'en instruire.

Quant à l'édition générale de mes écrits à faire à Londres, c'est une très bonne idée, surtout si ce projet peut s'exécuter en mon absence. Cependant, comme l'impression coûte beaucoup en Angleterre, à moins que l'édition ne fût magnifique et ne se fît par souscription, elle serait difficile à faire et j'en tirerais peu de profit.

Le château de Schleyden, étant moins éloigné, serait plus à ma portée, et l'avantage de vivre à bon marché, que je n'ai pas ici, serait dans mon état une grande raison de préférence; mais je ne connais pas assez M. et madame de La Mare pour savoir s'il me convient de leur avoir cette obligation; c'est à vous, madame, et à madame la maréchale à me décider là-dessus. A l'égard de la situation, je ne connais aucun séjour triste et vilain avec de la verdure; mais s'il n'y a que des sables ou des rochers tout nus, n'en parlons pas. J'entends peu ce que c'est qu'aller par corvées; mais, sur le seul mot, s'il n'y a pas d'autre moyen d'arriver au château, je n'irai jamais. Quant au troisième asile dont vous me parlez, je suis très reconnaissant de cette offre, mais très déterminé à n'en pas profiter. Au reste, il y a du temps pour délibérer sur les autres; car je ne suis point maintenant en état de voyager; et, quoique les hivers soient ici longs et rudes, je suis forcé d'y passer celui-ci à tout risque, ne présumant pas que le roi de Prusse, dont la réponse n'est point venue, me refuse, en l'état où je suis, l'asile qu'il a souvent accordé à des gens qui ne le méritaient guère.

Voilà, madame, quant à présent, ce que je puis vous dire, sur les soins relatifs à moi, dont vous voulez bien vous occuper. Soyez persuadée que mon sort tient moins à l'effet de ces mêmes soins qu'à l'intérêt qui vous les inspire. La bonté que vous avez de vous souvenir de mademoiselle Le Vasseur l'autorise à vous assurer de son profond respect. Il n'y a pas de jour qu'elle ne m'attendrisse en me parlant de vous et de vos bontés, madame. Je bénirais un malheur qui m'a si bien appris à vous connaître, s'il ne m'eût en même temps éloigné de vous.

A MYLORD MARÉCHAL.

Motiers-Travers, août 1762.

Mylord,

Il est bien juste que je vous doive la permission que le roi me donne d'habiter dans ses états, car c'est vous qui me la rendez précieuse; et si elle m'eût été refusée, vous auriez pu vous reprocher d'avoir changé mon départ en exil. Quant à l'engagement que j'ai pris avec moi de ne plus écrire, ce n'est pas, j'espère, une condition que sa majesté entend mettre à l'asile qu'elle veut bien m'accorder. Je m'engage seulement, et de très-bon cœur, envers elle et votre excellence, à respecter, comme j'ai toujours fait, dans mes écrits et dans ma conduite, les lois, le prince, les honnêtes gens, et tous les devoirs de l'hospitalité. En général, j'estime peu de rois, et je n'aime pas le gouvernement monarchique; mais j'ai suivi la règle des Bohémiens, qui, dans leurs excursions, épargnent toujours la maison qu'ils habitent. Tandis que j'ai vécu en France, Louis XV n'a pas eu de meilleur sujet que moi, et sûrement on ne me verra pas moins de fidélité pour un prince d'une autre étoffe. Mais, quant à ma manière de penser en général sur quelque matière que ce puisse être, elle est à moi, né républicain et libre; et, tant que je ne la divulgue pas dans l'état où j'habite, je n'en dois aucun compte au souverain; car il n'est pas juge compétent de ce qui se fait hors de chez lui par un homme qui n'est pas né son sujet. Voilà mes sentiments, mylord, et mes règles. Je ne m'en suis jamais départi, et je ne m'en départirai jamais. J'ai dit tout ce que j'avais à dire, et je n'aime pas à rabâcher. Ainsi, je me suis promis et je me promets de ne plus écrire; mais encore une fois je ne l'ai promis qu'à moi.

Non, mylord, je n'ai pas besoin que les agréables de Motiers m'en chassent pour désirer d'habiter la tour carrée; et si je l'habitais, ce ne serait sûrement pas pour m'y rendre invisible; car il vaut mieux être homme et votre semblable, que le *Tien* du vulgaire et *Dalay-Lama*. Mais j'ai commencé à m'arranger dans mon habitation, et je ne saurais en changer avant l'hiver, sans une incommodité qui effarouche, même pour vous. Si mes pèlerinages ne vous sont pas importuns, je ferai de mon temps un partage très-agréable, à peu près comme vous le marquez au roi. Ici, je ferai des lacets avec les femmes : à Colombier, j'irai penser avec vous.

A MADAME LATOUR.

Motiers-Travers, le 20 août 1762.

J'ai reçu, madame, vos trois lettres en leur temps; j'ai tort de ne vous avoir pas à l'instant accusé la réception de celle que vous avez envoyée à madame de Luxembourg, et sur laquelle vous jugez si mal d'une personne dont le cœur m'a fait oublier le rang. J'avais cru que ma situation vous ferait excuser des retards auxquels vous deviez être accoutumée, et que vous m'accuseriez plutôt de négligence que madame de Luxembourg d'infidélité. Je m'efforcerai d'oublier que je me suis trompé. Du reste, puisque, même dans la circonstance présente, vous ne savez que gronder avec moi, ni m'écrire que des reproches, contentez-vous, madame, si cela vous amuse; je m'en complairai peut-être un peu moins à vous répondre; mais cela n'empêchera pas que je ne reçoive vos lettres avec plaisir, et que votre amitié ne me soit toujours chère. Vous pouvez m'écrire en droiture ici, en ajoutant, *par Pontarlier;* mais il faut faire affranchir jusqu'à Pontarlier, sans quoi les lettres ne passent pas la frontière.

A M. DE MONTMOLIN.

Motiers, le 24 août 1762.

Monsieur,

Le respect que je vous porte, et mon devoir, comme votre paroissien, m'obligent, avant d'approcher de la sainte table, de vous faire de mes sentiments en matière de foi une déclaration, devenue nécessaire par l'étrange préjugé pris contre un de mes écrits, sur un réquisitoire calomnieux dont on n'aperçoit pas les principes détestables.

Il est fâcheux que les ministres de l'Evangile se fassent en cette occasion les vengeurs de l'Eglise romaine, dont les dogmes intolérants et sanguinaires sont seuls attaqués et détruits dans mon livre; suivant ainsi sans examen une autorité suspecte, faute d'avoir voulu m'entendre, ou faute même de m'avoir lu. Comme vous n'êtes pas, monsieur, dans ce cas-là, j'attends de vous un jugement plus équitable. Quoi qu'il en soit, l'ouvrage porte en soi tous ses éclaircissements; et comme je ne pourrais l'expliquer par lui-même, je l'abandonne tel qu'il est au blâme ou à l'approbation des sages, sans vouloir le défendre ni le désavouer.

Me bornant donc à ce qui regarde ma personne, je vous déclare, monsieur, avec respect, que depuis ma réunion à l'Eglise dans laquelle je suis né, j'ai toujours fait de la religion chrétienne réformée une profession d'autant moins suspecte, qu'on n'exigeait de moi dans le pays où j'ai vécu que de garder le silence, et laisser quelques doutes à cet égard, pour jouir des avantages civils dont j'étais exclu par ma religion. Je suis attaché de bonne foi à cette religion véritable et sainte, et je le serai jusqu'à mon dernier soupir. Je désire être toujours uni extérieurement à l'Eglise comme je le suis dans le fond de mon cœur; et, quelque consolant qu'il soit pour moi de participer à la communion des fidèles, je le désire, je vous proteste, autant pour leur édification et pour l'honneur du culte que pour mon propre avantage; car il n'est pas bon qu'on pense qu'un homme de bonne foi qui raisonne ne peut être un membre de Jésus-Christ.

J'irai, monsieur, recevoir de vous une réponse verbale, et vous consulter sur la manière dont je dois me conduire en cette occasion pour ne donner ni surprise au pasteur que j'honore, ni scandale au troupeau que je voudrais édifier.

Agréez, monsieur, je vous supplie, les assurances de tout mon respect.

A M. JACOB VERNET.

Motiers-Travers, le 31 août 1762.

Je crois, monsieur, devoir vous envoyer la lettre ci-jointe que je viens de recevoir dans l'enveloppe que je vous envoie aussi. Épuisé en ports de lettres anonymes, j'ai d'abord déchiré celle-ci par dépit sur le bavardage par lequel elle commence; mais ayant repris les pièces par un mouvement machinal, j'ai pensé qu'il pouvait vous importer de connaître quels sont les misérables qui passent leur temps à écrire ou dicter de pareilles bêtises. Nous avons, monsieur, des ennemis communs qui cherchent à brouiller deux hommes d'honneur qui s'estiment : je vous réponds, de mon côté, qu'ils auront beau faire, ils ne parviendront pas à m'ôter la confiance que je vous ai vouée et qui ne se démentira jamais, et j'espère bien aussi conserver les mêmes bontés dont vous m'avez honoré et que je ne mériterai point de perdre. J'apprends avec grand plaisir que non-seulement vous ne dédaignez pas de prendre la plume pour me combattre, mais que même vous me faites l'honneur de m'adresser la parole. Je suis très persuadé que, sans me ménager lorsque vous jugez que je me trompe, vous pouvez faire beaucoup plus de bien à vous, à moi, et à la cause commune, que si vous écriviez pour ma défense, tant je crois avoir bien saisi d'avance l'esprit de votre réfutation. Sur cette idée, je ne feindrai point, monsieur, de vous demander quelques exemplaires de votre ouvrage pour en distribuer dans ce pays-ci. Je me propose aussi d'en prévenir mes amis en France aussitôt que le titre m'en sera connu, persuadé qu'il suffira de l'y faire connaître pour l'y faire bientôt rechercher.

Je crois devoir vous prévenir que sur une lettre que j'ai écrite à M. de Montmollin, pasteur de Motiers, et dont je vous enverrai copie si vous le souhaitez, au cas qu'elle ne vous parvienne pas d'ailleurs, il a non-seulement consenti, mais désiré que je m'approchasse de la sainte table, comme j'ai fait avec la plus grande consolation dimanche dernier. Je me flatte, monsieur, que vous voudrez bien ne pas désapprouver ce qu'a fait en cette occasion l'un de messieurs vos collègues, ni me traiter dans votre écrit comme séparé de l'Église réformée, à laquelle m'étant réuni sincèrement et de tout mon cœur, j'ai, depuis ce temps, demeuré constamment attaché, et le serai, jusqu'à la fin de ma vie. Recevez, monsieur, les assurances inviolables de tout mon attachement et de tout mon respect.

A M. MOULTOU.

Motiers-Travers, 1er septembre 1762.

J'ai reçu dans son temps, mon ami, votre lettre du 21 août. J'étais alarmé de n'avoir rien reçu l'ordinaire précédent, parce que l'ami avec qui vous aviez conféré me marquait que vous m'écriviez par ce même ordinaire; ce qui me faisait craindre que votre lettre n'eût été interceptée. Il me paraît maintenant qu'il n'en était rien. Cependant je persiste à croire que si nous avions à nous marquer des choses importantes, il faudrait prendre quelques précautions.

J'ai eu le plaisir de passer, vendredi dernier, la journée avec M. le professeur Hess, lequel m'a appris bien des choses plus nouvelles pour moi que surprenantes, entre autres l'histoire de deux lettres que vous a écrites le jongleur à mon sujet, et votre réponse. Je suis pénétré de reconnaissance de vous voir rendre de jour en jour plus estimable et plus respectable un ami qui m'est si cher. Pour moi, je suis persuadé que le poète et le jongleur méditent quelque profonde noirceur, pour l'exécution de laquelle votre vertu leur est incommode. Je comprends qu'ils travailleraient plus à leur aise si je n'avais plus d'amis là-bas. Il me vient journellement de Genève des affluences d'espions qui font ici de moi les perquisitions les plus exactes. Ils viennent ensuite se renommer à moi de vous et de l'autre ami avec une affectation qui m'avertit assez de me tenir sur la réserve. J'ai résolu de ne m'ouvrir qu'à ceux qui m'apporteront des lettres. Ainsi n'écoutez point ce que tous les autres vous diront de moi.

Il me pleut aussi journellement des lettres anonymes, dans lesquelles je reconnais presque partout les fades plaisanteries et le goût corrompu du poète. On a soin de les faire beaucoup voyager, afin de me mieux dépayser et de m'en rendre les ports plus onéreux. Il m'en est venu cette semaine une dans laquelle on cherche, fort grossièrement à la vérité, à me rendre suspect l'homme de poids que vous me marquez avoir entrepris de me réfuter, et dont vous m'avez envoyé un passage qui commence par ce mot *testimonium*. J'ai déchiré cette lettre, dans un premier mouvement de mépris pour l'auteur; mais ensuite j'ai pris le parti d'envoyer les pièces à M. Vernet. Il est clair qu'on cherche à me brouiller avec notre clergé; très-certainement on ne réussira pas de mon côté; mais il est bon qu'on soit averti de l'autre.

Je dois vous dire qu'ensuite d'une lettre que j'avais écrite à M. de Montmollin, pasteur de Motiers, j'ai été admis sans difficulté et même avec empressement, à la sainte table dimanche dernier, sans qu'il ait même été question d'explication ni de rétractation. Si ma lettre ne vous parvient pas, et que vous en désiriez copie, vous n'avez qu'à parler.

Je crois qu'il n'est pas prudent que ni vous ni Roustan veniez me voir cette année; car très-certainement il est impossible que ce voyage demeure caché. Mais si je puis supporter ici la rigueur de l'hiver, et marcher encore l'année prochaine, mon projet est d'aller faire une tournée dans la Suisse et surtout à Zurich. Cher ami, si vous pouviez vous arranger pour faire cette promenade avec moi, cela serait charmant. Je verserais à loisir mon âme tout entière dans la vôtre, et puis je mourrais sans regret.

Vous m'écriviez ces mots dans votre dernière lettre : *Avec les notes que vous avez transcrit*. Il faut *transcrites*. C'est une faute que tout le monde fait à Genève. Cherchez ou rappelez-vous les règles de la langue sur les participes déclinables et indéclinables. Il est bon d'y penser quand on imprime, surtout pour la première fois, car on y regarde en France : c'est, pour ainsi dire, la pierre de touche du grammairien. Pardon, cher ami; l'intérêt que vous prenez à ma gloire doit me rendre excusable, si ma tendre sollicitude pour la vôtre va quelquefois jusqu'à la puérilité.

Je ne vous parle point de la réponse du roi de Prusse; je suppose que vous avez appris que sa majesté consent qu'on ne me refuse pas le feu et l'eau.

A M. THÉODORE ROUSSEAU.

A Motiers, le 11 septembre 1762.

Quelque plaisir, mon très cher cousin, que me fassent vos lettres, il m'est impossible de m'engager à vous répondre exactement, car il me faudrait plus de vingt-quatre heures dans la journée pour répondre à toutes les lettres qui me pleuvent, et mon état ne me permet pas d'écrire sans cesse. Ne me reprochez donc pas, je vous prie, que je vous dédaigne, et que je vous refuse des réponses; ce langage est hors de propos entre des parents qui s'estiment et qui s'aiment, et vous devez bien plutôt me plaindre d'être condamné à passer ma vie entière à faire toute autre chose que ma volonté. J'ai reçu votre première lettre, recommandée à M. le colonel Roguin, et la seconde aurait fait le même tour, par Yverdun, si les commis de la poste n'eussent eux-mêmes rectifié votre adresse. Il faut m'écrire directement à Motiers-Travers; de cette manière, vos lettres me parviendront aussi sûrement, beaucoup plus tôt, et coûteront moins.

Je ne suis point étonné qu'on commence à changer de manière de penser sur mon compte à Genève; le travers qu'on y avait pris était trop violent pour pouvoir durer. Il ne faut, pour en revenir, qu'ouvrir les yeux, lire soi-même, et ne pas me juger sur l'intérêt de certaines gens. Pour moi, j'ai déjà vu changer cinq ou six fois le public à mon égard; mais je suis toujours resté le même, et le serai, j'espère, jusqu'à la fin de mes jours. De quelque manière que tout ceci se termine, il me restera toujours un souvenir plein de reconnaissance de la démarche que vous et mon cousin, votre père, avez faite en cette occasion; démarche sage, vertueuse, faite très à-propos, et qui, quoique en apparence infructueuse, ne peut, dans la suite des temps, qu'être honorable à moi et à ma famille : soyez persuadé que je ne l'oublierai jamais.

J'ai ici mademoiselle Le Vasseur, à laquelle vous avez la bonté de vous intéresser. Elle parle souvent de vous, et de tous les bons traitements qu'elle et moi avons reçus de vos obligeants père et mère, durant mon séjour à Genève. Présentez-leur, je vous prie, mes plus tendres amitiés, et soyez persuadé, mon très cher cousin, que je vous suis attaché pour la vie.

A M. PICTET.

Motiers, le 23 septembre 1762.

Je suis touché, monsieur, de votre lettre; les sentiments que vous m'y montrez sont de ceux qui vont à mon cœur. Je sais d'ailleurs que l'intérêt que vous avez pris à mon sort vous en a fait sentir l'influence; et, persuadé de la sincérité de cet intérêt, je ne balancerais pas à vous confier mes résolutions si j'en avais pris quelqu'une. Mais, monsieur, il s'en faut bien que je ne mérite la bonne opinion que vous avez prise de ma philosophie. J'ai été très ému du traitement si peu mérité qu'on m'a fait dans ma patrie; je le suis encore; et quoique jusqu'à présent cette émotion ne m'ait pas empêché de faire ce que j'ai cru être de mon devoir, elle ne me permettrait pas, tant qu'elle dure, de prendre pour l'avenir un parti que je fusse assuré m'être uniquement dicté par la raison. D'ailleurs, monsieur, cette persécution, bien que plus couverte, n'a pas cessé. On s'est aperçu que les voies publiques étaient trop odieuses; on en emploie maintenant d'autres qui pourront avoir un effet plus sûr sans attirer aux persécuteurs le blâme public; et il faut attendre cet effet avant de prendre une résolution que la rigueur de mon sort peut rendre superflue. Tout ce que je puis faire de plus sage dans ma situation présente est de ne point écouter la passion, et de plier les voiles jusqu'à ce qu'exempt du trouble qui m'agite, je puisse mieux discerner et comparer les objets. Durant la tempête, je cède, sans mot dire, aux coups de la nécessité. Si quelque jour elle se calme, je tâcherai de reprendre le gouvernail. Au reste, je ne vous dissimulerai pas que le parti d'aller vivre dans la patrie me paraît très périlleux pour moi sans être utile à personne. On a beau se dédire en public, on ne saurait se dissimuler les outrages qu'on m'a faits; et je connais trop les hommes pour ignorer que souvent l'offensé pardonne, mais que l'offenseur ne pardonne jamais. Ainsi, aller vivre à Genève n'est autre chose que m'aller livrer à des malveillants puissants et habiles, qui ne manqueront ni de moyens ni de volonté de me nuire. Le mal qu'on m'a fait est un trop grand motif pour m'en vouloir toujours faire : le seul bien après lequel je soupire est le repos. Peut-être ne le trouverai-je plus nulle part; mais sûrement je ne le trouverai jamais à Genève, surtout tant que le poète y régnera, et que le jongleur y sera son premier ministre.

Quant à ce que vous me dites du bien que pourrait opérer mon séjour dans la patrie, c'est un motif désormais trop élevé pour moi, et que même je ne crois pas fort solide ; car, où le ressort public est usé, les abus sont sans remède. L'état et les mœurs ont péri chez nous ; rien ne les peut faire renaître. Je crois qu'il nous reste quelques bons citoyens, mais leur génération s'éteint, et celle qui suit n'en fournira plus, et puis, monsieur, vous me faites encore trop d'honneur en ceci. J'ai dit tout ce que j'avais à dire, je me tais pour jamais ; ou, si je suis enfin forcé de reprendre la plume, ce ne sera que pour ma propre défense, et à la dernière extrémité. Au surplus, ma carrière est finie ; j'ai vécu : il ne me reste qu'à mourir en paix. Si je me retirais à Genève, j'y voudrais être nul, n'embrasser aucun parti, ne me mêler de rien, rester ignoré du public s'il était possible, et passer le peu de jours que peut durer encore ma pauvre machine délabrée entre quelques amis, dont il ne tiendrait qu'à vous d'augmenter le nombre. Voilà, monsieur, mes sentiments les plus secrets et mon cœur à découvert devant vous. Je souhaite qu'en cet état il ne vous paraisse pas indigne de quelque affection. Vous avez tant de droits à mon estime que je me tiendrais heureux d'en avoir à votre amitié.

A MADAME LATOUR.

Motiers, le 26 septembre 1762.

Je suis encore prêt à me fâcher, madame, de la crainte que vous marquez de me tourmenter par vos lettres. Croyez, je vous supplie, que quand vous ne m'y gronderez pas, elles ne me tourmenteront que par le désir d'en voir l'auteur, de lui rendre mes hommages : et je vous avoue que, de cette manière, vous me tourmentez plus de jour en jour. Vous m'avez plus d'obligation que vous ne pensez de la douceur que je vous force d'avoir avec moi, car elle vous donne à mon imagination toutes les grâces que vous pourriez avoir à mes yeux : et moins vous me reprochez ma négligence, plus vous me forcez à me la reprocher.

La femme qui me dit le *tais-toi*, *Jean-Jacques*, n'était point madame de Luxembourg, que je ne connaissais pas même dans ce temps-là ; c'est une personne que je n'ai jamais revue, mais qui dit avoir pour moi une estime dont je me tiens très honoré. Vous dites que je ne suis indifférent à personne ; tant mieux : je ne puis souffrir les tièdes, et j'aime mieux être haï de mille à outrance, et aimé de même d'un seul. Quiconque ne se passionne pas pour moi n'est pas digne de moi. Comme je ne sais point haïr, je paie en mépris la haine des autres, et cela ne me tourmente point : ils sont pour moi comme n'existant pas. A l'égard de mon livre, vous le jugerez comme il vous plaira ; vous savez que j'ai toujours séparé l'auteur de l'homme : on peut ne pas aimer mes livres, et je ne trouve point cela mauvais ; mais quiconque ne m'aime pas à cause de mes livres est un fripon, jamais on ne m'ôtera cela de l'esprit.

C'est en effet M. de Gisors dont j'ai voulu parler, je n'ai pas cru qu'on pût s'y tromper. Nous n'avons pas le bonheur de vivre dans un siècle où le même éloge se puisse appliquer à plusieurs jeunes gens.

Je crois que vous connaissez M. du Terreaux ; il faut que je vous dise une chose que je souhaite qu'il sache. J'avais demandé, par une lettre qui a passé dans ses mains, un exemplaire du mandement que M. l'archevêque de Paris a donné contre moi. M. du Terreaux, voulant m'obliger, a prévenu celui à qui je m'adressais, et m'a envoyé un exemplaire de ce mandement par M. son frère, qui, avant de me le donner, a pris le soin de le faire promener par tout Motiers ; ce qui ne peut faire qu'un fort mauvais effet dans un pays où les jugements de Paris servent de règle, et où il m'importe d'être bien voulu. Entre nous, il y a bien de la différence entre les deux frères pour le mérite. Engagez M. du Terreaux, si jamais il m'honore de quelque envoi, de ne le point faire passer par les mains de son frère, et prenez, s'il vous plaît, la même requête pour vous.

Bonjour, madame : si vous ressemblez à vos lettres, vous êtes mon agne ; si j'étais des vôtres, je vous ferais ma prière tous les matins.

A LA MÊME.

Motiers, le 5 octobre 1762.

J'ai reçu dans leur temps, madame, la lettre que vous m'avez envoyée par M. du Terreaux, et l'épître qui y était jointe. J'ai oublié de vous en remercier ; j'ai eu grand tort ; mais enfin je ne saurais faire que je ne l'aie pas oublié. Au reste, je ne sais point louer les louanges qu'on me donne, ni critiquer les vers que l'on fait pour moi ; et, comme je n'aime pas qu'on me fasse plus de bien que je n'en demande, je n'aime pas non plus à remercier. Je suis excédé de lettres, de mémoires, de vers, de louanges, de critiques, de dissertations ; tout veut des réponses ; il me faudrait dix mains et dix secrétaires : je n'y puis plus tenir. Ainsi, madame, puisque, comme que je m'y prenne, vous avez l'obstination d'exiger toujours une prompte réponse, et l'art de la rendre toujours nécessaire, je vous demande en grâce de finir notre commerce, comme je vous demanderais de le cultiver dans un autre temps.

A MADAME LA COMTESSE DE BOUFFLERS.

Motiers-Travers, le 7 octobre 1762.

J'espère, madame, avoir gardé, sur les obligeantes offres de madame de La M. (La Mare), le secret que vous me recommandez dans votre lettre du 10 septembre. Cependant, comme je n'ai pas un souvenir exact de ce que j'ai pu écrire, je pourrais y avoir manqué par inadvertance, ayant d'abord cru que ce secret exigé n'était que la délicatesse d'un cœur noble qui ne veut point publier ses bienfaits. Il faut de plus vous dire qu'avant l'arrivée de votre pénultième lettre, j'en avais reçu une de madame la M. de L. (la maréchale de Luxembourg), dans laquelle, après m'avoir parlé de vos propositions pour l'Angleterre, elle ajoute que vous m'en avez fait d'autres, qu'elle aimerait bien mieux que j'acceptasse. Or, n'ayant point encore reçu la lettre où vous me parlez de l'offre de M. le P. de C. (le prince de Conti), pouvais-je croire autre chose, sinon que l'offre de madame La M. (La Mare) était connue et approuvée de madame de Luxembourg ? J'étais dans cette idée quand je lui répondis. Cependant je suis persuadé que je ne lui en parlai point ; mais je ne me souviens pas assez de ma lettre pour en être sûr.

Voici la lettre que vous m'ordonnez de vous renvoyer. Mylord maréchal, qui m'honore de ses bontés, pense comme vous sur le voyage d'Angleterre, que vous me proposez. Je ne sais même s'il n'a pas aussi écrit à M. Hume sur mon compte. Je me rends donc ; et si, après le voyage que vous vous proposez de faire dans cette île le printemps prochain, vous persistez à croire qu'il me convienne d'y aller, j'irai, sous vos auspices, y chercher la paix, que je ne puis trouver nulle part. Il n'y a que mon état qui puisse nuire à ce projet. Les hivers ici sont si rudes, et les approches de celui-ci me sont déjà si contraires, que c'est une espèce de folie d'étendre mes vues au-delà. Nous parlerons de tout cela dans le temps ; mais en attendant, je ne puis vous cacher que je suis très déterminé à ne point passer par la France. Il faut qu'un étranger soit fou pour mettre le pied dans un pays où l'on ne connaît d'autre justice que la force, et où l'on ne sait pas même ce que c'est que le droit des gens.

Vous aurez su, madame, que le roi de Prusse a fait sur mon compte une réponse très obligeante à mylord maréchal. On a fait courir dans le public un extrait de cette lettre qui m'est honorable aussi, mais qui n'est pas vrai ;

car mylord ne l'a montrée à personne, pas même à moi. Il m'a dit seulement que le roi se ferait un plaisir de me faire bâtir un ermitage à ma fantaisie, et que j'en pourrais choisir moi-même l'emplacement. Je vous avoue qu'une offre si bien assortie à mon goût m'a changé le cœur. Je ne sais point résister aux caresses, et je suis heureux que jamais ministre ne m'ait voulu tenter par là. J'ai répondu à mylord que j'étais touché des bontés du roi, mais qu'il me serait impossible de dormir dans une maison bâtie, pour moi, d'une main royale; et il n'en a plus été question. Madame, j'ai trop mal pensé et parlé du roi de Prusse pour recevoir jamais ses bienfaits; mais je l'aimerai toute ma vie.

Il faut que je vous supplie, madame, de vouloir bien vous faire informer de M. Duclos. Je crains qu'il ne soit malade. Il m'a écrit avec intérêt. Je lui ai répondu. Il m'a récrit, en me demandant qui étaient mes ennemis et quels, et d'autres détails sur ma situation. Je l'ai satisfait pleinement dans une seconde réponse, dans laquelle je lui ai développé toutes les menées du poëte, du jongleur, et de leurs amis. Dans la même lettre, je lui demande à mon tour, des nouvelles de ce qui se passe à Paris par rapport à moi, selon l'offre qu'il m'en avait faite lui-même. Il y a de cela plus de six semaines, et je n'entends plus parler de lui. M. Duclos n'est certainement ni un faux ami ni un négligent : il faut absolument qu'il soit malade. Je vous supplie de vouloir bien me tirer de peine sur son compte. Je n'ai point encore écrit au chevalier de Lorenzi, et j'ai grand tort, car je n'ai pas cessé un moment de compter sur toute son amitié, quoique je le sache très lié avec des gens qui ne m'aiment pas, mais qui feignent de m'aimer avec ceux qui m'aiment, et qui ne manqueront pas d'avoir cette feinte avec lui.

Puisque vous daignez vous ressouvenir de mademoiselle Le Vasseur, permettez, madame, qu'elle vous témoigne sa reconnaissance, et qu'elle vous assure de son profond respect. Le froid augmente ici de jour en jour, et le pays est tout couvert de neige.

Si vous aviez la bonté, madame, de m'écrire directement, vos lettres me parviendraient beaucoup plus tôt; car il faut qu'elles passent ici pour aller à Neuchâtel.

A M. MOULTOU.

Motiers-Travers, le 8 octobre 1762.

J'ai eu le plaisir, cher Moulton, d'avoir ici, durant huit jours, l'ami Roustan et ses deux amis; et tout ce qu'ils m'ont dit de votre amitié pour moi m'a plus touché que surpris. Ils ne m'ont pas beaucoup parlé des jongleurs, et tant mieux : c'est grand dommage de perdre, à parler de malveillants, un temps consacré à l'amitié. Roustan m'a dit que vous n'aviez pas encore pu travailler à votre ouvrage, mais que vous profiteriez du loisir de la campagne pour vous y mettre tout de bon. Ne vous pressez point, cher ami, travaillez à loisir, mais réfléchissez beaucoup; car vous avez fait une entreprise aussi difficile que grande et honorable. Je persiste à croire qu'en l'exécutant comme je pense, et comme vous le pouvez faire, vous êtes un homme immortalisé et perdu. Pensez-y bien, vous y êtes à temps encore. Mais si vous persévérez dans votre projet, gardez mieux votre secret que vous n'avez fait. Il n'est plus temps de cacher absolument ce qui a transpiré, mais parlez-en avec négligence comme d'une entreprise de longue haleine et qui n'est pas prête à mettre à fin, ni près de là, et cependant allez votre train. Tout cela se peut faire sans altérer la vérité; et il n'est pas toujours défendu de le faire quand c'est pour la mieux honorer.

M. Vernet m'a enfin répondu, et je suis tombé des nues à la lecture de sa lettre. Il ne me demande qu'une rétractation authentique, aussi publique, prétend-il, que l'a été la doctrine qu'il veut que je rétracte. Nous sommes loin de compte assurément. Mon Dieu, que les ministres se conduisent étourdiment dans cette affaire! Le décret du parlement de Paris leur a fait à tous tourner la tête. Ils avaient si beau jeu pour pousser toujours les prêtres en avant et se tirer de côté! mais ils veulent absolument faire cause commune avec eux. Qu'ils fassent donc; ils me mettront fort à mon aise : *Tros Rutulusve fuat*, j'aurai moins à discerner où portent mes coups; et je vous réponds que tout rogues qu'ils sont, je suis fort trompé s'ils ne les sentent. Quand on veut s'ériger en juge du christianisme, il faut le connaître mieux que ne font ces messieurs; et je suis étonné qu'on ne se soit pas encore avisé de leur apprendre que leur tribunal n'est pas si suprême qu'un chrétien n'en puisse appeler. Il me semble que je vois J.-J. Rousseau élevant une statue à son pasteur Montmollin sur la tête des autres ministres, et le vertueux Moultou couronnant cette statue de ses propres lauriers. Toutefois je n'ai point encore pris la plume; je veux même voir un peu mieux la suite de tout ceci avant de la prendre. Peut-être l'effet de cet écrit m'en dispensera-t-il. Si la chaleur que l'indignation commence à me rendre s'exhale sur le papier, je ne laisserai du moins rien paraître avant que d'en conférer avec vous.

J'avais encore je ne sais combien de choses à vous dire; mais voilà mes chers hôtes prêts à partir : ils ont une longue traite à faire, ils vont à pied, et il ne faut pas les retenir. Adieu, je vous embrasse tendrement.

AU MÊME.

Motiers-Travers, le 21 octobre 1762.

J'ai eu l'ami Deluc, comme vous me l'aviez annoncé. Il m'est arrivé malade; je l'ai soigné de mon mieux, et il est reparti bien rétabli. C'est un excellent ami, un homme plein de sens, de droiture et de vertu; c'est le plus honnête et le plus ennuyeux des hommes. J'ai de l'amitié, de l'estime et même du respect pour lui, mais je redouterai toujours de le voir. Cependant je ne l'ai pas trouvé tout-à-fait si assommant qu'à Genève : en revanche, il m'a laissé ses deux livres; j'ai même eu la faiblesse de promettre de les lire, et de plus, j'ai commencé. Bon Dieu, quelle tâche! moi qui ne dors point, j'ai de l'opium au moins pour deux ans. Il voudrait bien me rapprocher de vos messieurs, et moi aussi je le voudrais de tout mon cœur; mais je vois clairement que ces gens-là, mal intentionnés comme ils sont, voudront me remettre sous la férule; et s'ils n'ont pas tout-à-fait le front de demander des rétractations de peur que je ne les envoie promener, ils voudront des éclaircissements qui cassent les vitres, et qu'assurément je ne donnerai qu'autant que je le pourrai dans mes principes; car très certainement ils ne me feront point dire ce que je ne pense pas. D'ailleurs n'est-il pas plaisant que ce soit à moi de faire les frais de la réparation des affronts que j'ai reçus? On commence par brûler le livre, et l'on demande des éclaircissements après. En un mot, ces messieurs, que je croyais raisonnables, sont cafards comme les autres, et, comme eux, soutiennent par la force une doctrine qu'ils ne croient pas. Je prévois que tôt ou tard il faudra rompre : ce n'est pas la peine de renouer. Quand je vous verrai, nous causerons à fond de tout cela.

Vous avez très-bien vu l'état de la question sur le dernier chapitre du *Contrat social*, et la critique de Roustan porte à faux à cet égard : mais comme cela n'empêche pas, d'ailleurs, que son ouvrage ne soit bon, je n'ai pas dû l'engager à jeter au feu un écrit dans lequel il me réfute; et c'est pourtant ce qu'il aurait dû faire si je lui avais fait voir combien il s'est trompé. Je trouve dans cet écrit un zèle pour la liberté qui me le fait aimer. Si les coups portés aux tyrans doivent passer par ma poitrine, qu'on la perce sans scrupule, je la livrerai volontiers.

Mettez-moi, je vous prie, aux pieds de l'aimable dame qui daigne s'intéresser pour moi. Pour les lacets, l'usage en est consacré, et je n'en suis plus le maître. Il faut, pour en obtenir un, qu'elle ait la bonté de redevenir fille, de se remarier de nouveau, et de s'engager à nourrir de son lait son premier enfant. Pour vous, vous avez des filles : je déposerai dans vos mains ceux qui leur sont destinés. Adieu, cher ami.

A M. DE MALESHERBES.

Motiers-Travers, le 26 octobre 1762.

Permettez, monsieur, qu'un homme tant de fois honoré de vos grâces, mais qui ne vous en demanda jamais que de justes et d'honnêtes, vous en demande encore une aujourd'hui. L'hiver dernier, je vous écrivis quatre lettres consécutives sur mon caractère et l'histoire de mon âme dont j'espérais que le calme ne finirait plus, je souhaiterais extrêmement d'avoir une copie de ces quatre lettres, et je crois que le sentiment qui les a dictées mérite cette complaisance de votre part. Je prends donc la liberté de vous demander cette copie ; ou si vous aimez mieux m'envoyer les originaux, je ne prendrai que le temps de les transcrire, et vous les enverrai, si vous le désirez, dans peu de jours. Je serai, monsieur, d'autant plus sensible à cette grâce, qu'elle m'apprendra que mes malheurs n'ont point altéré votre estime et vos bontés pour moi, et que vous ne jugez point les hommes sur leur destinée.

Recevez, monsieur, les assurances de mon profond respect.

Mon adresse est à Motiers-Travers, comté de Neuchâtel, par Pontarlier; et les lettres qui ne sont point contre-signées doivent être affranchies jusqu'à Pontarlier.

A M. MOUCHON.

Ministre du Saint Evangile, à Genève.

Motiers, le 29 octobre 1762.

Bien obligé, très-cher cousin, de votre bonne visite, de votre bon envoi, de votre bonne lettre, et surtout de votre bonne amitié, qui donne du prix à tout le reste. Je vous assure que si vous avez emporté ici quelque souvenir agréable, vous y avez laissé bien des consolations. Vous me faites bénir les malheurs qui m'ont attiré de tels amis. Et quel cas ne dois-je pas faire d'un attachement formé par l'épreuve qui en brise tant d'autres? Vous me devez maintenant tous les sentiments que vous m'avez inspirés, et vous ne pourrez, sans ingratitude, oublier de votre vie que les deux larmes que vous avez versées à notre premier abord, sont tombées dans mon cœur.

C'est un petit mal que la qualité de citoyen ne soit pas énoncée dans le baptistaire, j'ai toujours été plus jaloux des devoirs que des droits de ce titre honorable. Je me suis toujours fait un devoir de peu exiger des hommes : en échange du bien que j'ai tâché de leur faire; je ne leur ai demandé que de ne me point faire de mal. Vous voyez comment je l'ai obtenu. Mais n'importe, ils auront beau faire, je serai libre partout, malgré eux.

Si je vous ai tenu quelques mauvais propos, au sujet de l'atlas, ce dont je ne me souviens point, j'ai eu tort, et je vous prie de l'oublier.

Il est bon qu'une amitié aussi généreuse que la vôtre commence par avoir quelque chose à pardonner. Je n'approuve pas, de mon côté, que vous en ayez payé le port. Je vous prie d'en ajouter le déboursé à celui du baptistaire et au prix de l'atlas, qu'un ami sera chargé de vous rembourser.

Mille choses, je vous supplie, à l'honnête anonyme dont je vous ai montré la lettre; vous savez combien elle m'a touché; vous n'avez là-dessus à lui dire que ce que vous avez vu vous-même. Adieu, cher cousin, je vous embrasse et vous aime de tout mon cœur.

Je dois une lettre au bon et aimable Beauchâteau, mais je ne sais comment lui écrire, n'ayant pas son adresse.

A MADAME LA COMTESSE DE BOUFFLERS.

Le 30 octobre 1762.

En m'annonçant, madame, dans votre lettre du 22 septembre (c'est, je crois, le 22 octobre), un changement avantageux dans mon sort, vous m'avez d'abord fait croire que les hommes qui me persécutent s'étaient lassés de leurs méchancetés, que le parlement de Paris avait levé son inique décret, que le magistrat de Genève avait reconnu son tort, et que le public me rendait enfin justice. Mais loin de là, je vois, par votre lettre même, qu'on m'intente encore de nouvelles accusations : le changement de sort que vous m'annoncez se réduit à des offres de subsistances dont je n'ai pas besoin quant à présent ; et comme j'ai toujours compté pour rien, même en santé, un avenir aussi incertain que la vie humaine, c'est pour moi, je vous jure, la chose la plus indifférente que d'avoir à dîner dans trois ans d'ici.

Il s'en faut beaucoup cependant, que je sois insensible aux bontés du roi de Prusse ; au contraire, elles augmentent un sentiment très doux, savoir, l'attachement que j'ai conçu pour ce grand prince. Quant à l'usage que j'en dois faire, rien ne presse pour me résoudre, et j'ai du temps pour y penser.

A l'égard des offres de M. Stanlay, comme elles sont toutes pour votre compte, madame, c'est à vous de lui en avoir l'obligation. Je n'ai point ouï parler de la lettre qu'il vous a dit m'avoir écrite.

Je viens maintenant au dernier article de votre lettre, auquel j'ai peine à comprendre quelque chose, et qui me surprend à tel point, surtout après les entretiens que nous avons eu sur cette matière, que j'ai regardé plus d'une fois à l'écriture pour voir si elle était bien de votre main. Je ne sais ce que vous pouvez désapprouver dans la lettre que j'ai écrite à mon pasteur dans une occasion nécessaire. A vous entendre avec votre ange, on dirait qu'il s'agissait d'embrasser une religion nouvelle, tandis qu'il ne s'agissait que de rester comme auparavant dans la communion de mes pères et de mon pays, dont on cherchait à m'exclure : il ne fallait point pour cela d'autre ange que le vicaire savoyard. S'il consacrait en simplicité de conscience dans un culte plein de mystères inconcevables, je ne vois pas pourquoi J.-J. Rousseau ne communierait pas de même dans un culte où rien ne choque la raison ; et je vois encore moins pourquoi, après avoir jusqu'ici professé ma religion chez les catholiques sans que personne m'en fît un crime, on s'avise tout d'un coup de m'en faire un fort étrange de ce que je ne la quitte pas en pays protestant.

Mais pourquoi cet appareil d'écrire une lettre? Ah! pourquoi? Le voici. M. de Voltaire me voyant opprimé par le parlement de Paris, avec la générosité naturelle à lui et à son parti saisit ce moment de me faire opprimer de même à Genève, et d'opposer une barrière insurmontable à mon retour dans ma patrie. Un des plus sûrs moyens qu'il employa pour cela fut de me faire regarder comme un déserteur de ma religion : car là-dessus nos lois sont formelles, et tout citoyen ou bourgeois qui ne professe pas la religion qu'elles autorisent perd par là même son droit de cité. Il travailla donc de toutes ses forces à soulever les ministres : il ne réussit pas avec ceux de Genève, qui le connaissent ; mais il ameuta tellement ceux du pays de Vaud, que, malgré la protection et l'amitié de M. le bailli d'Yverdun et de plusieurs magistrats, il fallut sortir du canton de Berne. On tenta de faire le même chose en ce pays; le magistrat municipal de Neuchâtel défendit mon livre; la classe des ministres le défera; le conseil d'état allait le défendre dans tout l'état, et peut-être procéder contre ma personne; mais les ordres de mylord maréchal et la protection déclarée du roi l'arrêtèrent tout court; il fallut me laisser tranquille. Cependant le temps de la communion approchait, et cette époque allait décider si j'étais séparé de l'Eglise protestante ou si je ne l'étais pas.

Dans cette circonstance, ne voulant pas m'exposer à un affront public, ni non plus constater tacitement, en ne me présentant pas, la désertion qu'on me reprochait, je pris le parti d'écrire à M. de Montmollin, pasteur de la paroissse, une lettre qu'il a fait courir, mais dont les voltairiens ont pris soin de falsifier beaucoup de copies. J'étais bien éloigné d'attendre de cette lettre l'effet qu'elle produisit : je la regardais comme une protestation nécessaire et qui aurait son usage en temps et lieu. Quelle fut ma surprise et ma joie de voir dès le lendemain chez moi M. de Montmollin me déclarer que non-seulement il approuvait que j'approchasse de la sainte table, mais qu'il m'en priait et qu'il m'en priait de l'aveu unanime de tout le consistoire, pour l'édification de sa paroisse, dont j'avais l'approbation et l'estime! Nous eûmes ensuite quelques conférences, dans lesquelles je lui développai franchement mes sentiments tels à peu près qu'ils sont exposés dans la Profession de foi du vicaire, appuyant avec vérité sur mon attachement constant à l'Evangile et au christianisme, et ne lui déguisant pas non plus mes difficultés et mes doutes. Lui, de son côté, connaissant assez mes sentiments par mes livres, évita prudemment les points de doctrine qui auraient pu m'arrêter ou le compromettre; il ne prononça pas même le mot de rétractation, n'insista sur aucune explication; et nous nous séparâmes contents l'un de l'autre. Depuis lors j'ai la consolation d'être reconnu membre de son Eglise. Il faut être opprimé, malade, et croire en Dieu, pour sentir combien il est doux de vivre parmi ses frères.

M. de Montmollin, ayant à justifier sa conduite devant ses confrères, fit courir ma lettre. Elle a fait à Genève un effet qui a mis les voltairiens au désespoir, et qui a redoublé leur rage. Des foules de Genevois sont accourus à Motiers, m'embrassant avec des larmes de joie, et appelant hautement M. de Montmollin leur bienfaiteur et leur père. Il est même sûr que cette affaire aurait des suites pour peu que je fusse d'humeur à m'y prêter. Cependant il est vrai que bien des ministres sont mécontents. Voilà, pour ainsi dire, la Profession de foi du vicaire approuvée en tous ses points par un de leurs confrères : ils ne peuvent digérer cela. Les uns murmurent, les autres menacent d'écrire; d'autres écrivent en effet; tous veulent absolument des rétractations et des explications qu'ils n'auront jamais. Que dois-je faire à présent, madame, à votre avis? Irai-je laisser mon digne pasteur dans les lacs où il s'est mis pour l'amour de moi? L'abandonnerai-je à la censure de ses confrères? autoriserai-je cette censure par ma conduite et par mes écrits? et démentant la démarche que j'ai faite, lui laisserai-je toute la honte et tout le repentir de s'y être prêté? Non, non, madame; on me traitera d'hypocrite tant qu'on voudra, mais je ne serai ni un perfide ni un lâche. Je ne renoncerai point à la religion de mes pères, à cette religion si raisonnable, si pure, si conforme à la simplicité de l'Evangile, où je suis rentré de bonne foi depuis nombre d'années, et que j'ai depuis toujours hautement professée. Je n'y renoncerai point au moment où elle fait toute la consolation de ma vie, et où il importe à l'honnête homme qui m'y a maintenu que j'y demeure sincèrement attaché. Je n'en conserverai pas non plus les liens extérieurs, tout chers qu'ils me sont, aux dépens de la vérité ou de ce que je prends pour elle; et l'on pourrait m'excommunier et me décréter bien des fois avant de me faire dire ce que je ne pense pas. Du reste, je me consolerai d'une imputation d'hypocrisie sans vraisemblance et sans preuves. Un auteur qu'on bannit, qu'on décrète, qu'on brûle, pour avoir dit hardiment ses sentiments, pour s'être nommé, pour ne vouloir pas se dédire; un citoyen chérissant sa patrie, qui aime mieux renoncer à son pays qu'à sa franchise, et s'expatrier que se démentir, est un hypocrite d'une espèce assez nouvelle. Je ne connais dans cet état, qu'un moyen de prouver qu'on n'est pas un hypocrite; mais cet expédient auquel mes ennemis veulent me réduire ne me conviendra jamais, quoiqu'il arrive; c'est d'être un impie ouvertement. De grâce expli-

moi donc, madame, ce que vous voulez dire avec votre ange, et ce que vous trouvez à reprendre à tout cela.

Vous ajoutez, madame, qu'il fallait que j'attendisse d'autres circonstances pour professer ma religion; vous avez voulu dire pour continuer de la professer. Je n'ai peut-être que trop attendu par une fierté dont je ne saurais me défaire. Je n'ai fait aucune démarche tant que les ministres m'ont persécuté; mais quand une fois j'ai été sous la protection du roi, et qu'ils n'ont plus pu me rien faire, alors j'ai fait mon devoir, ou ce que j'ai cru l'être. J'attends que vous m'appreniez en quoi je me suis trompé.

Je vous envoie l'extrait d'un dialogue de M. de Voltaire avec un ouvrier de ce pays-ci qui est à son service. J'ai écrit ce dialogue de mémoire, d'après le récit de M. de Montmollin, qui ne me l'a rapporté lui-même que sur le récit de l'ouvrier, il y a plus de deux mois. Ainsi, le tout peut n'être pas absolument exact, mais les traits principaux sont fidèles, car ils ont frappé M. de Montmollin; il les a retenus, et vous croyez bien que je ne les ai pas oubliés. Vous y verrez que M. de Voltaire n'avait pas attendu la démarche dont vous vous plaignez pour me taxer d'hypocrisie.

Conversation de M. de Voltaire avec un de ses ouvriers du comté de Neuchâtel.

M. de Voltaire. — Est-il vrai que vous êtes du comté de Neuchâtel?
L'ouvrier. — Oui, monsieur.
M. de Voltaire. — Etes-vous de Neuchâtel même?
L'ouvrier. — Non, monsieur; je suis du village de Butte, dans la vallée de Travers.
M. de Voltaire. — Butte! cela est-il loin de Motiers?
L'ouvrier. — A une petite lieue.
M. de Voltaire. — Vous avez dans votre pays un certain personnage de celui-ci qui a bien fait des siennes.
L'ouvrier. — Qui donc, monsieur?
M. de Voltaire. — Un certain Jean-Jacques Rousseau. Le connaissez-vous?
L'ouvrier. — Oui, monsieur; je l'ai vu un jour à Butte, dans le carrosse de M. de Montmollin, qui se promenait avec lui.
M. de Voltaire. — Comment! ce pied-plat va en carrosse! le voilà donc bien fier!
L'ouvrier. — Oh! monsieur, il se promène aussi à pied. Il court comme un chat maigre, et grimpe sur toutes nos montagnes.
M. de Voltaire. — Il pourrait bien grimper quelque jour sur une échelle. Il eût été pendu à Paris s'il ne se fût sauvé; et il le sera ici s'il y vient.
L'ouvrier. — Pendu, monsieur! Il a l'air d'un si bon homme! eh mon Dieu! qu'a-t-il donc fait?
M. de Voltaire. — Il a fait des livres abominables. C'est un impie, un athée.
L'ouvrier. — Vous me surprenez. Il va tous les dimanches à l'église.
M. de Voltaire. — Ah! l'hypocrite! Et que dit-on de lui dans le pays? Y a-t-il quelqu'un qui veuille le voir?
L'ouvrier. — Tout le monde, monsieur; tout le monde l'aime. Il est recherché partout; et on dit que mylord lui fait aussi bien des caresses.
M. de Voltaire. — C'est que mylord ne le connaît pas, ni vous non plus. Attendez seulement deux ou trois mois, et vous connaîtrez l'homme. Les gens de Montmorency, où il demeurait, ont fait des feux de joie quand il s'est sauvé pour n'être pas pendu. C'est un homme sans foi, sans honneur, sans religion.
L'ouvrier. — Sans religion, monsieur! mais on dit que vous n'en avez pas beaucoup vous même.
M. de Voltaire. — Qui? moi, grand Dieu! et qui est-ce qui dit cela?

L'ouvrier. — Tout le monde, monsieur.

M. de Voltaire. — Ah! quelle horrible calomnie! Moi qui ai étudié chez les jésuites, moi qui ai parlé de Dieu mieux que tous les théologiens!

L'ouvrier. — Mais, monsieur, on dit que vous avez fait bien des mauvais livres.

M. de Voltaire. — On ment. Qu'on m'en montre un seul qui porte mon nom, comme ceux de ce croquant portent le sien, etc.

AU ROI DE PRUSSE.

Du 30 octobre 1762.

Sire,

Vous êtes mon protecteur et mon bienfaiteur, et je porte un cœur fait pour la reconnaissance : je viens m'acquitter avec vous, si je puis.

Vous voulez me donner du pain; n'y a-t-il aucun de vos sujets qui en manque? Otez de devant mes yeux cette épée qui m'éblouit et me blesse; elle n'a que trop fait son devoir, et le sceptre est abandonné. La carrière est grande pour les rois de votre étoffe, et vous êtes encore loin du terme : cependant le temps presse, et il ne vous reste pas un moment à perdre pour aller au bout.

Puissé-je voir Frédéric le juste et le redouté couvrir ses états d'un peuple nombreux dont il soit le père! et J.-J. Rousseau, l'ennemi des rois, in mourir au pied de son trône.

A MYLORD MARÉCHAL.

En lui envoyant la lettre précédente.

A Motiers, le 1ᵉʳ novembre 1762.

Je sens bien, mylord, le prix de votre lettre à madame de Boufflers; mais elle ne m'apprend rien de nouveau, et vos soins généreux ne peuvent désormais pas plus me surprendre qu'ajouter à mes sentiments. Je crois n'avoir pas besoin de vous dire combien je suis touché des bontés du roi; mais, pour vous faire mieux sentir l'effet de vos bontés et des siennes, je dois vous avouer que je ne l'aimais point auparavant, ou plutôt on m'avait trompé; j'en haïssais un autre sous son nom. Vous m'avez fait un cœur tout nouveau, mais un cœur à l'épreuve, qui ne changera pas plus pour lui que pour vous.

J'ai de quoi vivre deux ou trois ans, et jamais je n'ai poussé si loin la prévoyance : mais fussé-je prêt à mourir de faim, j'aimerais mieux, dans l'état actuel de ce bon prince, en ne lui étant bon à rien, aller brouter l'herbe et ronger des racines que d'accepter de lui un morceau de pain. Que ne puis-je bien plutôt, à l'insu de lui-même et de tout le monde, aller jeter la pite dans un trésor qui lui est nécessaire, et dont il sait si bien user! je n'aurais rien fait de ma vie avec plus de plaisir. Laissons lui faire une paix glorieuse, rétablir ses finances, et revivifier ses états épuisés; alors, si je vis encore et qu'il conserve pour moi les mêmes bontés, vous verrez si je crains ses bienfaits.

Voici, mylord, une lettre que je vous prie de lui envoyer. Je sais quelle est sa confiance en vous, et j'espère que vous ne doutez pas de la mienne; mais ce qui est convenable marche avant tout. La lettre ne doit être vue que du roi seul, à moins qu'il ne le permette.

J'envoie à votre excellence un paquet dont je la supplie d'agréer le contenu; ce sont des fruits de mon jardin. Ils ne sont pas si doux que les vôtres; aussi n'ont-ils été arrosés que de larmes.

Mylord, il n'y a pas de jour que mon cœur ne s'épanouisse en songeant à notre château en Espagne. Ah! que ne peut-il faire le quatrième avec nous, ce digne homme que le ciel a condamné à payer si cher la gloire, et à ne connaître jamais le bonheur de la vie! Recevez tout mon respect.

A M. MOULTOU.

13 novembre 1762.

Vous ne saurez jamais ce que votre silence m'a fait souffrir; mais votre lettre m'a rendu la vie, et l'assurance que vous me donnez me tranquillise pour le reste de mes jours. Ainsi écrivez désormais à votre aise; votre silence ne m'alarmera plus. Mais, cher ami, pardonnez les inquiétudes d'un pauvre solitaire qui ne sait rien de ce qui se passe, dont tant de cruels souvenirs attristent l'imagination, qui ne connaît dans la vie d'autre bonheur que l'amitié, et qui n'aima jamais personne autant que vous. *Felix se nescit amari*, dit le poëte; mais moi je dis : *Felix nescit amare*. Des deux côtés, les circonstances qui ont serré notre attachement l'ont mis à l'épreuve, et lui ont donné la solidité d'une amitié de vingt ans.

Je ne dirai pas un mot à M. de Montmollin pour la communication de la lettre dont vous me parlez; il fera ce qu'il jugera convenable pour son avantage; pour moi, je ne veux pas faire un pas ni dire un mot de plus dans toute cette affaire, et je laisserai vos gens se démener comme ils voudront, sans m'en mêler, ni répondre à leurs chicanes. Ils prétendent me traiter comme un enfant, à qui l'on commence par donner le fouet, et puis on lui fait demander pardon. Ce n'est pas tout-à-fait mon avis. Ce n'est pas moi qui veux donner des éclaircissements; c'est le bonhomme Deluc qui veut que j'en donne, et je suis très fâché de ne pouvoir en cela lui complaire; car il m'a tout-à-fait gagné le cœur ce voyage, et j'ai été bien plus content de lui que je n'espérais. Puisqu'on n'a pas été content de ma lettre, on ne le serait pas non plus de mes éclaircissements. Quoi qu'on fasse, je n'en veux pas dire plus qu'il y en a; et quand on me presserait sur le reste, je craindrais que M. de Montmollin ne fût compromis; ainsi je ne dirai plus rien; c'est un parti pris.

Je trouve, en revenant sur tout ceci, que nous avons donné trop d'importance à cette affaire : c'est un jeu de sots enfants dont on se fâche pour un moment, mais dont on ne fait que rire sitôt qu'on est de sangfroid. Je veux, pour m'égayer, battre ces gens-là par leurs propres armes; puisqu'ils aiment tant à chicaner, nous chicanerons, et je ferai en sorte que, voulant toujours attaquer, ils seront forcés de se tenir sur la défensive. Il est impossible, de cette manière, que je me compromette, parce que je ne défendrai point mon ouvrage, je ne ferai qu'éplucher les leurs; et il est impossible qu'ils ne me donnent point toutes les prises imaginables pour me moquer d'eux : car mes objections étant insolubles ils ne le résoudront jamais sans dire force bêtises, dont je me réjouis d'avance de tirer parti. Gardez-vous bien d'empêcher l'ouvrage de M. Vernes de paraître. Si je le prends en gaîté, comme je l'espère, il me fera faire un peu de bon sang dont j'ai grand besoin.

Vous voyez que ce projet ne rend point votre travail inutile; tant s'en faut. La besogne entre nous sera très bien partagée; vous aurez défendu l'honneur de votre ami, et moi la critique de ceux qui m'auront attaqué. Vous aurez paré les coups qu'on me porte, et moi j'en aurai porté quelques-uns. Il faut que je sois devenu tout d'un coup fort malin, car je vous jure que les mains me démangent; le genre polémique n'est que trop de mon goût; j'y avais renoncé pourtant. Que n'ai-je seulement un peu de santé! Ceux qui me forcent à le reprendre ne s'en trouveraient pas longtemps aussi bien qu'ils l'ont espéré.

Je ne me remets point l'écriture des deux lignes qui terminent votre lettre; mais si l'on croit que la lettre de M. de Montmollin à M. Sarazin nous soit bonne à quelque chose, il faut la lui demander à lui-même; car je ne veux pas faire cette démarche-là. Adieu, cher Moultou.

Je vous prie de rembourser à M. Mouchon le prix d'un atlas qu'il m'a envoyé, le port dudit atlas qu'il a affranchi, et les frais de mon extrait baptistaire, qu'il a pris la peine de m'envoyer aussi. Je vous dois déjà quelques ports de lettres; ayez la bonté de tenir une note de tout cela jusqu'au printemps.

J'oubliais de vous marquer que le roi de Prusse m'a fait faire, par mylord maréchal, des offres très obligeantes, et d'une manière dont je suis pénétré.

AU MÊME.

Motiers-Travers, le 15 novembre 1762.

Je reçois à l'instant, cher ami, une lettre de M. Deluc, que je viens d'envoyer à M. de Montmollin, sans le solliciter de rien, mais le priant seulement de me faire dire ce qu'il a résolu de faire quant à la copie qu'on lui demande, afin que je m'arrange aussi de mon côté en conséquence de ce qu'il aura fait. S'il prend le parti d'envoyer cette copie, moi, de mon côté je lui écrirai en peu de lignes la lettre d'éclaircissement que M. Deluc souhaite, laquelle pourtant ne dira rien de plus que la précédente, parce qu'il n'est pas possible de dire plus. S'il ne veut pas envoyer cette copie, moi, de mon côté, je ne dirai plus rien; j'en resterai là, et continuerai de vivre en bon chrétien réformé, comme j'ai fait jusqu'ici de tout mon pouvoir.

Le moment critique approche où je saurai si Genève m'est encore quelque chose. Si les Genevois se conduisent comme ils le doivent, je me reconnaîtrai toujours leur concitoyen, et les aimerai comme ci-devant. S'ils me manquent dans cette occasion, s'ils oublient quels affronts et quelles insultes ils ont à réparer envers moi, je ne cesserai point de les aimer; mais, du reste, mon parti est pris.

Je ne puis répondre à M. Deluc cet ordinaire, parce que ma réponse dépend de celle de M. de Montmollin, qui m'a fait dire simplement qu'il viendrait me voir; car, depuis plusieurs semaines, l'état où je suis ne me permet pas de sortir. Or, comme la poste part dans peu d'heures, il n'est pas vraisemblable que j'aie le temps d'écrire : ainsi je n'écrirai à M. Deluc que jeudi au soir. Je vous prie de le lui dire, afin qu'il ne soit pas inquiet de mon silence.

Il est certain que, quoi qu'il arrive, je ne demeurerai jamais à Genève, cela est bien décidé. Cependant je vous avoue que les approches du moment qui décidera si je suis encore Genevois, ou si je ne le suis plus, me donnent une vive agitation de cœur. Je donnerais tout au monde pour être à la fin du mois prochain.

Adieu, cher ami.

A MADAME DE LATOUR.

Motiers, 21 novembre 1762.

Tu m'aduli, ma tu mi piaci. Il faut se rendre, madame; je sens tous les jours mieux qu'il est impossible à mon cœur de vous résister. Plus je gronde, plus je m'enlace; et, à la manière dont vous me permettez de ne vous plus écrire, vous êtes bien sûre de n'être pas prise au mot. Oui, vous êtes femme; je le sens à votre ascendant sur moi; je le sens à votre adresse, et il y a longtemps que je ne m'avise plus d'en douter. Je ne tenterai donc plus de briser ces chaînes si pesantes que vous me donnez si légèrement; mais, de grâce, allégez-en le poids vous-même; soyez aussi bonne que charmante; acceptez mes hommages en compensation de ma négligence, et ne comptez pas si rigoureusement avec votre serviteur.

Il est certain, madame, que j'ai eu tort de parler encore à M. de Rougemont de ce que je vous avais dit au sujet de M. du Terreaux; mais la manière dont vous m'aviez répondu me faisait douter que vous en parlassiez à

M. son frère, et il convenait cependant qu'il le sût. Voilà, non l'excuse, mais la raison de mon tort.

Je vous prie, madame, d'être bien persuadée de deux choses; l'une, que si vous eussiez gardé avec moi le silence que j'avais mérité, je n'aurais eu garde de vous laisser faire, du moins jusqu'à m'oublier : pour peu que vous eussiez différé à m'écrire, je vous aurais sûrement prévenue ; et, quelque touché que je sois de votre lettre, je suis presque fâché que vous ne m'ayez pas donné cette occasion de vous marquer mon empressement et mon repentir. L'autre vérité que je vous supplie de croire est que, bien que l'on ne se corrige point à mon âge, et que je ne puisse, sans vous tromper, vous promettre plus d'exactitude que par le passé, j'ai pourtant le cœur pénétré de vos bontés, et très zélé pour m'en rendre digne. Voilà, madame, que j'écrive ou non, sur quoi vous devez toujours compter.

A M. MOULTOU.

Motiers, 25 novembre 1762.

Je m'étais attendu, cher ami, à ce qui vient de se passer; ainsi j'en suis peu ému. Peut-être n'a-t-il tenu qu'à moi que cela ne se passât autrement. Mais une maxime dont je ne me départirai jamais, est de ne faire de mal à personne. Je suis charmé de ne m'en être pas départi en cette occasion; car je vous avoue que la tentation était vive. Savez-vous à quel jeu j'ai perdu M. Marcet? Il me paraît certain que je l'ai perdu. J'aurais cru pouvoir compter sur un ancien ami de mon père. Je soupçonne que l'amitié de M. Deluc m'a ôté la sienne.

Je suis charmé que vous voyez enfin que je n'en ai déjà que trop fait. Ces messieurs les Genevois le prennent, en vérité, sur un singulier ton. On dirait qu'il faut que j'aille encore demander pardon des affronts qu'on m'a faits. Et puis, quelle extravagante inquisition ! L'on n'en ferait pas tant chez les catholiques. En vérité ces gens-là sont bien bêtement rogues. Comment ne voient-ils pas qu'il s'agit bien plus de leur intérêt que du mien.

Le bonhomme dispose de moi comme de ses vieux souliers; il veut que j'aille courir à Genève dans une saison et dans un état où je ne puis sortir, je ne dis pas de Motiers, mais de ma chambre. Il n'y a pas de sens à cela. Je souhaite de tout mon cœur de revoir Genève, et je me sens un cœur fait pour oublier leurs outrages; mais on ne m'y verra sûrement jamais en homme qui demande grâce ou qui la reçoit.

Vous voulez m'envoyer votre ouvrage, supposant que je suis en état de le rendre meilleur. Il n'en est rien, cher ami; je n'ai jamais pu corriger une seule phrase ni pour moi ni pour les autres. J'ai l'esprit prime-sautier, comme disait Montaigne; passé cela je ne suis rien. Dans un ouvrage fait, je ne vois que ce qu'il y a; je ne vois rien de ce qu'on y peut mettre. Si je veux toucher à votre ouvrage, je me tourmenterai beaucoup, et je le gâterai infailliblement, ne fût-ce que parce qu'il s'agit de moi : on ne sait jamais parler de soi comme il faut. Je vois que vous vous défiez de vous; mais vous devriez vous fier un peu à moi, qui peux mieux que vous vous mettre à votre taux. En ceci seulement je jugerai mieux que vous. Faites de vous-même; vous serez moins correct, mais plus un. Au reste, revenez plusieurs fois sur votre ouvrage avant que de le donner. Je crains seulement les fautes de langue; mais, si vous êtes bien attentif, elles ne vous échapperont pas. Je crains aussi un peu les boutades du feu de la jeunesse. Attachez-vous à ôter tout ce qui peut être exclamation ou déclamation. Simplifiez votre style, surtout dans les endroits où les choses ont de la chaleur. J'ai une lecture à vous conseiller avant que de revoir pour la dernière fois votre écrit, c'est celle des *Lettres persanes*. Cette lecture est excellente à tout jeune homme qui écrit pour la première fois. Vous y trouverez pourtant quelques fautes de langue. En voici une dans la quarante-deuxième lettre : *Tel que l'on devrait mépriser parce qu'il est un sot, ne l'est souvent que parce qu'il est un homme de robe.* La faute est de prendre pour le participe passif *méprisé*, qui n'est pas dans la phrase, l'infinitif *mépriser* qui y est. Les Genevois sont encore fort sujets à faire cette faute-là. Toutefois, si vous voulez absolument m'envoyer votre écrit, faites. Je ne sais lequel de vous ou de moi me donnera le plus d'intérêt à sa lecture, mais je vous répète que je ne vous y *puis être* d'aucune utilité.

Je vous ai parlé des offres du roi de Prusse et de ma reconnaissance. Mais voudriez-vous que je les eusse acceptées? est-il nécessaire de vous dire ce que j'ai fait? ces choses-là devraient se deviner entre nous.

Je dois vous prévenir d'une chose. Vous avez dû voir beaucoup d'inégalités dans mes lettres; c'est qu'il y en a beaucoup dans mon humeur; et je ne le cache point à mes amis. Mais ma conduite ne se règle point sur mon humeur; elle a une règle plus constante; à mon âge, on ne change plus. Je serai ce que j'ai été. Je ne suis différent qu'en une chose, c'est que jusqu'ici j'ai eu des amis, mais à présent je sens que j'ai un ami.

Vous apprendrez avec plaisir qu'*Emile* a le plus grand succès en Angleterre. On en est à la seconde édition anglaise. Il n'y a pas d'exemple à Londres d'un succès si rapide pour aucun livre étranger, et, *nota*, malgré le mal que j'y dis des Anglais.

A M. DE MONTMOLLIN.

Novembre 1762.

Quand je me suis réuni, monsieur, il y a neuf ans, à l'Eglise, je n'ai pas manqué de censeurs qui ont blâmé ma démarche, et je n'en manque pas aujourd'hui que j'y reste uni sous vos auspices, contre l'espoir de tant de gens qui voudraient m'en voir séparé. Il n'y a rien là de bien étonnant; tout ce qui m'honore et me console déplaît à mes ennemis; et ceux qui voudraient rendre la religion méprisable sont fâchés qu'un ami de la vérité la professe ouvertement. Nous connaissons trop, vous et moi, les hommes, pour ignorer à combien de passions humaines le feint zèle de la foi sert de manteau; et l'on ne doit pas s'attendre à voir l'athéisme et l'impiété plus charitables que n'est l'hypocrisie ou la superstition. J'espère, monsieur, ayant maintenant le bonheur d'être plus connu de vous, que vous ne voyez rien en moi qui, démentant la déclaration que je vous ai faite, puisse vous rendre suspecte ma démarche, ni vous donner du regret à la vôtre. S'il y a des gens qui m'accusent d'être un hypocrite, c'est parce que je ne suis pas un impie : ils se sont arrangés pour m'accuser de l'un ou de l'autre, sans doute parce qu'ils n'imaginent pas qu'on puisse sincèrement croire en Dieu. Vous voyez que, de quelque manière que je me conduise, il m'est impossible d'échapper à l'une des deux imputations. Mais vous voyez aussi que, si toutes deux sont également destituées de preuves, celle d'hypocrisie est pourtant la plus inepte; car un peu d'hypocrisie m'eût sauvé bien des disgrâces; et ma bonne foi me coûte assez cher, ce me semble, pour devoir être au-dessus de tout soupçon.

Quand nous avons eu, monsieur, des entretiens sur mon ouvrage, je vous ai dit dans quelles vues il avait été publié, et je vous réitère la même chose en sincérité de cœur. Ces vues n'ont rien que de louable, vous en êtes convenu vous-même; et quand vous m'apprenez qu'on me prête celle d'avoir voulu jeter du ridicule sur le christianisme, vous sentez en même temps combien cette imputation est ridicule elle-même, puisqu'elle porte uniquement sur un dialogue dans un langage improuvé des deux côtés dans l'ouvrage même, et où l'on ne trouve assurément rien d'applicable au vrai chrétien. Pourquoi les réformés prennent-ils ainsi fait et cause pour l'Eglise romaine? pourquoi s'échauffent-ils si fort quand on relève les vices de son argumentation, qui n'a point été la leur jusqu'ici? Veulent-ils donc se rapprocher peu à peu de ses manières de penser comme ils se rapprochent déjà de son intolérance, contre les principes fondamentaux de leur propre communion?

Je suis bien persuadé, monsieur, que si j'eusse toujours vécu en pays protestant, alors ou la Profession du vicaire savoyard n'eût point été faite, ce qui certainement eût été un mal à bien des égards, ou, selon toute apparence, elle eût eu dans sa seconde partie un tour fort différent de celui qu'elle a.

Je ne pense pas cependant qu'il faille supprimer les objections qu'on ne peut résoudre; car cette adresse subreptice a un air de mauvaise foi qui me révolte, et me fait craindre qu'il n'y ait au fond peu de vrais croyants. Toutes les connaissances humaines ont leurs obscurités, leurs difficultés, leurs objections que l'esprit humain trop borné ne peut résoudre. La géométrie elle-même en a de telles que les géomètres ne s'avisent point de supprimer, et qui ne rendent pas pour cela leur science incertaine. Les objections n'empêchent pas qu'une vérité démontrée ne soit démontrée; et il faut savoir se tenir à ce qu'on sait, et ne pas vouloir tout savoir même en matière de religion. Nous n'en servirons pas Dieu de moins bon cœur; nous n'en serons pas moins vrais croyants, et nous en serons plus humains, plus doux, plus tolérants pour ceux qui ne pensent pas comme nous en toute chose. A considérer en ce sens la Profession de foi du vicaire, elle peut avoir son utilité même dans ce qu'on y a le plus improuvé. En tout cas, il n'y avait qu'à résoudre des objections aussi convenablement, aussi honnêtement qu'elles étaient proposées, sans se fâcher comme si l'on avait tort, et sans croire qu'une objection est suffisamment résolue lorsqu'on a brûlé le papier qui la contient.

Je n'épiloguerai point sur les chicanes sans nombre et sans fondement qu'on m'a faites et qu'on me fait tous les jours. Je sais supporter dans les autres des manières de penser qui ne sont pas les miennes; pourvu que nous soyons tous unis en Jésus-Christ, c'est là l'essentiel. Je veux seulement vous renouveler, monsieur, la déclaration de la résolution ferme et sincère où je suis de vivre et mourir dans la communion de l'Eglise chrétienne réformée. Rien ne m'a plus consolé dans mes disgrâces que d'en faire la sincère profession auprès de vous, de trouver en vous mon pasteur, et mes frères dans vos paroissiens. Je vous demande à vous et à eux la continuation des mêmes bontés; et comme je ne crains pas que ma conduite vous fasse changer de sentiment sur mon compte, j'espère que les méchancetés de mes ennemis ne le feront pas non plus.

A M. ***

1762.

En parlant, monsieur, dans votre gazette du 25 juin, d'un papier appelé *réquisitoire*, publié en France contre le meilleur et le plus utile de mes écrits, vous avez rempli votre office, et je ne vous en sais pas mauvais gré; je ne me plains pas même que vous ayez transcrit les imputations dont ce papier est rempli, et auxquelles je m'abstiens de donner celle qui leur est due.

Mais lorsque vous ajoutez de votre chef que je suis condamnable au-delà de ce qu'on peut dire pour avoir composé le livre dont il s'agit, et surtout pour y avoir mis mon nom, comme s'il était permis et honnête de se cacher en parlant au public; alors, monsieur, j'ai droit de me plaindre de ce que vous jugez sans connaître; car il n'est pas possible qu'un homme éclairé et un homme de bien porte avec connaissance un jugement si peu équitable sur un livre où l'auteur soutient la cause de Dieu, des mœurs, de la vertu, contre la nouvelle philosophie, avec toute la force dont il est capable. Vous avez donné trop d'autorité à des procédures irrégulières, et dictées par des motifs particuliers que tout le monde connaît.

Mon livre, monsieur, est entre les mains du public, il sera lu tôt ou tard par des hommes raisonnables, peut-être enfin par des chrétiens, qui verront avec surprise, et sans doute avec indignation, qu'un disciple de leur divin maître soit traité parmi eux comme un scélérat.

Je vous prie donc, monsieur, et c'est une réparation que vous me devez, de lire vous-même le livre dont vous avez si légèrement et si mal parlé; et quand vous l'aurez lu, de vouloir alors rendre compte au public, sans faveur et sans grâce, du jugement que vous en aurez porté. Je vous salue, monsieur, de tout mon cœur.

A M. LOYSEAU DE MAULÉON

Pour lui recommander l'affaire de M. Le Bœuf de Valdahon.

Voici, mon cher Mauléon, du travail pour vous, qui savez braver le puissant injuste, et défendre l'innocent opprimé. Il s'agit de protéger par vos talents un jeune homme de mérite qu'on ose poursuivre criminellement pour une faute que tout homme voudrait commettre, et qui ne blesse d'autres lois que celles de l'avarice et de l'opinion. Armez votre éloquence de traits plus doux et non moins pénétrants, en faveur de deux amants persécutés par un père vindicatif et dénaturé. Ils ont la voix publique; et ils l'auront partout où vous parlerez pour eux. Il me semble que ce nouveau sujet vous offre d'aussi grands principes à développer, d'aussi grandes vues à approfondir que les précédents; et vous aurez de plus à faire valoir des sentiments naturels à tous les cœurs sensibles, et qui ne sont pas étrangers au vôtre. J'espère encore que vous compterez pour quelque chose la recommandation d'un homme que vous avez honoré de votre amitié. *Macte virtute*, cher Mauléon. C'est dans une route que vous vous êtes frayée qu'on trouve le noble prix que je vous ai depuis si longtemps annoncé, et qui est seul digne de vous.

A MADEMOISELLE D'IVERNOIS,

Fille de M. le procureur-général de Neuchâtel, en lui envoyant le premier lacet de ma façon qu'elle m'avait demandé pour présent de noces.

Le voilà, mademoiselle, ce beau présent de noces que vous avez désiré: s'il s'y trouve du superflu, faites, en bonne ménagère, qu'il ait bientôt son emploi. Portez sous d'heureux auspices cet emblème des liens de douceur et d'amour dont vous tiendrez enlacé votre heureux époux, et songez qu'en portant un lacet tissu par la main qui traça les devoirs des mères, c'est s'engager à les remplir.

A MADAME LA COMTESSE DE BOUFFLERS.

Motiers, le 26 novembre 1762.

Je reçois à l'instant, madame, la lettre dont vous m'avez honoré le 10 de ce mois sous le couvert de mylord maréchal, et je vous avoue qu'elle me surprend plus encore que la précédente. J'ai tant d'estime et de respect pour vous, que, dussiez-vous continuer à m'en écrire de semblables, elles me surprendraient toujours.

Je suis pénétré de reconnaissance et de respect pour le roi de Prusse; mais ses bienfaits, souvent répandus avec plus de générosité que de choix, ne sont pas une preuve bien sûre qu'on les mérite. Si je les acceptais, je croirais lui rendre autant d'honneur que j'en recevrais de lui; et je ne suis point persuadé que, par cette démarche, je fisse un si grand déplaisir à mes ennemis.

Je crois, madame, que si j'étais dans le besoin, et que j'eusse recours à vous, vous consulteriez plus votre cœur que votre fortune; mais ce que vous ne feriez pas à cet égard, peut-être devrais-je le faire. Comme je ne suis pas dans ce cas-là, et que jusqu'ici mes amis ne se sont point aperçus que j'y aie été, cette délibération me paraît, quant à présent, fort inutile. Il me semble que je n'ai jamais donné à personne occasion de prendre un si grand souci de mes besoins.

Vous persistez, dites-vous, à croire que ma lettre à M. de Montmollin était peu nécessaire. Je ne vois pas bien comment vous pouvez juger de cela. Je vous ai dit les raisons qui m'ont fait croire qu'elle l'était; vous auriez dû me dire celles qui vous font penser autrement.

Vous dites qu'elle a fait un mauvais effet; mais sur qui? Si c'est sur MM. d'Alembert et Voltaire, je m'en félicite. J'espère n'être jamais assez malheureux pour obtenir leur approbation.

Il était inutile que cette lettre courût; et je ne l'ai jamais montrée à personne. Vous dites l'avoir vue à Paris. Je sais qu'elle a été falsifiée, et je vous l'ai dit; cela n'emportait pas la nécessité de vous la transcrire, puisque cette pièce ayant fait ici son effet, n'importe, au surplus, ni à vous, ni à moi, ni à personne. Cependant, puisqu'elle vous fait plaisir, la voilà telle que je l'ai écrite et que je l'écrirais tout-à-l'heure si c'était à recommencer.

J'ai toujours approuvé que mes amis me donnassent des avis, mais non pas des lois. Je veux bien qu'ils me conseillent, mais non qu'ils me gouvernent. Vous avez daigné, madame, remplir avec moi le soin de l'amitié; je vous en remercie. Vous vous en tenez là; je vous en remercie encore : car je n'aimerais pas être obligé de marquer moi-même la borne de votre pouvoir sur moi.

Ne parlerons-nous jamais de vous, madame? Il me semble pourtant que les droits et les devoirs de l'amitié devraient être réciproques. Verrez-vous toujours mes malheurs, et ne verrai-je jamais vos plaisirs ou ceux des personnes qui vous approchent? Vous n'avez pas besoin de mes conseils, je le sais; mais j'aurais le plaisir de me réjouir de tout ce que vous faites de bien; j'approuverais, je m'attendrirais, je m'égaierais de votre joie, et tous mes maux seraient oubliés.

Je n'ai jamais songé à vous demander, madame, si l'on avait rendu à M. le prince de Conti la musique que j'avais copiée pour lui. Daignez agréer les humbles remerciments et respects de mademoiselle Le Vasseur.

A MYLORD MARÉCHAL.

26 novembre 1762.

Non, mylord, je ne suis ni en santé, ni content; mais quand je reçois de vous quelque marque de bonté et de souvenir, je m'attendris, j'oublie mes peines : au surplus, j'ai le cœur abattu, et je tire bien moins de courage de ma philosophie que de votre vin d'Espagne.

Madame la comtesse de Boufflers demeure rue Notre-Dame-de-Nazareth, proche le Temple; mais je ne comprends pas comment vous n'avez pas son adresse, puisqu'elle me marque que vous lui avez encore écrit pour l'engager à me faire accepter les offres du roi. De grâce, mylord, ne vous servez plus de médiateur avec moi, et daignez être bien persuadé, je vous supplie, que ce que vous n'obtiendrez pas directement ne sera obtenu par nul autre. Madame de Boufflers semble oublier, dans cette occasion, le respect qu'on doit aux malheureux. Je lui réponds plus durement que je ne devrais peut-être, et je crains que cette affaire ne me brouille avec elle, si même cela n'est déjà fait.

Je ne sais, mylord, si vous songez encore à notre château en Espagne; mais je sens que cette idée, si elle ne s'exécute pas, fera le malheur de ma vie. Tout me déplaît, tout me gêne, tout m'importune : je n'ai plus de confiance et de liberté qu'avec vous, et, séparé par d'insurmontables obstacles du peu d'amis qui me restent, je ne puis vivre en paix que loin de toute autre société. C'est, j'espère, un avantage que j'aurai dans votre terre, n'étant connu là-bas de personne, et ne sachant pas la langue du pays. Mais je crains que le désir d'y venir vous-même n'ait été plutôt une fantaisie qu'un vrai projet; et je suis mortifié aussi que vous n'ayez aucune réponse de

M. Hume. Quoi qu'il en soit, si je ne puis vivre avec vous, je veux vivre seul. Mais il y a bien loin d'ici en Ecosse, et je suis bien peu en état d'entreprendre un si long trajet. Pour Colombier, il n'y faut pas penser; j'aimerais autant habiter une ville : c'est assez d'y faire de temps en temps des voyages lorsque je saurai ne vous pas importuner.

J'attends pourtant avec impatience le retour de la belle saison pour vous y aller voir, et décider avec vous quel parti je dois prendre, si j'ai encore longtemps à traîner mes chagrins et mes maux : car cela commence à devenir long, et n'ayant rien prévu de ce qui m'arrive, j'ai peine à savoir comment je dois m'en tirer. J'ai demandé à M. de Malesherbes la copie de quatre lettres que je lui écrivis l'hiver dernier, croyant avoir peu de temps à vivre, et n'imaginant pas que j'aurais tant à souffrir. Ces lettres contiennent la peinture exacte de mon caractère, et la clef de toute ma conduite, autant que j'ai pu lire dans mon propre cœur. L'intérêt que vous daignez prendre à moi me fait croire que vous ne serez pas fâché de les lire, et je les prendrai en allant à Colombier.

On m'écrit de Pétersbourg que l'impératrice fait proposer à M. d'Alembert d'aller élever son fils. J'ai répondu là-dessus que M. d'Alembert avait de la philosophie, du savoir et beaucoup d'esprit, mais que s'il élevait ce petit garçon, il n'en ferait ni un conquérant, ni un sage, qu'il en ferait un arlequin.

Je vous demande pardon, mylord, de mon ton familier, je n'en saurais prendre un autre quand mon cœur s'épanche; et quand un homme a de l'étoffe en lui-même, je ne regarde plus à ses habits. Je n'adopte nulle formule, n'y voyant aucun terme fixe pour s'arrêter sans être faux : j'en pourrais cependant adopter une auprès de vous, mylord, sans courir ce risque, ce serait celle du bon Ibrahim.

A M...., CURÉ D'AMBÉRIER, EN BUGEY.

Motiers-Travers, le 30 novembre 1762.

Je n'aurais pas tardé si longtemps, monsieur, à vous témoigner ma reconnaissance des soins et des bontés que vous n'avez cessé d'avoir pour ma gouvernante, durant son voyage de Paris à Besançon, si je n'avais égaré votre adresse qu'elle me remit en arrivant, et en me rendant compte de toutes les obligations que nous avions, elle et moi, à votre humanité et à votre charité. J'ai retrouvé cette adresse hier au soir, et je me hâte de remplir un devoir qui m'est cher, en vous faisant d'un cœur vraiment touché les remercîments de cette pauvre fille et les miens. Je voudrais être en état de rendre ces remercîments moins stériles, en vous marquant, par quelque retour, que vous n'avez pas obligé un ingrat. Si jamais l'occasion s'en présente, je vous demande en grâce de ne pas oublier le citoyen de Genève, et d'être persuadé qu'il vous est acquis. Recevez, monsieur, les respects de mademoiselle Le Vasseur et ceux d'un homme qui vous honore.

A MADAME LATOUR.

Motiers, le 18 décembre 1762.

Pour le coup, madame, vous auriez été contente de mon exactitude, si j'avais pu suivre, en recevant votre dernière lettre, la résolution que je pris d'y répondre dès le lendemain; mais il est dit que je voudrai toujours vous plaire, et que je n'y parviendrai jamais. Une maudite fièvre est venue traverser mes bonnes résolutions; elle m'a abattu au point d'en garder le lit, ce qui ne m'était jamais arrivé dans mes plus grands maux : sans doute, le bon usage que je voulais faire de mes forces m'a aidé à les recouvrer, et je me suis dépêché de guérir pour vous offrir les prémices de ma convalescence, si tant est pourtant qu'on puisse appeler convalescence l'état où je suis resté.

Je voudrais, madame, pouvoir vous donner l'éclaircissement que vous désirez sur l'homme au gros poireau, et je voudrais, pour moi-même, connaître un homme qui m'ose louer publiquement à Paris; car, quoique je doive peut-être bien plus à vous qu'à lui la chaleur de son zèle, ce qu'il a dit pour vous complaire me le fait autant aimer que s'il l'avait dit pour moi. Mais ma mémoire ne me fournit rien d'applicable en tout au signalement que vous m'avez donné. J'ai fréquenté dix ans Epinay et la Chevrette; pendant ce temps-là, on a représenté beaucoup de pièces, et exécuté beaucoup de divertissements où j'ai quelquefois fait de la musique, et où divers auteurs ont fait des paroles; mais depuis lors tant de choses me sont arrivées, que je ne me rappelle tout cela que fort confusément. Le poireau surtout me désoriente; je ne me rappelle pas d'avoir vécu dans une certaine intimité avec quelqu'un qui en eût un, si ce n'est, ce me semble, M. le marquis de Croix-Mare, qui, à la vérité, a beaucoup d'esprit, mais qui n'est plus ni jeune, ni d'une assez jolie figure, et auquel je ne me suis sûrement jamais mêlé de donner des conseils.

Il est vrai, madame, que je ne doute plus que vous ne soyez femme; vous me l'avez trop bien fait sentir par l'empire que vous avez pris sur moi, et par le plaisir que je prends à m'y soumettre; mais vous n'avez pas à vous plaindre d'un échange qui vous donne tant de nouveaux droits, en vous laissant tous ceux que je voulais revendiquer pour mon sexe. Toutefois, puisque vous deviez être femme, vous deviez bien aussi vous montrer. Je crois que votre figure me tourmente encore plus que si je l'avais vue. Si vous ne voulez pas me dire comment vous êtes faite, dites-moi donc du moins comment vous, vous habillez, afin que mon imagination se fixe sur quelque chose que je sois sûr de vous appartenir, et que je puisse rendre hommage à la personne qui porte votre robe, sans crainte de vous faire une infidélité.

A M. MOULTOU.

Motiers-Travers, 19 décembre 1762.

Mon cher ami, j'ai été assez mal, et je ne suis pas bien. Les effets d'une fièvre causée par un grand rhume se sont fait sentir sur la partie faible, et il me semble que ma vessie veuille se boucher tout-à-fait. Je me lève pourtant, et je sors quand le temps le permet; mais je n'ai ni la tête libre ni la machine en bon état. La rigueur de l'hiver peut causer tout cela : je suis persuadé qu'aux approches du temps doux je serai mieux.

Je me détache tous les jours plus de Genève; il faut être fou pour s'affecter des torts de gens qui se conduisent si mal. Je pourrai y aller parce que vous y êtes, mais j'irai voir mon ami chez des étrangers. Du reste, ces messieurs me recevront comme il leur plaira. L'Europe a déjà prononcé entre eux et moi : que m'importe le reste? Nous verrons au surplus ce qu'ils ont à me dire : pour moi, je n'ai rien à leur dire du tout.

Je vous envoie ce billet par le messager plutôt que par la poste, afin que, si vous avez quelque chose à m'envoyer, vous en ayez la commodité. Du reste, il importe de vous communiquer une réflexion que j'ai faite. Vous m'avez marqué ci-devant que vous n'aimiez pas votre corps, et que votre intention était de le quitter un jour : nous causerons de cela quand nous nous verrons. Mais si cette résolution pouvait transpirer chez quelqu'un de ces messieurs, peut-être ne chercheraient-ils qu'une occasion de vous prévenir; et il est bien difficile qu'ils ne trouvassent pas cette occasion dans l'écrit en question, s'ils l'y voulaient chercher. Tout est raison pour qui ne cherche que des prétextes. Pensez à cela. Il faut quitter, et non pas se faire renvoyer.

Je crois que mylord maréchal pourrait aller dans quelque temps à Genève voir mylord Stanhope. S'il y va, allez le voir et nommez-vous. C'est un homme froid, qui ne peut souffrir les compliments, et qui n'en fait à personne : mais c'est un homme, et je crois que vous serez content de l'avoir vu. Du reste, ne parlez à personne de ce voyage. Il ne m'en a pas demandé le secret, mais il n'en a parlé qu'à moi; ce qui me fait croire ou qu'il a changé de sentiment, ou qu'il veut aller incognito.

Adieu, cher Moultou : je compte les heures comme des siècles jusqu'à la belle saison.

A M. D. L. C.

Décembre 1762.

Il faut, monsieur, que vous ayez une grande opinion de votre éloquence, et une bien petite du discernement de l'homme dont vous vous dites enthousiaste, pour croire l'intéresser en votre faveur par le petit roman scandaleux qui remplit la moitié de la lettre que vous m'avez écrite, et par l'historiette qui le suit. Ce que j'apprends de plus sûr dans cette lettre, c'est que vous êtes bien jeune, et que vous me croyez bien jeune aussi.

Vous voilà, monsieur, avec votre Zélie comme ces saints de votre église, qui, dit-on, couchaient dévotement avec des filles et attisaient tous les feux des tentations pour se mortifier en combattant le désir de les éteindre. J'ignore ce que vous prétendez par les détails indécents que vous m'osez faire; mais il est difficile de les lire sans vous croire un menteur ou un impuissant.

L'amour peut épurer les sens, je le sais; il est cent fois plus facile à un véritable amant d'être sage qu'à un autre homme : l'amour qui respecte son objet en chérit la pureté : c'est une perfection de plus qu'il y trouve, et qu'il craint de lui ôter. L'amour-propre dédommage un amant des privations qu'il s'impose en lui montrant l'objet qu'il convoite plus digne des sentiments qu'il a pour lui; mais, si sa maîtresse, une fois livrée à ses caresses, a déjà perdu toute modestie; si son corps est en proie à ses attouchements lascifs; si son cœur brûle de tous les feux qu'ils y portent; si sa volonté même, déjà corrompue, la livre à sa discrétion, je voudrais bien savoir ce qui lui reste à respecter en elle.

Supposons qu'après avoir ainsi souillé la personne de votre maîtresse, vous ayez obtenu sur vous-même l'étrange victoire dont vous vous vantez, et que vous en ayez le mérite, l'avez-vous obtenue sur elle, sur ses désirs, sur ses sens même? Vous vous vantez de l'avoir fait pâmer entre vos bras : vous vous êtes donc ménagé le sot plaisir de la voir pâmer seule ? Et c'était là l'épargner selon vous ? Non, c'était l'avilir. Elle est plus méprisable que si vous en eussiez joui. Voudriez-vous d'une femme qui serait sortie ainsi des mains d'un autre? Vous appelez pourtant tout cela des sacrifices à la vertu. Il faut que vous ayez d'étranges idées de cette vertu dont vous parlez, et qui ne vous laisse pas même le moindre scrupule d'avoir déshonoré la fille d'un homme dont vous mangiez le pain. Vous n'adoptez pas les maximes de l'*Héloïse*, vous vous piquez de les braver; il est faux, selon vous, qu'on ne doit rien accorder aux sens quand on veut leur refuser quelque chose. En accordant aux vôtres tout ce qui peut vous rendre coupable, vous ne leur refusiez que ce qui pouvait vous excuser. Votre exemple, supposé vrai, ne fait point contre la maxime, il la confirme.

Ce joli conte est suivi d'un autre plus vraisemblable, mais que le premier me rend bien suspect. Vous voulez, avec l'art de votre âge, émouvoir mon amour-propre, et me forcer, au moins par bienséance, à l'intéresser pour vous. Voilà, monsieur, de tous les pièges qu'on peut me tendre celui dans lequel on me prend le moins, surtout quand on le tend aussi peu finement. Il y aurait de l'humeur à vous blâmer de la manière dont vous dites avoir soutenu ma cause, et même une sorte d'ingratitude à ne vous en pas savoir gré. Cependant, monsieur, mon livre ayant été condamné par votre parlement, vous ne pouviez mettre trop de modestie et de circonspection à le défendre, et vous ne devez pas me faire une obligation personnelle envers vous d'une justice que vous avez dû rendre à la vérité, ou à ce qui vous a paru l'être. Si j'étais sûr que les choses se fussent passées comme vous le marquez, je croirais devoir vous dédommager, si je pouvais, d'un préjudice dont je serais en quelque manière la cause; mais cela ne m'engagerait pas à vous recommander sans vous connaître, préférablement à beaucoup de gens de mérite que je connais sans pouvoir les servir, et je me garderais de vous procurer des élèves, surtout s'ils avaient des sœurs, sans autre garant de leur bonne éducation que ce que vous m'avez appris de vous et la pièce de vers que vous m'avez envoyée. Le libraire à qui vous l'avez présentée a eu tort de vous répondre aussi brutalement qu'il l'a fait, et l'ouvrage, du côté de la composition, n'est pas aussi mauvais qu'il l'a paru croire : les vers sont faits avec facilité; il y en a de très bons parmi beaucoup d'autres faibles et peu corrects : du reste, il y règne plutôt un ton de déclamation qu'une certaine chaleur d'âme. Zamon se tue en acteur de tragédie : cette mort ne persuade ni ne touche : tous les sentiments sont tirés de la *Nouvelle Héloïse*; on en trouve à peine un qui vous appartienne ; ce qui n'est pas un grand signe de chaleur de votre cœur ni de la vérité de l'histoire. D'ailleurs, si le libraire avait tort dans un sens, il avait bien raison dans un autre, auquel vraisemblablement il ne songeait pas. Comment un homme qui se pique de vertu peut-il vouloir publier une pièce d'où résulte la plus pernicieuse morale, une pièce pleine d'images licencieuses que rien n'épure, une pièce qui tend à persuader aux jeunes personnes que les privautés des amants sont sans conséquence, et qu'on peut toujours s'arrêter où l'on veut; maxime aussi fausse que dangereuse, et propre à détruire toute pudeur, toute honnêteté, toute retenue entre les deux sexes? Monsieur, si vous n'êtes pas un homme sans mœurs, sans principes, vous ne ferez jamais imprimer vos vers, quoique passables, sans un correctif suffisant pour empêcher le mauvais effet.

Vous avez des talents, sans doute, mais vous n'en faites pas un usage qui porte à les encourager. Puissiez-vous, monsieur, en faire un meilleur dans la suite, et qui ne vous attire ni regrets à vous-même, ni le blâme des honnêtes gens! Je vous salue de tout mon cœur.

P. S. Si vous aviez un besoin pressant des deux louis que vous demandiez au libraire, je pourrais en disposer sans m'incommoder beaucoup. Parlez-moi naturellement : ce ne serait pas vous en faire un don, ce serait seulement payer vos vers au prix que vous y avez mis vous-même.

A MADAME LATOUR.

A Motiers, le 4 janvier 1763.

Je reçus, madame, le 28 du mois dernier, votre lettre du 23, par laquelle vous me menaciez de ne me pardonner jamais, si vous n'aviez pas de mes nouvelles le jeudi 30. J'ai bien senti tout ce qu'il y avait d'obligeant dans cette menace, mais cela ne m'en rend pas moins sensible à la peine que vous m'avez fait encourir ; car, vous pouvez bien donner le désir de faire l'impossible, mais non pas le moyen d'y réussir; et il était de toute impossibilité que vous reçussiez le 30 la réponse à une lettre que j'avais reçue le 28.

Je suis à peu près comme j'étais quand je vous écrivis. L'hiver est si rude ici, qu'il m'est très difficile de le soutenir dans mon état; ce n'est pas du moins sans souffrir beaucoup, et sans sentir que, ne me permettre le silence que quand je me porterai bien, c'est ne me le permettre que quand je serai mort. J'espère, madame, que cette lettre vous trouvera bien rétablie de votre mal de gorge; c'est un mal auquel il me paraît que vous êtes sujette; c'est pourquoi je prendrai la liberté de vous donner un des récipés de ma médecine, car j'ai été fort sujet aux esquinancies étant jeune; mais j'ai appris à m'en délivrer lorsqu'elles commencent, en mettant mes pieds dans l'eau chaude, et les y tenant plusieurs heures ; ordinairement cela dégage la gorge, soit en attirant l'humeur en bas, soit de quelque autre manière que j'ignore; je sais seulement que la recette a souvent du succès.

J'aimerais, madame, à converser avec vous à mon aise; votre esprit est net et lumineux, et tout ce qui vient de vous m'attache et m'attire, à quelque petite chose près. Pourquoi faut-il que la nécessité de vous écrire si souvent m'ôte le plaisir de vous écrire à mon aise? Je voudrais vous écrire moins fréquemment, et j'écrirais de plus grandes lettres; mais vous exigez toujours de promptes réponses; cela fait que je ne puis vous écrire que des billets fort mal *digérés* et fort raturés.

A M. DUMOULIN.

Procureur-fiscal de S. A. S. monseigneur le prince de Condé, à Montmorency près Paris.

A Motiers-Travers, le 16 janvier 1763.

J'apprends, monsieur, avec d'autant plus de douleur la perte que vous venez de faire de votre digne oncle, qu'ayant négligé trop longtemps de l'assurer de mon souvenir et de ma reconnaissance, je l'ai mis en droit de se croire oublié d'un homme qui lui était obligé et qui lui était encore plus attaché, et à vous aussi. M. Mathas sera regretté et pleuré de tous ses amis et de tout le peuple dont il était le père. Il ne suffit pas de lui succéder, monsieur, il faut le remplacer. Songez que vous le suivrez un jour, et qu'alors il ne vous sera pas indifférent d'avoir fait des heureux ou des misérables. Puissiez-vous mériter longtemps et obtenir bien tard l'honneur d'être aussi regretté que lui!

Si le souvenir des moments que nous avons passés ensemble vous est aussi cher qu'à moi, je ne vous recommanderai point un soin qui vous soit à charge, en vous priant d'en conserver les monuments dans votre petite maison de Saint-Louis : entretenez au moins mon petit bosquet, je vous en supplie, surtout les deux arbres plantés de ma main; ne souffrez pas qu'Augustin ni d'autres se mêlent de les tailler ou de les façonner; laissez-les venir librement sous la direction de la nature, et buvez quelque jour sous leur ombre à la santé de celui qui jadis eut le plaisir d'y boire avec vous. Pardonnez ces petites sollicitudes puériles à l'attendrissement d'un souvenir qui ne s'effacera jamais de mon cœur. Mes jours de paix se sont passés à Montmorency, et vous avez contribué à me les rendre agréables. Rappelez-vous-en quelquefois la mémoire; pour moi je la conserverai toujours.

P. S. Mademoiselle Le Vasseur vous prie d'agréer ses respects et de les faire agréer à madame Dumoulin. Je me suis placé ici à portée d'un village catholique pour pouvoir l'y envoyer, le plus souvent qu'il se peut, remplir son devoir, et notre pasteur lui prête pour cela sa voiture avec grand plaisir. Je vous prie de le dire à M. le curé, qui paraissait alarmé de ce que deviendrait sa religion parmi nous autres. Nous aimons la nôtre, et nous respectons celle d'autrui.

Permettez que je vous prie de remettre l'incluse à son adresse.

A MADEMOISELLE DUCHESNE,

Sœur de l'Hôtel-Dieu de Montmorency, à Montmorency.

Motiers, le 16 janvier 1763.

Non, mademoiselle, on n'oublie ici ni votre amitié ni vos services; et si mademoiselle Le Vasseur ne vous a pas remboursé plus tôt les deux louis que vous avez eu la bonté de lui prêter, c'est que sa mère, qui les a reçus, lui avait promis et lui a encore fait écrire qu'elle vous les rendrait. Elle n'en a rien fait, cela n'est pas étonnant; ils sont passés avec le reste. Assurément si cette femme a mangé tout l'argent qu'elle a tiré de sa famille et de moi, depuis vingt ans, il faut qu'elle ait une terrible avaloire. Si vous pouvez, mademoiselle, attendre sans vous gêner, jusqu'à Pâques, cet argent vous sera remboursé à Montmorency; sinon, prenez la peine, quand vous irez à Paris, de passer à l'hôtel de Luxembourg, et en montrant cette lettre à M. de la Roche, que d'ailleurs j'aurai soin de prévenir, il vous remettra ces deux louis pour lesquels mademoiselle Le Vasseur vous fait ses tendres remerciments, ainsi que pour toutes les bontés dont vous l'avez honorée.

A l'égard de la dame Maingot, il est très sûr qu'il ne lui est rien dû. J'en ai pour preuves, premièrement la probité de mademoiselle Le Vasseur, bien incapable assurément de nier une dette; la somme qu'elle demande, qui passe ce que j'ai pu acheter de volaille durant tout mon séjour à Montmorency; mon usage constant de tout payer comptant à mesure que j'achetais; le fait particulier de quatre poulettes qu'acheta mademoiselle Le Vasseur, pour avoir des œufs durant le carême, et qu'elle paya comptant au garçon de ladite Maingot, en présence de la mère Nanon, passé laquelle emplette il n'est pas entré une pièce de volaille dans ma maison; enfin l'exactitude même de la dame Maingot à se faire payer, puisque ma retraite fit trop de bruit pour être ignorée d'elle, et qu'il n'est pas apparent que, venant tous les mercredis au marché, elle ne se fût pas avisée de venir chez moi demander son dû. C'est pour payer les bagatelles que je pouvais devoir que mademoiselle Le Vasseur est restée après moi. Pourquoi ne s'est-elle pas adressée à elle? Donner à la dame Maingot ce qu'elle demande serait récompenser la friponnerie : ce n'est assurément pas mon avis.

Je regrette beaucoup le bon M. Mathas, et crois qu'il sera regretté dans tout le pays. Il faut espérer que M. Dumoulin le remplacera à tous égards, et n'héritera pas moins de sa bonté que de son bien. Je savais que madame de Verdelin avait fait inoculer ses demoiselles; mais je suis en peine d'elle-même, n'ayant pas de ses nouvelles depuis longtemps, quoique je lui aie écrit le dernier. Comme il faut nécessairement affranchir les lettres, les domestiques ne sont pas toujours exacts là-dessus, et il s'en perd beaucoup de cette manière. Si elle vient ce printemps à Soisi, je vous prie de lui parler de moi; c'est une bonne et aimable dame, dont l'amitié m'était bien chère, et dont je regretterai toute ma vie le voisinage. Je suis très sensible, mademoiselle, au souvenir de toute votre famille; je vous prie de lui en marquer ma reconnaissance et d'y faire à tout le monde mes salutations, de même qu'à tous les honnêtes gens de Montmorency, qui vous paraîtront avoir conservé quelque amitié pour moi. Mes respects en particulier à M. le curé, si vous en trouvez l'occasion. Recevez ceux de mademoiselle Le Vasseur et les assurances de son éternel attachement. Croyez aussi, je vous supplie, que je conserverai toute ma vie les sentiments de respect, d'estime et d'amitié que je vous ai voués.

A M. LE MARÉCHAL DE LUXEMBOURG.

Motiers, le 20 février 1763.

Vous voulez, monsieur le maréchal, que je vous décrive le pays que j'habite. Mais comment faire? je ne sais voir qu'autant que je suis ému; les objets indifférents sont nuls à mes yeux; je n'ai de l'attention qu'à proportion de l'intérêt qui l'excite : et quel intérêt puis-je prendre à ce que je retrouve si loin de vous? Des arbres, des rochers, des maisons, des hommes même, sont autant d'objets isolés dont chacun en particulier donne peu d'émotion à celui qui le regarde : mais l'impression commune de tout cela, qui le réunit en un seul tableau, dépend de l'état où nous sommes en le contemplant. Ce tableau, quoique toujours le même, se peint d'autant de manières qu'il y a de dispositions différentes dans les cœurs des spectateurs; et ces différences, qui font celles de nos jugements, n'ont pas lieu seulement d'un spectateur à l'autre, mais dans le même en différents temps. C'est ce que j'éprouve bien sensiblement en revoyant ce pays que j'ai tant aimé. J'y croyais retrouver ce qui m'avait charmé dans ma jeunesse : tout est changé; c'est un autre paysage, un autre air, un autre ciel, d'autres hommes; et, ne voyant plus mes montagnons avec des yeux de vingt ans, je les trouve beaucoup vieillis. On regrette le bon temps d'autrefois; je le crois bien : nous attribuons aux choses tout le changement qui s'est fait en nous ; et lorsque le plaisir nous quitte, nous croyons qu'il n'est plus nulle part. D'autres voient les choses comme nous les avons vues, et les verront comme nous les voyons aujourd'hui. Mais ce sont des descriptions que vous me demandez, non des réflexions; et les miennes m'entraînent comme un vieux enfant qui regrette encore ses anciens jeux. Les diverses impressions que ce pays a faites sur moi à différents âges me font conclure que nos relations se rapportent toujours plus à nous qu'aux choses, et que, comme nous décrivons bien plus que nous ne sentons que ce qui est, il faudrait savoir comment était affecté l'auteur d'un voyage en l'écrivant, pour juger de combien ses peintures sont au-deçà ou au-delà du vrai. Sur ce principe ne vous étonnez pas de voir devenir aride et froid, sous ma plume, un pays jadis si verdoyant, si vivant, si riant, à mon gré : vous sentirez trop aisément dans ma lettre en quel temps de ma vie et en quelle saison de l'année elle a été écrite.

Je sais, monsieur le maréchal, que, pour vous parler d'un village, il ne faut pas commencer par vous décrire toute la Suisse, comme si le petit coin que j'habite avait besoin d'être circonscrit d'un si grand espace. Il y a pourtant des choses générales qui ne se devinent point, et qu'il faut savoir pour juger des objets particuliers. Pour connaître Motiers, il faut avoir quelque idée du comté de Neuchâtel, il faut en avoir de la Suisse entière.

Elle offre à peu près partout les mêmes aspects, des lacs, des prés, des bois, des montagnes; et les Suisses ont aussi tous à peu près les mêmes mœurs, mêlées de l'imitation des autres peuples et de leur antique simplicité. Ils ont des manières de vivre qui ne changent point, parce qu'elles tiennent pour ainsi dire au sol, au climat, aux besoins divers, et qu'en cela les habitants sont toujours forcés de se conformer à ce que la nature des lieux leur prescrit. Telle est, par exemple, la distribution de leurs habitations, beaucoup moins réunies en villes et en bourgs qu'en France, mais éparses et dispersées çà et là sur le terrain avec beaucoup plus d'égalité. Ainsi, quoique la Suisse soit en général plus peuplée à proportion que la France, elle a de moins grandes villes et de moins gros villages : en revanche, on y trouve partout des maisons; le village couvre toute la paroisse, et la ville s'étend sur tout le pays. La Suisse entière est comme une grande ville divisée en treize quartiers, dont les uns sont sur les vallées, d'autres sur les coteaux, d'autres sur les montagnes. Genève, Saint-Gall, Neuchâtel, sont comme les faubourgs : il y a des quartiers plus ou moins peuplés, mais tous le sont assez pour marquer qu'on est toujours dans la ville : seulement les maisons, au lieu d'être alignées, sont dispersées sans symétrie et sans ordre, comme on dit qu'étaient celles de l'ancienne Rome. On ne croit plus parcourir des déserts quand on trouve des clochers parmi les sapins, des troupeaux sur des rochers, des manufactures dans des précipices, des ateliers sur des torrents. Ce mélange bizarre a je ne sais quoi d'animé, de vivant, qui respire la liberté, le bien-être, et qui fera toujours du pays où il se trouve un spectacle unique en son genre, mais fait seulement pour des yeux qui sachent voir.

Cette égale distribution vient du grand nombre de petits états qui divise les capitales, de la rudesse du pays, qui rend les transports difficiles, et de la nature des productions, qui, consistant pour la plupart en pâturages, exige que la consommation s'en fasse sur les lieux mêmes, et tient les hommes aussi dispersés que les bestiaux. Voilà le plus grand avantage de la Suisse, avantage que ses habitants regardent peut-être comme un malheur, mais qu'elle tient d'elle seule, que rien ne peut lui ôter, qui, malgré eux, contient ou retarde le progrès du luxe et des mauvaises mœurs, et qui réparera toujours à la longue l'étonnante déperdition d'hommes qu'elle fait dans les pays étrangers.

Voilà le bien : voici le mal amené par ce bien même. Quand les Suisses, qui jadis vivant renfermés dans leurs montagnes se suffisaient à eux-mêmes, ont commencé à communiquer avec d'autres nations, ils ont pris goût à leur manière de vivre, et ont voulu l'imiter, ils se sont aperçus que l'argent était une bonne chose, et ils ont voulu en avoir : sans productions et sans industrie pour l'attirer, ils se sont mis en commerce eux-mêmes, ils se sont vendus en détail aux puissances; ils ont acquis par-là précisément assez d'argent pour sentir qu'ils étaient pauvres; les moyens de le faire circuler étant presque impossibles dans un pays qui ne produit rien et qui n'est pas maritime, cet argent leur a porté de nouveaux besoins sans augmenter leurs ressources. Ainsi leurs premières aliénations de troupes les ont forcés d'en faire de plus grandes et de continuer toujours. La vie étant devenue trop dévorante, le même pays n'a plus pu nourrir la même quantité d'habitants. C'est la raison de la dépopulation qui commence à se sentir dans toute la Suisse. Elle nourrissait ses nombreux habitants quand ils ne sortaient pas de chez eux; à présent qu'il en sort la moitié, à peine peut-elle nourrir l'autre.

Le pis est que de cette moitié qui sort il en rentre assez pour corrompre tout ce qui reste par l'imitation des usages des autres pays, et surtout de la France, qui a plus de troupes suisses qu'aucune autre nation. Je dis *corrompre*, sans entrer dans la question si les mœurs françaises sont bonnes ou mauvaises en France, parce que cette question est hors de doute quant à la Suisse, et qu'il n'est pas possible que les mêmes usages conviennent à des peuples qui, n'ayant pas les mêmes ressources et n'habitant ni le même climat ni le même sol, seront toujours forcés de vivre différemment.

Le concours de ces deux causes, l'une bonne et l'autre mauvaise, se fait sentir en toutes choses : il rend raison de tout ce qu'on remarque de particulier dans les mœurs des Suisses, et surtout de ce contraste bizarre de recherche et de simplicité qu'on sent dans toutes leurs manières. Ils tournent à contre-sens tous les usages qu'ils prennent, non pas faute d'esprit, mais par la force des choses. En transportant dans leurs bois les usages des grandes villes, ils les appliquent de la façon la plus comique; ils ne savent ce que c'est qu'habits de campagne; ils sont parés dans leurs rochers comme ils l'étaient à Paris; ils portent sous leurs sapins toutes les pompes du Palais-Royal, et j'en ai vu revenir de faire leurs foins en petite veste et falbala de mousseline. Leur délicatesse a toujours quelque chose de grossier, leur luxe a toujours quelque chose de rude. Ils ont des entremets, mais ils mangent du pain noir; ils servent des vins étrangers, et boivent de la piquette; des ragoûts fins accompagnent leur lard rance et leurs choux; ils vous offriront à déjeuner du café, du fromage; à goûter, du thé avec du jambon; les femmes ont de la dentelle et de fort gros linge, des robes de goût avec des bas de couleur : leurs valets, alternativement laquais et bouviers, ont l'habit de livrée en servant à table, et mêlent l'odeur du fumier à celle des mets.

Comme on ne jouit du luxe qu'en le montrant, il a rendu leur société plus familière sans leur ôter pourtant le goût de leurs demeures isolées. Personne ici n'est surpris de me voir passer l'hiver en campagne; mille gens du monde en font autant. On demeure donc toujours séparés; mais on se rapproche par de longues et fréquentes visites. Pour étaler sa parure et ses meubles, il faut attirer ses voisins et les aller voir; et comme ces voisins sont souvent assez éloignés, ce sont des voyages continuels. Aussi jamais n'ai-je vu de peuple si allant que les Suisses; les Français n'en approchent pas. Vous ne rencontrez de toute part que voitures; il n'y a pas une maison qui n'ait la sienne, et les chevaux, dont la Suisse abonde, ne sont rien moins qu'inutiles dans le pays. Mais comme ces courses ont souvent pour objets des visites de femmes, quand on monte à cheval, ce qui commence à devenir rare, on y monte en jolis bas blancs bien tirés, et l'on fait à peu près, pour courir la poste, la même toilette que pour aller au bal. Aussi rien n'est si brillant que les chemins de la Suisse; on y rencontre à tout moment des petits messieurs et de belles dames; on n'y voit que bleu, vert, couleur de rose, on se croirait au jardin du Luxembourg.

Un effet de ce commerce est d'avoir presque ôté aux hommes le goût du vin; et un effet contraire de cette vie ambulante est d'avoir cependant rendu les cabarets fréquents et bons dans toute la Suisse. Je ne sais pas pourquoi l'on vante tant ceux de la France; ils n'approchent sûrement pas de ceux-ci. Il est vrai qu'il y fait très cher à vivre; mais cela est vrai aussi de la vie domestique, et cela ne saurait être autrement dans un pays qui produit peu de denrées, et où l'argent ne laisse pas de circuler.

Les trois seules marchandises qui leur en aient fourni jusqu'ici sont les fromages, les chevaux et les hommes; mais depuis l'introduction du luxe, ce commerce ne leur suffit plus, et ils y ont ajouté celui des manufactures dont ils sont redevables aux réfugiés français : ressource qui cependant a plus d'apparence que de réalité; car, comme la cherté des denrées augmente avec les espèces, et que la culture de la terre se néglige quand on gagne davantage à d'autres travaux, avec plus d'argent ils n'en sont pas plus riches; ce qui se voit par la comparaison avec les Suisses catholiques, qui, n'ayant pas la même ressource, sont plus pauvres d'argent et ne vivent pas moins bien.

Il est fort singulier qu'un pays si rude, et dont les habitants sont si enclins à sortir, leur inspire pourtant un amour si tendre, que le regret de l'avoir quitté les y ramène presque tous à la fin, et que ce regret donne à ceux qui n'y peuvent revenir une maladie quelquefois mortelle, et qu'ils appellent, je crois, le *heimvé*. Il y a dans la Suisse un air célèbre appelé le ranz des vaches, que les bergers sonnent sur leurs cornets, et dont ils font retentir tous les coteaux du pays. Cet air, qui est peu de chose en lui-même, mais qui rappelle aux Suisses mille idées relatives au pays natal, leur fait verser des torrents de larmes quand ils l'entendent en terre étrangère. Il en a même fait mourir de douleur un si grand nombre, qu'il a été défendu, par ordonnance du roi, de jouer le ranz des vaches dans les troupes suisses. Mais, monsieur le maréchal, vous savez peut-être tout cela mieux que moi, et les réflexions que ce fait présente ne vous auront pas échappé. Je ne puis m'empêcher de remarquer seulement que la France est assurément le meilleur pays du monde, où toutes les commodités et tous les agréments de la vie concourent au bien-être des habitants. Cependant il n'y a jamais eu, que je sache, de heimvé ni de ranz des vaches qui fit pleurer ou mourir de regret un Français en pays étranger; et cette maladie diminue beaucoup chez les Suisses depuis qu'on vit plus agréablement dans leur pays.

Les Suisses en général sont justes, officieux, charitables, amis solides, braves soldats, et bons citoyens, mais intrigants, défiants, jaloux, curieux, avares, et leur avarice contient plus leur luxe que ne fait leur simplicité. Ils sont ordinairement graves et flegmatiques, mais ils sont furieux dans la colère, et leur joie est une ivresse. Je n'ai rien vu de si gai que leurs jeux. Il est étonnant que le peuple français danse tristement, languissamment, de mauvaise grâce, et que les danses suisses soient sautillantes et vives. Les hommes y montrent leur vigueur naturelle, et les filles ont une légèreté charmante; on dirait que la terre leur brûle les pieds.

Les Suisses sont adroits et rusés dans les affaires : les Français, qui les jugent grossiers, sont bien moins déliés qu'eux; ils jugent de leur esprit par leur accent. La cour de France a toujours voulu leur envoyer des gens fins, et s'est toujours trompée. A ce genre d'escrime, ils battent communément les Français : mais envoyez-leur des gens droits et fermes, vous ferez d'eux ce que vous voudrez, car naturellement ils vous aiment. Le marquis de Bonac, qui avait tant d'esprit, mais qui passait pour adroit, n'a rien fait en Suisse;

et jadis le maréchal de Bassompierre y faisait tout ce qu'il voulait, parce qu'il était franc, ou qu'il passait chez eux pour l'être. Les Suisses négocieront toujours avec avantage, à moins qu'ils ne soient vendus par leurs magistrats, attendu qu'ils peuvent mieux se passer d'argent que les puissances ne peuvent se passer d'hommes : car, pour votre blé, quand ils voudront ils n'en auront pas besoin. Il faut avouer aussi que s'ils font bien teurs traités, ils les exécutent encore mieux : fidélité qu'on ne se pique pas de leur rendre.

Je ne vous dirai rien, monsieur le maréchal, de leur gouvernement et de leur politique, parce que cela me mènerait trop loin, et que je ne veux vous parler que de ce que j'ai vu. Quant au comté de Neuchâtel où j'habite, vous savez qu'il appartient au roi de Prusse. Cette petite principauté, après avoir été démembrée du royaume de Bourgogne et passé successivement dans les maisons de Châlons, d'Ochberg et de Longueville, tomba enfin, en 1707, dans celle de Brandebourg par la décision des Etats du pays, juges naturels des droits des prétendants. Je n'entrerai point dans l'examen des raisons sur lesquelles le roi de Prusse fut préféré au prince de Conti, ni des influences que purent avoir d'autres puissances dans cette affaire; je me contenterai de remarquer que, dans la concurrence entre ces deux princes, c'était un honneur qui ne pouvait manquer d'appartenir un jour à un grand capitaine. Au reste, ils ont conservé sous leurs souverains à peu près la même liberté qu'ont les autres Suisses : mais peut-être en sont-ils plus redevables à leur position qu'à leur habileté; car je les retrouve bien remuants pour des gens sages.

Tout ce que je viens de remarquer des Suisses, en général, caractérise encore plus fortement ce peuple-ci, et le contraste du naturel et de l'imitation s'y fait encore mieux sentir, avec cette différence pourtant que le naturel a moins d'étoffe, et qu'à quelque petit coin près la dorure couvre tout le fond. Le pays, si l'on excepte la ville et les bords du lac, est aussi rude que le reste de la Suisse; la vie y est aussi rustique; et les habitants, accoutumés à vivre sous des princes, s'y sont encore plus affectionnés aux grandes manières; de sorte qu'on trouve ici du jargon, des airs, dans tous les états; de beaux parleurs labourant les champs, et des courtisans en souquenille. Aussi appelle-t-on les Neuchâtelois, les Gascons de la Suisse. Ils ont de l'esprit, et se piquent de vivacité; ils lisent, et la lecture leur profite; les paysans mêmes sont instruits; ils ont presque tous un petit recueil de livres choisis qu'ils appellent leur bibliothèque; ils sont même assez au courant pour les nouveautés; ils font valoir tout cela dans la conversation d'une manière qui n'est point gauche, et ils ont presque le ton du jour comme s'ils vivaient à Paris. Il y a quelque temps qu'en me promenant je m'arrêtai devant une maison où des filles faisaient de la dentelle; la mère berçait un petit enfant, et je la regardais faire, quand je vis sortir de la cabane un gros paysan, qui, m'abordant d'un air aisé, me dit : « Vous voyez qu'on ne suit pas trop bien vos préceptes; mais nos femmes tiennent autant aux vieux préjugés qu'elles aiment les nouvelles modes. » Je tombais des nues. J'ai entendu parmi ces gens-là cent propos du même ton.

Beaucoup d'esprit et encore plus de prétention, mais sans aucun goût, voilà ce qui m'a d'abord frappé chez les Neuchâtelois. Ils parlent très bien, très aisément; mais ils écrivent platement et mal, surtout quand ils veulent écrire légèrement, et ils le veulent toujours. Comme ils ne savent pas même en quoi consiste la grâce et le sel du style léger, lorsqu'ils ont enfilé des phrases lourdement sémillantes ils se croient autant de Voltaire et de Crébillon. Ils ont une manière de journal dans lequel ils s'efforcent d'être gentils et badins. Ils y fourrent même de petits vers de leur façon. Madame la maréchale trouverait sinon de l'amusement, au moins de l'occupation dans ce Mercure, car c'est d'un bout à l'autre un logogriphe qui demande un meilleur Œdipe que moi.

C'est à peu près le même habillement que dans le canton de Berne, mais un peu plus contourné. Les hommes se mettent assez à la française ; et c'est ce que les femmes voudraient bien faire aussi : mais comme elles ne voyagent guère, ne prenant pas comme eux les modes de la première main, elles les outrent, les défigurent ; et chargées de pretintailles et de falbalas, elles semblent parées de guenilles.

Quant à leur caractère, il est difficile d'en juger, tant il est offusqué de manières : ils se croient polis parce qu'ils sont façonniers, et gais parce qu'ils sont turbulents. Je crois qu'il n'y a que les Chinois au monde qui puissent l'emporter sur eux à faire des compliments. Arrivez-vous fatigué, pressé, n'importe, il faut d'abord prêter le flanc à la longue bordée ; tant que la machine est montée elle joue, et elle se remonte toujours à chaque arrivant. La politesse française est de mettre les gens à leur aise, et même de s'y mettre aussi : la politesse neuchâteloise est de gêner et soi-même et les autres. Ils ne consultent jamais ce qui vous convient, mais ce qui peut étaler leur prétendu savoir-vivre. Leurs offres exagérées ne tentent point ; elles ont toujours je ne sais quel air de formule, je ne sais quoi de sec et d'apprêté, qui vous invite au refus. Ils sont pourtant obligeants, officieux, hospitaliers très réellement, surtout pour les gens de qualité : on est toujours sûr d'être accueilli d'eux en se donnant pour marquis ou comte ; et comme une ressource aussi facile ne manque pas aux aventuriers, ils en ont souvent dans leur ville, qui pour l'ordinaire y sont très fêtés : un simple honnête homme avec des malheurs et des vertus ne le serait pas de même ; on peut y porter un grand nom sans mérite, mais non pas un grand mérite sans nom. Du reste, ceux qu'ils servent une fois ils les servent bien. Ils sont fidèles à leurs promesses, et n'abandonnent pas aisément leurs protégés. Il se peut même qu'ils soient aimants et sensibles ; mais rien n'est plus éloigné du ton du sentiment que celui qu'ils prennent ; tout ce qu'ils font par humanité semble être fait par ostentation, et leur vanité cache leur bon cœur.

Cette vanité est leur vice dominant ; elle perce partout, et d'autant plus aisément qu'elle est maladroite. Ils se croient tous gentilshommes, quoique leurs souverains ne fussent que des gentilshommes eux-mêmes. Ils aiment la chasse, moins par goût que parce que c'est un amusement noble. Enfin jamais on ne vit des bourgeois si pleins de leur naissance : ils ne la vantent pourtant pas, mais on voit qu'ils s'en occupent ; ils n'en sont pas fiers, ils n'en sont qu'entêtés.

Au défaut de dignités et de titres de noblesse ils ont des titres militaires ou municipaux en telle abondance, qu'il y a plus de gens titrés que de gens qui ne le sont pas. C'est M. le colonel, M. le major, M. le capitaine, M. le lieutenant, M. le conseiller, M. le châtelain, M. le maire, M. le justicier, M. le professeur, M. le docteur, M. l'ancien : si j'avais pu reprendre ici mon ancien métier, je ne doute pas que je n'y fusse M. le copiste. Les femmes portent aussi les titres de leurs maris ; madame la conseillère, madame la ministre : j'ai pour voisine madame la major ; et comme on n'y nomme les gens que par leurs titres, on est embarrassé comment dire aux gens qui n'ont que leur nom ; c'est comme s'ils n'en avaient point.

Le sexe n'y est pas beau ; on dit qu'il a dégénéré. Les filles ont beaucoup de liberté, et en font usage. Elles se rassemblent souvent en société, où l'on joue, où l'on goûte, où l'on babille, et où l'on attire tant qu'on peut les jeunes gens ; mais par malheur ils sont rares, et il faut se les arracher. Les femmes vivent assez sagement : il y a dans le pays d'assez bons ménages, et il y en aurait bien davantage si c'était un air de bien vivre avec son mari. Du reste, vivant beaucoup en campagne, lisant moins et avec moins de fruit que les hommes, elles n'ont pas l'esprit fort orné ; et, dans le désœuvrement de leur vie, elles n'ont d'autre ressource que de faire de la dentelle, d'épier curieusement les affaires des autres, de médire et de jouer. Il y en a pourtant de fort aimables; mais en général on ne trouve pas dans leur entretien ce ton que la décence et l'honnêteté même rendent séducteur, ce ton que les Françaises savent si bien prendre quand elles veulent, qui montre du sentiment, de l'âme, et qui promet des héroïnes de roman. La conversation des Neuchâteloises est aride ou badine; elle tarit sitôt qu'on ne plaisante pas. Les deux sexes ne manquent pas de bon naturel; et je crois que ce n'est pas un peuple sans mœurs; mais c'est un peuple sans principes, et le mot de vertu y est aussi étranger ou aussi ridicule qu'en Italie. La religion dont ils se piquent sert plutôt à les rendre hargneux que bons. Guidés par leur clergé, ils épilogueront sur le dogme; mais pour la morale, ils ne savent ce que c'est; car quoiqu'ils parlent beaucoup de charité, celle qu'ils ont n'est assurément pas l'amour du prochain, c'est seulement l'affectation de donner l'aumône Un chrétien pour eux est un homme qui va au prêche tous les dimanches; quoi qu'il fasse dans l'intervalle, il n'importe pas. Leurs ministres, qui se sont acquis un grand crédit sur le peuple tandis que leurs princes étaient catholiques, voudraient conserver ce crédit en se mêlant de tout, en chicanant sur tout, en étendant à tout la juridiction de l'Eglise : ils ne voient pas que leur temps est passé. Cependant ils viennent encore d'exciter dans l'état une fermentation qui achèvera de les perdre. L'importante affaire dont il s'agissait était de savoir si les peines des damnés étaient éternelles. Vous auriez peine à croire avec quelle chaleur cette dispute a été agitée; celle du jansénisme en France n'en a pas approché. Tous les corps assemblés, les peuples prêts à prendre les armes, ministres destitués, magistrats interdits, tout marquait les approches d'une guerre civile; et cette affaire n'est pas tellement finie qu'elle ne puisse laisser de longs souvenirs Quand ils se seraient tous arrangés pour aller en enfer, ils n'auraient pas plus de souci de ce qui s'y passe.

Voilà les principales remarques que j'ai faites jusqu'ici sur les gens du pays où je suis. Elles vous paraîtraient peut-être un peu dures pour un homme qui parle de ses hôtes, si je vous laissais ignorer que je ne leur suis redevable d'aucune hospitalité. Ce n'est point à messieurs de Neuchâtel que je suis venu demander un asile qu'ils ne m'auraient sûrement pas accordé, c'est à mylord maréchal, et je ne suis ici que chez le roi de Prusse. Au contraire, à mon arrivée sur les terres de la principauté, le magistrat de la ville de Neuchâtel s'est, pour tout accueil, dépêché de défendre mon livre sans le connaître; la classe des ministres l'a déféré de même au conseil d'etat : on n'a jamais vu des gens plus pressés d'imiter les sottises de leurs voisins. Sans la protection déclarée de mylord maréchal, on ne m'eût sûrement point laissé en paix dans ce village. Tant de bandits se réfugient dans le pays, que ceux qui le gouvernent ne savent pas distinguer des malfaiteurs poursuivis les innocents opprimés, ou se mettent peu en peine d'en faire la différence. La maison que j'habite appartient à une nièce de mon vieux ami M. Roguin. Ainsi, loin d'avoir nulle obligation à messieurs de Neuchâtel, je n'ai qu'à m'en plaindre. D'ailleurs je n'ai pas mis le pied dans leur ville, ils me sont étrangers à tous égards; je ne leur dois que justice en parlant d'eux et je la leur rends.

Je la rends de meilleur cœur encore à ceux d'entre eux qui m'ont comblé de caresses, d'offres, de politesses de toute espèce. Flatté de leur estime et touché de leurs bontés, je me ferai toujours un devoir et un plaisir de leur marquer mon attachement et ma reconnaissance; mais l'accueil qu'ils m'ont fait n'a rien de commun avec le gouvernement neuchâtelois, qui m'en eût fait un bien différent s'il en eût été le maître. Je dois dire encore que, si la mauvaise volonté du corps des ministres n'est pas douteuse, j'ai beaucoup à me louer en particulier de celui dont j'habite la paroisse. Il me vint voir à mon arrivée, il me fit mille offres de services qui n'étaient point vaines, comme il me l'a prouvé dans une occasion essentielle où il s'est exposé à la mauvaise humeur de plus d'un de ses confrères, pour s'être montré vrai pasteur envers moi. Je m'attendais d'autant moins de sa part à cette justice qu'il avait joué dans les précédentes brouilleries un rôle qui n'annonçait pas un ministre tolérant. C'est au surplus un homme assez gai dans la société, qui ne manque pas d'esprit, qui fait quelquefois d'assez bons sermons, et souvent de fort bons contes.

Je m'aperçois que cette lettre est un livre, et je n'en suis encore qu'à la moitié de ma relation. Je vais, monsieur le maréchal, vous laisser reprendre haleine, et remettre le second tome à une autre fois.

A MADAME LATOUR.

A Motiers, le 27 janvier 1763.

Je reçois presque en même temps, madame, vos étrennes et votre portrait, deux présents qui sont précieux ; l'un parce qu'il vous représente, et l'autre parce qu'il vient de vous. Il me semble que vous avez prévu le besoin que j'aurais de l'almanach, pour contenir l'effet que ferait sur moi la description de votre personne, et pour m'avertir honnêtement qu'un homme né le 4 juillet 1712 ne doit pas, le 27 janvier 1763, prendre un intérêt si curieux à certains articles, sous peine d'être un vieux fou. Malheureusement le poison me paraît plus fort que le remède, et votre lettre est plus propre à me faire oublier mon âge, que votre almanach à m'en faire souvenir. Il n'eût pas fallu d'autre magie à Médée pour rajeunir le vieux Éson : et si l'Aurore était faite comme vous, Titon décrépit pouvait être encore malade, que ses ans et ses maux devaient disparaître en la voyant. Pour moi, si loin de vous je ne gagne à tout cela que des regrets et du ridicule ; un cœur rajeuni n'est qu'un nouveau mal avec tant d'autres, et rien n'est plus sot qu'un barbon de vingt ans. Aussi je ne voudrais pas, pour tout au monde, être exposé désormais à voir ce joli visage d'un ovale parfait, et qui n'est pas la partie la moins blanche de votre personne ; j'aurais toujours peur que ces petites mouches couleur de rose ne devinssent pour moi transparentes, et que, pour mieux apprécier le teint du visage, quelque frileuse que vous puissiez être, mon esprit indiscret n'allât, à travers mille voiles, chercher des pièces de comparaison.

> Come per acqua o per cristallo intero
> Trapassa il raggio, e no'l divide o parte ;
> Per entro il chiuso manto osa il pensiero
> Si penetrar nella vietata parte.
> TASSO, GER. C. IV, 32.

Mais, madame, laissons un peu votre teint et votre figure, qu'il n'appartient pas à une imagination de cinquante ans de profaner, et parlons plutôt de cette aimable physionomie faite pour vous donner des amis de tout âge, et qui promet un cœur propre à les conserver. Il ne tiendra pas à moi qu'elle n'achève ce que vos lettres ont si bien commencé, et que je n'aie pas pour vous, le reste de ma vie, un attachement digne d'un caractère aussi charmant. Combien il va m'être agréable de me faire dire par une aussi jolie bouche tout ce que vous m'écrirez d'obligeant, et de lire dans des yeux d'un bleu foncé, armés d'une paupière noire, l'amitié que vous me témoignez ! Mais cette même amitié m'impose des devoirs que je veux remplir ; et si mon âge rend les fadeurs ridicules, il fait excuser la sincérité. Je vous pardonne bien d'idolâtrer un peu votre chevelure, et je partage même d'ici cette idolâtrie ; mais l'approbation que je puis donner à votre manière de vous coiffer dépend d'une question qu'il ne faut jamais faire aux femmes, et que je vous ferai pourtant. Madame, quel âge avez-vous ?

Puisque vous avez lu le chiffon qui accompagnait le lacet dont vous me parlez, vous savez, madame, à quelle occasion il a été envoyé, et sous quelles conditions on en peut obtenir un semblable. Ayez la bonté de redevenir fille, de vous marier tout de nouveau, de vous engager à nourrir vous-même votre premier enfant, et vous aurez le plus beau lacet que je puisse faire. Je me suis engagé à n'en jamais donner qu'à ce prix : je ne puis violer ma promesse.

Je suis fort sensible à l'intérêt que M. du Terreaux veut bien prendre à ma santé, et plus encore au soin de la main qui m'a fait passer sa recette ; mais ayant depuis longtemps abandonné ma vie et mon corps à la seule nature, je ne veux point empiéter sur elle, ni me mêler de ce que je ne sais pas. J'ai appris à souffrir, madame ; cet art dispense d'apprendre à guérir, et n'en a pas les inconvénients. Toutefois, s'il ne tient qu'à quelques verres d'eau pour vous complaire, je veux bien les boire dans la saison, non pour ma santé, mais à la vôtre ; je voudrais faire pour vous des choses plus difficiles, pourvu qu'elles eussent un autre objet.

A M. LE MARÉCHAL DE LUXEMBOURG.

Motiers, le 28 janvier 1763.

Il faut, monsieur le maréchal, avoir du courage pour décrire en cette saison le lieu que j'habite. Des cascades, des glaces, des rochers nus, des sapins noirs couverts de neige, sont les objets dont je suis entouré ; et à l'image de l'hiver le pays ajoutant l'aspect de l'aridité ne promet, à le voir, qu'une description fort triste. Aussi a-t-il l'air assez nu en toute saison ; mais il est presque effrayant dans celle-ci. Il faut donc vous le représenter comme je l'ai trouvé en y arrivant, et non comme je le vois aujourd'hui, sans quoi l'intérêt que vous prenez à moi m'empêcherait de vous en rien dire.

Figurez-vous donc un vallon d'une bonne demi-lieue de large, et d'environ deux lieues de long, au milieu duquel passe une petite rivière appelée *la Reuss*, dans la direction du nord-ouest au sud-est. Ce vallon, formé par deux chaînes de montagnes qui sont des branches du Mont-Jura et qui se resserrent par les deux bouts, reste pourtant assez ouvert pour laisser voir au loin ses prolongements, lesquels, divisés en rameaux par les bras des montagnes, offrent plusieurs belles perspectives. Ce vallon, appelé le Val-de-Travers, du nom d'un village qui est à son extrémité orientale, est garni de quatre ou cinq autres villages à peu de distance les uns des autres : celui de Motiers, qui forme le milieu, est dominé par un vieux château désert, dont le voisinage et la situation solitaire et sauvage m'attirent souvent dans mes promenades du matin, d'autant plus que je puis sortir de ce côté par une porte de derrière sans passer par la rue ni devant aucune maison. On dit que les bois et les rochers qui environnent ce château sont fort remplis de vipères ; cependant, ayant beaucoup parcouru tous les environs, et m'étant assis à toutes sortes de places, je n'en ai point vu jusqu'ici.

Outre ces villages on voit vers le bas des montagnes plusieurs maisons éparses, qu'on appelle des *prises*, dans lesquels on tient des bestiaux et dont plusieurs sont habitées par les propriétaires, la plupart paysans. Il y en a une entre autres à mi-côte nord, par conséquent exposée au midi, sur une terrasse naturelle, dans la plus admirable position que j'aie jamais vue, et dont le difficile accès m'eût rendu l'habitation très commode. J'en fus si tenté, que dès la première fois je m'étais presque arrangé avec le propriétaire pour y loger ; mais on m'a depuis tant dit de mal de cet homme, qu'aimant encore mieux la paix et la sûreté qu'une demeure agréable, j'ai pris le parti de rester où je suis. La maison que j'occupe est dans une moins belle position, mais elle est grande, assez commode ; elle a une galerie extérieure où je me promène dans les mauvais temps ; et, ce qui vaut mieux que tout le reste, c'est un asile offert par l'amitié.

La Reuss a sa source au-dessus d'un village appelé Saint-Sulpice, à l'extrémité occidentale du vallon ; elle en sort au village de Travers, à l'autre extrémité, où elle commence à se creuser un lit, qui devient bientôt précipice, et la conduit enfin dans le lac de Neuchâtel. Cette Reuss est une très jolie rivière, claire et brillante comme de l'argent, où les truites ont bien de la peine à se cacher dans des touffes d'herbes. On la voit sortir tout d'un coup de terre à sa source, non point en petite fontaine ou ruisseau, mais toute grande et déjà rivière, comme la fontaine de Vaucluse, en bouillonnant à travers les rochers. Comme cette source est fort enfoncée dans les roches escarpées d'une montagne, on y est toujours à l'ombre; et la fraîcheur continuelle, le bruit, les chutes, le cours de l'eau, m'attirant l'été à travers ces roches brûlantes, me font souvent mettre en nage pour aller chercher le frais près de ce murmure, ou plutôt près de ce fracas, plus flatteur à mon oreille que celui de la rue Saint-Martin.

L'élévation des montagnes qui forment le vallon n'est pas excessive, mais le vallon même est montagne, étant fort élevé au-dessus du lac; et le lac, ainsi que le sol de toute la Suisse, est encore extrêmement élevé sur les pays de plaines, élevés à leur tour au-dessus du niveau de la mer. On peut juger sensiblement de la pente totale par le long et rapide cours des rivières, qui, des montagnes de Suisse, vont se rendre les unes dans la Méditerranée et les autres dans l'Océan. Ainsi, quoique la Reuss traversant le vallon soit sujette à de fréquents débordements, qui font des bords de son lit une espèce de marais, on n'y sent point le marécage, l'air n'y est point humide et malsain, la vivacité qu'il tire de son élévation l'empêchant de rester longtemps chargé de vapeurs grossières, les brouillards, assez fréquents le matin, cèdent pour l'ordinaire à l'action du soleil à mesure qu'il s'élève.

Comme entre les montagnes et les vallées la vue est toujours réciproque, celle dont je jouis ici dans un fond n'est pas moins vaste que celle que j'avais sur les hauteurs de Montmorency, mais elle est d'un autre genre; elle ne flatte pas, elle frappe; elle est plus sauvage que riante; l'art n'y étale pas ses beautés, mais la majesté de la nature en impose; et, quoique le parc de Versailles soit plus grand que ce vallon, il ne paraîtrait qu'un colifichet en sortant d'ici. Au premier coup d'œil, le spectacle, tout grand qu'il est, semble un peu nu; on voit très peu d'arbres dans la vallée; ils y viennent mal, et ne donnent presque aucun fruit; l'escarpement des montagnes, étant très rapide, montre en divers endroits le gris des rochers; le noir des sapins coupe ce gris d'une nuance qui n'est pas riante, et ces sapins si grands, si beaux quand on est dessous, ne paraissent au loin que des arbrisseaux, ne promettent ni l'asile ni l'ombre qu'ils donnent : le fond du vallon, presque au niveau de la rivière, semble n'offrir à ses deux bords qu'un large marais où l'on ne saurait marcher; la réverbération des rochers n'annonce pas, dans un lieu sans arbres, une promenade bien fraîche quand le soleil luit; sitôt qu'il se couche, il laisse à peine un crépuscule, et la hauteur des monts, interceptant toute la lumière, fait passer presque à l'instant du jour à la nuit.

Mais, si la première impression de tout cela n'est pas agréable, elle change insensiblement par un examen plus détaillé; et, dans un pays où l'on croyait avoir tout vu du premier coup d'œil, on se trouve avec surprise environné d'objets chaque jour plus intéressants. Si la promenade de la vallée est un peu uniforme, elle est en revanche extrêmement commode; tout y est du niveau le plus parfait, les chemins y sont unis comme des allées de jardin, les bords de la rivière offrent par places de larges pelouses d'un plus beau vert que les gazons du Palais-Royal, et l'on s'y promène avec délices le long de cette belle eau, qui dans le vallon prend un cours paisible en quittant ses cailloux et ses rochers qu'elle retrouve au sortir du Val-de-Travers. On a proposé de planter ses bords de saules et de peupliers, pour donner, durant la chaleur du jour, de l'ombre au bétail désolé par les mouches. Si jamais ce projet s'exécute, les bords de la Reuss deviendront aussi charmants que ceux de Lignon, et il ne leur manquera plus que des Astrées, des Silvandres, et un d'Urfé.

Comme la direction du vallon coupe obliquement le cours du soleil, la hauteur des monts jette toujours de l'ombre par quelque côté sur la plaine ; de sorte qu'en dirigeant ses promenades, et choisissant ses heures, on peut aisément faire à l'abri du soleil tout le tour du vallon. D'ailleurs, ces mêmes montagnes, interceptant ses rayons, font qu'il se lève tard et se couche de bonne heure, en sorte qu'on n'en est pas longtemps brûlé. Nous avons presque ici la clef de l'énigme du ciel de trois aunes, et il est certain que les maisons qui sont près de la source de la Reuss n'ont pas trois heures de soleil, même en été.

Lorsqu'on quitte le bas du vallon pour se promener à mi-côte, comme nous fîmes une fois, monsieur le maréchal, le long des Champeaux, du côté d'Andilly, on n'a pas une promenade aussi commode ; mais cet agrément est bien compensé par la variété des sites et des points de vue, par les découvertes que l'on fait sans cesse autour de soi, par les jolis réduits qu'on trouve dans les gorges des montagnes, où le cours des torrents qui descendent dans la vallée, les hêtres qui les ombragent, les coteaux qui les entourent offrent des asiles verdoyants et frais quand on suffoque à découvert. Ces réduits, ces petits vallons, ne s'aperçoivent pas tant qu'on regarde au loin les montagnes, et cela joint à l'agrément du lieu celui de la surprise, lorsqu'on vient tout d'un coup à les découvrir. Combien de fois je me suis figuré, vous suivant à la promenade et tournant autour d'un rocher aride, vous voir surpris et charmé de retrouver des bosquets pour les dryades, où vous n'auriez cru trouver que des antres et des ours !

Tout le pays est plein de curiosités naturelles qu'on ne découvre que peu à peu, et qui, par ces découvertes successives, lui donnent chaque jour l'attrait de la nouveauté. La botanique offre ici ses trésors à qui saurait les connaître ; et souvent, en voyant autour de moi cette profusion de plantes rares, je les foule à regret sous le pied d'un ignorant. Il est pourtant nécessaire d'en connaître une pour se garantir de ses terribles effets ; c'est le napel. Vous voyez une très belle plante haute de trois pieds, garnie de jolies fleurs bleues, qui vous donnent envie de la cueillir ; mais, à peine l'a-t-on gardée quelques minutes, qu'on se sent saisi de maux de tête, de vertiges, d'évanouissements, et l'on périrait si l'on ne jetait promptement ce funeste bouquet. Cette plante a souvent causé des accidents à des enfants et à d'autres gens qui ignoraient sa pernicieuse vertu. Pour les bestiaux, ils n'en approchent jamais, et ne broutent pas même l'herbe qui l'entoure. Les faucheurs l'extirpent autant qu'ils peuvent ; quoi qu'on fasse, l'espèce en reste, et je ne laisse pas d'en voir beaucoup en me promenant sur les montagnes ; mais on l'a détruite à peu près dans le vallon.

A une petite lieue de Motiers, dans la seigneurie de Travers, est une mine d'asphalte, qu'on dit qui s'étend sous tout le pays ; les habitants lui attribuent modestement la gaîté dont ils se vantent, et qu'ils prétendent se transmettre même à leurs bestiaux. Voilà sans doute une belle vertu de ce minéral ; mais, pour en pouvoir sentir l'efficace, il ne faut pas avoir quitté le château de Montmorency. Quoi qu'il en soit des merveilles qu'ils disent de leur asphalte, j'ai donné au seigneur de Travers un moyen sûr d'en tirer la médecine universelle ; c'est de faire une bonne pension à Lorry ou à Bordeu.

Au-dessus de ce même village de Travers, il se fit il y a deux ans une avalanche considérable, et de la façon du monde la plus singulière. Un homme qui habite au pied de la montagne avait son champ devant sa fenêtre, entre la montagne et sa maison. Un matin, qui suivit une nuit d'orage, il fut bien surpris, en ouvrant sa fenêtre, de trouver un bois à la place de son champ ; le terrain, s'éboulant tout d'une pièce, avait recouvert son champ des arbres d'un bois qui était au-dessus ; et cela, dit-on, fait entre les deux propriétaires le sujet d'un procès qui pourrait trouver place dans le recueil de Pitaval. L'espace que l'avalanche a mis à nu est fort grand et paraît de loin ; mais il faut en approcher pour juger de la force de l'éboulement, de l'étendue du creux, et de la grandeur des rochers qui ont été transportés. Ce fait récent et certain rend croyable ce que dit Pline d'une vigne qui avait été ainsi transportée d'un côté du chemin à l'autre. Mais rapprochons-nous de mon habitation.

J'ai vis-à-vis de mes fenêtres une superbe cascade, qui, du haut de la montagne, tombe par l'escarpement d'un rocher dans le vallon, avec un bruit qui se fait entendre au loin surtout quand les eaux sont grandes. Cette cascade est très en vue; mais ce qui ne l'est pas de même est une grotte à côté de son bassin, de laquelle l'entrée est difficile, mais qu'on trouve au dedans assez espacée, éclairée par une fenêtre naturelle, cintrée en tiers-point, et décorée d'un ordre d'architecture qui n'est ni toscan ni dorique, mais l'ordre de la nature qui sait mettre des proportions et de l'harmonie dans ses ouvrages les moins réguliers. Instruit de la situation de cette grotte, je m'y rendis seul l'été dernier pour la contempler à mon aise. L'extrême sécheresse me donna la facilité d'y entrer par une ouverture enfoncée et très surbaissée, en me traînant sur le ventre, car la fenêtre est trop haute pour qu'on puisse y passer sans échelle. Quand je fus au-dedans, je m'assis sur une pierre, et je me mis à contempler avec ravissement cette superbe salle dont les ornements sont des quartiers de roches diversement situés, et formant la décoration la plus riche que j'aie jamais vue, si du moins on peut appeler ainsi celle qui montre la plus grande puissance, celle qui attache et intéresse, celle qui force l'homme à oublier sa petitesse pour ne penser qu'aux œuvres de la nature. Des divers rochers qui meublent cette caverne, les uns détachés et tombés de la voûte, les autres encore pendants et diversement situés, marquent tous dans cette mine naturelle l'effet de quelque explosion terrible dont la cause paraît difficile à imaginer, car même un tremblement de terre ou un volcan n'expliquerait pas cela d'une manière satisfaisante. Dans le fond de la grotte, qui va en s'élevant de même que sa voûte, on monte sur une espèce d'estrade, et de là, par une pente assez raide, sur un rocher qui mène de biais à un enfoncement très obscur par où l'on pénètre sous la montagne. Je n'ai point été jusque là, ayant trouvé devant moi un trou large et profond qu'on ne saurait franchir qu'avec une planche. D'ailleurs, vers le haut de cet enfoncement, et presque à l'entrée de la galerie souterraine, est un quartier de rocher très imposant; car, suspendu presque en l'air, il porte à faux par un de ses angles, et penche tellement en avant qu'il semble se détacher et partir pour écraser le spectateur. Je ne doute pas cependant qu'il ne soit dans cette situation depuis bien des siècles, et qu'il n'y reste encore plus longtemps : mais ces sortes d'équilibres, auxquels les yeux ne sont pas faits, ne laissent pas de causer quelque inquiétude, et quoiqu'il fallût peut-être des forces immenses pour ébranler ce rocher qui paraît si prêt à tomber, je craindrais d'y toucher du bout du doigt, et ne voudrais pas plus rester dans la direction de sa chute que sous l'épée de Damoclès.

La galerie souterraine à laquelle cette grotte sert de vestibule ne continue pas d'aller en montant; mais elle prend sa pente un peu vers le bas, et suit la même inclinaison dans tout l'espace qu'on a jusqu'ici parcouru. Des curieux s'y sont engagés à diverses fois avec des domestiques, des flambeaux et tous les secours nécessaires; mais il faut du courage pour pénétrer loin dans cet effroyable lieu, et de la vigueur pour ne pas s'y trouver mal. On est allé jusqu'à près de demi-lieue, en ouvrant le passage où il est trop étroit, et sondant avec précaution les gouffres et fondrières qui sont à droite et à gauche : mais on prétend, dans le pays, qu'on peut aller par le même souterrain à plus de deux lieues jusqu'à l'autre côté de la montagne, où l'on dit qu'il aboutit du côté du lac, non loin de l'embouchure de la Reuss.

Au-dessous du bassin de la même cascade est une autre grotte plus petite, dont l'abord est embarrassé de plusieurs grands cailloux et quartiers de roche qui paraissent avoir été entraînés là par les eaux. Cette grotte-ci, n'étant pas si praticable que l'autre, n'a pas de même tenté les curieux. Le jour que j'en examinai l'ouverture il faisait une chaleur insupportable; cependant il en sortait un vent si vif et si froid, que je n'osai rester longtemps à l'entrée, et toutes les fois que j'y suis retourné j'ai toujours senti le même vent; ce qui me fait juger qu'elle a une communication plus immédiate et moins embarrassée que l'autre.

A l'ouest de la vallée, une montagne la sépare en deux branches, l'une fort étroite, où sont le village de Saint-Sulpice, la source de la Reuss, et le chemin de Pontarlier. Sur ce chemin, on voit encore une grosse chaîne, scellée dans le rocher, et mise là jadis par les Suisses pour fermer de ce côté-là le passage aux Bourguignons.

L'autre branche, plus large, et à gauche de la première, mène par le village de Bute à un pays perdu appelé la *Côte aux Fées,* qu'on aperçoit de loin parce qu'il va en montant. Ce pays, n'étant sur aucun chemin, passe pour très sauvage, et en quelque sorte pour le bout du monde. Aussi prétend-on que c'était autrefois le séjour des fées, et le nom lui en est resté : on y voit encore leur salle d'assemblée dans une troisième caverne qui porte aussi leur nom, et qui n'est pas moins curieuse que les précédentes. Je n'ai pas vu cette grotte aux Fées, parce qu'elle est assez loin d'ici; mais on dit qu'elle était superbement ornée, et l'on y voyait encore, il n'y a pas longtemps, un trône et des sièges très bien taillés dans le roc. Tout cela a été gâté et ne paraît presque plus aujourd'hui. D'ailleurs, l'entrée de la grotte est presque entièrement bouchée par les décombres, par les broussailles ; et la crainte des serpents et des bêtes venimeuses rebute les curieux d'y vouloir pénétrer. Mais si elle eût été praticable encore et dans sa première beauté, et que madame la maréchale eût passé dans ce pays, je suis sûr qu'elle eût voulu voir cette grotte singulière, n'eût-ce été qu'en faveur de Fleur d'Epine et des Facardins.

Plus j'examine en détail l'état et la position de ce vallon, plus je me persuade qu'il a jadis été sous l'eau ; que ce qu'on appelle aujourd'hui le Val-de-Travers fut autrefois un lac formé par la Reuss, la cascade, et d'autres ruisseaux, et contenu par les montagnes qui l'environnent, de sorte que je ne doute point que je n'habite l'ancienne demeure des poissons ; en effet, le sol du vallon est si parfaitement uni, qu'il n'y a qu'un dépôt formé par les eaux qui puisse l'avoir ainsi nivelé. Le prolongement du vallon, loin de descendre, monte le long du cours de la Reuss ; de sorte qu'il a fallu des temps infinis à cette rivière pour se caver, dans les abîmes qu'elle forme, un cours en sens contraire à l'inclinaison du terrain. Avant ces temps, contenue de ce côté, de même que de tous les autres, et forcée de refluer sur elle-même, elle dut enfin remplir le vallon jusqu'à la hauteur de la première grotte que j'ai décrite, par laquelle elle trouva ou s'ouvrit un écoulement dans la galerie souterraine qui lui servait d'aqueduc.

Le petit lac demeura donc constamment à cette hauteur jusqu'à ce que, par quelques ravages, fréquents au pied des montagnes dans les grandes eaux, des pierres ou graviers embarrassèrent tellement le canal, que les eaux n'eurent plus un cours suffisant pour leur écoulement. Alors s'étant extrêmement élevées, et agissant avec une grande force contre les obstacles qui les retenaient, elles s'ouvrirent enfin quelque issue par le côté le plus faible et le plus bas. Les premiers filets échappés ne cessant de creuser et de s'agrandir, et le niveau du lac baissant à proportion, à force de temps le vallon dut enfin se trouver à sec. Cette conjecture, qui m'est venue en examinant la grotte où l'on voit des traces sensibles du cours de l'eau, s'est confirmée premièrement par le rapport de ceux qui ont été dans la galerie souterraine, et qui m'ont dit avoir trouvé des eaux croupissantes dans les creux des fondrières dont j'ai parlé ; elle s'est confirmée encore dans les pêlerinages que j'ai faits à quatre lieues d'ici pour aller voir mylord maréchal à sa campagne au bord du lac, et où je suivais, en montant la montagne, la rivière qui descendait à côté de moi par des profondeurs effrayantes, que, selon toute apparence, elle n'a pas trouvées toutes faites, et qu'elle n'a pas non plus creusées en un jour. Enfin, j'ai pensé que l'asphalte, qui n'est qu'un bitume durci, était encore un indice d'un pays longtemps imbibé par les eaux. Si j'osais croire que ces folies pussent vous amuser, je tracerais sur le papier une espèce de plan qui pût vous éclaircir tout cela : mais il faut attendre qu'une saison plus favorable et un peu de relâche à mes maux me laissent en état de parcourir le pays.

On peut vivre ici puisqu'il y a des habitants. On y trouve même les principales commodités de la vie, quoique un peu moins facilement qu'en France. Les denrées y sont chères, parce que le pays en produit peu et qu'il est fort peuplé, surtout depuis qu'on y a établi des manufactures de toile peinte, et que les travaux d'horlogerie et de dentelle s'y multiplient. Pour y avoir du pain mangeable, il faut le faire chez soi ; et c'est le parti que j'ai pris à l'aide de mademoiselle Le Vasseur ; la viande y est mauvaise, non que le pays n'en produise de bonne, mais tout le bœuf va à Genève ou à Neuchâtel, et l'on ne tue ici que de la vache. La rivière fournit d'excellente truite, mais si délicate, qu'il faut la manger sortant de l'eau. Le vin vient de Neuchâtel, et il est très bon, surtout le rouge : pour moi, je m'en tiens au blanc, bien moins violent, à meilleur marché, et selon moi beaucoup plus sain. Point de volaille, peu de gibier, point de fruit, pas même des pommes ; seulement des fraises bien parfumées, en abondance, et qui durent longtemps. Le laitage y est excellent, moins pourtant que le fromage de Viry, préparé par mademoiselle Rose ; les eaux y sont claires et légères : ce n'est pas pour moi une chose indifférente que de bonne eau, et je me sentirai longtemps du mal que m'a fait celle de Montmorency. J'ai sous ma fenêtre une très belle fontaine dont le bruit fait une de mes délices. Ces fontaines, qui sont élevées et taillées en colonnes ou en obélisques, et coulent par des tuyaux de fer dans de grands bassins, sont un des ornements de la Suisse. Il n'y a si chétif village qui n'en ait au moins deux ou trois, les maisons écartées ont presque chacune la sienne, et l'on en trouve même sur les chemins pour la commodité des passants, hommes et bestiaux. Je ne saurais exprimer combien l'aspect de toutes ces belles eaux coulantes est agréable au milieu des rochers et des bois durant les chaleurs ; l'on est déjà rafraîchi par la vue, et l'on est tenté d'en boire sans avoir soif.

Voilà, monsieur le maréchal, de quoi vous former quelque idée du séjour que j'habite, et auquel vous voulez bien prendre intérêt. Je dois l'aimer comme le seul lieu de la terre où la vérité ne soit pas un crime, ni l'amour du genre humain une impiété. J'y trouve la sûreté sous la protection de mylord maréchal, et l'agrément dans son commerce. Des habitants du lieu m'y montrent de la bienveillance et ne me traitent point en proscrit. Comment pourrais-je n'être pas touché des bontés qu'on m'y témoigne, moi qui dois tenir à bienfait de la part des hommes tout le mal qu'ils ne me font pas? Accoutumé à porter depuis si longtemps les pesantes chaînes de la nécessité, je passerais ici sans regret le reste de ma vie, si j'y pouvais voir quelquefois ceux qui me la font encore aimer.

A M. MOULTOU.

Motiers, le 30 janvier 1763.

Je suis en souci, cher ami, de ce que vous m'avez marqué que ma lettre par le messager vous est arrivée mal cachetée. Je cachette cependant avec soin toutes les lettres que je vous écris. Cela m'apprendra à ne plus me servir du messager. Mais ce n'est pas assez, il faut vérifier le fait ; coupez le cachet de ma lettre, et me l'envoyez ; je verrai bien si l'on y a touché. Si on l'a fait, je crois que c'est ici, le messager ayant différé son départ de plusieurs jours, durant lesquels il avait ma lettre, dont il aura pu parler, et que les curieux auront été tentés de lire. Quoi qu'il en soit, j'estime que, dans le doute, si la lettre a été ouverte, vous ne devez point donner votre écrit, du moins quant à présent.

Comment avez-vous pu imaginer que si j'avais écrit des mémoires de ma vie j'aurais choisi M. de Montmollin pour l'en faire dépositaire? Soyez sûr que la reconnaissance que j'ai pour sa conduite envers moi ne m'aveugle pas à ce point; et quand je me choisirai un confesseur, ce ne sera sûrement pas un homme d'église; car je ne regarde pas mon cher Moultou comme tel. Il est certain que la vie de votre malheureux ami, que je regarde comme finie, est tout ce qui me reste à faire, et que l'histoire d'un homme qui aura le courage de se montrer *intus et in cute* peut être de quelque instruction à ses semblables; mais cette entreprise a des difficultés presque insurmontables; car, malheureusement, n'ayant pas toujours vécu seul, je ne saurais me peindre sans peindre beaucoup d'autres gens; et je n'ai pas le droit d'être aussi sincère pour eux que pour moi, du moins avec le public et de leur vivant. Il y aurait peut-être des arrangements à prendre pour cela qui demanderaient le concours d'un homme sûr et d'un véritable ami : ce n'est pas d'aujourd'hui que je médite sur cette entreprise, qui n'est pas si légère qu'elle peut vous paraître; et je ne vois qu'un moyen de l'exécuter, duquel je voudrais raisonner avec vous. J'ai une chose à vous proposer. Dites-moi, cher Moultou, si je reprenais assez de force pour être sur pied cet été, pourriez-vous vous ménager deux ou trois mois à me donner pour les passer à peu près tête à tête? Je ne voudrais pour cela choisir ni Motiers, ni Zurich, ni Genève, mais un lieu auquel je pense, et où les importuns ne viendraient pas nous chercher, du moins de sitôt. Nous y trouverions un hôte et un ami, et même des sociétés très agréables, quand nous voudrions un peu quitter notre solitude. Pensez à cela, et dites-m'en votre avis. Il ne s'agit pas d'un long voyage. Plus je pense à ce projet, et plus je le trouve charmant. C'est mon dernier château en Espagne, dont l'exécution ne tient qu'à ma santé et à vos affaires. Pensez-y, et me répondez. Cher ami, que je vive encore deux mois, et je meurs content.

Vous me proposez d'aller près de Genève chercher des secours à mes maux? Et quels secours donc? Je n'en connais point d'autres, quand je souffre, que la patience et la tranquillité : mes amis même alors me sont insupportables, parce qu'il faut que je me gêne pour ne pas les affliger. Me croyez-vous donc de ceux qui méprisent la médecine quand ils se portent bien, et l'adorent quand ils sont malades? Pour moi, quand je le suis, je me tiens coi, en attendant la mort ou la guérison. Si j'étais malade à Genève, c'est ici que je viendrais chercher les secours qu'il me faut.

J'écris à Roustan pour lui conseiller d'ajouter quelque autre écrit au sien, pour en faire une espèce de volume dont il sera plus aisé de tirer quelque parti que d'une petite brochure. Donnez-lui le même conseil. Si son ouvrage était de nature à être imprimé à Paris (où paye mieux les manuscrits là qu'en Hollande, où rien ne met à l'abri des contrefaçons), je pourrais le lui négocier bien plus aisément; mais cela n'est pas possible. Tandis qu'il travaillera, le temps du voyage de Rey viendra, et je lui parlerai. Je lui ai pourtant écrit; mais il ne m'a point encore répondu. Si Roustan veut s'en tenir à ce qu'il a fait, il y a un Grasset à Lausanne qui peut-être pourrait s'en charger : cela serait bien plus commode, et épargnerait des embarras et des frais. Il n'y a pas longtemps que Rey m'a refusé un excellent manuscrit au profit d'une pauvre veuve, et duquel mylord maréchal est dépositaire. Cela me fait craindre qu'il n'en fasse autant de celui-ci.

Adieu; je vous embrasse. Mon état est toujours le même : mais cependant l'hiver tend à sa fin : nous verrons ce que pourra faire une saison moins rude.

Savez-vous qu'on entreprend à Paris une édition générale de mes écrits avec la permission du gouvernement? Que dites-vous de cela? Savez-vous que l'imbécile Néaulme et l'infatigable Formey travaillent à mutiler mon *Emile*, auquel ils auront l'audace de laisser mon nom, après l'avoir rendu aussi plat qu'eux?

A M. PETIT-PIERRE,
PROCUREUR A NEUCHATEL.

Motiers..... 1763.

Je n'ai point, monsieur, de satisfaction à faire au christianisme, parce que je ne l'ai point offensé; ainsi je n'ai que faire pour cela du livre de M. Denise.

Toutes les preuves de la vérité de la religion chrétienne sont contenues dans la Bible. Ceux qui se mêlent d'écrire ces preuves ne font que les tirer de là et les retourner à leur mode. Il vaut mieux méditer l'original et les en tirer soi-même que de les chercher dans le fatras de ces auteurs. Ainsi, monsieur, je n'ai que faire encore pour cela du livre de M. Denise.

Cependant, puisque vous m'assurez qu'il est bon, je veux bien le garder sur votre parole pour le lire quand j'en aurai le loisir, à condition que vous aurez la bonté de me faire dire ce que vous a coûté l'exemplaire que vous m'avez envoyé, et de trouver bon que j'en remette le prix à votre commissionnaire; faute de quoi le livre lui sera rendu sous quinze jours pour vous être renvoyé.

Je passe, monsieur, à la réponse à vos deux questions.

Le vrai christianisme n'est que la religion naturelle mieux expliquée, comme vous le dites vous-même dans la lettre dont vous m'avez honoré. Par conséquent, professer la religion naturelle n'est point se déclarer contre le christianisme.

Toutes les connaissances humaines ont leurs objections et leurs difficultés souvent insolubles. Le christianisme a les siennes, que l'ami de la vérité, l'homme de bonne foi, le vrai chrétien, ne doivent point dissimuler. Rien ne me scandalise davantage que de voir qu'au lieu de résoudre ces difficultés, on me reproche de les avoir dites.

Où prenez-vous, monsieur, que j'aie dit que mon motif à professer la religion chrétienne est le pouvoir qu'ont les esprits de ma sorte d'édifier et de scandaliser? Cela n'est assurément pas dans ma lettre à M. de Montmollin, ni rien d'approchant, et je n'ai jamais dit ni écrit pareille sottise.

Je n'aime ni n'estime les lettres anonymes; mais j'ai cru, monsieur, vous devoir une exception par respect pour votre âge et pour votre zèle. Quant à la formule que vous avez voulu m'éviter en ne vous signant pas, c'était un soin superflu; car je n'écris rien que je ne veuille avouer hautement, et je n'emploie jamais de formule.

A M. MOULTOU.

A Motiers, le 17 février 1763.

Je me suis hâté de brûler votre lettre du 4, comme vous le désiriez; je ferai plus, je tâcherai de l'oubli r. Je ne sais ce qui vous est arrivé; mais vous avez bien changé de langage. Il y a six mois que vous étiez indigné contre M. de Voltaire, de ce qu'il me supposait capable du quart des bassesses que vous me conseillez maintenant. Vos conseils peuvent être bons, mais ils ne me conviennent pas. Je sais bien qu'après avoir donné le fouet aux enfants, très souvent à tort, on leur fait encore demander pardon; mais outre que cet usage m'a toujours paru extravagant, il ne va pas à ma barbe grise. Ce n'est point à l'offensé à demander pardon des outrages qu'il a reçus; je m'en tiens là. Ce que j'ai à faire est de pardonner, et c'est ce que je fais de bon cœur, même sans qu'on me le demande; mais que j'aille, à mon âge, solliciter, comme un écolier, des certificats de consistoire, il me paraît singulier que vous l'ayez imaginé possible. Vos ministres et moi sommes loin de compte : ils ont cru, sur ma lettre à M. de Montmollin, avoir trouvé une occasion favorable de me faire ramper sous eux. Ils auront tout le temps de se désabuser. Puisqu'ils se sont ôté mon estime, ils s'accommoderont, s'il leur plaît, de mon mépris. Je leur ai donné des témoignages publics de cette estime, j'ai eu tort, et voilà le seul qu'il me reste à réparer.

Mon cher, je suis dans ma religion tolérant par principes, car je suis chrétien : je tolère tout, hors l'intolérance ; mais toute inquisition m'est odieuse. Je regarde tous les inquisiteurs comme autant de satellites du diable. Par cette raison, je ne voudrais pas plus vivre a Genève qu'à Goa. Il n'y a que les athées qui puissent vivre en paix dans ces pays-là, parce que toutes les professions de foi ne coûtent rien à qui n'en a dans le cœur aucune; et, quelque peu que je sois attaché à la vie, je ne suis point curieux d'aller chercher le sort des Servet. Adieu donc, messieurs les brûleurs. Rousseau n'est point votre homme; puisque vous ne voulez point de lui, parce qu'il est tolérant, il ne veut point de vous par la raison contraire.

Je crois, mon cher Moultou, que si nous nous étions vus et expliqués, nous nous serions épargné bien des malentendus dans nos lettres. Vous ne pouvez pas vous mettre à ma place, ni voir les choses dans mon point de vue. Genève reste toujours sous vos yeux, et s'éloigne des miens tous les jours davantage; j'ai pris mon parti.

J'ai peur que mon état, qui empire sans cesse, ne m'empêche d'exécuter notre projet : en ce cas il faudra que vous me veniez voir; et à tout événement, ce serait toujours un préliminaire que me ferait grand plaisir. Adieu.

J'approuve très fort que vous ne songiez point à publier ce que vous avez fait. Tout cela ne servirait plus à rien, et vous ne feriez que vous compromettre.

A M. DAVID HUME.

Motiers-Travers, le 19 février 1763.

Je n'ai reçu qu'ici, monsieur, et depuis peu, la lettre dont vous m'honoriez à Londres le 2 juillet dernier, supposant que j'étais dans cette capitale. C'était sans doute dans votre nation et le plus près de vous qu'il m'eût été possible que j'aurais cherché ma retraite, si j'avais prévu l'accueil qui m'attendait dans ma patrie. Il n'y avait qu'elle que je pusse préférer à l'Angleterre; et cette prévention, dont j'ai été trop puni, m'était alors bien pardonnable; mais, à mon grand étonnement, et même à celui du public, je n'ai trouvé que des affronts et des outrages où j'espérais sinon de la reconnaissance, au moins des consolations. Que de choses m'ont fait regretter l'asile et l'hospitalité philosophique qui m'attendaient près de vous! Toutefois mes malheurs m'en ont toujours rapproché en quelque manière. La protection et les bontés de mylord maréchal, votre illustre et digne compatriote, m'ont fait trouver, pour ainsi dire, l'Ecosse au milieu de la Suisse : il vous a rendu présent à nos entretiens, il m'a fait faire avec vos vertus la connaissance que je n'avais faite encore qu'avec vos talents; il m'a inspiré la plus tendre amitié pour vous, et le plus ardent désir d'obtenir la vôtre avant que je susse que vous étiez disposé à me l'accorder. Jugez, quand je trouve ce penchant réciproque, combien j'aurais de plaisir à m'y livrer! Non, monsieur, je ne vous rendais que la moitié de ce qui vous était dû quand je n'avais pour vous que de l'admiration. Vos grandes vues, votre étonnante impartialité, votre génie, vous élèveraient trop au-dessus des hommes si votre bon cœur ne vous en rapprochait. Mylord maréchal, en m'apprenant à vous voir encore plus aimable que sublime, me rend tous les jours votre commerce plus désirable, et nourrit en moi l'empressement qu'il m'a fait naître de finir mes jours près de vous. Monsieur, qu'une meilleure santé, qu'une situation plus commode, ne me mettent-elles à portée de faire ce voyage comme je le désirais! Que ne puis-je espérer de nous voir un jour rassemblés avec mylord dans votre commune patrie qui deviendrait la mienne! Je bénirais dans une société si douce les malheurs par lesquels j'y fus conduit, et je croirais n'avoir commencé de vivre que du jour qu'elle aurait commencé. Puissé-je voir cet heureux jour plus désiré qu'espéré! Avec quel transport je m'écrierais en touchant l'heureuse terre où sont nés David Hume et le maréchal d'Ecosse :

..... Salve, fatis mihi debita tellus!
Hic domus, hæc patria est.

A MADAME LATOUR.

Motiers, le 20 février 1763.

Vous trouverez ci-joint, madame, une preuve que je suis plus négligent à répondre à vos lettres qu'à m'acquitter de vos commissions, surtout de celles qui sont d'espèce à pouvoir me rapprocher de vous. Il s'agit, dans le mémoire ci-joint, d'une terre qui est à quelques lieues de moi, et où je pourrais quelquefois vous aller voir. Ne soyez pas surprise de ma diligence. Le seigneur de ladite terre, qui sans doute ne se soucie pas qu'on sache ici sitôt qu'elle est à vendre, souhaite, en cas qu'elle ne vous convienne pas, que le secret lui en soit gardé. Si elle peut vous convenir, c'est autre chose; il faut bien alors que vous puissiez consulter et faire examiner. Je vous prie, quand vous me ferez réponse sur le mémoire, de la faire de manière que je la puisse montrer pour preuve que je n'ai pas pris la recherche d'une terre sous mon bonnet.

Quoique j'aie été six mois voisin de M. Baillod, je ne le connais que de vue, et je ne connais point du tout la personne qui est avec lui. Voilà, madame, tout ce que je puis dire de l'un et de l'autre.

Je n'ai jamais entendu, sur la description de votre personne, que le visage en fût la partie la plus blanche : si j'ai dit cela dans ma lettre, il faut que j'aie pris un mot pour l'autre, erreur que le sens de la phrase eût dû vous faire sentir. Je me suis représenté un joli visage, délicat et blanc, à la vérité, mais non pas aux dépens du reste; et, quelque blancheur que puisse avoir votre teint en général, soyez persuadée que mon imagination ne le noircit pas. Je sais qu'un peu d'incrédulité peut avoir ses avantages, mais je ne saurais mentir, même à ce prix.

A l'effort que vous a coûté l'aveu de votre âge, je croyais que vous m'alliez dire au moins quarante ans. Je me souviens que ma dernière passion, et ç'a été certainement la plus violente, fut pour une femme qui passait trente ans. Elle avait pour sa coiffure le même goût que vous, et il est impossible que le vôtre soit mieux fondé : elle était charmante toujours; coiffée en cheveux elle était adorable. Mais mes yeux se fermèrent devant ma raison; j'osai lui dire qu'il y avait plus de grâce que de décence dans sa coiffure, et qu'il la fallait laisser aux jeunes personnes à marier. Elle en aimait un autre et n'eut jamais pour moi que de la bienveillance; mais cette franchise ne me l'ôta pas, et dès lors elle m'en devint plus précieuse encore : je vous dis vrai.

Je suis très pressé, le courrier va partir; nous traiterons du *monsieur* dans une autre lettre : aussi bien je crains que la lecture de celle-ci ne vous ôte l'envie de m'honorer d'un meilleur titre, en me le faisant mériter.

A M. MOULTOU.

Motiers, 26 février 1763.

Je n'ai point trouvé, cher Moultou, dans la lettre de M. Deluc celle que vous me manquez lui avoir remise; je comprends que vous vous êtes ravisé. Je puis avoir mis de l'humeur dans la mienne, et j'ai eu tort : je trouve, au contraire, beaucoup de raison dans la vôtre; mais j'y vois en même temps un certain ton redressé, cent fois pire que l'humeur et les injures. J'aimerais mieux que vous eussiez déraisonné. Quand j'aurai tort, dites-moi mes vérités franchement et durement, mais ne vous redressez pas, je vous en conjure : car cela finirait mal. Je vous aime tendrement, cher ami, et vous m'êtes d'autant plus précieux que vous serez le dernier et qu'après vous je n'en aurai plus d'autres; mais, à mon âge, on a pris son pli; c'est au vôtre qu'on en prend un. Il faut vous accommoder de moi tel que je suis, ou me laisser là.

J'admire avec reconnaissance et respect les infatigables soins du bon M. Deluc; mais, en vérité, je suis si excédé de toutes leurs tracasseries genevoises que je ne puis plus les souffrir. Je ne leur dis rien, je ne leur demande rien, je ne veux rien avoir à faire avec eux. Je les ai laissés brûler, décréter, censurer tout à leur aise : que me veulent-ils de plus? Et ces imbéciles bourgeois, qui regardent tout cela du haut de leur gloire, comme si cela ne les intéressait point, et, au lieu de réclamer hautement contre la violation des lois, s'amusent à vouloir me faire dire mon catéchisme, et à se demander ce que je ferai tandis qu'ils demeurent les bras croisés, que me veulent-ils? Je croyais que les Genevois étaient des hommes, et ce ne sont que des caillettes. Je sens que mon cœur s'intéresse encore un peu à eux, par le souvenir de mon bon père, qui certainement valait mieux qu'eux tous. Mais l'intérêt devient bien faible quand l'estime ne le soutient plus. Dans l'état où je suis, ennuyé de tout, et surtout de la vie, le repos et la paix sont les seuls biens que je puisse goûter encore. Voulez-vous que j'y renonce pour aller chercher des corrections, des leçons, des réprimandes et de nouveaux affronts parmi des gens que je méprise? Oh! par ma foi, non.

J'avais barbouillé une espèce de réponse à l'archevêque de Paris, et malheureusement, dans un moment d'impatience, je l'envoyai à Rey. En y mieux pensant, je l'ai voulu retirer : il n'était plus temps; il m'a marqué, en réponse, qu'il avait déjà commencé. J'en suis très fâché. Il n'est pas permis de s'échauffer en parlant de soi; et sur des chicanes de doctrine on ne peut que vétiller. L'écrit est froid et plat. J'en prévois l'effet d'avance; mais la sottise est faite : il est inutile de se tourmenter d'un mal sans remède. Bonjour.

A M. DELUC.

Motiers, le 26 février 1763.

Je n'ai point, mon cher ami, de déclaration à faire à M. le premier syndic, parce qu'on a commencé par juger sans me lire ni m'entendre, et qu'une déclaration après coup ne saurait faire que ce qui a été fait n'ait pas été fait. C'est pourtant par là qu'il faudrait commencer pour remettre les choses dans le cas de la déclaration que vous demandez.

Je ne puis dire que je suis fâché d'avoir écrit ce qu'il n'est pas vrai que je sois fâché d'avoir écrit, puisque, au contraire, si ce que j'ai écrit et publié était à écrire ou à publier je l'écrirais aujourd'hui et le publierais demain.

Je pourrais dire, tout au plus, que je suis fâché qu'on ait pu tirer de mes écrits des prétextes pour me persécuter; mais jamais ce mot d'*animadversion du Conseil* ne me conviendra. Il faut *iniquité, et violation des lois*. Je ne sais nommer les choses que par leur nom.

Je ne puis ni ne veux rien dire, ni rien faire, en quelque manière que ce soit, qui ait l'air de réparation ni d'excuses, parce qu'il est infâme et ridicule que ce soit à l'offensé de faire satisfaction à l'offenseur.

Les éclaircissements que vous me proposez sont bons et bien tournés. Je les aurais pu donner si l'on n'eût pas voulu m'y contraindre; mais je suis las de faire l'enfant, et indigné de voir des Genevois faire si sottement les inquisiteurs. Les éclaircissement nécessaires sont tous dans mes écrits et dans ma conduite : je n'en ai plus d'autres à donner.

Vos Genevois, dites-vous, se demandent : *Que fera Rousseau?* Je trouve que ceux qui disent : *Il ne fera rien*, parlent très sensément, puisqu'en effet il n'a rien à faire. Quant à ceux qui disent : *Il se fera connaître*, j'ignore ce qu'ils attendent ; mais je sais bien que si cela n'est pas fait, cela ne se fera jamais. Moi aussi je me demandais : *Que feront les Genevois?* Je répondais : *Ils se feront connaître.* C'est aussi ce qu'ils ont fait.

Je suis surpris que mon ami Deluc puisse me conseiller de faire à Berne des bassesses que je ne veux pas faire à Genève. Je vous jure que les procédés des Bernois ne me touchent guère : ce sont ceux des Genevois qui m'ont navré. S'ils veulent être les derniers à réparer leurs torts, je les en dispense.

Je ne suis nullement en état d'aller à Genève ; je n'en ai point la moindre envie ; et si jamais j'y vais (ce qui, vu le sort qui m'attend, n'est à désirer ni pour mon repos, ni pour ma sûreté, ni pour l'honneur des Genevois), ce ne sera sûrement pas en suppliant.

J'ai été citoyen tant que j'ai cru avoir une patrie. Je me trompais ; je suis désabusé. L'insulte qui m'a été faite m'est commune, comme vous le dites fort bien, avec les lois et la religion : les affronts qu'on partage avec elles sont des triomphes. Cependant les membres de l'état restent tranquilles spectateurs dans cette affaire comme si elle ne les regardait pas. A la bonne heure. Pour moi, je déclare que désormais elle me regarde encore moins. Si je m'obstinais à faire seul le don Quichotte, ce qui fut jusqu'ici le zèle d'un patriote deviendrait l'entêtement d'un fou. Personne ne sait mieux que les Genevois si je leur suis bon à quelque chose : pour moi, je sais par expérience qu'ils ne me sont bons à rien.

Voilà vos livres, cher ami : je me suis efforcé de les lire ; mais je vous avoue que votre Ditton accable ma pauvre tête. Il me noie dans une mer de paroles dont je ne puis me tirer. Tout ce qu'il me semble d'apercevoir, c'est qu'il tient en l'air une grosse massue qu'il remue sans cesse, d'un air fort terrible et menaçant ; et quand il vient à frapper, ce qu'il fait rarement et pour cause, on sent que la massue n'est que du coton.

Bonjour, homme de bien ; je vous embrasse ; et, Genevois ou non, je serai toujours votre ami.

A M. BEAU-CHATEAU.

A Motiers, 26 février 1763.

Je ne sais, mon cher Beau-Château, comment vous faites ; vous me louez, et vous me plaisez. C'est sans doute que vos louanges parlent au cœur ; et j'en porte un qui ne sait point résister à cela. Je me souviens qu'avant de prendre la plume je disais à mes amis : Je ne voudrais savoir écrire que pour me faire aimer des bons et haïr des méchants. Maintenant je la pose, avec la gloire d'avoir bien rempli mon objet. Combien de fois, entrant dans une assemblée, je me suis applaudi de voir étinceler la fureur dans les yeux des fripons, et l'œil de la bienveillance m'accueillir dans les gens de bien ! Non qu'il n'y ait beaucoup de ces derniers qui trouvent mes livres mal faits et qui ne sont pas de mon avis, mais il n'y en a pas un qui ne m'aime à cause de mes livres. Voilà ma couronne, cher Beau-Château ; qu'elle me paraît belle ! elle est parée sur ma tête par les mains de la vertu. Puissé-je être digne de la porter !

Je n'ai fait ni ne ferai l'apologie de la Profession de foi du vicaire : j'espère, comme vous le dites, qu'elle n'en a pas besoin. Je laisse bourdonner à leur aise les Comparet et autres insectes venimeux qui me vont picotant aux jambes. Leurs blessures sont si peu dangereuses, que je ne daigne pas même les écraser dessus. Mais quant aux gens en place qui ont la bassesse de m'insulter, je puis avoir quelque chose à leur dire : ils ont si grand besoin de leçons, et si peu d'hommes leur en osent donner, que je me crois spécialement appelé à cet honorable et périlleux emploi. Malheureusement je n'ai plus de talents, mais je me sens du courage encore.

Vous faites bien, cher Beau-Château, de m'aimer, vous et vos compagnons de voyage; ce n'est qu'une dette que vous payez. Quand vous pourrez me revenir voir, soit ensemble, soit séparément, vous me ferez du bien; et j'espère que plus nous nous verrons, plus nous nous aimerons. Je vous embrasse de tout mon cœur.

A M. ***

Motiers, 1763.

Il est, dites-vous, très cher ami, quatre cents citoyens et bourgeois qui ont paru mécontents de ce qui s'est passé. Il s'en est donc trouvé cinq ou six cents qui en ont été contents. Que voulez-vous que j'aille faire parmi ces gens-là?

Vous me proposez un voyage dans une saison où je ne puis pas même sortir de ma chambre : c'est un arrangement que mon état rend impossible. Il y a vingt ans que je n'ai fait une lieue en hiver. Si jamais j'entreprends un voyage en pareille saison, ce ne sera sûrement pas pour aller à Genève.

Vous me demandez le compliment que je ferais à M. le premier syndic. Je serais fort embarrassé de vous le dire. Je n'aurais assurément qu'un fort mauvais compliment à lui faire. Ce n'est pas la peine d'aller si loin pour cela.

Depuis quand est-ce à l'offensé de demander excuse? Que l'on commence par me faire la satisfaction qui m'est due; je tâcherai d'y répondre convenablement.

Tous vos messieurs se tourmentent beaucoup de savoir pourquoi M. de Montmollin ne m'a pas excommunié. Je les trouve plaisants. Et de quoi se mêlent-ils? Je pense avoir autant de droits sur eux qu'ils en ont sur moi, cependant je ne vais point m'informer curieusement s'ils disent bien leur catéchisme et s'ils ont bien fait leurs pâques.

Que je sois, du moins quant à présent, orthodoxe, juif, païen, athée, que leur importe? ce n'est pas de cela qu'il s'agit; la question est de savoir si les lois ont été violées, et si, quel que je sois, on m'a traité injustement : voilà ce qui leur importe, et sûrement beaucoup plus qu'à moi; car, par rapport à moi, la chose est faite, on ne me fera pas pis; mais les conséquences les regardent. Tandis qu'ils traitent cette affaire du haut de leur grandeur, faut-il donc que j'en fasse pour eux tous les frais, et que je vienne en suppliant demander qu'on me pardonne les affronts que j'ai reçus? Ce n'est pas mon avis. Que les choses en restent là, puisque cela leur convient. On verra qui dans la suite s'en trouvera le plus mal, d'eux ou de moi.

Cher ami, je vous l'ai dit, et je vous le répète de bon cœur : j'aime encore mes compatriotes; je sens vivement, dans mes malheurs, l'atteinte qui a été portée à leurs droits et à leur liberté. Quoi qu'il arrive, je ne veux jamais demeurer à Genève, cela est bien décidé. Mais, s'ils avaient vu le tort que leur fait celui que j'ai reçu, et combien ils ont d'intérêt qu'il soit réparé, j'aurais agi de concert avec eux dans cette affaire, autant que mon honneur outragé l'eût permis. Alors, après avoir commencé par remettre les choses dans l'état où elles doivent être, s'ils ont tant d'envie de me régenter, ils m'auraient régenté tout leur soûl. Mais comment ne voient-ils pas qu'avant cela l'inquisition qu'ils veulent établir sur moi est impertinente et ridicule? S'ils sont assez fous pour exiger que je m'y prête, je ne suis pas assez sot pour m'y prêter. Ainsi je n'ai rien à dire à M. de Montmollin, attendu que ni M. de Montmollin ni moi n'avons pas plus de compte à leur rendre que nous n'en avons à leur demander.

Les affronts qui m'ont été faits ne peuvent être suffisamment réparés que par une invitation honnête et formelle de retourner à Genève. Si l'on peut se résoudre à une démarche si décente et si convenable, si due, il faudra qu'on soit bien difficile si l'on n'est pas content de la manière dont j'y répondrai. Alors on pourra s'enquêter de ma foi, et je serai toujours prêt à en rendre compte. Sans cela, ne parlons plus de cette affaire, car nul autre expédient ne peut me convenir.

A M. MARCEL,

Sous-directeur des plaisirs et maître de danse de la cour du duc de Saxe-Gotha.

Motiers, le 1er mars 1763.

J'ai lu, monsieur, avec un vrai plaisir, la lettre que vous m'avez fait l'honneur de m'écrire, et j'y ai trouvé, je vous jure, une des meilleures critiques qu'on ait faites de mes écrits. Vous êtes élève et parent de M. Marcel; vous défendez votre maître, il n'y a rien là que de louable; vous professez un art sur lequel vous me trouvez injuste et mal instruit, et vous le justifiez : cela est assurément très permis : je vous parais un personnage fort singulier tout au moins, et vous avez la bonté de me le dire plutôt qu'au public. On ne peut rien de plus honnête, et vous me mettez, par vos censures, dans le cas de vous devoir des remercîments.

Je ne sais si je m'excuserai fort bien près de vous, en vous avouant que les singeries dont j'ai taxé M. Marcel tombaient bien moins sur son art que sur sa manière de le faire valoir. Si j'ai tort, même en cela, je l'ai d'autant plus, que ce n'est point d'après autrui que je l'ai jugé, mais d'après moi-même. Car, quoi que vous en puissiez dire, j'étais quelquefois admis à l'honneur de lui voir donner ses leçons; et je me souviens que, tout autant de profanes que nous étions là, sans excepter son écolière, nous ne pouvions nous tenir de rire à la gravité magistrale avec laquelle il prononçait ses savants apophthegmes. Encore une fois, monsieur, je ne prétends point m'excuser en ceci; tout au contraire, j'aurais mauvaise grâce à vous soutenir que M. Marcel faisait des singeries, à vous qui peut-être vous trouvez bien de l'imiter; car mon dessein n'est assurément ni de vous offenser ni de vous déplaire. Quant à l'ineptie avec laquelle j'ai parlé de votre art, ce tort est plus naturel qu'excusable; il est celui de quiconque se mêle de parler de ce qu'il ne sait pas. Mais un honnête homme qu'on avertit de sa faute doit la réparer; et c'est ce que je crois ne pouvoir mieux faire en cette occasion qu'en publiant franchement votre lettre et vos corrections, devoir que je m'engage à remplir en temps et lieu. Je ferai, monsieur, avec grand plaisir cette réparation publique à la danse et à M. Marcel, pour le malheur que j'ai eu de leur manquer de respect. J'ai pourtant quelque lieu de penser que votre indignation se fût un peu calmée, si mes vieilles rêveries eussent obtenu grâce devant vous. Vous auriez vu que je ne suis pas si ennemi de votre art que vous m'accusez de l'être, et que ce n'est pas une grande objection à me faire que son établissement dans mon pays, puisque j'y ai proposé moi-même des bals publics, desquels j'ai donné le plan. Monsieur, faites grâce à mes torts en faveur de mes services; et quand j'ai scandalisé pour vous les gens austères, pardonnez-moi quelques déraisonnements sur un art duquel j'ai si bien mérité.

Quelque autorité cependant qu'aient sur moi vos décisions, je tiens encore un peu, je l'avoue, à la diversité des caractères dont je proposais l'introduction dans la danse. Je ne vois pas bien encore ce que vous y trouvez d'impraticable, et il me paraît moins évident qu'à vous qu'on s'ennuierait davantage, quand les danses seraient plus variées. Je n'ai jamais trouvé que ce fût un amusement bien piquant pour une assemblée, que cette enfilade d'éternels menuets par lesquels on commence et poursuit un bal, et qui ne disent tous que la même chose, parce qu'ils n'ont tous qu'un seul caractère ; au lieu qu'en leur en donnant seulement deux, tels, par exemple, que ceux de la blonde et de la brune, on les eût pu varier de quatre manières qui les eussent rendus toujours pittoresques et plus souvent intéressants, la blonde avec le brun, la brune avec le blond, la brune avec le brun, et la blonde avec le blond. Voilà l'idée ébauchée : il est aisé de la perfectionner et de l'étendre ; car vous comprenez bien, monsieur, qu'il ne faut pas presser ces différences de blonde et de brune ; le teint ne décide pas toujours du tempérament ; telle brune est blonde par l'indolence, telle blonde est brune par la vivacité, et l'habile artiste ne juge pas du caractère par les cheveux.

Ce que je dis du menuet, pourquoi ne le dirais-je pas des contredanses et de la plate symétrie sur laquelle elles sont toutes dessinées ? Pourquoi n'y introduirait-on pas de savantes irrégularités, comme dans une bonne décoration, des oppositions et des contrastes, comme dans les parties de la musique ? On fait chanter ensemble Héraclite et Démocrite ; pourquoi ne les ferait-on pas danser ?

Quels tableaux charmants, quelles scènes variées ne pourrait point introduire dans la danse un génie inventeur, qui saurait la tirer de sa froide uniformité, et lui donner un langage et des sentiments comme en a la musique ! Mais votre M. Marcel n'a rien inventé que des phrases qui sont mortes avec lui ; il a laissé son art dans le même état où il l'a trouvé : il l'eût servi plus utilement, en pérorant un peu moins, et dessinant davantage ; et, au lieu d'admirer tant de choses dans un menuet, il eût mieux fait de les y mettre. Si vous vouliez faire un pas de plus, vous, monsieur, que je suppose homme de génie, peut-être, au lieu de vous amuser à censurer mes idées, chercheriez-vous à étendre et rectifier les vues qu'elles vous offrent ; vous deviendriez créateur de votre art ; vous rendriez service aux hommes qui ont tant de besoin qu'on leur apprenne à avoir du plaisir ; vous immortaliseriez votre nom, et vous auriez cette obligation à un pauvre solitaire qui ne vous a point offensé, et que vous voulez haïr sans sujet.

Croyez-moi, monsieur, laissez là des critiques qui ne conviennent qu'aux gens sans talents, incapables de rien produire d'eux-mêmes, et qui ne savent chercher de la réputation qu'aux dépens de celle d'autrui. Echauffez votre tête, et travaillez ; vous aurez bientôt oublié ou pardonné mes bavardises, et vous trouverez que les prétendus inconvénients que vous objectez aux recherches que je propose à faire seront des avantages quand elles auront réussi. Alors, grâce à la variété des genres, l'art aura de quoi contenter tout le monde, et prévenir la jalousie en augmentant l'émulation. Toutes vos écolières pourront briller sans se nuire, et chacune se consolera d'en voir d'autres exceller dans leurs genres, en se disant : J'excelle aussi dans le mien ; au lieu qu'en leur faisant faire à toutes la même chose, vous laissez sans aucun subterfuge l'amour-propre humilié ; et comme il n'y a qu'un modèle de perfection, si l'une excelle dans le genre unique, il faut que toutes les autres lui cèdent ouvertement la primauté.

Vous avez bien raison, mon cher monsieur, de dire que je ne suis pas philosophe. Mais vous qui parlez, vous ne feriez pas mal de tâcher de l'être un peu. Cela serait plus avantageux à votre art que vous ne semblez le croire. Quoi qu'il en soit, ne fâchez pas les philosophes, je vous le conseille ; car tel d'entre eux pourrait vous donner plus d'instruction sur la danse que vous ne pourriez lui en rendre sur la philosophie ; et cela ne laisserait pas d'être humiliant pour un élève du grand Marcel.

Vous me taxez d'être singulier, et j'espère que vous avez raison. Toutefois vous auriez pu, sur ce point, me faire grâce en faveur de votre maître, car vous m'avouerez que M. Marcel lui-même était un homme fort singulier. Sa singularité, je l'avoue, était plus lucrative que la mienne ; et, si c'est là ce que vous me reprochez, il faut bien passer condamnation ; mais quand vous m'accusez aussi de n'être pas philosophe, c'est comme si vous m'accusiez de n'être pas maître à danser. Si c'est un tort à tout homme de ne pas savoir son métier, ce n'en est point un de ne pas savoir le métier d'un autre. Je n'ai jamais aspiré à devenir philosophe, je ne me suis jamais donné pour tel; je ne le fus, ni ne le suis, ni ne veux l'être. Peut-on forcer un homme à mériter malgré lui un titre qu'il ne veut pas porter? Je sais qu'il n'est permis qu'aux philosophes de parler philosophie; mais il est permis à tout homme de parler de la philosophie; et je n'ai rien fait de plus. J'ai bien aussi parlé quelquefois de la danse, quoique je ne sois pas danseur; et, si j'en ai parlé même avec trop de zèle, à votre avis, mon excuse est que j'aime la danse, au lieu que je n'aime point du tout la philosophie. J'ai pourtant eu rarement la précaution que vous me prescrivez, de danser avec les filles, pour éviter la tentation; mais j'ai eu souvent l'audace de courir le risque tout entier, en osant les voir danser sans danser moi-même. Ma seule précaution a été de me livrer moins aux impressions des objets qu'aux réflexions qu'ils me faisaient naître, et de rêver quelquefois, pour n'être pas séduit. Je suis fâché, mon cher monsieur, que mes rêveries aient eu le malheur de vous déplaire. Je vous assure que ce ne fut jamais mon intention; et je vous salue de tout mon cœur.

A M. DE ***.

Motiers, le 6 mars 1763.

J'ai eu, monsieur, l'imprudence de lire le mandement que M. l'archevêque de Paris a donné contre mon livre, la faiblesse d'y répondre, et l'étourderie d'envoyer aussitôt cette réponse à Rey. Revenu à moi, j'ai voulu la retirer; il n'était plus temps, l'impression en était commencée, et il n'y a plus de remède à une sottise faite. J'espère au moins que ce sera la dernière en ce genre. Je prends la liberté de vous faire adresser par la poste deux exemplaires de ce misérable écrit; l'un que je vous supplie d'agréer, et l'autre pour M..., à qui je vous prie de vouloir bien le faire passer, non comme une lecture à faire ni pour vous ni pour lui, mais comme un devoir dont je m'acquitte envers l'un et l'autre. Au reste, je suis persuadé, vu ma position particulière, vu la gêne à laquelle j'étais asservi à tant d'égards, vu le bavardage ecclésiastique auquel j'étais forcé de me conformer, vu l'indécence qu'il y aurait à s'échauffer en parlant de soi, qu'il eût été facile à d'autres de mieux faire, mais impossible de faire bien. Ainsi tout le mal vient d'avoir pris la plume quand il ne fallait pas.

A M. KIRCHBERGER.

Motiers, le 17 mars 1763.

Si jeune, et déjà marié! Monsieur, vous avez entrepris de bonne heure une grande tâche. Je sais que la maturité de l'esprit peut suppléer à l'âge, et vous m'avez paru promettre ce supplément. Vous vous connaissez d'ailleurs en mérite, et je compte sur celui de l'épouse que vous vous êtes choisie. Il n'en faut pas moins, cher Kirchberger, pour rendre heureux un établissement si précoce. Votre âge seul m'alarme pour vous; tout le reste me rassure. Je suis toujours persuadé que le vrai bonheur de la vie est dans un mariage bien assorti; et je ne le suis pas moins que tout le succès de cette carrière dépend de la façon de la commencer. Le tour que vont prendre vos occupations, vos soins, vos manières, vos affections domestiques, durant la première année, décidera de toutes les autres. C'est maintenant que *le sort de vos jours est entre vos mains;* plus tard, il dépendra de vos habitudes. Jeunes époux, vous êtes perdus si vous n'êtes qu'amants; mais soyez amis de bonne heure pour l'être toujours. La confiance, qui vaut mieux que l'amour, lui survit et le remplace. Si vous savez l'établir entre vous, votre maison vous plaira plus qu'aucune autre; et dès qu'une fois vous serez mieux chez vous que partout ailleurs, je vous promets du bonheur pour le reste de votre vie. Mais ne vous mettez pas dans l'esprit d'en chercher au loin, ni dans la célébrité, ni dans les plaisirs, ni dans la fortune. La véritable félicité ne se trouve point au dehors; il faut que votre maison vous suffise, ou jamais rien ne vous suffira.

Conséquemment à ce principe, je crois qu'il n'est pas temps, quant à présent, de songer à l'exécution du projet dont vous m'avez parlé. La société conjugale doit vous occuper plus que la société helvétique : avant que de publier les annales de celle-ci, mettez-vous en état d'en fournir le plus bel article. Il faut qu'en rapportant les actions d'autrui vous puissiez dire comme le Corrége : Et moi aussi je suis peintre.

Mon cher Kirchberger, je crois voir germer beaucoup de mérite parmi la jeunesse suisse; mais la maladie universelle vous gagne tous. Ce mérite cherche à se faire imprimer; et je crains bien que de cette manie dans les gens de votre état, il ne résulte un jour à la tête de vos républiques plus de petits auteurs que de grands hommes. Il n'appartient pas à tous d'être des Haller.

Vous m'avez envoyé un livre très précieux et de fort belles cartes; comme d'ailleurs vous avez acheté l'un et l'autre, il n'y a aucune parité à faire en aucun sens entre ces envois et le barbouillage dont vous faites mention. De plus, vous vous rappellerez, s'il vous plaît, que ce sont des commissions dont vous avez bien voulu vous charger, et qu'il n'est pas honnête de transformer des commissions en présents. Ayez donc la bonté de me marquer ce que vous coûtent ces emplettes, afin qu'en acceptant la peine qu'elles vous ont donnée d'aussi bon cœur que vous l'avez prise, je puisse au moins vous rendre vos déboursés, sans quoi je prendrai le parti de vous renvoyer le livre et les cartes.

Adieu, très bon et aimable Kirchberger; faites, je vous prie, agréer mes hommages à madame votre épouse; dites-lui combien elle a droit à ma reconnaissance en faisant le bonheur d'un homme que j'en crois si digne et auquel je prends un si tendre intérêt.

M. DANIEL ROGUIN.

Motiers, mars 1763.

Je ne trouve pas, très bon papa, que vous ayez interprété ni bénignement ni raisonnablement la raison de décence et de modestie qui m'empêcha de vous offrir mon portrait, et qui m'empêchera toujours de l'offrir à personne. Cette raison n'est point, comme vous le prétendez, un cérémonial, mais une convenance tirée de la nature des choses, et qui ne permet à nul homme discret de porter ni sa figure ni sa personne où elles ne se sont pas invitées, comme s'il était sûr de faire en cela un cadeau; au lieu que c'en doit être un pour lui, quand on lui témoigne là-dessus quelque empressement. Voilà le sentiment que je vous ai manifesté, et au lieu duquel vous me prêtez l'intention de ne vouloir accorder un tel présent qu'aux prières. C'est me supposer un motif de fatuité où j'en mettais un de modestie. Cela ne me paraît pas dans l'ordre ordinaire de votre bon esprit.

Vous m'alléguez que les rois et les princes donnent leurs portraits. Sans doute ils les donnent à leurs inférieurs comme un honneur ou une récompense; et c'est précisément pour cela qu'il est impertinent à de petits particuliers de croire honorer leurs inférieurs. Plusieurs rois donnent aussi leur main à baiser en signe de faveur et de distinction. Dois-je vouloir faire à mes amis la même grâce? Cher papa, quand je serai roi, je ne manquerai pas, en superbe monarque, de vous offrir mon portrait enrichi de diamants. En attendant, je n'irai pas seulement m'imaginer que ni vous ni personne soit empressé de ma mince figure; ce n'y a qu'un témoignage bien positif de la part de ceux qui s'en soucient, qui puisse me permettre de le supposer, surtout n'ayant pas le passeport des diamants pour accompagner le portrait.

Vous me citez Samuel Bernard. C'est, je vous l'avoue, un singulier modèle que vous me proposez à imiter. J'aurais cru que vous me désiriez ses millions, mais non pas ses ridicules. Pour moi, je serais bien fâché de les avoir avec sa fortune; elle serait beaucoup trop chère à ce prix. Je sais qu'il avait l'impertinence d'offrir son portrait, même à gens fort au-dessus de lui. Aussi, entrant un jour en maison étrangère dans la garde-robe, y trouva-t-il ledit portrait qu'il avait ainsi donné, fièrement étalé au-dessus de la chaise percée. Je sais cette anecdote, et bien d'autres plus plaisantes, de quelqu'un qu'on en pouvait croire; car c'était le président de Boulainvilliers.

Monsieur *** donnait son portrait? Je lui en fais mon compliment. Tout ce que je sais, c'est que si ce portrait est l'estampe que j'ai vue avec des vers pompeux au-dessous, il fallait que, pour oser faire un tel présent lui-même, ledit monsieur fût le plus grand fat que la terre ait porté. Quoi qu'il en soit, j'ai vécu aussi quelque peu avec des gens à portraits, et à portraits recherchables; je les ai vus tous avoir d'autres maximes : et, quand je ferai tant que de vouloir imiter des modèles, je vous avoue que ce ne sera ni le juif Bernard ni monsieur *** que je choisirai pour cela. On n'imite que les gens à qui l'on voudrait ressembler.

Je vous dis, il est vrai, que le portrait que je vous montrai était le seul que j'avais; mais j'ajoutai que j'en attendais d'autres, et qu'on le gravait encore en Arménien. Quand je me rappelle qu'à peine y daignâtes-vous jeter les yeux, que vous ne m'en dîtes pas un seul mot, que vous marquâtes là-dessus la plus profonde indifférence, je ne puis m'empêcher de vous dire qu'il aurait fallu que je fusse le plus extravagant des hommes pour croire vous faire le moindre plaisir en vous le présentant; et je dis, dès le même soir, à mademoiselle Le Vasseur la mortification que vous m'aviez faite; car j'avoue que j'avais attendu, et même mendié quelque mot obligeant qui me mît en droit de faire le reste. Je suis bien persuadé maintenant que ce fut discrétion et non dédain de votre part; mais vous me permettrez de vous dire que cette discrétion était pour moi un peu humiliante, et que c'était donner un grand prix aux deux sous qu'un tel portrait peut valoir.

A MYLORD MARÉCHAL.

Le 21 mars 1763.

Il y a dans votre lettre du 19 un article qui m'a donné des palpitations; c'est celui de l'Écosse. Je ne vous dirai là-dessus qu'un mot, c'est que je donnerais la moitié des jours qui me restent pour y passer l'autre avec vous. Mais, pour Colombier, ne comptez pas sur moi. Je vous aime, mylord; mais il faut que mon séjour me plaise, et je puis souffrir ce pays-là.

Il n'y a rien d'égal à la position de Frédéric. Il paraît qu'il en sent tous les avantages, et qu'il saura bien les faire valoir. Tout le pénible et le difficile est fait : tout ce qui demandait le concours de la fortune est fait. Il ne lui reste à présent à remplir que des soins agréables, et dont l'effet dépend de lui. C'est de ce moment qu'il va s'élever, s'il veut, dans la postérité un monum nt unique; il n'a travaillé jusqu'ici que pour son siècle. Le seul piège dangereux qui désormais lui reste à éviter est celui de la flatterie; s'il se laisse louer, il est perdu. Qu'il sache qu'il n'y a plus d'éloges dignes de lui que ceux qui sortiront des cabanes de ses paysans.

Savez-vous, mylord, que Voltaire cherche à se raccommoder avec moi? Il a eu sur mon compte un long entretien avec Moultou, dans lequel il a supérieurement joué son rôle : il n'y en a point d'étranger au talent de ce grand comédien, *dolis instructus et arte pelasgâ*. Pour moi, je ne puis lui promettre une estime qui ne dépend pas de moi; mais, à cela près, je serai, quand il le voudra, toujours prêt à tout oublier; car je vous jure, mylord, que de toutes les vertus chrétiennes il n'y en a point qui me coûte moins que le pardon des injures. Il est certain que, si la protection des Calas lui a fait grand honneur, les persécutions qu'il m'a fait essuyer à Genève lui en ont peu fait à Paris; elles y ont excité un cri universel d'indignation. J'y jouis, malgré mes malheurs, d'un honneur qu'il n'aura jamais nulle part; c'est d'avoir laissé ma mémoire en estime dans le pays où j'ai vécu. Bonjour, mylord.

A M. MOULTOU.

Motiers, le 21 mars 1763.

Voilà, cher Moultou, puisque vous le voulez, un exemplaire de ma lettre à M. de Beaumont. J'en ai remis deux autres au messager depuis plusieurs jours; mais il diffère son départ d'un jour à l'autre, et ne partira, je crois, que mercredi. J'aurai soin de vous en faire parvenir davantage. En attendant, ne mettez ces deux-là qu'en des mains sûres, jusqu'à ce que l'ouvrage paraisse, de peur de contrefaction.

J'ai attendu pour juger les Genevois, que je fusse de sang-froid. Ils sont jugés. J'aurais déjà fait la démarche dont vous me parlez si mylord maréchal ne m'avait engagé à différer, et je vois que vous pensez comme lui. J'attendrai donc, pour la faire, de voir l'effet de la lettre que je vous envoie : mais quand cet effet les ramènerait à leur devoir, j'en serais, je vous jure, très médiocrement flatté. Ils sont si sots et si rogues que le bien même ne m'intéresserait désormais de leur part guère plus que le mal. On ne tient plus guère aux gens qu'on méprise.

M. de Voltaire vous a paru m'aimer parce qu'il sait que vous m'aimez; soyez persuadé qu'avec les gens de son parti il tient un autre langage. Cet habile comédien, *dolis instructus et arte pelasgâ*, sait changer de ton selon les gens à qui il a affaire. Quoi qu'il en soit, si jamais il arrive qu'il revienne sincèrement, j'ai déjà les bras ouverts; car, de toutes les vertus chrétiennes, l'oubli des injures est, je vous jure, celle qui me coûte le moins. Point d'avances, ce serait une lâcheté; mais comptez que je serai toujours prêt à répondre aux siennes d'une manière dont il sera content. Partez de là, si jamais il vous en reparle. Je sais que vous ne voulez pas me compromettre, et vous savez, je crois, que vous pouvez répondre de votre ami en toute chose honnête. Les manœuvres de M. de Voltaire, qui ont tant d'approbateurs à Genève, ne sont pas vues du même œil à Paris : elles y ont soulevé tout le monde, et balancé le bon effet de la protection des Calas. Il est certain que ce qu'il peut faire de mieux pour sa gloire est de se raccommoder avec moi.

Quand vous voudrez venir, il faudra nous concerter. Je dois aller voir mylord maréchal avant son départ pour Berlin : vous pourriez ne pas me trouver; d'ailleurs la saison n'est pas assez avancée pour le voyage de Zurich, ni même pour la promenade. Quand je vous aurai, je voudrais vous tenir un peu longtemps. J'aime mieux différer mon plaisir et en jouir à mon aise. Doutez-vous que tout ce qui vous accompagnera ne soit bien reçu?

A M. J. BURNAND.

Motiers, le 21 mars 1763.

La réponse à votre objection, monsieur, est dans le livre même d'où vous la tirez. Lisez plus attentivement le texte et les notes, vous trouverez cette objection résolue.

Vous voulez que j'ôte de mon livre ce qui est contre la religion : mais il n'y a dans mon livre rien qui soit contre la religion.

Je voudrais pouvoir vous complaire en faisant le travail que vous me prescrivez. Monsieur, je suis infirme, épuisé; je vieillis; j'ai fait ma tâche, mal sans doute, mais de mon mieux. J'ai proposé mes idées à ceux qui conduisent les jeunes gens; mais je ne sais pas écrire pour les jeunes gens.

Vous m'apprenez qu'il faut vous dire tout, ou que vous n'entendez rien. Cela me fait désespérer, monsieur, que vous m'entendiez jamais; car je n'ai point, moi, le talent de parler aux gens à qui il faut tout dire.

Je vous salue, monsieur, de tout mon cœur.

A MADAME DE ***.

Le 27 mars 1763.

Que votre lettre, madame, m'a donné d'émotions diverses! Ah! cette pauvre madame de ***....! pardonnez si je commence par elle. Tant de malheurs..., une amitié de treize ans... Femme aimable et infortunée...! Vous la plaignez, madame, vous avez bien raison : son mérite doit vous intéresser pour elle; mais vous la plaindriez bien davantage si vous aviez vu comme moi toute sa résistance pour ce fatal mariage. Il semble qu'elle prévoyait son sort. Pour celle-là, les écus ne l'ont pas éblouie; on l'a bien rendue malheureuse malgré elle. Hélas! elle n'est pas la seule. De combien de maux j'ai à gémir! je ne suis point étonné des bons procédés de madame ***; rien de bien ne me surprendra de sa part; je l'ai toujours estimée et honorée; mais avec tout cela elle n'a pas l'âme de madame de ***. Dites-moi ce qu'est devenu ce misérable; je n'ai plus entendu parler de lui.

Je pense comme vous, madame; je n'aime point que vous soyez à Paris. Paris, le siége du goût et de la politesse, convient à votre esprit, à votre ton, à vos manières; mais le séjour du vice ne convient point à vos mœurs, et une ville où l'amitié ne résiste ni à l'adversité ni à l'absence ne saurait plaire à votre cœur. Cette contagion ne le gagnera pas, n'est-ce pas, madame? Que ne lisez-vous dans le mien l'attendrissement avec lequel il m'a dicté ce mot-là! L'heureux ne sait s'il est aimé, dit un poëte latin; et moi j'ajoute : L'heureux ne sait pas aimer. Pour moi, grâces au ciel, j'ai bien fait toutes mes épreuves; je sais à quoi m'en tenir sur le cœur des autres et sur le mien. Il est bien constaté qu'il ne me reste que vous seule en France, et quelqu'un qui n'est pas encore jugé, mais qui ne tardera pas à l'être.

S'il faut moins regretter les amis que l'adversité nous ôte que priser ceux qu'elle nous donne, j'ai plus gagné que perdu; car elle m'en a donné un qu'assurément elle ne m'ôtera pas. Vous comprenez que je veux parler de mylord maréchal. Il m'a accueilli, il m'a honoré dans mes disgrâces, plus peut-être qu'il n'eût fait durant ma prospérité. Les grandes âmes ne portent pas seulement du respect au mérite, elles en portent encore au malheur. Sans lui j'étais aussi mal reçu dans ce pays que dans les autres, et je ne voyais plus d'asile autour de moi. Mais un bienfait plus précieux que sa protection est l'amitié dont il m'honore, et qu'assurément je ne perdrai point. Il me restera celui-là, j'en réponds. Je suis bien aise que vous m'ayez marqué ce qu'en pensait M. d'A*** : cela me prouve qu'il se connaît en hommes; et qui s'y connaît est de leur classe. Je compte aller voir ce digne protecteur avant son départ pour Berlin : je lui parlerai de M. d'A*** et de vous, madame; il n'y a rien de si doux pour moi que de voir ceux qui m'aiment s'aimer entre eux.

Quand des quidams sous le nom de S*** ont voulu se porter pour juges de mon livre, et se sont aussi bêtement qu'insolemment arrogé le droit de me censurer, après avoir rapidement parcouru leur sot écrit, je l'ai jeté par terre et j'ai craché dessus pour toute réponse. Mais je n'ai pu lire avec le même dédain le mandement qu'a donné contre moi M. l'archevêque de Paris; premièrement parce que l'ouvrage en lui-même est beaucoup moins inepte, et parce que, malgré les travers de l'auteur, je l'ai toujours estimé et respecté. Ne jugeant donc pas cet écrit indigne d'une réponse, j'en ai fait une qui a été imprimée en Hollande, et qui, si elle n'est pas encore publique, le sera dans peu. Si elle pénètre jusqu'à Paris et que vous en entendiez parler, madame, je vous prie de me marquer naturellement ce qu'on en dit; il m'importe de le savoir. Il n'y a que vous de qui je puisse apprendre ce qui se passe à mon égard dans un pays où j'ai passé une partie de ma vie, où j'ai eu des amis, et qui ne peut me devenir indifférent. Si vous n'étiez pas à portée de voir cette lettre imprimée, et que vous pussiez m'indiquer quelqu'un de vos amis qui eût ses ports francs, je vous l'enverrais d'ici; car quoique la brochure soit petite, en vous l'envoyant directement elle vous coûterait vingt fois plus de port que ne valent l'ouvrage et l'auteur.

Je suis bien touché des bontés de mademoiselle L*** et des soins qu'elle veut bien prendre pour moi; mais je serais bien fâché qu'un aussi joli travail que le sien, et si digne d'être mis en vue, restât caché sous mes grandes vilaines manches d'Arménien; en vérité je ne saurais me résoudre à le profaner ainsi, ni par conséquent à l'accepter, à moins qu'elle ne m'ordonne de le porter en écharpe ou en collier, comme un ordre de chevalerie institué en son honneur.

Bonjour, madame; recevez les hommages de votre pauvre voisin. Vous venez de me faire passer une demi-heure délicieuse, et en vérité j'en avais besoin; car depuis quelques mois je souffre presque sans relâche de mon mal et de mes chagrins. Mille choses, je vous supplie, à M. le marquis.

A M. J. BURNAND.

Motiers, le 28 mars 1763.

Solution de l'objection de M. Burnand:

« Mais, quand une fois tout est ébranlé, on doit conserver le tronc aux dépens des branches, etc.

« Voilà, je crois, ce que le bon vicaire pourrait dire à présent au public. »

M. Burnand m'assure que tout le monde trouve qu'il y a dans mon livre beaucoup de choses contre la religion chrétienne. Je ne suis pas, sur ce point comme sur bien d'autres, de l'avis de tout le monde, et d'autant moins que, parmi tout ce monde-là, je ne vois pas un chrétien.

Un homme qui cherche des explications pour compromettre celui qui les donne est peu généreux; mais l'opprimé qui n'ose les donner est un lâche, je n'ai pas peur de passer pour tel. Je ne crains point les explications; je crains les discours inutiles; je crains surtout les désœuvrés, qui, ne sachant à quoi passer leur temps, veulent disposer du mien.

Je prie M. Burnand d'agréer mes salutations.

A M. DE MONTMOLLIN,
En lui envoyant ma LETTRE A M. DE BEAUMONT.

Motiers, le 28 mars 1763.

Voici, monsieur, un écrit devenu nécessaire. Quoique mes agresseurs y soient un peu malmenés, ils le seraient davantage si je ne vous trouvais pas en quelque sorte entre eux et moi. Comptez, monsieur, que, si vous cessiez de leur servir de sauvegarde, ils ne s'en tireraient pas à si bon marché. Quoi qu'il en soit, j'espère que vous serez content de la classe à part où j'ai tâché de vous mettre; et il ne tiendra qu'à vous de connaître, et dans cet écrit et dans toute ma vie, qu'en usant avec moi des procédés honnêtes, vous n'avez pas obligé un ingrat.

A M. MOULTOU.

Motiers-Travers, ce 28 avril 1763.

Ce n'était pas, cher ami, que je désapprouvasse l'envoi d'un exemplaire en France, que je ne vous ai pas répondu sur-le-champ; mais l'ennui, les tracas, les souffrances, les importuns, me rendent paresseux : l'exactitude est un travail qui passe ma force actuelle. Faites ce que vous voudrez; votre envoi ne sera qu'inutile; voilà tout. Vous n'avez que trois exemplaires, j'attends d'en avoir davantage pour vous en envoyer; encore ne sais-je pas trop comment.

Vernet est un fourbe. Je n'approuve point qu'on lui fasse lire l'ouvrage, encore moins qu'on le lui prête. Il ne veut le voir que pour le faire décrier par les petits vipereaux qu'il élève à la brochette, et par lesquels il répand contre moi son fade poison dans les Mercures de Neuchâtel.

Vous devez comprendre qu'un carton est impossible dès qu'une fois un ouvrage est sorti de la boutique du libraire. Si vous voulez en faire un pour Genève en particulier, soit, j'y consens : mais je ne veux pas m'en mêler, et soyez persuadé que cela ne servira de rien. Quand on cherche des prétextes, on en trouve. Les Genevois m'ont trop fait de mal pour ne pas me haïr; et moi, je les connais trop pour ne les pas mépriser. Je prévois mieux que vous l'effet de la Lettre. J'ai honte de porter encore ce même titre dont je m'honorais ci-devant : dans six mois d'ici je compte en être délivré.

Votre aventure avec la compagnie ne m'étonne point; elle me confirme dans le jugement que j'ai porté de toute cette prêtraille. Je ne doute point qu'en effet votre amitié pour moi n'ait produit votre exclusion : mais loin d'en être fâché je vous en félicite. L'état d'homme d'église ne peut plus convenir à un homme de bien ni à un croyant. Quittez-moi ce collet qui vous avilit ; cultivez en paix les lettres, vos amis, la vertu ; soyez libre, puisque vous pouvez l'être. Les marchands de religion n'en sauraient avoir. Mes malheurs m'ont instruit trop tard ; qu'ils vous instruisent à temps.

Je souffre beaucoup, cher ami : je me suis remis à l'usage des sondes pour tâcher de me procurer un peu de relâche quand vous serez avec moi. Je me ménage ce temps comme le plus précieux de ma vie, ou du moins le plus doux qui me reste à passer. Ménagez-vous la liberté de venir quand je vous écrirai; car malheureusement je suis encore moins maître de mon temps que vous du vôtre.

J'ai toujours oublié de vous dire que j'ai à Yverdun un cabriolet que je ne serais pas fâché de trouver à vendre. Pourrait-il vous servir, en attendant, dans nos petits pèlerinages? Pour moi, vous savez que je n'aime aller qu'à pied. Si vous avez des jambes, nous nous en servirons, mais à petits pas, car je ne saurais aller vite ni faire de longues traites; mais je vais toujours. Nous causerons à notre aise; cela sera délicieux. Je vous embrasse.

Si vous amenez quelqu'un, tâchez au moins que nous puissions un peu nous voir seuls.

A M. L'ABBÉ DE LA PORTE.

Motiers, le 4 avril 1763.

Vous pouvez savoir, monsieur, que je n'ai jamais concouru ni consenti à aucun des recueils de mes écrits qu'on a publiés jusqu'ici; et, par la manière dont ils sont faits, on voit aisément que l'auteur ne s'en est pas mêlé. Ayant résolu d'en faire moi-même une édition générale, en prenant congé du public, je le vois avec peine inondé d'éditions détestables et réitérées, qui peut-être le rebuteront aussi de la mienne avant qu'il soit en état d'en juger. En apprenant qu'on en préparait encore une nouvelle où vous êtes, je ne pus m'empêcher d'en faire des plaintes; ces plaintes, trop durement interprétées, donnèrent lieu à un avis de la gazette de Hollande, que je n'ai dicté ni approuvé, et dans lequel on suppose que le sieur Rey a seul le droit de faire cette édition générale : ce qui n'est pas. Quand il en a fait lui-même un recueil avec privilége, il l'a fait sans mon aveu; et, au contraire, en lui cédant mes manuscrits, je me suis expressément réservé le droit de recueillir le tout, et de le publier où et quand il me plairait. Voilà, monsieur, la vérité.

Mais, puisque ces éditions furtives sont inévitables, et que vous voulez bien présider à celle-ci, je ne doute point, monsieur, que vos soins ne la mettent fort au-dessus des autres : dans cette opinion, je prends le parti de différer la mienne, et je me félicite que vous ayez fait assez de cas de mes rêveries pour daigner vous en occuper. Malheureusement le public, toujours de mauvaise humeur contre moi, se plaindra que vous m'honorez à ses dépens. Il dira qu'un éditeur tel que vous lui rend moins qu'il ne lui dérobe; et quand vous pourrez lui plaire et l'éclairer par vos écrits, il regrettera le temps que vous prodiguez aux miens.

Je vous remercie, monsieur, d'avoir bien voulu m'envoyer la note des pièces qui devaient entrer dans votre recueil : vous êtes le premier éditeur de mes écrits qui ait eu cette attention pour moi. Entre celles de ces pièces dont je ne suis pas l'auteur, j'y en trouve une qui ne doit être là d'aucune manière; c'est le *Petit Prophète*. Je vous prie de le retrancher, si vous êtes à temps; sinon, de vouloir bien déclarer que cet ouvrage n'est point de moi, et que je n'y ai pas la moindre part.

Recevez, monsieur, je vous supplie, mon respect et mes salutations.

A M. J. BURNAND.

Motiers, le 4 avril 1763.

Je suis très content, monsieur, de votre dernière lettre, et je me fais un très grand plaisir de vous le dire. Je vois avec regret que je vous avais mal jugé. Mais, de grâce, mettez-vous à ma place. Je reçois des milliers de lettres où, sous prétexte de me demander des explications, on ne cherche qu'à me tendre des pièges. Il me faudrait de la santé, du loisir et des siècles pour entrer dans tous les détails qu'on me demande ; et, pénétrant le motif secret de tout cela, je réponds avec franchise, avec dureté même, à l'intention plutôt qu'à l'écrit. Pour vous, monsieur, que mon âpreté n'a point révolté, vous pouvez compter de ma part sur toute l'estime que mérite votre procédé honnête, et sur une disposition à vous aimer, qui probablement aura son effet si jamais nous nous connaissons davantage. En attendant, recevez, monsieur, je vous supplie, mes excuses et mes sincères salutations.

A MADAME LATOUR.

Le 7 avril 1763.

Je suis d'autant plus en peine de vous, madame, que n'ayant pas de vos nouvelles depuis longtemps, je sais que M. Beguet n'en a pas non plus. Je me souviens bien cependant que vous m'avez écrit la dernière; mais si vous comptiez à la rigueur avec moi, à combien d'égards ne resterais-je pas insolvable! Vous m'avez accoutumé à plus d'indulgence, et cela me fait craindre que votre silence actuel n'ait quelque cause dont la crainte m'alarme beaucoup. De grâce, madame, tranquillisez-moi par un mot de lettre. Dans l'incertitude de ce qui peut être arrivé, je n'ose faire celle-ci plus longue, jusqu'à ce que je sois assuré que ce que j'écris continue à vous parvenir.

A M. WATELET.

Motiers, 1763.

Vous me traitez en auteur, monsieur; vous me faites des compliments sur mon livre. Je n'ai rien à dire à cela, c'est l'usage. Ce même usage veut aussi qu'en avalant modestement votre encens, je vous en renvoie une bonne partie. Voilà pourtant ce que je ne ferai pas; car, quoique vous ayez des talents très vrais, très aimables, les qualités que j'honore en vous les effacent à mes yeux; c'est par elles que je vous suis attaché; c'est par elles que j'ai toujours désiré votre bienveillance; et l'on ne m'a jamais vu rechercher les gens à talents qui n'avaient que des talents. Je m'applaudis pourtant de ceux auxquels vous m'assurez que je dois votre estime, puisqu'ils me procurent un bien dont je fais tant de cas. Les miens tels quels ont cependant si peu dépendu de ma volonté, ils m'ont attiré tant de maux, ils m'ont abandonné si vite, que j'aurais bien voulu tenir cette amitié, dont vous permettez que je me flatte, de quelque chose qui m'eût été moins funeste, que je pusse dire être plus à moi.

Ce sera, monsieur, pour votre gloire, au moins je le désire et je l'espère, que j'aurai blâmé le merveilleux de l'Opéra. Si j'ai eu tort, comme cela peut très bien être, vous m'aurez réfuté par le fait, et si j'ai raison, le succès dans un mauvais genre n'en rendra votre triomphe que plus éclatant. Vous voyez, monsieur, par l'expérience constante du théâtre, que ce n'est jamais le choix du genre bon ou mauvais qui décide du sort d'une pièce. Si la vôtre est intéressante malgré les machines, soutenue d'une bonne musique elle doit réussir; et vous aurez eu, comme Quinault, le mérite de la difficulté vaincue. Si, par supposition, elle ne l'est pas, votre goût, votre aimable poésie, l'auront ornée au moins de détails charmants qui la rendront agréable; et c'en est assez pour plaire à l'Opéra français. Monsieur, je tiens beaucoup plus, je vous jure, à votre succès qu'à mon opinion, et non-seulement pour vous, mais aussi pour votre jeune musicien; car le grand voyage que l'amour de l'art lui a fait entreprendre, et que vous avez encouragé, m'est garant que son talent n'est pas médiocre. Il faut en ce genre, ainsi qu'en bien d'autres, avoir déjà beaucoup en soi-même pour sentir combien on a besoin d'acquérir. Messieurs, donnez bientôt votre pièce, et, dussé-je être pendu, je l'irai voir si je puis.

A M. MOULTOU.

Motiers, ce samedi 16 avril 1763.

Voici, cher Moultou, puisque vous le voulez, encore deux exemplaires de la lettre; c'est tout ce qui me reste avec le mien. Je n'entends pas dire qu'il s'en soit répandu dans le public aucun autre que ceux que j'ai donnés; et je n'ai plus aucune nouvelle de Rey: ainsi il se pourrait très bien que quelqu'un fût venu à bout de supprimer l'édition. En ce cas, il importerait de placer très bien ces exemplaires, puisqu'ils seraient difficiles et peut-être impossibles à remplacer. Si vous trouviez à propos d'en donner un à M. le colonel Pictet, lequel m'a écrit des lettres très honnêtes, vous me feriez grand plaisir.

Je comprends quel est l'endroit où M. Deluc croit se reconnaître. Il se trompe fort. Mon caractère n'est assurément pas de tympaniser mes amis; mais le bon homme, avec toute sa sagesse, n'a pu éviter un piège dans lequel nous tombons tous: c'est de croire tout le monde sans cesse occupé de nous en bien ou en mal, tandis que souvent on n'y pense guère.

Quand vous viendrez, je vous montrerai dans des centaines de lettres une rame de lourds sermons dont je me suis plaint; et quels sermons, grand Dieu! Il m'en coûte, depuis que je suis ici, dix louis en ports de lettres pour des réprimandes, des injures et des bêtises; et ce qu'il y a de plaisant, c'est qu'il n'y a pas un de ces sots-là qui ne pense être le seul et ne prétende m'occuper tout entier.

Il est certain que j'ai mieux prévu que vous l'effet de la Lettre à M. de Beaumont. Tout ce que je puis faire de bien ne fera jamais qu'aigrir la rage des Genevois. Elle est à un point inconcevable. Je suis persuadé qu'ils viendront à bout de m'en rendre enfin la victime. Mon seul crime est de les avoir trop aimés: mais ils ne me le pardonneront jamais. Soyez persuadé que je les vois mieux d'ici que vous d'où vous êtes. Je ne vois qu'un seul moyen d'attiédir leur fureur; cela presse. Envoyez-moi, je vous prie, le nom et l'adresse de M. le premier syndic.

Venez quand vous voudrez, je vous attends. Mes malheurs, à tous égards, sont à leur dernier terme; mais seulement que je vous embrasse, et tout est oublié.

A M. LE MARÉCHAL DE LUXEMBOURG.

Motiers-Travers, le 23 avril 1763.

Pardonnez-moi, monsieur le maréchal, une nouvelle importunité : il s'agit d'un doute qui me rend malheureux, et dont personne ne peut me tirer plus aisément ni plus sûrement que vous. Tout le monde ici me trouble de mille vaines alarmes sur de prétendus projets contre ma liberté. J'ai pour voisin depuis quelque temps un gentilhomme hongrois, homme de mérite, dans l'entretien duquel je trouve des consolations. On vient de recevoir et de me montrer un avis que cet étranger est au service de France, et envoyé tout exprès pour m'attirer dans quelque piége. Cet avis a tout l'air d'une basse jalousie. Outre que je ne suis assurément pas un personnage assez important pour mériter tant de soins, je ne puis reconnaître l'esprit français à tant de barbarie, ni soupçonner un honnête homme sur des imputations en l'air. Cependant on se fait ici un plaisir malin de m'effrayer. A les en croire, je ne suis pas même en sûreté à la promenade, et je n'entends parler que de projets de m'enlever. Ces projets sont-ils réels? Est-il vrai qu'on en veuille à ma personne? Si cela est, l'exécution n'en sera pas difficile, et je suis près d'aller me rendre moi-même où l'on voudra, aimant mille fois mieux passer le reste de mes jours dans les fers que dans les agitations continuelles où je vis, et en défiance de tout le monde. Je ne demande ni faveur ni grâce, je ne demande pas même justice; je ne veux qu'être éclairci sur les intentions du gouvernement. Ce n'est nullement pour me mettre à couvert que je désire en être instruit, comme on le connaîtra par ma conduite; et si l'on ne pense pas à moi, ce me sera un grand soulagement d'en être instruit. Un mot d'éclaircissement de vous me rendra la vie. Je ne puis croire que ma prière soit indiscrète. Je n'entends pas pour cela que vous me répondiez de rien : marquez-moi simplement ce que vous pensez, et je suis content; le doute m'est cent fois pire que le mal. Si vous connaissiez de quelle angoisse votre réponse telle qu'elle soit peut me tirer, je connais votre cœur, monsieur le maréchal, et je suis bien sûr que vous ne tarderiez pas à la faire.

A M. MOULTOU.

Motiers, le 7 mai 1763.

Pour Dieu, cher ami, ne laissez point courir cet impertinent bruit d'une résidence auprès des Cantons. Je parierais que c'est une invention de mes ennemis, pour me faire regarder comme un homme abandonné, quand on saura combien ce bruit est faux. Vous savez que je viens de perdre mylord maréchal, mon protecteur, mon ami, et le plus digne des hommes; mais vous ne pouvez savoir quelle perte je fais en lui. Pour me mettre en sûreté, autant qu'il est possible, contre la mauvaise volonté des gens de ce pays, il m'envoya, avant son départ, des lettres de naturalité : c'est peut-être ce fait augmenté et défiguré qui a donné lieu au sot bruit dont vous me parlez. Quoi qu'il en soit, jugez si dans mon accablement j'ai besoin de vous. Venez, ne laissez pas plus longtemps en presse un cœur accoutumé à s'épancher, et qui n'a plus que vous. Marquez-moi à peu près le jour de votre arrivée, et venez tomber chez moi : vous y trouverez votre chambre prête.

Comme M. Pictet m'a toujours écrit sous le couvert d'autrui, je vous adresse pour lui cette lettre, dans le doute s'il n'y a point dans une correspondance directe quelque inconvénient que je ne sais pas.

Ne vous tourmentez pas beaucoup de ce qui se fait à Genève à mon égard; cela ne m'intéresse plus guère. Je consens à vous y accompagner, si vous voulez, mais comme je ferais dans une autre ville. Mon parti est pris; mes arrangements sont faits. Nous en parlerons.

A M. FAVRE.

Premier syndic de la république de Genève.

Motiers-Travers, le 12 mai 1763.

Monsieur,

Revenu du long étonnement où m'a jeté de la part du magnifique Conseil le procédé que j'en devais le moins attendre, je prends enfin le parti que l'honneur et la raison me prescrivent, quelque cher qu'il en coûte à mon cœur.

Je vous déclare donc, monsieur, et je vous prie de déclarer au magnifique Conseil que j'abdique à perpétuité n on droit de bourgeoisie et de cité dans la ville et république de Genève. Ayant rempli de mon mieux les devoirs attachés à ce titre sans jouir d'aucun de ses avantages, je ne crois point être en reste avec l'état en le quittant. J'ai tâché d'honorer le nom de genevois; j'ai tendrement aimé mes compatriotes; je n'ai rien oublié pour me faire aimer d'eux; on ne saurait plus mal réussir; je veux leur complaire jusque dans leur haine. Le dernier sacrifice qui me reste à faire est celui d'un nom qui me fut si cher. Mais, monsieur, ma patrie, en me devenant étrangère, ne peut me devenir indifférente; je lui reste attaché par un tendre souvenir; et je n'oublie d'elle que ses outrages. Puisse-t-elle prospérer toujours, et voir augmenter sa gloire! Puisse-t-elle abonder en citoyens meilleurs, et surtout plus heureux que moi!

Recevez, je vous prie, monsieur, les assurances de mon profond respect.

A M. MARC CHAPPUIS.

Motiers, le 12 mai 1763.

Vous verrez, monsieur, je le présume, la lettre que j'écris à M. le premier syndic. Plaignez-moi, vous qui connaissez mon cœur, d'être forcé de faire une démarche qui le déchire. Mais après les affronts que j'ai reçus dans ma patrie, qui ne sont ni ne peuvent être réparés, m'en reconnaître encore membre serait consentir à mon déshonneur. Je ne vous ai point écrit, monsieur, durant mes disgrâces : les malheureux doivent être discrets. Maintenant que tout ce qui peut m'arriver de bien et de mal est à peu près arrivé, je me livre tout entier aux sentiments qui me plaisent et me consolent, et soyez persuadé, monsieur, je vous supplie, que ceux qui m'attachent à vous ne s'affaibliront jamais.

A MADAME LATOUR.

A Motiers, le 14 mai 1763.

Vous avez des peines, madame, qui ajoutent aux miennes, et moi l'on me fait vivre dans un tumulte continuel, qui ne rend peut-être que trop excusable l'inexactitude que vous avez la bonté de me reprocher. Je vous remercierais des choses vives que vous me dites là-dessus, si je n'y voyais qu'en rendant justice à ma négligence vous ne la rendez pas à mes sentiments. Mon cœur vous venge assez de mes torts avec vous pour vous épargner le soin de m'en punir, et ces torts ont pour principe un défaut, mais non pas un vice. Comment pouvez-vous me soupçonner de tiédeur au milieu des adversités que j'éprouve? L'heureux ne sait s'il est aimé, disait un ancien poète; et moi j'ajoute : L'heureux ne sait pas aimer. Jamais je n'eus le cœur si tendre pour mes amis que depuis que mes malheurs m'en ont si peu laissé. Croyez-m'en, madame, je vous supplie; je vous compte avec attendrissement dans ce petit nombre, et dans les convenances qui nous lient, j'en vois avec douleur une de trop.

Je vous avoue que je ne relis pas vos lettres depuis assez longtemps : vous concluez de là qu'elles me sont indifférentes, et c'est tout le contraire. Il faudrait, pour me juger équitablement, vous faire une idée de ma situation, et cela vous est impossible; il faut la connaître pour la comprendre, je ne dois pas même tenter de vous l'expliquer. Je vous dirai seulement que, parmi des ballots de lettres que je reçois continuellement, j'en mets à part des liasses qui me sont chères, et dans lesquelles les vôtres n'occupent sûrement pas le dernier rang; mais le tout reste mêlé et confondu jusqu'à ce que j'aie le loisir d'en faire le triage. Parmi les qualités que vous avez, et qui me manquent, l'esprit d'arrangement est une de celles dont la privation me cause, sinon le plus grand préjudice, au moins le plus continuel. Tous mes papiers sont pêle-mêle; pour en trouver un, il faut les feuilleter tous, et je passe ma vie et à chercher et à brouiller davantage, sans qu'après mille résolutions il m'ait jamais été possible de me corriger là-dessus. Il s'agit donc de trier vos lettres, et pour cela il faut tout renverser, tout fureter; pour mettre tout en ordre il faut commencer par tout mettre sens dessus dessous : cela demande un temps qu'on ne me laisse pas à présent, et un domicile assuré que je suis bien loin d'avoir en ce pays. Je ne prévois pas de pouvoir faire cette revue avant l'hiver, temps où la mauvaise saison forcera les importuns à me laisser quelque trêve, et où ma situation sera probablement plus stable qu'elle ne l'est à présent. C'est un temps de plaisir que je me ménage, que celui que je passerai à vous relire, et à m'arranger pour pouvoir vous relire souvent. Jusqu'à ce moment, qu'il ne dépend pas de moi d'accélérer, usez, de grâce, avec moi d'indulgence, et croyez que mon cœur n'est indifférent sur rien de ce que vous m'écrivez, quoique je ne réponde pas à tout, et même que j'en oublie quelque chose.

Quoique je fusse bien fâché de recevoir le monsieur dans vos lettres, je voudrais bien, madame, y trouver un titre, et il me semble que vous me l'aviez promis : je vous avertis que ce n'est pas de ces choses qu'il soit permis d'oublier. Il faut pourtant avouer que j'en ai oublié une, et que, si vous me jugez à la rigueur, cet oubli me rend indigne de la savoir; c'est votre nom de baptême, que vous m'avez dit dans une de vos lettres, et que je rougis devant vous de ne pouvoir me rappeler. Je n'ai que cet aveu pour ma justification; mais vous qui lisez si bien dans les cœurs, vous excuserez le mien : quand un crime de cette espèce nous rend vraiment coupable, on ne l'avoue jamais. De grâce, le joli nom de baptême; car notez que je me souviens très bien qu'il l'est. En vérité, vous êtes trop ma dame pour que je vous appelle madame plus longtemps.

Si je veux voir votre portrait! Ah! non-seulement le voir, mais l'avoir s'il était possible. A la vérité, je suis bien éloigné d'avoir du superflu; mais si une copie de ce précieux portrait, faite pourtant de bonne main, pouvait ne coûter que huit à dix pistoles, ce ne serait pas les prendre sur mon nécessaire, ce serait y pourvoir. Voyez ce qui se peut faire, et ce que vous pouvez permettre que je fasse. Un présent d'un prix inestimable sera votre consentement; vous sentez que ma proposition en exclut toute autre.

Je ne vous ai point envoyé, madame, d'explication ultérieure sur la terre en question; d'abord parce que je remis votre lettre à M. notre châtelain, qui l'envoya à M. de Bioley, son beau-frère, et celui-ci l'a gardée un temps infini. Ensuite, je trouvai que les éclaircissements qui me furent donnés verbalement n'ajoutaient rien à ce que je vous avais déjà écrit. On consent, et l'on avait déjà consenti à toutes les consultations qui peuvent vous être utiles; on vous prie seulement de n'en parler qu'autant qu'il convient à vos intérêts. Quant aux petites parties dont la recette est composée, elles ne causent aucun embarras, puisqu'elles s'apportent toutes au château le jour marqué, et qu'on peut affermer le tout, ou charger un receveur de ce détail. Une autre raison encore a un peu ralenti le zèle que j'avais de vous voir acquérir des possessions en ce pays; mais cette raison ne regardant absolument que moi, ne doit rien changer à vos projets : ainsi nous en parlerons plus à loisir.

Me voilà bien en train de babiller, et tant pis pour vous, madame, car, quand je bavarde tant, je ne sais plus ce que je dis : tant pis aussi pour moi, peut-être; j'ai peur, quand ma ferveur se réchauffe, que la vôtre ne vienne à s'attiédir. N'aurait-elle point déjà commencé?

A M. MARC CHAPPUIS.

Motiers, le 26 mai 1763.

Je vois, monsieur, par la lettre dont vous m'avez honoré le 18 de ce mois, que vous me jugez bien légèrement dans mes disgrâces. Il en coûte si peu d'accabler les malheureux, qu'on est presque toujours disposé à leur faire un crime de leur malheur.

Vous dites que vous ne comprenez rien à ma démarche : elle est pourtant aussi claire que la triste nécessité qui m'y a réduit. Flétri publiquement dans ma patrie sans que personne ait réclamé contre cette flétrissure, après dix mois d'attente, j'ai dû prendre le seul parti propre à conserver mon honneur si cruellement offensé. C'est avec la plus vive douleur que je m'y suis déterminé : mais que pouvais-je faire? Demeurer volontairement membre de l'état après ce qui s'était passé, n'était-ce pas consentir à mon déshonneur?

Je ne comprends point comment vous m'osez demander ce que m'a fait la patrie. Un homme aussi éclairé que vous ignore-t-il que toute démarche publique faite par le magistrat est censée faite par tout l'état lorsque aucun de ceux qui ont droit de la désavouer ne la désavoue? Quand le gouvernement parle et que tous les citoyens se taisent, apprenez que la patrie a parlé.

Je ne dois pas seulement compte de moi aux Genevois, je le dois encore à moi-même, au public, dont j'ai l'honneur d'être connu, et à la postérité, de qui je le serai peut-être. Si j'étais assez sot pour vouloir persuader au reste de l'Europe que les Genevois ont désapprouvé la procédure de leurs magistrats, ne s'y moquerait-on pas de moi? Ne savons-nous pas, me dirait-on, que la bourgeoisie a droit de faire des représentations dans toutes les occasions où elle croit les lois lésées et où elle improuve la conduite des magistrats? Qu'a-t-elle fait ici depuis près d'un an que vous avez attendu? Si cinq ou six bourgeois seulement eussent protesté, l'on pourrait vous croire sur les sentiments que vous leur prêtez. Cette démarche était facile, légitime ; elle ne troublait point l'ordre public : pourquoi ne l'a-t-on pas faite? Le silence de tous ne dément-il pas vos assertions? Montrez-nous les signes du désaveu que vous leur prêtez. Voilà, monsieur, ce qu'on me dirait et qu'on aurait raison de me dire. On ne juge point les hommes par leurs pensées, on les juge sur leurs actions.

Il y avait peut-être divers moyens de me venger de l'outrage, mais il n'y en avait qu'un de le repousser sans vengeance; et c'est celui que j'ai pris. Ce moyen, qui ne fait de mal qu'à moi, doit-il m'attirer des reproches au lieu des consolations que je devais espérer?

Vous dites que je n'avais pas droit de demander l'abdication de ma bourgeoisie : mais le dire n'est pas le prouver. Nous sommes bien loin de compte; car je n'ai point prétendu demander cette abdication, mais la donner. J'ai assez étudié mes droits pour les connaître, quoique je ne les aie exercés qu'une fois, et seulement pour les abdiquer. Ayant pour moi l'usage de tous les peuples, l'autorité de la raison, du droit naturel, de Grotius, de tous les jurisconsultes, et même l'aveu du Conseil, je ne suis pas obligé de me régler sur votre erreur. Chacun sait que tout pacte dont une des parties enfreint les conditions devient nul pour l'autre. Quand je devais tout à la patrie, ne me devait-elle rien? J'ai payé ma dette, a-t-elle payé la sienne? On n'a jamais droit de la déserter, je l'avoue; mais quand elle nous rejette, on a toujours droit de la quitter ; on le peut dans les cas que j'ai spécifiés, et même on le doit dans le mien. Le serment que j'ai fait envers elle, elle l'a fait envers moi. En violant ses engagements, elle m'affranchit des miens; et, en me les rendant ignominieux, elle me fait un devoir d'y renoncer.

Vous dites que si des citoyens se présentaient au Conseil pour demander pareille chose, vous ne seriez pas surpris qu'on les incarcérât. Ni moi non plus, je n'en serais pas surpris, parce que rien d'injuste ne doit surprendre de la part de quiconque a la force en main. Mais bien qu'une loi, qu'on n'observa jamais, défende au citoyen qui veut demeurer tel de sortir sans congé du territoire; comme on n'a pas besoin de demander l'usage d'un droit qu'on a, quand un Genevois veut quitter sa patrie tout-à-fait pour aller s'établir en pays étranger, personne ne songe à lui en faire un crime, et on ne l'incarcère point pour cela. Il est vrai qu'ordinairement cette renonciation n'est pas solennelle, mais c'est qu'ordinairement ceux qui la font, n'ayant pas reçu des affronts publics, n'ont pas besoin de renoncer publiquement à la société qui les leur a faits.

Monsieur, j'ai attendu, j'ai médité, j'ai cherché longtemps s'il y avait quelque moyen d'éviter une démarche qui m'a déchiré. Je vous avais confié mon honneur, ô Genevois, et j'étais tranquille; mais vous avez si mal gardé ce dépôt que vous me forcez de vous l'ôter.

Mes bons anciens compatriotes, que j'aimerai toujours malgré votre ingratitude, de grâce, ne me forcez pas par vos propos durs et malhonnêtes, de faire publiquement mon apologie. Epargnez-moi, dans ma misère, la douleur de me défendre à vos dépens.

Souvenez-vous, monsieur, que c'est malgré moi que je suis réduit à vous répondre sur ce ton. La vérité, dans cette occasion, n'en a pas deux. Si vous m'attaquiez moins durement, je ne chercherais qu'à verser mes peines dans votre sein. Votre amitié me sera toujours chère, je me ferai toujours un devoir de la cultiver; mais je vous conjure, en m'écrivant, de ne pas me la rendre si cruelle, et de mieux consulter votre bon cœur. Je vous embrasse de tout le mien.

A M. MOULTOU.

Motiers, le 4 juin 1763.

J'ai si peu de bons moments en ma vie, qu'à peine espérais-je d'en retrouver d'aussi doux que ceux que vous m'avez donnés. Grand merci, cher ami : si vous avez été content de moi, je l'ai été encore plus de vous; cette simple vérité vaut bien vos éloges. Aimons-nous assez l'un l'autre pour n'avoir plus à nous louer.

Vous me donnez pour mademoiselle C... une commission dont je m'acquitterai mal précisément à cause de mon estime pour elle. Le refroidissement de M. G... me fait mal penser de lui; j'ai revu son livre; il y court après l'esprit; il s'y guinde : M. G... n'est point mon homme; je ne puis croire qu'il soit celui de mademoiselle C... : qui ne sent pas son prix n'est pas digne d'elle; mais qui l'a pu sentir, et s'en détache, est un homme à mépriser. Elle ne sait ce qu'elle veut; cet homme la sert mieux que son propre cœur. J'aime cent fois mieux qu'il la laisse pauvre et libre au milieu de vous, que de l'emmener être malheureuse et riche en Angleterre. En vérité, je souhaite que M. G... ne vienne pas. Je voudrais me déguiser, mais je ne saurais; je voudrais bien faire, et je sens que je gâterai tout.

Je tombe des nues au jugement de M. de Monclar. Tous les hommes vulgaires, tous les petits littérateurs sont faits pour crier toujours au paradoxe, pour me reprocher d'être outré; mais lui que je croyais philosophe, et du moins logicien, quoi! c'est ainsi qu'il m'a lu! c'est ainsi qu'il me juge! Il ne m'a donc pas entendu. Si mes principes sont vrais, tout est vrai; s'ils sont faux, tout est faux; car je n'ai tiré que des conséquences rigoureuses et nécessaires. Que veut-il donc dire? Je n'y comprends rien. Je suis assurément comblé et honoré de ses éloges, mais autant seulement que je peux l'être de ceux d'un homme de mérite qui ne m'entend pas. Du reste, usez de sa lettre comme il vous plaira; elle ne peut que m'être honorable dans le public. Mais, quoi qu'il dise, il sera toujours clair entre vous et moi qu'il ne m'entend point.

Je suis accablé de lettres de Genève. Vous ne sauriez imaginer à la fois la bêtise et la hauteur de ces lettres. Il n'y en a pas une où l'auteur ne se porte pour mon juge, et ne me cite à son tribunal pour lui rendre compte de ma conduite. Un M. B....t, qui m'a envoyé toute sa procédure, prétend que je n'ai point reçu d'affront, et que le Conseil avait droit de flétrir mon livre, sans commencer par citer l'auteur. Il me dit, au sujet de mon livre brûlé par le bourreau, que l'honneur ne souffre point du fait d'*un tiers*. Ce qui signifie (au moins si ce mot de *tiers* veut dire ici quelque chose) qu'un homme qui reçoit un soufflet d'un autre ne doit point se tenir pour insulté. J'ai pourtant, parmi tout ce fatras, reçu une lettre qui m'a attendri jusqu'aux larmes: elle est anonyme, et, par une simplicité qui m'a touché encore en me faisant rire, l'auteur a eu soin d'y renfermer le port.

Je souhaite de tout mon cœur que les choses soient laissées comme elles sont, et que je puisse jouir tranquillement du plaisir de voir mes amis à Genève, sans affaires et sans tracas; je partirai sitôt que j'aurai reçu de vos nouvelles. Je vous manderai le jour de notre arrivée, et je vous prierai de nous louer une chaise pour partir le lendemain matin. Adieu, cher ami; mille respects à M. votre père et à madame votre épouse; elle n'a point à se plaindre, j'espère, de votre séjour à Motiers; si vous y avez acquis le corps d'Émile, vous n'y avez point perdu le cœur de Saint-Preux, et je suis bien sûr que vous aurez toujours l'un et l'autre pour elle.

Voici des lettres que j'ai reçues pour vous. Mille amitiés à M. Le Sage. Je vous embrasse de tout mon cœur.

A M. A. A.

Motiers, le 5 juin 1763.

Voici, monsieur, la petite réponse que vous demandez aux petites difficultés qui vous tourmentent dans ma lettre à M. de Beaumont.

1° Le christianisme n'est que le judaïsme expliqué et accompli. Donc les apôtres ne transgressaient point les lois des Juifs quand ils leur enseignaient l'Evangile: mais les Juifs les persécutèrent, parce qu'ils ne les entendaient pas, ou qu'ils feignaient de ne les pas entendre: ce n'est pas la seule fois que le cas est arrivé.

2° J'ai distingué les cultes où la religion essentielle se trouve, et ceux où elle ne se trouve pas. Les premiers sont bons, les autres mauvais; j'ai dit cela. On n'est obligé de se conformer à la religion particulière de l'état, et il n'est même permis de la suivre, que lorsque la religion essentielle s'y trouve, comme elle se trouve, par exemple, dans diverses communions chrétiennes, dans le mahométisme, dans le judaïsme: mais dans le paganisme, c'était autre chose; comme très évidemment la religion essentielle ne s'y trouvait pas, il était permis aux apôtres de prêcher contre le paganisme, même parmi les païens, et même malgré eux.

3° Quand tout cela ne serait pas vrai, que s'ensuivrait-il? Bien qu'il ne soit pas permis aux membres de l'état d'attaquer de leur chef la foi du pays, il ne s'ensuit point que cela ne soit pas permis à ceux à qui Dieu l'ordonne expressément. Le catéchisme vous apprend que c'est le cas de la prédication de l'Evangile. Parlant humainement, j'ai dit le devoir commun des hommes; mais je n'ai point dit qu'ils ne dussent point obéir quand Dieu a parlé. Sa loi peut dispenser d'obéir aux lois humaines; c'est un principe de votre foi que je n'ai point combattu. Donc en introduisant une religion étrangère, sans la permission du souverain, les apôtres n'étaient point coupables. Cette petite réponse est, je pense, à votre portée, et je pense qu'elle suffit.

Tranquillisez-vous donc, monsieur, je vous prie, et souvenez-vous qu'un bon chrétien, simple et ignorant, tel que vous m'assurez être, devrait se borner à servir Dieu dans la simplicité de son cœur, sans s'inquiéter si fort des sentiments d'autrui.

A M. THÉODORE ROUSSEAU.

Motiers, le 5 juin 1763.

Je vous aurais envoyé sur-le champ, mon très cher cousin, la copie que vous me demandez de ma lettre à M. le premier syndic, si je n'eusse pas été informé que cette lettre était publique à Genève peu de jours après sa réception, de sorte que je ne puis douter que vous n'en ayez eu communication peu de temps après l'envoi de la vôtre. Si cependant cela n'était pas, demandez-en communication à M. Chappuis ou à M. Deluc; ils ne vous la refuseront sûrement pas. Tout le monde me demande des copies de mes lettres, sans songer que je n'ai point de secrétaire, et que quand je passerais ma vie à faire des copies, je ne suffirais pas à la curiosité du public. Votre cas, mon cher cousin, est très différent, et j'en fais bien la distinction : aussi, si je pouvais présumer que vous n'eussiez pas déjà celle que vous me demandez, vous la ferais-je à l'instant. Mais je suis assuré que ce serait un soin superflu.

Il me semble que vous vous exprimez avec moi en termes peu convenables sur la triste démarche que j'ai été obligé de faire pour la défense de mon honneur, chargé par le Conseil d'une flétrissure publique, contre laquelle personne n'a réclamé et à laquelle ce serait consentir que de rester volontairement membre de l'état où je l'ai reçue. Vous devez sentir et plaindre mon affliction dans une démarche nécessaire qui me déchire : mais quel droit avez-vous de me supposer irrité lorsque je ne fais du mal qu'à moi? Vous dites que c'est un coup sanglant pour mes parents; et tout au contraire, c'est un soin cruel, mais indispensable, que je devais à ma personne, à mon nom, à ceux qui le portent ainsi que moi. Si j'étais capable de boire des affronts sans m'en défendre, c'est alors que ma famille aurait droit de se plaindre de l'avilissement qu'elle partagerait avec moi. J'attendais de vous des remerciments pour n'avoir pas laissé déshonorer votre nom. J'espérais du moins que vous me plaindriez dans mes malheurs. Dispensez-vous, je vous prie, à l'avenir de me faire des reproches injustes et déraisonnables que je n'ai sûrement pas mérités. Du reste, soyez persuadé, mon cher cousin, qu'en renonçant à ma patrie je n'ai point renoncé à ma famille : elle me sera toujours chère. Et mon cher cousin Théodore doit être assuré de trouver toujours en moi un bon parent et ami qui ne l'oubliera jamais. Je vous embrasse de tout mon cœur.

A MADAME LATOUR.

A Motiers, le 17 juin 1763.

Quel silence! quel temps j'ai choisi pour le garder! O cette charmante Marianne! que pensera-t-elle, que dira-t-elle maintenant de celui qu'elle a honoré du précieux nom d'ami, et qui, pour prix de ce bienfait, se tait avec elle depuis six semaines? Quand je pense combien je suis coupable, la plume me tombe des mains, et je n'ai plus le front de continuer d'écrire. Il le faut cependant, pour ne pas aggraver le crime par le repentir. Soyez donc aussi clémente qu'aimable; acceptez ma contrition. Je ne mérite grâce qu'en un seul point, mais tel qu'il suffira pour l'obtenir de vous, je l'espère : c'est que je sens tout mon crime, et ne cherche point à l'excuser.

En vérité, je suis bien heureux que vous soyez si bonne; car, si vous vouliez ne pas l'être, vous auriez de terribles manières de tirer sur les gens. Il n'y a pas jusqu'à l'exactitude de l'adresse qui ne m'ait été jusqu'à l'âme.

C'est une bombe que cela, douce Marianne, et je m'en sens d'autant plus écrasé, que je ne l'ai que trop attirée. Ce qu'il y a de plus humiliant pour moi est qu'à présent elle m'échappe encore, cette adresse, qui m'est pourtant si chère, et qu'il faudra qu'avant d'envoyer cette lettre j'aille passer trois heures à la rechercher dans un plein coffre de papiers qui me sont tous aussi importants, mais non pas aussi chers que vos lettres. Malgré cela, si vous lisiez dans mon cœur, vous le verriez plein de sentiments pour vous, dont l'effet peut aller plus loin que de mettre exactement une adresse.

Vous ne voulez pas me laisser échapper sur la petite chose que je disais me déplaire en vous. Il faut pourtant que vous me fassiez grâce encore sur ce point; car il m'est impossible de vous satisfaire, et vous seriez bien étonnée si je vous en disais la raison. Qu'il vous suffise, je vous supplie, d'être sûre comme vous devez l'être, puisque c'est la vérité, que cette petite chose, si jamais elle a existé, n'existe plus; que de toutes les choses que je connais de vous, il y en a mille qui m'enchantent, et pas une qui me déplaise, surtout depuis que vous n'exigez plus, dans notre commerce, l'exactitude qu'il m'est impossible d'y mettre; mais j'avoue que si la vôtre se relâche, je me voudrai bien du mal de n'oser vous rien reprocher.

Je ne l'aurai donc point, le portrait de cette charmante Marianne! Elle l'a ainsi décidé. Je vous avoue pourtant que la raison sur laquelle vous me refusez la permission de le faire copier m'aurait fait rire, si le refus m'eût moins fâché. Un pauvre barbon malade et sec comme moi doit être bien fier de n'être pas pour vous un homme sans conséquence : mais puisque j'en porte les charges, j'en devrais bien avoir aussi les droits.

Il est vrai, madame, que, selon la loi, les catholiques ne doivent pas acquérir des terres dans le canton de Berne; mais on m'assure que les permissions ne sont pas difficiles à obtenir; et, en effet, il y en a divers exemples, du moins à ce qu'on me dit; car, pour moi, je n'en connais pas. J'ai écrit dans le canton même pour avoir des éclaircissements plus sûrs; mais je n'ai pas encore de réponse. Pour moi, si cette acquisition ne peut se faire, j'en serai bien consolé, puisque, si ma santé me le permet, je suis déterminé à quitter ce pays, et que si elle ne me le permet pas, je ne serais pas en état d'y profiter de votre voisinage. Mylord maréchal a pris tout de bon son parti, et va en Écosse, où je l'irai joindre sitôt que je serai en état de supporter le voyage; ce que malheureusement je ne saurais à présent, sans quoi je serais déjà parti pour la Hollande, où il m'a marqué qu'il m'attendait quelques jours. Malgré mon dépérissement je ne puis renoncer à la douce espérance d'aller enfin passer le reste de ma vie en paix entre George Keith et David Hume.

Bonjour, belle Marianne, je voudrais bien qu'au lieu d'habiter le quartier du Palais-Royal, vous habitassiez la ville d'Aberdeen; j'aurais du moins quelque espoir de vous y voir un jour.

A M. MOULTOU.

Motiers-Travers, ce lundi 27 juin 1763.

Je suis en peine de vous, mon cher Moultou; seriez-vous malade? Je le demande à tout le monde, et ne puis avoir de réponse. Vous qui étiez si exact à m'écrire dans les autres temps, comment vous taisez-vous dans la circonstance présente? Ce silence a quelque chose d'alarmant.

Je viens de recevoir une lettre de M. Marc Chappuis, dans laquelle il me parle ainsi : « Vous avez envoyé dans cette ville copie de la lettre que vous m'avez fait l'honneur de m'écrire le 26 mai dernier... Cette copie, que je n'ai point vue, est tronquée, ce que m'a assuré M. Moultou, qui m'est venu demander lecture de l'original. »

Cet étrange passage demande explication. Je l'attends de vous, mon cher Moultou; et ce n'est qu'après avoir reçu votre réponse que je ferai la mienne à M. Chappuis. M. de Sautern vous fait mille amitiés ; recevez les respects de mademoiselle Le Vasseur et les embrassements de votre ami.

AU MÊME.

Motiers-Travers, ce 7 juillet 1763.

Votre avis est honnête et sage. Je reconnais la voix d'un ami : je vous remercie, et j'en profite. Mais avec aussi peu de crédit à Genève, que puis-je faire pour m'y faire écouter, surtout dans une affaire qui n'est pas tellement la mienne qu'elle ne soit aussi celle de tous ? Renoncer, au moins pour ma part, à l'intérêt que j'y puis avoir, en déclarant nettement, comme je le fais aujourd'hui, qu'à quelque prix que ce soit je n'accepterai jamais la restitution de ma bourgeoisie, et que je ne rentrerai jamais dans Genève. J'ai fait serment de l'un et de l'autre : ainsi me voilà lié sans retour ; et tout ce qu'on peut faire pour me rappeler est par conséquent inutile et vain. J'écris de plus à Deluc une lettre très forte, pour l'engager à se retirer ; j'en écris autant à mon cousin Rousseau. Voilà tout ce que je puis faire ; et je le fais de très bon cœur : rien de plus ne dépend de moi. L'interprétation qu'on donne à ma lettre à Chappuis est aussi raisonnable que si, lorsque j'ai dit *non*, l'on en concluait que j'ai voulu dire *oui*. Voulez-vous que je me défende devant des fourbes ou des stupides ? Je n'ai jamais rien su dire à ces gens-là, et je ne veux pas commencer. Ma conduite est, ce me semble, uniforme et claire ; pour l'interpréter il ne faut que du bon sens et un cœur droit. Adieu, cher Moultou. J'aurais bien quelque chose à vous représenter sur ce que vous avez dit à Chappuis, que j'avais tronqué la copie de sa lettre ; car, quoique cela ait été dit à bonne intention, il ne faut pas déshonorer ses amis pour les servir. Vous m'avouez, à la vérité, que cette copie n'est point tronquée, mais il croit lui qu'elle l'est : il le doit croire, puisque vous le lui avez dit, et il part de là pour me croire et me dire un homme capable de falsification. Il ne me paraît pas avoir si grand tort, quoiqu'il se trompe.

Au reste, quoi que vous en puissiez dire, je ne lui écrirai point comme à mon ami, puisque je sais qu'il ne l'est pas. J'écris à M. de Gauffecourt. Oh ! ce respectable Abauzit ! je suis donc condamné à ne le revoir jamais ! Ah ! je me trompe, j'espère le voir dans le séjour des justes ! En attendant que cette commune patrie nous rassemble, adieu, mon ami.

Le pauvre baron est parti en me chargeant de mille choses pour vous. Je suis resté seul, et dans quel moment !

A M. DELUC.

Motiers, le 7 juillet 1763.

Je crains, mon cher ami, que votre zèle patriotique n'aille un peu trop loin dans cette occasion, et que votre amour pour les lois n'expose à quelque atteinte la plus importante de toutes, qui est le salut de l'état. J'apprends que vous et vos dignes concitoyens méditez de nouvelles représentations ; et la certitude de leur inutilité me fait craindre qu'elles ne compromettent enfin vis-à-vis les uns des autres ou la bourgeoisie, ou les magistrats. Je ne prétends pas me donner dans cette affaire une importance qu'au surplus je ne tiendrais que de mes malheurs : je sais que vous avez à redresser des griefs qui, bien que relatifs à de simples particuliers, blessent la liberté publique. Mais, soit que je considère cette démarche relativement à moi, ou relativement au corps de la bourgeoisie, je la trouve également inutile et dangereuse ; et j'ajoute même que la solidité de vos raisons tournera toute à votre commun préjudice, en ce qu'ayant mis en poudre les sophismes de sa réponse, vous forcerez le conseil à ne pouvoir plus répliquer que par un sec *Il n'y a pas lieu*, et par conséquent de rentrer, par le fait, en possession de son prétendu droit négatif, qui réduirait à rien celui que vous avez de faire des représentations. Que si, après cela, vous vous obstinez à poursuivre le redressement de griefs (que très certainement vous n'obtiendrez point), il ne vous reste plus qu'une voie légitime, dont l'effet n'est rien moins qu'assuré, et qui, donnant atteinte à votre souveraineté, établirait une planche très dangereuse, et serait un mal beaucoup pire que celui que vous voulez réparer.

Je sais qu'une famille intrigante et rusée, s'étayant d'un grand crédit au dehors, sape à grands coups les fondements de la république, et que ses membres, jongleurs adroits et gens à deux envers, mènent le peuple par l'hypocrisie et les grands par l'irréligion. Mais vous et vos concitoyens devez considérer que c'est vous-mêmes qui l'avez établie; qu'il est trop tard pour tenter de l'abattre, et qu'en supposant même un succès qui n'est pas à présumer, vous pourriez vous nuire encore plus qu'à elle, et vous détruire en l'abaissant. Croyez-moi, mes amis, laissez-la faire; elle touche à son terme, et je prédis que sa propre ambition la perdra sans que la bourgeoisie s'en mêle. Ainsi, par rapport à la république, ce que vous voulez faire n'est pas utile en ce moment; le succès est impossible, ou serait funeste, et tout reprendra son cours naturel avec le temps.

Par rapport à moi, vous connaissez ma manière de penser, et M. d'Ivernois, à qui j'ai ouvert mon cœur à son passage ici, vous dira, comme je vous l'ai écrit, et à tous mes amis, que, loin de désirer en cette circonstance des représentations, j'aurais voulu qu'elles n'eussent point été faites, et que je désire encore plus qu'elles n'aient aucune suite. Il est certain, comme je l'ai écrit à M. Chappuis, qu'avant ma lettre à M. Favre, des représentations de quelques membres de la bourgeoisie, suffisant pour marquer qu'elle improuvait la procédure, et mettant par conséquent mon honneur à couvert, eussent empêché une démarche que je n'ai faite que par force, avec douleur, et quand je ne pouvais plus m'en dispenser sans consentir à mon déshonneur. Mais une fois faite, et mon parti pris, cette démarche ne me laissant plus qu'un tendre souvenir de mes anciens compatriotes, et un désir sincère de les voir vivre en paix, toute démarche subséquente, et relative à celle-là, m'a paru déplacée, inutile; et je ne l'ai désirée ni approuvée. J'avoue toutefois que vos représentations m'ont été honorables, en montrant que la procédure faite contre moi était contraire aux lois, et improuvée par la plus saine partie de l'état. Sous ce point de vue, quoique je n'aie point acquiescé à ces représentations, je ne puis en être fâché. Mais tout ce que vous ferez de plus maintenant n'est propre qu'à en détruire le bon effet, et à faire triompher mes ennemis et les vôtres, en criant que vous donnez à la vengeance ce que vous ne devez qu'au maintien des lois.

Je vous conjure donc, mon vertueux ami, par votre amour pour la patrie et pour la paix, de laisser tomber cette affaire, ou même d'en abandonner ouvertement la poursuite, au moins pour ce qui me regarde, afin que votre exemple entraîne ceux qui vous honorent de leur confiance, et que les griefs d'un particulier qui n'est plus rien à l'état n'en troublent point le repos. Ne soyez en peine ni du jugement qu'on portera de cette retraite, ni du préjudice qu'en pourrait souffrir la liberté. La réponse du Conseil, quoique tournée avec toute l'adresse imaginable, prête le flanc de tant de côtés, et vous donne de si grandes prises, qu'il n'y a point d'homme un peu au fait qui ne sente le motif de votre silence, et qui ne juge que vous vous taisez pour avoir trop à dire. Et quant à la lésion des lois, comme elle en deviendra d'autant plus grande qu'on en aura plus vivement poursuivi la réparation sans l'obtenir, il vaut mieux fermer les yeux dans une occasion où le manteau de l'hypocrisie couvre les attentats contre la liberté, que de fournir aux usurpateurs le moyen de consommer, au nom de Dieu, l'ouvrage de leur tyrannie.

Pour moi, mon cher ami, quelque disposé que je fusse à me prêter à tout ce qui pouvait complaire à mes anciens concitoyens, et à reprendre avec joie un titre qui me fut si cher, s'il m'eût été restitué de leur gré, d'un commun accord, et d'une manière qui me l'eût pu rendre acceptable, vos démarches en cette occasion, et les maux qui peuvent en résulter, me forcent à changer de résolution sur ce point, et à en prendre une dont, quoi qu'il arrive, rien ne me fera départir. Je vous déclare donc, et j'en ai fait le serment, que de mes jours je ne remettrai le pied dans vos murs, et que, content de nourrir dans mon cœur les sentiments d'un vrai citoyen de Genève, je n'en reprendrai jamais le titre : ainsi toute démarche qui pourrait tendre à me le rendre est inutile et vaine. Après avoir sacrifié mes droits les plus chers à l'honneur, je sacrifie aujourd'hui mes espérances à la paix. Il ne me reste plus rien à faire. Adieu.

A M. DE GAUFFECOURT.

Motiers, le 7 juillet 1763.

J'apprends, cher papa, que vous êtes à Genève; et cela redouble mon regret de ne pouvoir passer dans cette ville, comme je comptais faire, après toutes ces tracasseries, pour aller à Chambéri voir mes anciens amis. Forcé de renoncer à ma bourgeoisie, pour ne pas consentir à mon déshonneur, j'aurais passé comme un étranger; et avec quel plaisir j'eusse oublié, dans les bras du cher Gauffecourt, tous les maux qu'on rassemble sur ma tête! mais les démarches tardives et déplacées de la bourgoisie, et l'étrange réponse du Conseil, me forcent, de peur d'attiser le feu par ma présence, à m'abstenir d'un voyage que je voulais faire en paix. Après s'être tû quand il fallait parler, on parle quand il faut se taire et que tout ce qu'on peut dire n'est plus bon à rien.

L'affection que j'aurai toujours pour ma patrie me fait désirer sincèrement que tout ceci, qui s'est fait contre mon gré, n'ait aucune suite, et je l'ai écrit à mes amis. Mais ne m'ayant ni défendu dans mon malheur, ni consulté dans leur démarche, auront-ils plus d'égard à mes représentations, qu'ils n'en eurent à mes intérêts lorsqu'ils n'étaient que ceux des lois et les leurs? Dans le doute de mon crédit sur leur esprit, j'ai pris le dernier parti que je devais prendre, en leur déclarant que, quoi qu'il arrivât, et quoi qu'ils fissent, je ne reprendrais jamais le titre de leur citoyen, et ne rentrerais jamais dans leurs murs. C'est à quoi je suis aussi très déterminé, et c'est le seul moyen qui me restait d'assoupir toute cette affaire, autant du moins que mon intérêt y peut influer. Ce serait, j'en conviens, me donner une importance bien ridicule, si on ne l'eût rendue nécessaire, et dont je ne saurais d'ailleurs être fort vain, puisque je ne la dois qu'à mes malheurs. Ainsi, rien ne manque à mes sacrifices. Puissent-ils être aussi utiles que je les fais de bon cœur, quoique déchiré!

Ce qui m'afflige le plus dans cette résolution est l'impossibilité où elle me met d'embrasser jamais mes amis à Genève, ni vous par conséquent qui êtes le plus ancien de tous. Faut-il donc renoncer pour toujours à cet espoir? Cher papa, j'espère que votre santé raffermie ne vous rend plus les bains d'Aix nécessaires; mais jadis c'était pour vous un voyage de plaisir plus que de besoin. S'il pouvait l'être encore, quelle consolation ce serait pour moi d'aller vous y voir! Je crois que je mourrais de joie en vous serrant dans mes bras. Je traverserais le lac, le Chablais, le Faucigny, pour vous aller rejoindre. L'amitié me donnerait des forces; la peine ne me coûterait rien.

On dit que les jongleurs ont acheté Marc Chappuis avec votre emploi. Je les trouve bien prodigues dans leurs emplettes. Il est vrai que celle-là se fait à vos dépens, et c'est tout ce qui m'en fâche. Assurément, si je n'ai pas une belle statue, ce ne sera pas la faute des jongleurs; ils se tourmentent furieusement pour en élever le piédestal. Donnez-moi de vos nouvelles. Je vous embrasse de tout mon cœur.

A M. USTERI, PROFESSEUR A ZURICH.

Sur le chapitre VIII du dernier livre du CONTRAT SOCIAL.

Motiers, le 15 juillet 1763.

Quelque excédé que je sois de disputes et d'objections, et quelque répugnance que j'aie d'employer à ces petites guerres le précieux commerce de l'amitié, je continue à répondre à vos difficultés, puisque vous l'exigez ainsi. Je vous dirai donc, avec ma franchise ordinaire, que vous ne me paraissez pas avoir bien saisi l'état de la question. La grande société, la société humaine en général, est fondée sur l'humanité, sur la bienfaisance universelle. Je dis, et j'ai toujours dit que le christianisme est favorable à celle-là.

Mais les sociétés particulières, les sociétés politiques et civiles ont un tout autre principe; ce sont des établissements purement humains, dont par conséquent le vrai christianisme nous détache comme de tout ce qui n'est que terrestre. Il n'y a que les vices des hommes qui rendent ces établissements nécessaires, et il n'y a que les passions humaines, qui les conservent. Otez tous les vices à vos chrétiens, ils n'auront plus besoin de magistrats ni de lois; ôtez-leur toutes les passions humaines, le lien civil perd à l'instant tout son ressort, plus d'émulation, plus de gloire, plus d'ardeur pour les préférences. L'intérêt particulier est détruit; et faute d'un soutien convenable, l'état politique tombe en langueur.

Votre supposition d'une société politique et rigoureuse de chrétiens, tous parfaits à la rigueur, est donc contradictoire; elle est encore outrée quand vous n'y voulez pas admettre un seul homme injuste, pas un seul usurpateur. Sera-t-elle plus parfaite que celle des apôtres? et cependant il s'y trouva un Judas... Sera-t-elle plus parfaite que celle des anges? et le diable, dit-on, en est sorti. Mon cher ami, vous oubliez que vos chrétiens seront des hommes, et que la perfection que je leur suppose est celle que peut comporter l'humanité. Mon livre n'est pas fait pour les dieux.

Ce n'est pas tout. Vous donnez à vos citoyens un tact moral, une finesse exquise: et pourquoi? parce qu'ils sont bons chrétiens. Comment! nul ne peut être bon chrétien à votre compte sans être un La Rochefoucauld, un La Bruyère? A quoi pensait donc notre maître, quand il bénissait les pauvres en esprit? Cette assertion-là, premièrement, n'est pas raisonnable, puisque la finesse du tact moral ne s'acquiert qu'à force de comparaisons, et s'exerce même infiniment mieux sur les vices que l'on cache que sur les vertus qu'on ne cache point. Secondement, cette même assertion est contraire à toute expérience, et l'on voit constamment que c'est dans les plus grandes villes, chez les peuples les plus corrompus, qu'on apprend à mieux pénétrer dans les cœurs, à mieux observer les hommes, à mieux interpréter leurs discours par leurs sentiments, à mieux distinguer la réalité de l'apparence. Nierez-vous qu'il n'y ait d'infiniment meilleurs observateurs moraux à Paris qu'en Suisse? ou conclurez-vous de là qu'on vit plus vertueusement à Paris que chez vous?

Vous dites que vos citoyens seraient infiniment choqués de la première injustice. Je le crois; mais quand ils la verraient, il ne serait plus temps d'y pourvoir, et d'autant mieux qu'ils ne se permettraient pas aisément de mal penser de leur prochain, ni de donner une mauvaise interprétation à ce qui pourrait en avoir une bonne. Cela serait trop contraire à la charité. Vous n'ignorez pas que les ambitieux adroits se gardent bien de commencer par des injustices; au contraire, ils n'épargnent rien pour gagner d'abord la confiance et l'estime publique par la pratique extérieure de la vertu; ils ne jettent le masque et ne frappent les grands coups que quand leur partie est bien liée, et qu'on n'en peut plus revenir. Cromwell ne fut connu pour un tyran qu'après avoir passé quinze ans pour le vengeur des lois et le défenseur de la religion.

Pour conserver votre république chrétienne, vous rendrez ses voisins aussi justes qu'elle, à la bonne heure. Je conviens qu'elle se défendra toujours assez bien pourvu qu'elle ne soit point attaquée. A l'égard du courage que vous donnez à ses soldats, par le simple amour de la conservation, c'est celui qui ne manque à personne. Je lui ai donné un motif encore plus puissant sur des chrétiens; savoir, l'amour du devoir. Là-dessus, je crois pouvoir, pour toute réponse, vous renvoyer à mon livre, où ce point est bien discuté. Comment ne voyez-vous pas qu'il n'y a que de grandes passions qui fassent de grandes choses? Qui n'a d'autre passion que celle de son salut ne fera jamais rien de grand dans le temporel. Si Mutius Scœvola n'eût été qu'un saint, croyez-vous qu'il eût fait le siége de Rome? Vous me citerez peut-être la magnanime Judith. Mais nos chrétiennes hypothétiques, moins barbarement coquettes, n'iront pas, je crois, séduire leurs ennemis, et puis coucher avec eux pour les massacrer durant leur sommeil.

Mon cher ami, je n'aspire pas à vous convaincre. Je sais qu'il n'y a pas deux têtes organisées de même, et qu'après bien des disputes, bien des objections, bien des éclaircissements, chacun finit toujours par rester dans son sentiment comme auparavant. D'ailleurs, quelque philosophe que vous puissiez être, je sens qu'il faut toujours un peu tenir à l'état. Encore une fois, je vous réponds parce que vous le voulez; mais je ne vous en estimerai pas moins pour ne pas penser comme moi. J'ai dit mon avis au public, et j'ai cru le devoir dire, en choses importantes et qui intéressent l'humanité. Au reste, je puis m'être trompé toujours, et je me suis trompé souvent sans doute. J'ai dit mes raisons; c'est au public, c'est à vous à les peser, à les juger, à choisir. Pour moi, je n'en sais pas davantage, et je trouve très bon que ceux qui ont d'autres sentiments les gardent, pourvu qu'ils me laissent en paix dans le mien.

A M. F. H. ROUSSEAU.

Juillet 1763.

Une absence de quelques jours m'a empêché, mon très-cher cousin, de répondre plus tôt à votre lettre, et de vous marquer mon regret sur la perte de mon cousin votre père. Il a vécu en homme d'honneur, il a supporté la vieillesse avec courage, et il est mort en chrétien. Une carrière ainsi passée est digne d'envie : puissions-nous, mon cher cousin, vivre et mourir comme lui!

Quant à ce que vous me marquez des représentations qui ont été faites à mon sujet, et auxquelles vous avez concouru, je reconnais, mon cher cousin, dans cette démarche le zèle d'un bon parent et d'un digne citoyen; mais j'ajouterai qu'ayant été faites à mon insu, et dans un temps où elles ne pouvaient plus produire aucun effet utile, il eût peut-être été mieux qu'elles n'eussent point été faites, ou que mes amis et parents n'y eussent point acquiescé. J'avoue que l'affront reçu par le Conseil est pleinement réparé par le désaveu authentique de la plus saine partie de l'État : mais comme il peut naître de cette démarche des semences de mésintelligence, auxquelles, même après ma retraite, je serais au désespoir d'avoir donné lieu, je vous prie, mon cher cousin, vous et tous ceux qui doivent s'intéresser à moi, de vouloir bien, du moins pour ce qui me regarde, renoncer à la poursuite de cette affaire, et vous retirer du nombre des représentants. Pour moi, content d'avoir fait en toute occasion mon devoir envers ma patrie, autant qu'il a dépendu de moi, j'y renonce, pour toujours, avec douleur, mais sans balancer; et afin que le désir de mon rétablissement n'y trouble jamais la paix publique, je déclare que, quoi qu'il arrive, je ne reprendrai de mes jours le titre de citoyen de Genève, ni ne rentrerai dans ses murs. Croyez que mon attachement pour mon pays ne tient ni aux droits, ni au séjour, ni au titre, mais à des nœuds que rien ne saurait briser; croyez aussi, mon très-cher cousin, qu'en cessant d'être votre concitoyen, je n'en reste pas moins pour la vie votre bon parent et véritable ami.

A M. DUCLOS.

Motiers, le 30 juillet 1763.

Bien arrivé, mon cher philosophe. Je prévoyais votre jugement sur l'Angleterre. Pour des yeux comme les vôtres, les hommes sont les mêmes par tous pays; les nuances qui les distinguent sont trop superficielles, le fond de l'etoffe domine toujours. Tout comparé, vous vous décidez pour votre pays: ce choix est nature. Après y avoir passé les plus belles années de ma vie j'en ferais de bon cœur autant. Je crois pourtant qu'en général j'aimerais mieux que mon ami fût Anglais que Français. J'avais beaucoup d'amis en France; mes disgrâces sont venues, et j'en ai conservé deux. En Angleterre, j'en aurais eu moins peut-être, mais je n'en aurais perdu aucun.

J'ai fait pour mon pays ce que j'ai fait pour mes amis. J'ai tendrement aimé ma patrie, tant que j'ai cru en avoir une. A l'épreuve, j'ai trouvé que je me trompais. En me détachant d'une chimère, j'ai cessé d'être un homme à visions; voilà tout. Vous voudriez que je fisse un manifeste; c'est supposer que j'en ai besoin Cela me paraît bizarre qu'il faille toujours me justifier de l'iniquité d'autrui, et que je sois toujours coupable, uniquement parce que je suis persécuté. Je ne vis point dans le monde, je n'y ai nulle correspondance, je ne sais rien de ce qui s'y dit. Mes ennemis y sont à leur aise; ils savent bien que leurs discours ne me parviennent pas. Me voila donc, comme à l'inquisition, forcé de me défendre sans savoir de quoi je suis accusé.

En parlant de la renonciation à ma bourgeoise, vous dites que beaucoup de citoyens ont réclamé en ma faveur : que j'avais donc des exceptions à faire. Entendons-nous, mon cher philosophe : les réclamations dont vous parlez, n'ayant été faites qu'après ma démarche, ne pouvaient pas me fournir un motif pour m'en abstenir. Cette démarche n'a point été précipitée, elle n'a été faite qu'après dix mois d'attente, durant lesquels personne n'a dit un mot en public, si ce n'est contre moi. Alors le consentement de tous étant présumé de leur silence, rester volontairement membre d'un état où j'avais été flétri n'était-ce pas consentir moi-même à mon déshonneur? et me restait-il une voie plus honnête, plus juste, plus modérée, de protester contre cette injure, que de me retirer paisiblement de la société où elle m'avait été faite? Nos lois les plus précises ayant été, de toutes les manières, foulées aux pieds à mon égard, à quoi pouvais-je rester engagé de mon côté, lorsque les liens de la patrie n'étaient plus rien envers moi que ceux de l'ignominie, de l'injustice et de la violence?

Cette retraite fit ouvrir les yeux à la bourgeoisie : elle sentit son tort, elle en eut honte; et, selon le retour ordinaire de l'amour-propre, pour s'en disculper, elle tâcha de me l'imputer. On m'écrivit des lettres de reproches. En réponse, j'exposai mes raisons : elles étaient sans réplique. On voulut trop tard reparer la faute et revenir sur une chose faite. On n'avait rien dit quand il fallait parler, on parla quand il ne restait qu'à se taire, et tout ce qu'on pouvait dire n'aboutissait plus à rien. La bourgeoisie fit des représentations, le Conseil les éluda par des réponses dont l'adresse ne put sauver le ridicule : mais il y a longtemps qu'on s'est mis au-dessus des sifflets. La bourgeoisie voulut insister; les esprits s'échauffaient, la mésintelligence allait devenir brouillerie, et peut-être pis. Je vis alors qu'il me restait quelque chose à faire. Mes amis savaient que, toujours attaché par le cœur à mon pays, je reprendrais avec joie le titre auquel j'avais été forcé de renoncer, lorsque d'un commun accord il me serait convenablement rendu. Le désir de mon retablissement paraissait être le seul motif de leur démarche :

il fallait leur ôter cette source de discorde, pour leur faire abandonner la poursuite d'une affaire qui pouvait les mener trop loin, je leur ai donc déclaré que jamais, quoi qu'il arrivât, je ne rentrerais dans leurs murs; que jamais je ne reprendrais la qualité de leur concitoyen, et qu'ayant confirmé par serment cette résolution, je n'étais plus le maître d'en changer. Comme je n'ai voulu conserver aucune correspondance suivie à Genève, j'ignore absolument ce qui s'est passé depuis ce temps-là : mais voilà ce que j'ai fait. Après avoir sacrifié mes droits les plus chers à mon honneur outragé, j'ai sacrifié à la paix mes dernières espérances. Tels sont mes torts dans cette affaire; je ne m'en connais point d'autres.

Vous voudriez, dites-vous, que je fisse voir à tout le monde comment, étant mal avec beaucoup de gens, je devrais être bien avec tous : mais je serais fort embarrassé moi-même de dire pourquoi je suis mal avec quelqu'un; car je défie qui que ce soit au monde d'oser me dire que je lui aie jamais fait ou voulu le moindre mal. Ceux qui me persécutent ne me persécutent que pour le seul plaisir de nuire : ceux qui me haïssent ne peuvent me haïr qu'à cause du mal qu'ils m'ont fait. Ils se complaisent dans leur ouvrage; ils ne me pardonneront jamais leur propre méchanceté. Or, qu'ils fassent donc tout à leur aise; bientôt je pourrai les mettre au pis. Cependant ils auront beau m'accabler de maux, il leur en reste un pour ma vengeance que je leur défie de me faire éprouver; c'est le tourment de la haine, avec lequel je les tiens plus malheureux que moi. Voilà tout ce que je puis dire sur ce chapitre. Au reste, j'ai passé cinquante ans de ma vie sans apprendre à faire mon apologie; il est trop tard pour commencer.

M. Cramer n'est point du Conseil; il est le libraire, même l'ami de M. de Voltaire; et l'on sait ce que sont les amis de Voltaire par rapport à moi; du reste, je ne les connais point du tout. Je sais seulement qu'en général tous les Genevois du grand air me haïssent, mais qu'ils savent se plier au goût de ceux qui leur parlent. Ils ont soin de ne pas perdre leurs coups en l'air, ils ne les lâchent que quand ils portent.

Me voici au bout de mon papier et de mon bavardage sans avoir pu vous parler de vous.

Une réflexion bien simple, mon cher philosophe, et je finis. Je vous ai tendrement aimé dans les jours brillants de ma vie, et vous savez que l'adversité n'endurcit pas le cœur. Je vous embrasse.

AU MÊME.

Motiers, le 1ᵉʳ août.

Depuis ma lettre écrite, ma situation physique a tellement empiré et s'est tellement déterminée que mes douleurs, sans relâche et sans ressource, me mettent absolument dans le cas de l'exception marquée par mylord Édouard en répondant à Saint-Preux : *Usque adeone mori miserum est?* J'ignore encore quel parti je prendrai : si j'en prends un, ce sera le plus tard qu'il me sera possible, et ce sera sans impatience et sans désespoir, comme sans scrupule et sans crainte. Si mes fautes m'effraient, mon cœur me rassure. Je partirais avec défiance, si je connaissais un homme meilleur que moi; mais je les ai bien vus, je les ai bien éprouvés, et souvent à mes dépens. Si le bonheur inaltérable est fait pour quelqu'un de mon espèce, je ne suis pas en peine de moi : je ne vois qu'une alternative, et elle me tranquillise; n'être rien, ou être bien.

Adieu, mon cher philosophe : quoi qu'il arrive, voici probablement la dernière fois que je vous écrirai; car mes souffrances, ne pouvant qu'augmenter, incessamment me délivreront d'elles ou m'absorberont tout entier. Souvenez-vous quelquefois d'un homme qui vous aima tendrement et sincèrement, et n'oubliez pas que dans les derniers moments où sa tête et son cœur furent libres, il les occupa de vous.

P. S. Lorsque vous apprendrez que mon sort sera décidé, ce que je ne puis prévoir moi-même, priez de ma part M. Duchesne de vouloir bien tenir à mademoiselle Levasseur ce qu'il m'a promis pour elle. Elle, de son côté, lui enverra le papier qu'il m'a demandé.

Quelle âme que celle de cette bonne fille! Quelle fidélité, quelle affection, quelle patience! Elle a fait toute ma consolation dans mes malheurs; elle me les a fait bénir. Et maintenant, pour le prix de vingt ans d'attachement et de soins, je la laisse seule et sans protection, dans un pays où elle en aurait si grand besoin! j'espère que tous ceux qui m'ont aimé lui transporteront les sentiments qu'ils ont eus pour moi : elle en digne, c'est un cœur tout semblable au mien.

A M. MARTINET,
chez lui.

Vous ne m'aimez point, monsieur, je le sais; mais moi je vous estime; je sais que vous êtes un homme juste et raisonnable : cela me suffit pour laisser en toute confiance mademoiselle Le Vasseur sous votre protection. Elle en est digne ; elle est connue et bien voulue de ce qu'il y a de plus grand en France : tout le monde approuvera tout ce que vous aurez fait pour elle, et mylord maréchal, en particulier, vous en saura gré. Voilà bien des raisons, monsieur, qui me rassurent contre l'effet d'un peu de froideur entre nous. Je vous fais remettre un testament qui peut n'avoir pas toutes les formalités requises; mais s'il ne contient rien que de raisonnable et de juste, pourquoi le casserait-on? Je me fie bien encore à votre intégrité dans ce point. Adieu, monsieur ; je pars pour la patrie des âmes justes. J'espère y trouver peu d'évêques et de gens d'église, mais beaucoup d'hommes comme vous et moi. Quand vous y viendrez à votre tour, vous arriverez en pays de connaissance. Adieu donc derechef, monsieur ; au revoir.

A M. MOULTOU.
Motiers, lundi 1er août 1763.

Je vous remercie, mon cher Moultou, du livre de M. Vernes que vous m'avez envoyé : l'état où je suis ne me permet pas de le lire, encore moins d'y répondre ; et, quand je le pourrais, je ne le ferais assurément pas. Je ne réponds jamais qu'à des gens que j'estime.

Je suis persuadé que ce que M. Vernes me pardonne le moins, est d'avoir attaqué le livre d'Helvétius, quoique je l'aie fait avec toute la décence imaginable, en passant, sans le nommer, ni même le désigner, si ce n'est en rendant honneur à son bon caractère. Dans les pages 71 et 72 de M. Vernes, qui me sont tombées sous les yeux, il me fait un grand crime d'avoir employé ce qu'il appelle le jargon de la métaphysique; et il suppose que j'ai eu besoin de ce jargon pour établir la religion naturelle, au lieu que je n'en ai eu besoin que pour attaquer le matérialisme. Le principe fondamental du livre de *l'Esprit* est que *juger est sentir;* d'où il suit clairement que tout n'est que corps. Ce principe étant établi par des raisonnements métaphysiques, ne pouvait être attaqué que par de semblables raisonnements. C'est ce que M. Vernes ne me pardonne pas. La méthaphysique ne l'édifie pas dans le livre d'Helvétius; elle le scandalise dans le mien.

Je n'aprouve pourtant pas que le public voie l'article de ma lettre qui le regarde ; j'exige même que vous ne le montriez à personne, qu'à lui seul si vous voulez. Je n'eus jamais de penchant à la haine; et je crois qu'à ma place l'homme du monde le plus haineux s'attiédirait fort sur la vengeance. Mon ami, laissons tous ces gens-là triompher à leur aise ; ils ne me fermeront pas la patrie des âmes justes, dans laquelle j'espère parvenir dans peu.

J'avoue que dans certains moments j'aurais grand besoin de quelque consolation. En proie à des douleurs, sans relâche et sans ressource, je suis dans le cas de l'exception faite par mylord Edouard en répondant à Saint-Preux, où jamais homme au monde n'y fut. Toutefois je prends patience; mais il est bien cruel de n'avoir pas la main d'un ami pour me fermer les yeux, moi à qui ce devoir a tant coûté, et qui l'ai rendu de si bon cœur. Il est bien cruel de laisser ici, loin de son pays, cette pauvre fille sans amis, sans protection, et de ne pouvoir pas même lui assurer la possession de mes guenilles pour prix de vingt ans de soins et d'attachement. Elle a des défauts, cher Moultou; mais c'est une belle âme. J'ai tort de me plaindre de manquer de consolations; je les trouve en elle; quand nous avons déploré mes malheurs ensemble, ils sont presque tous oubliés : cependant leur sentiment revient et s'aggrave par la continuité des maux du corps.

Je voulais écrire au cher Gauffecourt; je n'en ai pour aujourd'hui ni le temps ni la force; dites-lui, je vous prie, que j'ai un extrême regret de ne pouvoir l'accompagner; je le désirais trop pour pouvoir l'espérer. Qu'il ne manque pas d'embrasser pour moi M. de Conzié, comte des Charmettes, et de lui témoigner combien j'étais disposé à me rendre à son invitation; mais

> Me anteit sæva necessitas,
> Clavos trabales et cuneos manu
> Gestans ahena.

Mademoiselle Le Vasseur persiste à vous prier de lui renvoyer sa robe, si vous ne l'avez pas vendue. Bonjour.

A MADAME LATOUR.

21 août 1763.

J'ai reconnu, très bonne Marianne, la sollicitude de votre amitié dans la lettre que madame Prieur a écrite ici à madame Boy-de-la-Tour; vous et madame Prieur ignorez sans doute que madame Boy-de-la-Tour ne demeure pas ici, mais à Lyon. Comme la lettre a été reçue par gens peu propres à garder les secrets d'autrui, en me chargeant d'y répondre, je me suis pressé de la retirer. Si j'étais en meilleur état, que j'aurais de choses à vous dire sur la dernière que vous m'avez écrite, et sur les précieuses taches dont elle est enrichie! Mais je souffre, chère Marianne, et mon corps fait taire mon cœur. Si je croyais que cette paralysie dût durer toujours, je me regarderais comme déjà mort; mais si mon état me laisse quelque relâche, je le consacrerai à penser à vous, et je vous redevrai la vie. Envoyez-moi votre portrait cependant; peut-être sa vue ranimera-t-elle un sentiment qui s'attiédit par mes souffrances, mais qui ne s'éteindra jamais pour vous.

Au reste, ne vous effrayez pas trop de ma situation actuelle; elle était pire ces temps derniers; mais j'avais des moments de relâche, et maintenant je n'en ai plus. J'aimerais mieux de plus vives douleurs et des intervalles; mais, souffrant continuellement, je ne suis tout entier à rien, pas même à vous. Ainsi, ne faites plus honneur à ma sagesse d'un détachement qui n'est que l'effet de mes maux. Qu'ils me laissent un moment à moi-même, et vous retrouverez bientôt votre ami.

A M. D'IVERNOIS.

Motiers, le 22 août 1763.

Recevez, monsieur, mes remercîments des attentions dont vous continuez de m'honorer, et des peines que vous voulez bien prendre en ma faveur. Sans M. Deluc et sans vous, j'ignorerais absolument l'état des choses, ne conservant plus aucune relation dans Genève par laquelle j'en puisse être informé. Je vois, par ce que vous avez la bonté de me marquer, qu'après toutes ces démarches les choses resteront, comme je l'avais prévu, dans le même état où elles étaient auparavant. Il peut arriver cependant que tout cela rendra, du moins pour quelque temps, le Conseil un peu moins violent dans ses entreprises ; mais je suis trompé si jamais il renonce à son système, et s'il ne vient à bout de l'exécuter à la fin. Voilà, monsieur, puisque vous le voulez, ce que je pense de l'issue de cette affaire, à laquelle je ne prends plus, quant à moi, d'autre intérêt que celui que mon tendre attachement pour la bourgeoisie de Genève m'inspire, et qui ne s'éteindra jamais dans mon cœur. Permettez, monsieur, que je vous adresse la lettre ci-jointe pour M. Deluc. Mademoiselle Le Vasseur vous remercie de l'honneur que vous lui faites, et vous assure de son respect. Toute votre famille se porte bien, au respectable docteur près, qui décline de jour en jour. Il faut toute la force de son âme pour lui faire supporter avec courage le poids de la vie. Quelle leçon pour moi, qui souffre moins et qui suis moins patient! Je vous embrasse, monsieur, et vous salue de tout mon cœur.

A M....., CURÉ D'AMBÉRIER EN BUGEY.

Motiers-Travers, le 25 août 1763.

Vos bontés, monsieur, pour ma gouvernante et pour moi sont sans cesse présentes à mon cœur et au sien. A force d'y penser, nous voilà tentés d'en user encore, et peut-être d'en abuser. Il faut vous communiquer notre idée, afin que vous voyiez si elle ne vous sera point importune, et si vous voudrez bien porter l'humanité jusqu'à y acquiescer.

L'état de dépérissement où je suis ne peut durer; et à moins d'un changement bien imprévu, je dois naturellement, avant la fin de l'hiver, trouver un repos que les hommes ne pourront plus troubler. Mon unique regret sera de laisser cette bonne et honnête fille sans appui et sans amis, et de ne pouvoir pas même lui assurer la possession des guenilles que je puis laisser. Elle s'en tirera comme elle pourra ; il ne faut pas lutter inutilement contre la nécessité. Mais, comme elle est bonne catholique, elle ne veut pas rester dans un pays d'une autre religion que la sienne, quand son attachement pour moi ne l'y retiendra plus. Elle ne voudrait pas non plus retourner à Paris ; il y fait trop cher vivre, et la vie bruyante de ce pays-là n'est pas de son goût. Elle voudrait trouver, dans quelque province reculée, où l'on vécût à bon compte, un petit asile, soit dans une communauté de filles, soit en prenant son petit ménage dans un village ou ailleurs, pourvu qu'elle y soit tranquille.

J'ai pensé, monsieur, au pays que vous habitez, lequel a, ce me semble, les avantages qu'elle cherche, et n'est pas bien éloigné d'ici. Voudriez-vous bien avoir la charité de lui accorder votre protection et vos conseils, devenir son patron, et lui tenir lieu de père? Il me semble que je ne serais plus en peine d'elle en la laissant sous votre garde ; et il me semble aussi qu'un pareil soin n'est pas moins digne de votre bon cœur que de votre ministère. C'est, je vous assure, une bonne et honnête fille, qui me sert depuis vingt ans avec l'attachement d'une fille à son père, plutôt que d'un domestique à son maître. Elle a des défauts, sans doute ; c'est le sort de l'humanité; mais elle a des vertus rares, un cœur excellent, une honnêteté de mœurs, une fidélité et un désintéressement à toute épreuve. Voilà de quoi je réponds après vingt ans d'expérience. D'ailleurs elle n'est plus jeune et ne veut d'établissement d'aucune espèce. Je souhaite qu'elle passe ses jours dans une honnête indépendance, et qu'elle ne serve personne après moi. Elle n'a pas pour cela de grandes ressources, mais elle saura se contenter de peu. Tout son revenu se borne à une pension viagère de trois cents francs, que lui a faite mon libraire. Le peu d'argent que je pourrai lui laisser servira pour son voyage et pour son petit emménagement. Voilà tout, monsieur, voyez si cela pourra suffire à cette pauvre fille pour subsister dans le pays où vous êtes, et si, par la connaissance que vous avez du local, vous voudrez bien lui en faciliter les moyens. Si vous consentez, je ferai ce qu'il faut ; et je n'aurai plus de souci pour elle, si je puis me flatter qu'elle vivra sous vos yeux. Un mot de réponse, monsieur, je vous en supplie, afin que je prenne mes arrangements. Je vous demande pardon du désordre de ma lettre; mais je souffre beaucoup; et, dans cet état, ma main ni ma tête ne sont pas aussi libres que je voudrais bien.

Je me flatte, monsieur, que cette lettre vous atteste mes sentiments pour vous; ainsi je n'y ajouterai rien davantage que les assurances de mon respect.

P. S. Je suis obligé de vous prévenir, monsieur, que par la Suisse il faut affranchir jusqu'à Pontarlier. Quoique votre précédente lettre me soit parvenue, il serait fort douteux si j'aurais ce bonheur une seconde fois. Je sens toute mon indiscrétion; mais, ou je me trompe fort, ou vous ne regretterez pas de payer le plaisir de faire du bien.

A M. ***.

Motiers-Travers, le 11 septembre 1763.

Je ne sais, monsieur, si vous vous rappellerez un homme autrefois connu de vous; pour moi, qui n'oublie point vos honnêtetés, je me suis rappelé avec plaisir vos traits dans ceux de M. votre fils, qui m'est venu voir il y a quelques jours. Le récit de ses malheurs m'a vivement touché; la tendresse et le respect avec lesquels il m'a parlé de vous ont achevé de m'intéresser pour lui. Ce qui lui rend ses maux plus aggravants est qu'ils lui viennent d'une main si chère. J'ignore, monsieur, quelles sont ses fautes, mais je vois son affliction; je sais que vous êtes père, et qu'un père n'est pas fait pour être inexorable. Je crois vous donner un vrai témoignage d'attachement en vous conjurant de n'user plus envers lui d'une rigueur désespérante, et qui, le faisant errer de lieu en lieu sans ressource et sans asile, n'honore ni le nom qu'il porte, ni le père dont il le tient. Réfléchissez, monsieur, quel serait son sort si, dans cet état, il avait le malheur de vous perdre. Attendra-t-il des parents, des collatéraux, une commisération que son père lui aura refusée? et si vous y comptez, comment pouvez-vous laisser à d'autres le soin d'être plus humains que vous envers votre fils? Je ne sais point comment cette seule idée ne désarme pas votre bon cœur. D'ailleurs de quoi s'agit-il ici? de faire révoquer une malheureuse lettre de cachet qui n'aurait jamais dû être sollicitée. Votre fils ne vous demande que sa liberté, et il n'en veut user que pour réparer ses torts s'il en a. Cette demande même est un devoir qu'il vous rend : pouvez-vous ne pas sentir le vôtre? Encore une fois, pensez-y, monsieur, je ne veux que cela; la raison vous dira le reste.

Quoique M. de M. ne soit plus ici, je sais, si vous m'honorez d'une réponse, où lui faire passer vos ordres; ainsi vous pouvez les lui donner par mon canal. Recevez, monsieur, mes salutations et les assurances de mon respect.

A M. G., LIEUTENANT-COLONEL.

Septembre 1763.

Je crois, monsieur, que je serais fort aise de vous connaître; mais on me fait faire tant de connaissances par force, que j'ai résolu de n'en plus faire volontairement : votre franchise avec moi mérite bien que je vous la rende, et vous consentez de si bonne grâce que je ne vous réponde pas, que je ne puis trop tôt vous répondre; car si jamais j'étais tenté d'abuser de la liberté, ce serait moins de celle qu'on me laisse que de celle qu'on voudrait m'ôter. Vous êtes lieutenant-colonel, monsieur, j'en suis fort aise; mais fussiez-vous prince, et, qui plus est, laboureur, comme je n'ai qu'un ton avec tout le monde, je n'en prendrai pas un autre avec vous. Je vous salue, monsieur, de tout mon cœur.

A M. LE PRINCE LOUIS-EUGÈNE DE WIRTEMBERG.

Motiers, le 29 octobre 1763.

Vous me faites, monsieur le duc, bien plus d'honneur que je n'en mérite. Votre altesse sérénissime aura pu voir dans le livre qu'elle daigne citer que je n'ai jamais su comment il faut élever les princes, et la clameur publique me persuade que je ne sais comment il faut élever personne. D'ailleurs les disgrâces et les maux m'ont affecté le cœur et affaibli la tête. Il ne me reste de vie que pour souffrir, je n'en ai plus pour penser. A Dieu ne plaise toutefois que je me refuse aux vues que vous m'exposez dans votre lettre. Elle me pénètre de respect et d'admiration pour vous. Vous paraissez plus qu'un homme, puisque vous savez l'être encore dans votre rang. Disposez de moi, monsieur le duc; marquez-moi vos doutes, je vous dirai mes idées; vous pourrez me convaincre aisément d'insuffisance, mais jamais de mauvaise volonté.

Je supplie votre altesse sérénissime d'agréer les assurances de mon profond respect.

A MADAME LATOUR.

A Motiers, le 2 octobre 1763.

Vous n'avez pu, chère Marianne, recevoir le 22 réponse à votre lettre du 15 que je n'ai reçue que le 26, et cela par plusieurs raisons. Premièrement, vous mettez dans vos calculs plus de précision que les postes dans leur service. Mes lettres me parviennent fidèlement, mais jamais régulièrement, et je trouve presque toujours quelque retard sur les dates. En second lieu, je fais des absences le plus souvent que je puis, attendu que la marche est très nécessaire à mon état, et que les espions et les importuns me rendent mon habitation insupportable. J'étais donc absent quand votre lettre est venue, et elle m'a attendu quelques jours chez moi. Enfin, par des précautions, que les curieux d'ici rendent nécessaires, ma correspondance en France est assujettie à quelque retard. J'ai pris avec le directeur des postes de Pontarlier un arrangement, par lequel il me fait tous les samedis un paquet des lettres venues pendant la semaine, et moi je lui en fais un tous les dimanches des réponses que j'ai écrites dans la semaine. Or, comme je les date ordinairement du jour qu'elles doivent partir d'ici, le retard des miennes n'est pas constaté par les dates, au lieu que celles que je reçois, selon les jours où elles sont écrites, en restent quelquefois six ou sept à Pontarlier avant que de me parvenir. Cet arrangement est sujet à inconvénient, j'en conviens, mais il est nécessaire. L'exactitude que vous mettez, et que vous exigez dans le commerce, me force à tous ces détails.

Me dire que vous comptez sur la promesse que je vous ai faite de vous renvoyer votre portrait, c'est m'en faire souvenir; je crois que cela n'était pas nécessaire. Il est vrai que si je pouvais manquer à ma parole, et vous tromper, c'en serait l'occasion la plus tentante et la plus excusable; mais ma faute serait plus pardonnable que votre crainte; vous eussiez mieux fait d'en courir le risque de bonne grâce.

Je ne doute pas que votre envoi ne me parvienne aussi sûrement que toutes mes lettres; cependant, pour surcroît de précaution, vous pouvez me l'adresser sous enveloppe à l'adresse de *M. Junet, directeur des postes à Pontarlier*. S'il arrive ici durant mon absence, n'en soyez point en peine; j'ai une gouvernante aussi sûre et plus soigneuse que moi. Quant à l'effet, je n'en puis parler d'avance. Ce sera beaucoup s'il vous est avantageux. Je crois que la peintresse ne vous a pas flattée; mais je vous vois déjà de la main d'un autre peintre, duquel je n'en oserais dire autant.

Vous me donnez des leçons très tendres et très sensées, dont je tâcherai de profiter. Si mes ennemis ne faisaient que me persécuter, cela serait supportable; mais ils m'obsèdent et m'ennuient; voilà comme ils me feront mourir. Aimez-moi, chère Marianne, écrivez-moi, consolez-moi : voilà mon meilleur remède.

Je reçois votre lettre du 27 septembre : elle me ravit et me navre. Il est bien cruel que de toutes les suppositions que mon silence vous fait faire, il n'y en ait pas une qui l'excuse.

A LA MÊME.

Le 16 octobre 1763.

Le voilà donc enfin, ce précieux portrait, si justement désiré ! Il m'arrive au moment où je suis entouré d'importuns et d'étrangers, et ce n'est pas la seule conformité qu'il me donne en cet instant avec Saint-Preux. Vous permettrez bien, belle Marianne, que je prenne un peu de temps pour le considérer et lui rendre mes hommages. Pour moins abuser, cependant, de votre complaisance, et ne pas prolonger vos inquiétudes, je compte vous le renvoyer l'ordinaire prochain, c'est-à-dire dans huit jours. En attendant, j'ai cru devoir vous donner avis de sa réception, afin de vous tranquilliser là-dessus.

A M. LE PRINCE L.-E. DE WIRTEMBERG.

Motiers, le 17 octobre 1763.

J'attendais, monsieur le duc, pour répondre à la lettre dont m'a honoré votre altesse sérénissime le 4 octobre, d'avoir reçu celle où elle m'annonçait des questions que j'aurais tâché de résoudre. L'objet du commerce que vous daignez me proposer m'a paru trop intéressant pour devoir y mêler rien de superflu ; et je suis bien éloigné de croire que, hors cet objet si digne de tous vos soins, mes lettres par elles-mêmes puissent mériter votre attention.

Sur ce principe, j'ai cru, monsieur le duc, que le respect le mieux entendu que je pouvais vous témoigner était de m'en tenir exactement à l'exécution de vos ordres, de répondre à vos questions le plus précisément et le plus clairement qu'il me serait possible, et d'en rester là, sans m'ingérer à mêler du verbiage ou des louanges aux devoirs que vous m'imposez. Je n'ai donc point répondu d'abord à votre précédente lettre, parce que vous ne me demandiez rien. Lorsque vous m'honorerez de vos ordres, vous serez content, sinon de mes efforts, au moins de mon zèle. J'ai toujours cru qu'obéir et se taire était la manière la plus convenable de faire sa cour aux grands.

Je dois vous prévenir encore qu'une certaine exactitude est désormais au-dessus de mes forces. Les maux qui m'accablent, les importuns qui m'excèdent, m'ôtent la plus grande partie de mon temps; la nécessité de ma situation en absorbe une autre ; enfin, le découragement me rejette insensiblement dans toute l'indolence pour laquelle j'étais né. Je ne vous promets donc point des réponses ponctuelles, c'est un engagement qui passe mes forces et que je serais hors d'état de tenir. Mais je vous promets bien, et mon cœur m'atteste que cette promesse ne sera point vaine, de m'occuper beaucoup du respectable objet de vos lettres, d'y réfléchir, d'y méditer, et de ne vous répondre qu'après avoir fait tous mes efforts pour ne pas me tromper dans mes vues. Ainsi, lorsque je passerai trois mois sans vous écrire, ne présumez pas, je vous supplie, que ces trois mois soient perdus pour les soins que vous m'imposez. Ce que je ne dirai pas ne saurait nuire, mais je ne puis trop penser à ce que je dirai.

Si cet arrangement vous convient, j'attends vos ordres, et je m'en acquitterai de mon mieux; s'il ne vous convient pas, je déplorerai mon impuissance, et resterai pénétré toute ma vie de n'avoir pu mieux répondre à la confiance dont vous aviez daigné m'honorer.

Au reste, la lecture du papier que vous m'avez envoyé m'a mis dans une sécurité bien parfaite sur le sort de cet heureux enfant. Sous les yeux de

M. Tissot, sous les vôtres, le plus difficile est déjà fait; et pour achever votre ouvrage il suffit de n'y rien gâter.

Agréez, monsieur le duc, je vous supplie, les assurances de mon profond respect.

A M. REGNAULT, A LYON.

Au sujet d'une offre d'argent dont il était chargé de la part d'un inconnu qui, ayant appris que Rousseau relevait d'une maladie dangereuse, avait supposé que ce secours pouvait lui être utile.

Motiers, le 21 octobre 1763.

J'ignore, monsieur, sur quoi fondé l'inconnu dont vous me parlez se croit en droit de me faire des présents; ce que je sais, c'est que, si jamais j'en accepte, il faudra que je commence par bien connaître celui qui croira mériter la préférence, et que je pense comme lui sur ce point.

Je suis fort sensible aux offres obligeantes que vous me faites. N'étant pas, quant à présent, dans le cas de m'en prévaloir, je vous en fais mes remercîments, et vous salue, monsieur, de tout mon cœur.

A MADAME LATOUR.

Motiers, le 23 octobre 1763.

Voilà votre portrait, chère Marianne; je paie tout le plaisir qu'il m'a fait par la peine que j'éprouve à m'en détacher. Mais j'ai promis, et, comme Saint-Preux, *dussé-je en mourir, il faut mériter votre estime.* J'avoue que celui de vos deux portraits qui ne peut me quitter ne ressemblait pas exactement à l'autre, et tant mieux; désormais pour moi vous êtes double; j'ai le plaisir de vous aimer sous deux figures; c'est comme avoir deux maîtresses à la fois, c'est passer délicieusement de l'une à l'autre, c'est goûter les plaisirs de l'inconstance, sans manquer de fidélité.

Il est affreux d'être obligé de finir au moment qu'on a tant à dire; mais tel est mon sort. Je sens avec douleur qu'il est impossible que vous soyez jamais contente de moi. Vous jouissez de tout votre loisir, et je vous devrais tout le mien; mais on ne m'en laisse aucun. Cependant vous me jugez sur ce que je dois, et non sur ce que je puis; en cela vous n'êtes pas injuste, mais vous êtes désolante. Adieu, chère Marianne, on ne me laisse pas écrire un mot de plus.

A MADAME DE LUZE WARNAY.

Motiers, le 2 novembre 1763.

Pour me venger, madame, de vos présents, j'ai résolu de ne vous en remercier que quand ils seraient mangés, et, grâces aux hôtes qui me sont venus, la vengeance a été plus courte qu'elle n'eût dû l'être. Vous avez cru qu'ayant tant de droits sur moi vous deviez avoir aussi celui de me faire des présents, même sans m'en prévenir; à la bonne heure : mais ces présents, que le messager qui les apporta disait tenir d'une autre main, m'ont coûté bien des tourments avant de remonter à leur source, et je les ai un peu achetés à force de recherches et de lettres. Je vous en remercie enfin, madame, et j'ai trouvé les raisins et les biscuits excellents; mais, comme je crains encore plus la peine que je n'aime les bonnes choses, je vous supplie cependant de ne pas m'envoyer souvent des cadeaux au même prix.

Agréez, madame, que je fasse mes salutations à M. de Luze, et que je vous assure de tout mon respect.

AU PRINCE L.-E. DE WIRTEMBERG.

Motiers, le 10 novembre 1763.

Si j'avais le malheur d'être né prince, d'être enchaîné par les convenances de mon état, que je fusse contraint d'avoir un train, une suite, des domestiques, c'est-à-dire des maîtres, et que pourtant j'eusse une âme assez élevée pour vouloir être homme malgré mon rang, pour vouloir remplir les grands devoirs de père, de mari, de citoyen de la république humaine, je sentirais bientôt les difficultés de concilier tout cela, celle surtout d'élever mes enfants pour l'état où les plaça la nature, en dépit de celui qu'ils ont parmi leurs égaux.

Je commencerais donc par me dire : Il ne faut pas vouloir des choses contradictoires ; il ne faut pas vouloir être et n'être pas. La difficulté que je veux vaincre est inhérente à la chose; si l'état de la chose ne peut changer, il faut que la difficulté reste. Je dois sentir que je n'obtiendrai pas tout ce que je veux : mais n'importe, ne nous décourageons point. De tout ce qui est bien, je ferai tout ce qui est possible; mon zèle et ma vertu m'en répondent : une partie de la sagesse est de porter le joug de la nécessité : quand le sage fait le reste, il a tout fait. Voilà ce que je me dirais si j'étais prince. Après cela j'irais en avant sans me rebuter, sans rien craindre; et, quel que fût mon succès, ayant fait ainsi, je serais content de moi. Je ne crois pas que j'eusse tort de l'être.

Il faut, monsieur le duc, commencer par vous bien mettre dans l'esprit qu'il n'y a point d'œil paternel que celui d'un père, ni d'œil maternel que celui d'une mère. Je voudrais employer vingt rames de papier à vous répéter ces deux lignes, tant je suis convaincu que tout en dépend.

Vous êtes prince, rarement pourrez-vous être père : vous aurez trop d'autres soins à remplir ; il faudra donc que d'autres remplissent les vôtres. Madame la duchesse sera dans le même cas à peu près.

De là suit cette première règle. Faites en sorte que votre enfant soit cher à quelqu'un.

Il convient que ce quelqu'un soit de son sexe. L'âge est très difficile à déterminer. Par d'importantes raisons il la faudrait jeune. Mais une jeune personne a bien d'autres soins en tête que de veiller jour et nuit sur un enfant. Ceci est un inconvénient inévitable et déterminant.

Ne la prenez donc pas jeune, ni belle par conséquent, car ce serait encore pis. Jeune, c'est elle que vous aurez à craindre; belle, c'est tout ce qui l'approchera.

Il vaut mieux qu'elle soit veuve que fille. Mais si elle a des enfants, qu'aucun d'eux ne soit autour d'elle, et que tous dépendent de vous.

Point de femme à grands sentiments, encore moins de bel esprit. Qu'elle ait assez d'esprit pour vous bien entendre, non pour raffiner sur vos instructions.

Il importe qu'elle ne soit pas trop facile à vivre, et il n'importe pas qu'elle soit libérale. Au contraire, il la faut rangée, attentive à ses intérêts. Il est impossible de soumettre un prodigue à la règle; on tient les avares par leur propre défaut.

Point d'étourdie ni d'évaporée; outre le mal de la chose, il y a encore celui de l'humeur, car toutes les folles en ont, et rien n'est plus à craindre que l'humeur : par la même raison les gens vifs, quoique plus aimables, me sont suspects à cause de l'emportement. Comme nous ne trouverons pas une femme parfaite, il ne faut pas tout exiger : ici la douceur est de précepte; mais, pourvu que la raison la donne, elle peut n'être pas dans le tempérament. Je l'aime aussi mieux égale et froide qu'accueillante et capricieuse. En toutes choses préférez un caractère sûr à un caractère brillant. Cette dernière qualité est même un inconvénient pour notre objet; une personne faite pour être au-dessus des autres peut être gâtée par le mérite de ceux qui l'élèvent. Elle en exige ensuite autant de tout le monde, et cela la rend injuste avec ses inférieurs.

Du reste, ne cherchez dans son esprit aucune culture; il se farde en éntdiant, et c'est tout. Elle se déguisera si elle sait; vous la connaîtrez bien mieux si elle est ignorante : dût-elle ne pas savoir lire, tant mieux; elle apprendra avec son élève. La seule qualité d'esprit qu'il faut exiger, c'est un sens droit.

Je ne parle point ici des qualités du cœur ni des mœurs, qui se supposent, parce qu'on se contrefait là-dessus. On n'est pas si en garde sur le reste du caractère, et c'est par là que de bons yeux jugent du tout. Tout ceci demanderait peut-être de plus grands détails; mais ce n'est pas maintenant de quoi il s'agit.

Je dis, et c'est ma première règle, qu'il faut que l'enfant soit cher à cette personne-là. Mais comment faire?

Vous ne lui ferez point aimer l'enfant en lui disant de l'aimer, et avant que l'habitude ait fait naître l'attachement : on s'amuse quelquefois avec les autres enfants, mais on n'aime que les siens.

Elle pourrait l'aimer si elle aimait le père ou la mère; mais dans votre rang on n'a point d'amis, et jamais, dans quelque rang que ce puisse être, on n'a pour amis les gens qui dépendent de nous.

Or l'affection qui ne naît pas du sentiment, d'où peut-elle naître si ce n'est de l'intérêt?

Ici vient une réflexion que le concours de mille autres confirme; c'est que les difficultés que vous ne pouvez ôter de votre condition, vous ne les éluderez qu'à force de dépense.

Mais n'allez pas croire, comme les autres, que l'argent fait tout par lui-même, et que pourvu qu'on paie on est servi. Ce n'est pas cela.

Je ne connais rien de si difficile quand on est riche que de faire usage de sa richesse pour aller à ses fins. L'argent est un ressort dans la mécanique morale, mais il repousse toujours la main qui le fait agir. Faisons quelques observations nécessaire pour notre objet.

Nous voulons que l'enfant soit cher à sa gouvernante, il faut pour cela que le sort de la gouvernante soit lié à celui de l'enfant. Il ne faut pas qu'elle dépende seulement des soins qu'elle lui rendra, tant parce qu'on n'aime guère les gens qu'on sert, que parce que les soins payés ne sont qu'apparents: les soins réels se négligent, et nous cherchons ici des soins réels.

Il faut qu'elle dépende non de ses soins, mais de leur succès, et que sa fortune soit attachée à l'effet de l'éducation qu'elle aura donnée. Alors seulement elle se verra dans son élève et s'affectionnera nécessairement à elle; elle ne lui rendra pas un service de parade et de montre, mais un service réel; ou plutôt, en la servant, elle ne servira qu'elle-même, elle ne travaillera que pour soi.

Mais qui sera juge de ce succès? La foi d'un père équitable, et dont la probité est bien établie, doit suffire : la probité est un instrument sûr dans les affaires, pourvu qu'il soit joint au discernement.

Le père peut mourir. Le jugement des femmes n'est pas reconnu assez sûr, et l'amour maternel est aveugle. Si la mère était établie juge au défaut du père, ou la gouvernante ne s'y fierait pas, ou elle s'occuperait plus à plaire à la mère qu'à bien élever l'enfant.

Je ne m'étendrai pas sur le choix des juges de l'éducation; il faudrait pour cela des connaissances particulières relatives aux personnes. Ce qui importe essentiellement, c'est que la gouvernante ait la plus entière confiance dans l'intégrité du jugement, qu'elle soit persuadée qu'on ne la privera point du prix de ses soins si elle a réussi, et que, quoi qu'elle puisse dire, elle ne l'obtiendra pas dans le cas contraire. Il ne faut jamais qu'elle oublie que ce n'est pas à sa peine que ce prix sera dû, mais au succès.

Je sais bien que, soit qu'elle ait fait son devoir ou non, ce prix ne saurait lui manquer. Je ne suis pas assez fou, moi qui connais les hommes, pour m'imaginer que ces juges, quels qu'ils soient, iront déclarer solennellement qu'une jeune princesse de quinze à vingt ans a été mal élevée. Mais cette réflexion que je fais là, la bonne ne la fera pas; quand elle la ferait, elle ne s'y fierait pas tellement qu'elle en négligeât des devoirs dont dépend son sort, sa fortune, son existence. Et ce qu'il importe ici n'est pas que la récompense soit bien administrée, mais l'éducation qui doit l'obtenir.

Comme la raison nue a peu de force, l'intérêt seul n'en a pas tant qu'on croit. L'imagination seule est active. C'est une passion que nous voulons donner à la gouvernante; et l'on n'excite les passions que par l'imagination. Une récompense promise en argent est très puissante, mais la moitié de sa force se perd dans le lointain de l'avenir. On compare de sangfroid l'intervalle et l'argent, on compense le risque avec la fortune, et le cœur reste tiède. Etendez pour ainsi dire l'avenir sous les sens, afin de lui donner plus de prise; présentez-le sous des faces qui le rapprochent, qui flattent l'espoir et séduisent l'esprit. On se perdrait dans la multitude de suppositions qu'il faudrait parcourir, selon les temps, les lieux, les caractères. Un exemple est un cas dont on peut tirer l'induction pour cent mille autres

Ai-je affaire à un caractère paisible, aimant l'indépendance et le repos; je mène promener cette personne dans une campagne : elle voit dans une jolie situation une petite maison bien ornée, une basse-cour, un jardin, des terres pour l'entretien du maître, les agréments qui peuvent lui en faire aimer le séjour. Je vois ma gouvernante enchantée : on s'approprie toujours par la convoitise ce qui convient à notre bonheur. Au fort de son enthousiasme, je la prends à part; je lui dis, élevez ma fille à ma fantaisie; tout ce que vous voyez est à vous. Et afin qu'elle ne prenne pas ceci pour un mot en l'air, j'en passe l'acte conditionnel : elle n'aura pas un dégoût dans ses fonctions sur lequel son imagination n'applique cette maison pour emplâtre.

Encore un coup, ceci n'est qu'un exemple.

Si la longueur du temps épuise et fatigue l'imagination, l'on peut partager l'espace et la récompense en plusieurs termes, et même à plusieurs personnes : je ne vois ni difficultés ni inconvénient à cela. Si dans six ans mon enfant est ainsi, vous aurez telle chose. Le terme venu, si la condition est remplie, on tient parole, et l'on est libre des deux côtés.

Bien d'autres avantages découleront de l'expédient que je propose; mais je ne peux ni ne dois tout dire. L'enfant aimera sa gouvernante, surtout si elle est d'abord sévère et que l'enfant ne soit pas encore gâté. L'effet de l'habitude est naturel et sûr; jamais il n'a manqué que par la faute des guides. D'ailleurs la justice a sa mesure et sa règle exacte; au lieu que la complaisance qui n'en a point rend les enfants toujours exigeants et toujours mécontents. L'enfant donc qui aime sa bonne sait que le sort de cette bonne est dans le succès de ses soins; jugez de ce que fera l'enfant à mesure que son intelligence et son cœur se formeront.

Parvenue à certain âge, la petite fille est capricieuse ou mutine. Supposons un moment critique important, où elle ne veut rien entendre; ce moment viendra bien rarement, on sent pourquoi. Dans ce moment fâcheux la bonne manque de ressource; alors elle s'attendrit en regardant son élève, et lui dit : *C'en est donc fait, tu m'ôtes le pain de ma vieillesse!*

Je suppose que la fille d'un tel père ne sera pas un monstre : cela étant, l'effet de ce mot est sûr; mais il ne faut pas qu'il soit dit deux fois.

On peut faire en sorte que la petite se le dise à toute heure; et voilà d'où naissent mille biens à la fois. Quoi qu'il en soit, croyez-vous qu'une femme qui pourra parler ainsi à son élève ne s'affectionnera pas à elle? On s'affectionne aux gens sur la tête desquels on a mis des fonds; c'est le mouvement de la nature, et un mouvement non moins naturel est de s'affectionner à son propre ouvrage, surtout quand on en attend son bonheur. Voilà donc notre première recette accomplie.

Seconde règle.

Il faut que la bonne ait sa conduite toute tracée et une pleine confiance dans le succès.

Le mémoire instructif qu'il faut lui donner est une pièce très importante. Il faut qu'elle l'étudie sans cesse; il faut qu'elle le sache par cœur, mieux qu'un ambassadeur ne doit savoir ses instructions. Mais ce qui est plus important encore, c'est qu'elle soit parfaitement convaincue qu'il n'y a point d'autre route pour aller au but qu'on lui marque, et par conséquent au sien.

Il ne faut pas pour cela lui donner d'abord le mémoire. Il faut lui dire premièrement ce que vous voulez faire, lui montrer l'état de corps et d'âme où vous exigez qu'elle mette votre enfant. Là-dessus toute dispute ou objection de sa part est inutile : vous n'avez point de raisons à lui rendre de votre volonté. Mais il faut lui prouver que la chose est faisable, et qu'elle ne l'est que par les moyens que vous proposez : c'est sur cela qu'il faut beaucoup raisonner avec elle: il faut lui dire vos raisons clairement, simplement, au long, en termes à sa portée. Il faut écouter ses réponses, ses sentiments, ses objections, les discuter à loisir ensemble, non pas tant pour ses objections mêmes, qui probablement seront superficielles, que pour saisir l'occasion de bien lire dans son esprit, de la bien convaincre que les moyens que vous indiquez sont les seuls propres à réussir. Il faut s'assurer que de tout point elle est convaincue, non en paroles, mais intérieurement. Alors seulement il faut lui donner le mémoire, le lire avec elle; l'examiner, l'éclaircir, le corriger peut-être, et s'assurer qu'elle l'entend parfaitement.

Il surviendra souvent, durant l'éducation, des circonstances imprévues; souvent les choses prescrites ne tourneront pas comme on avait cru : les éléments nécessaires pour résoudre les problèmes moraux sont en très grand nombre, et un seul omis rend la solution fausse. Cela demandera des conférences fréquentes, des discussions, des éclaircissements auxquels il ne faut jamais se refuser, et qu'il faut même rendre agréables à la gouvernante par le plaisir avec lequel on s'y prêtera. C'est encore un fort bon moyen de l'étudier elle-même.

Ces détails me semblent plus particulièrement la tâche de la mère. Il faut qu'elle sache le mémoire aussi bien que la gouvernante; mais il faut qu'elle le sache autrement. La gouvernante le saura par les règles, la mère le saura par les principes; car premièrement ayant reçu une éducation plus soignée, et ayant eu l'esprit plus exercé, elle doit être plus en état de généraliser ses idées, et d'en voir tous les rapports; et de plus, prenant au succès un intérêt plus vif encore, elle doit plus s'occuper des moyens d'y parvenir.

Troisième règle. La bonne doit avoir un pouvoir absolu sur l'enfant.

Cette règle bien entendue se réduit à celle-ci; que le mémoire seul doit tout gouverner; car, quand chacun se réglera scrupuleusement sur le mémoire, il s'ensuit que tout le monde agira toujours de concert, sauf ce qui pourrait être ignoré des uns ou des autres; mais il est aisé de pourvoir à cela.

Je n'ai pas perdu mon objet de vue, mais j'ai été forcé de faire un bien grand détour. Voilà déjà la difficulté levée en grande partie; car notre élève aura peu à craindre des domestiques quand la seconde mère aura tant d'intérêt à la surveiller. Parlons à présent de ceux-ci.

Il y a dans une maison nombreuse des moyens généraux pour tout faire, et sans lesquels on ne parvient jamais à rien.

D'abord les mœurs, l'imposante image de la vertu, devant laquelle tout fléchit, jusqu'au vice même; ensuite l'ordre, la vigilance, enfin l'intérêt, le dernier de tous : j'ajouterais la vanité; mais l'état servile est trop près de la misère; la vanité n'a sa grande force que sur les gens qui ont du pain.

Pour ne pas me répéter ici, permettez, monsieur le duc, que je vous renvoie à la quatrième partie de l'*Héloïse*, lettre dixième. Vous y trouverez un recueil de maximes qui me paraissent fondamentales pour donner dans une maison, grande ou petite, du ressort à l'autorité ; du reste, je conviens de la difficulté de l'exécution, parce que, de tous les ordres d'hommes imaginables, celui des valets laisse le moins de prise pour le mener où l'on veut. Mais tous les raisonnements du monde ne feront pas qu'une chose ne soit pas ce qu'elle est, que ce qui n'y est pas s'y trouve, que des valets ne soient pas des valets.

Le train d'un grand seigneur est susceptible de plus et de moins, sans cesser d'être convenable. Je pars de là pour établir ma première maxime.

1° Réduisez votre suite au moindre nombre de gens qu'il soit possible; vous aurez moins d'ennemis, et vous en serez mieux servi. S'il y a dans votre maison un seul homme qui n'y soit pas nécessaire, il y est nuisible, soyez-en sûr.

2° Mettez du choix dans ceux que vous garderez, et préférez de beaucoup un service exact à un service agréable. Ces gens qui aplanissent tout devant leur maître sont tous des fripons. Surtout point de dissipateur.

3° Soumettez-les à la règle en toute chose, même au travail, ce qu'ils feront dût-il n'être bon à rien.

4° Faites qu'ils aient un grand intérêt à rester longtemps à votre service, qu'ils s'y attachent à mesure qu'ils y restent, qu'ils craignent par conséquent d'autant plus d'en sortir qu'ils y sont restés plus longtemps. La raison et les moyens de cela se trouvent dans le livre indiqué.

Ceci sont les données que je peux supposer, parce que, bien qu'elles demandent beaucoup de peine, enfin elles dépendent de vous. Cela posé :

Quelque temps avant que de leur parler, vous avez quelquefois des entretiens à table sur l'éducation de votre enfant, et sur ce que vous vous proposez de faire, sur les difficultés que vous aurez à vaincre, et sur la ferme résolution où vous êtes de n'épargner aucun soin pour réussir. Probablement vos gens n'auront pas manqué de critiquer entre eux la manière extraordinaire d'élever l'enfant; ils y auront trouvé de la bizarrerie : il la faut justifier, mais simplement et en peu de mots. Du reste, il faut monter votre objet beaucoup plus du côté moral et pieux que du côté philosophique. Madame la princesse, en me consultant que son cœur, peut y mêler des mots charmants; M. Tissot peut ajouter quelques réflexions dignes de lui.

On est si peu accoutumé de voir les grands avoir des entrailles, aimer la vertu, s'occuper de leurs enfants, que ces conversations courtes et bien ménagées ne peuvent manquer de produire un grand effet. Mais surtout nulle ombre d'affectation; point de longueur. Les domestiques ont l'œil très perçant : tout serait perdu s'ils soupçonnaient seulement qu'il y eût en cela rien de concerté; et en effet rien ne doit l'être. Bon père, bonne mère, laissez parler vos cœurs avec simplicité : ils trouveront des choses touchantes d'eux-mêmes; je vois d'ici vos domestiques derrière vos chaises se prosterner devant leur maître au fond de leurs cœurs. Voilà les dispositions qu'il faut faire naître, et dont il faut profiter pour les règles que nous avons à leur prescrire.

Ces règles sont de deux espèces, selon le jugement que vous porterez vous-même de l'état de votre maison et des mœurs de vos gens.

Si vous croyez pouvoir prendre en eux une confiance raisonnable et fondée sur leur intérêt, il ne s'agira que d'un énoncé clair et bref de la manière dont on doit se conduire toutes les fois qu'on approchera de votre enfant, pour ne point contrarier son éducation.

Que si, malgré toutes vos précautions, vous croyez devoir vous défier de ce qu'ils pourront dire ou faire en sa présence, la règle alors sera plus simple, et se réduira à n'en approcher jamais sous quelque prétexte que ce soit.

Quel de ces deux partis que vous choisissiez, il faut qu'il soit sans exception, et le même pour vos gens de tout étage, excepté ce que vous destinez spécialement au service de l'enfant, et qui ne peut être en trop petit nombre ni trop scrupuleusement choisi.

Un jour donc vous assemblez vos gens, et, dans un discours grave et simple, vous leur direz que vous croyez devoir en bon père apporter tous vos soins à bien élever l'enfant que Dieu vous a donné : « Sa mère et moi sentons tout ce qui nuisit à la nôtre. Nous l'en voulons préserver; et, si Dieu bénit nos efforts, nous n'aurons point de compte à lui rendre des défauts ou des vices que notre enfant pourrait contracter. Nous avons pour cela de grandes précautions à prendre : voici celles qui vous regardent, et auxquelles j'espère que vous vous prêterez en honnêtes gens, dont les premiers devoirs sont d'aider à remplir ceux de leurs maîtres. »

Après l'énoncé de la règle dont vous prescrivez l'observation, vous ajoutez que ceux qui seront exacts à la suivre peuvent compter sur votre bienveillance et même sur vos bienfaits. « Mais je vous déclare en même temps, poursuivez-vous d'une voix plus haute, que quiconque y aura manqué une seule fois, et en quoi que ce puisse être, sera chassé sur-le-champ et perdra ses gages. Comme c'est là la condition sous laquelle je vous garde, et que je vous en préviens tous, ceux qui n'y veulent pas acquiescer peuvent sortir. »

Des règles si peu gênantes ne feront sortir que ceux qui seraient sortis sans cela : ainsi vous ne perdez rien à leur mettre le marché à la main, et vous leur en imposez beaucoup. Peut-être au commencement quelque étourdi en sera-t-il la victime, et il faut qu'il le soit. Fût-ce le maître d'hôtel, s'il n'est chassé comme un coquin, tout est manqué. Mais s'ils voient une fois que c'est tout de bon, et qu'on les surveille, on aura désormais peu besoin de les surveiller.

Mille petits moyens relatifs naissent de ceux-là : mais il ne faut pas tout dire, et ce mémoire est déjà trop long. J'ajouterai seulement un avis très important et propre à couper court au mal qu'on n'aura pu prévenir; c'est d'examiner toujours l'enfant avec le plus grand soin, et de suivre attentivement les progrès de son corps et de son cœur. S'il se fait quelque chose autour de lui contre la règle, l'impression s'en marquera dans l'enfant même. Dès que vous y verrez un signe nouveau, cherchez-en la cause avec soin; vous la trouverez infailliblement. A certain âge il y a toujours remède au mal qu'on n'a pu prévenir, pourvu qu'on sache le connaître et qu'on s'y prenne à temps pour le guérir.

Tous ces expédients ne sont pas faciles, et je ne réponds pas absolument de leur succès; cependant je crois qu'on peut y prendre une confiance raisonnable, et je ne vois rien d'équivalent dont j'en puisse dire autant.

Dans une route toute nouvelle, il ne faut pas chercher des chemins battus, et jamais entreprise extraordinaire et difficile ne s'exécute par des moyens aisés et communs.

Du reste, ce ne sont peut-être ici que les délires d'un fiévreux. La comparaison de ce qui est à ce qui doit être m'a donné l'esprit romanesque et m'a toujours jeté loin de tout ce qui se fait. Mais vous ordonnez, monsieur le duc, j'obéis. Ce sont mes idées que vous demandez, les voilà. Je vous tromperais si je vous donnais la raison des autres pour les folies qui sont à moi. En les faisant passer sous les yeux d'un si bon juge, je ne crains pas le mal qu'elles peuvent causer.

A M. L'ABBÉ DE ***.

Motiers-Travers, le 27 novembre 1763.

J'ai reçu, monsieur, la lettre obligeante dans laquelle votre honnête cœur s'épanche avec moi. Je suis touché de vos sentiments et reconnaissant de votre zèle; mais je ne vois pas bien sur quoi vous me consultez. Vous me dites: J'ai de la naissance dont je dois suivre la vocation, parce que mes parents le veulent : apprenez-moi ce que je dois faire; je suis gentilhomme, et veux vivre comme tel : apprenez-moi toutefois à vivre en homme; j'ai des préjugés que je veux respecter : apprenez-moi toutefois à les vaincre. Je vous avoue, monsieur, que je ne sais pas répondre à cela.

Vous me parlez avec dédain des deux seuls métiers que la noblesse connaisse et qu'elle veuille suivre; cependant vous avez pris un de ces métiers. Mon conseil est, puisque vous y êtes, que vous tâchiez de le faire bien. Avant de prendre un état, on ne peut trop raisonner sur son objet; quand il est pris, il en faut remplir les devoirs, c'est alors tout ce qui reste à faire.

Vous vous dites sans fortune, sans biens; vous ne savez comment, avec de la naissance (car la naissance revient toujours), vivre libre et mourir vertueux. Cependant vous offrez un asile à une personne qui m'est attachée; vous m'assurez que madame votre mère la mettra à son aise; le fils d'une dame qui peut mettre une étrangère à son aise doit naturellement y être aussi; il peut donc vivre libre et mourir vertueux. Les vieux gentilshommes, qui valaient bien ceux d'aujourd'hui, cultivaient leurs terres et faisaient du bien à leurs paysans. Quoi que vous en puissiez dire, je ne crois pas que ce fût déroger que d'en faire autant.

Vous voyez, monsieur, que je trouve dans votre lettre même la solution des difficultés qui vous embarrassent. Du reste, excusez ma franchise; je dois répondre à votre estime par la mienne, et je ne puis vous en donner une preuve plus sûre qu'en osant, tout gentilhomme que vous êtes, vous dire la vérité.

Je vous salue, monsieur, de tout mon cœur.

A MADAME DE B.

Décembre 1763.

Je n'ai rien, madame, à vous dire sur le jugement que vous avez porté de la probité de M. de Voltaire; je vous dirai seulement que je n'ai point reçu la lettre que vous lui avez adressée pour moi, et que je n'ai envoyé ni à vous ni à personne l'imprimé intitulé : *Sermon des cinquante*, que je n'ai même jamais vu. Du reste, il me paraît bizarre que, pour me faire parvenir une lettre, vous vous soyez adressée au chef de mes persécuteurs.

A l'égard des doutes que vous pouvez avoir, madame, sur certains points de la religion, pourquoi vous adressez-vous, pour les lever, à un homme qui n'en est pas exempt lui-même? Si malheureusement les vôtres tombent sur les principes de vos devoirs, je vous plains; mais s'ils n'y tombent pas, de quoi vous mettez-vous en peine? Vous avez une religion qui dispense de tout examen; suivez-la en simplicité de cœur. C'est le meilleur conseil que je puis vous donner, et je le prends autant que je peux pour moi-même.

Recevez, madame, mes salutations et mon respect.

A M.....

Motiers, 7 décembre 1763.

La vérité que j'aime, monsieur, n'est pas tant métaphysique que morale : j'aime la vérité, parce que je hais le mensonge; je ne puis être inconséquent là-dessus que quand je serai de mauvaise foi. J'aimerais bien aussi la vérité métaphysique si je croyais qu'elle fût à notre portée, mais je n'ai jamais vu qu'elle fût dans les livres; et, désespérant de l'y trouver, je dédaigne leur instruction, persuadé que la vérité qui nous est utile est plus près de nous et qu'il ne faut pas, pour l'acquérir, un si grand appareil de science. Votre ouvrage, monsieur, peut donner cette démonstration promise et manquée par tous les philosophes; mais je ne puis changer de principe sur des raisons que je ne connais pas. Cependant votre confiance m'en impose; vous promettez tant et si hautement, je trouve d'ailleurs tant de justesse et de raison dans votre manière d'écrire, que je serais surpris qu'il n'y en eût pas dans votre philosophie; et je devrais peu l'être, avec ma vue courte, que vous vissiez où je n'avais pas cru qu'on pût voir. Or ce doute me donne de l'inquiétude, parce que la vérité que je connais, ou ce que je prends pour elle, est très aimable, qu'il en résulte pour moi un état très doux, et que je ne conçois pas comment j'en pourrais changer sans y perdre. Si mes sentiments étaient démontrés, je m'inquiéterais peu des vôtres; mais, à parler sincèrement, je suis allé jusqu'à la persuasion sans aller jusqu'à la conviction. Je crois, mais je ne sais pas même si la science qui me manque me sera bonne quand je l'aurai, et si peut-être alors il ne faudra point que je dise : *Alto quæsivit cœlo lucem, ingemuitque reperta.*

Voilà, monsieur, la solution ou du moins l'éclaircissement des inconséquences que vous m'avez reprochées. Cependant il me paraît bizarre que, pour vous avoir dit mon sentiment quand vous me l'avez demandé, je sois réduit à faire mon apologie. Je n'ai pris la liberté de vous juger que pour vous complaire; je puis m'être trompé, sans doute, mais se tromper n'est pas avoir tort.

Vous me demandez pourtant encore un conseil sur un sujet très grave, et je vais peut-être vous répondre encore tout de travers; mais heureusement ce conseil est de ceux que jamais auteur ne demande que quand il a déjà pris son parti.

Je remarquerai d'abord que la supposition que votre ouvrage renferme la découverte de la vérité, ne vous est pas particulière; et si cette raison vous engage à publier votre livre, elle doit de même engager tout philosophe à publier le sien. J'ajouterai qu'il ne suffit pas de considérer le bien qu'un livre contient en lui-même, mais le mal auquel il peut donner lieu; il faut songer qu'il trouvera peu de lecteurs judicieux bien disposés, et beaucoup de mauvais cœurs, encore plus de mauvaises têtes. Il faut, avant de le publier, comparer le bien et le mal qu'il peut faire, et les usages avec les abus. Pesez bien votre livre sur cette règle, et tenez-vous en garde contre la partialité : c'est par celui de ces deux effets qui doit l'emporter sur l'autre, qu'il est bon ou mauvais à publier.

Je ne vous connais point, monsieur; j'ignore quel est votre sort, votre état, votre âge; et cela pourtant doit régler mon conseil par rapport à vous. Tout ce que fait un jeune homme a moins de conséquence, et tout se répare ou s'efface avec le temps. Mais si vous avez passé la maturité, ah! pensez-y cent fois avant de troubler la paix de votre vie: vous ne savez pas quelles angoisses vous vous préparez. Pendant quinze ans, j'ai ouï dire à M. de Fontenelle que jamais livre n'avait donné tant de plaisir que de chagrin à son auteur: c'était l'heureux Fontenelle qui disait cela. Monsieur, dans la question sur laquelle vous me consultez, je ne puis vous parler que par mon exemple : jusqu'à quarante ans je fus sage; à quarante ans je pris la plume, et je la pose avant cinquante, malgré quelques vains succès, maudissant tous les jours de la vie celui où mon sot orgueil me la fit prendre, où je vis mon bonheur, mon repos, ma santé s'en aller en fumée, sans espoir de les recouvrer jamais. Voilà l'homme à qui vous demandez conseil.

Je vous salue de tout mon cœur.

A M. DE CONZIÉ, COMTE DES CHARMETTES.

A Motiers-Travers, 7 décembre 1763.

Je voudrais, mon cher comte, voir multiplier encore le nombre de mes agresseurs, si chacun de leurs ouvrages me valait un témoignage de votre souvenir. Je reçois avec plaisir et reconnaissance celui que vous me donnez en m'envoyant l'écrit du père Gerdil : quoique en effet cet écrit me paraisse un peu froid, je le trouve assez gentil pour un moine. ...

J'avais chargé M. de Gauffecourt de vous témoigner mon regret de ne pouvoir vous aller voir cet été comme je l'avais résolu. Le commencement de l'hiver m'a jeté dans un état si triste qu'il ne me permet guère de faire des projets pour l'avenir. Toutefois, si la belle saison me rend les forces que le froid m'ôte, je me propose toujours de vous aller voir. S'il arrivait que vous vous rapprochassiez du Chablais, cela me serait bien commode ; et, en ce cas, je vous prierais de m'en prévenir aussi ; car, ne pouvant déterminer d'avance le temps de mon voyage, il me siérait mal de l'avoir fait en pure perte, et d'aller jusque-là sans vous y trouver. Soyez persuadé que rien ne peut ralentir l'ardent désir que j'ai de vous voir et de vous embrasser. Il me semble qu'un moment si doux me rendra tout le temps heureux que je regrette, et me fera oublier tous ceux qui m'en ont si tristement séparé. Moi qui suis si désabusé de la vie, et qui ne forme plus de projets, je ne puis renoncer à celui-là. Après avoir tout comparé, je ne trouve point de meilleur peuple que le vôtre ; je voudrais de tout mon cœur passer dans son sein le reste de mes jours, et me mettre de cette manière à portée de contenter, au moins de temps à autre, le besoin que mon cœur a de vous.

A M. ....

Il faut vous faire réponse, monsieur, puisque vous le voulez absolument, et que vous la demandez en termes si honnêtes. Il me semble pourtant qu'à votre place je me serais moins obstiné à l'exiger. Je me serais dit : J'écris parce que j'ai du loisir, et que cela m'amuse : l'homme à qui je m'adresse peut n'être pas dans le même cas, et nul n'est tenu à une correspondance qu'il n'a point acceptée : j'offre mon amitié à un homme que je ne connais point, et qui me connaît encore moins ; je la lui offre sans autre titre auprès de lui que les louanges que je lui donne et que je me donne, sans savoir s'il n'a pas déjà plus d'amis qu'il n'en peut cultiver, sans savoir si mille autres ne lui font pas la même offre avec le même droit ; comme si l'on pouvait se lier ainsi de loin sans se connaître, et devenir insensiblement l'ami de toute la terre. L'idée d'écrire à un homme dont on lit les ouvrages, et dont on veut avoir une lettre à montrer, est-elle donc si singulière qu'elle ne puisse être venue qu'à moi seul ? Et si elle était venue à beaucoup de gens, faudrait-il que cet homme passât sa vie à faire réponse à des foules d'amis inconnus, et qu'il négligeât pour eux ceux qu'il s'est choisis ? On dit qu'il s'est retiré dans une solitude ; cela n'annonce pas un grand penchant à faire de nouvelles connaissances. On assure aussi qu'il n'a pour tout bien que le fruit de son travail ; cela ne laisse pas un grand loisir pour entretenir un commerce oiseux. Si, par-dessus tout cela peut-être, il eût perdu la santé, s'il était tourmenté d'une maladie cruelle et douloureuse qui le laissât à peine en état de vaquer aux soins indispensables, ce serait une tyrannie bien injuste et bien cruelle de vouloir qu'il passât sa vie à répondre à des foules de désœuvrés qui, ne sachant que faire de leur temps, useraient très prodiguement du sien. Laissons donc ce pauvre homme en repos dans sa retraite ; n'augmentons pas le nombre des importuns qui la troublent chaque jour sans discrétion, sans retenue, et même sans humanité. Si ses écrits m'inspirent pour lui de la bienveillance, et que je veuille céder au penchant de la lui témoigner, je ne lui vendrai point cet honneur en exigeant de lui des réponses, et je lui donnerai sans trouble et sans peine le plaisir d'apprendre qu'il y a dans le monde d'honnêtes gens qui pensent bien de lui, et qui n'en exigent rien.

Voilà, monsieur, ce que je me serais dit si j'avais été à votre place ; chacun a sa manière de penser : je ne blâme point la vôtre, mais je crois la mienne plus équitable. Peut-être si je vous connaissais me féliciterais-je beaucoup de votre amitié ; mais, content des amis que j'ai, je vous déclare que je n'en veux point faire de nouveaux ; et quand je le voudrais, il ne serait pas raisonnable que j'allasse choisir pour cela des inconnus si loin de moi. Au reste, je ne doute ni de votre esprit ni de votre mérite. Cependant le ton militaire et galant dont vous parlez de conquérir mon cœur, serait, je crois, plus de mise auprès des femmes qu'il ne le serait avec moi.

A M. LE PRINCE L. E. DE WIRTEMBERG.

Motiers, le 15 décembre 1763.

Vous m'avez tiré, monsieur le duc, d'une grande inquiétude, en m'apprenant la résolution où vous êtes d'élever vous-même votre enfant. Je vous suggérais des moyens dont je sentais moi-même l'insuffisance; grâces au ciel, votre vertu les rend superflus. Si vous persévérez, je ne suis plus en peine du succès. Tout ira bien, par cela seul que vous y veillerez vous-même. Mais j'avoue que vous confondez fort toutes mes idées : j'étais bien éloigné de croire qu'il existât dans ce siècle un homme semblable à vous; et, quand j'aurais soupçonné son existence, j'aurais été bien éloigné de le chercher dans votre rang. Je n'ai pu lire sans émotion votre dernière lettre. Est-il donc vrai que j'ai pu contribuer aux vertueuses résolutions que vous avez prises? J'ai besoin de le croire pour mettre un contre-poids à mes afflictions. Avoir fait quelque bien sur la terre est une consolation qui manquait à mon cœur; je vous félicite de me l'avoir donnée, et je me glorifie de la recevoir de vous.

Vous voyez votre enfant précoce : je n'en suis pas étonné, vous êtes père. Il est vrai qu'un père que la philosophie a conservé tel, a bien d'autres yeux que le vulgaire. D'ailleurs le témoignage de M. Tissot légalise le vôtre; et puis vous citez des faits. De ces faits, il y en a que je conçois, d'autres non. Les enfants distinguent de bonne heure les odeurs comme différentes, comme faibles ou fortes, mais non pas comme bonnes ou mauvaises : la sensation vient de la nature; la préférence ou l'aversion n'en vient pas. Cette observation, que j'ai faite en particulier sur l'odorat n'est pas applicable aux autres sens : ainsi le jugement que la petite porte sur cet article est déjà une chose acquise.

Elle a changé de voix pour témoigner ses désirs : cela doit être. D'abord ses plaintes, ne marquant que l'inquiétude du malaise, ressemblaient à des pleurs. Maintenant l'expérience lui apprend qu'on l'écoute et qu'on la soulage. Sa plainte est donc devenue un langage; au lieu de pleurer, elle parle à sa manière.

De ce qu'elle voit avec le même plaisir les nouveaux venus et les vieilles connaissances, vous en concluez qu'elle aura le caractère aimant. Ne vous fiez pas trop à cette observation; d'autres en tireraient peut-être un signe de coquetterie plutôt que de sensibilité. Pour moi, j'en tire un indice différent de tous les deux, et qui n'est pas de mauvais augure; c'est qu'elle aura du caractère : car le signe le plus assuré d'un cœur faible est l'empire que l'habitude a sur lui.

Si réellement votre enfant est précoce, il vous donnera beaucoup plus de peine; mais il vous en dédommagera bien plus tôt : ainsi gardez cependant de vous prévenir au point de lui appliquer avant le temps une méthode qui ne lui serait pas convenable. Observez, examinez, vérifiez, et ne gâtez rien; dans le doute, il vaut toujours mieux attendre.

Au reste, quoi que vous fassiez, j'ai la plus grande confiance dans votre ouvrage, et je suis persuadé que tout ira bien. Quand vous vous tromperiez, ce que je ne présume pas, ce ne serait jamais en chose grave; et les erreurs des pères nuisent toujours moins que la négligence des instituteurs. Il ne me reste qu'une seule inquiétude, c'est que vous n'ayez entrepris cette grande tâche sans en prévoir toutes les difficultés, et qu'en s'offrant de jour en jour, elles ne vous rebutent. Dans une première ferveur, rien ne coûte, mais un soin continuel accable à la fin; et les meilleures résolutions, qui dépendent de la persévérance, sont rarement à l'épreuve du temps. Je vous supplie, monsieur le duc, de me pardonner ma franchise; elle vient de l'admiration que vous m'inspirez. Votre entreprise est trop belle pour ne pas éprouver des obstacles, et il vaut mieux vous y préparer d'avance que d'en rencontrer d'imprévus.

Ce que vous me dites de la manière dont vous voulez acquérir des amis m'apprend combien vous méritez d'en faire; mais où seront les hommes dignes que vous soyez le leur?

Je supplie V. A. S. d'agréer mon profond respect.

A M. M***, CURÉ D'AMBÉRIER EN BUGEY.

Motiers-Travers, le 15 décembre 1763.

Si je ne me faisais une peine de vous importuner trop souvent, monsieur, d'une correspondance dont vous seul faites tous les frais, je n'aurais pas tardé si longtemps à vous remercier de la réponse favorable que votre charité vous a fait faire à ma proposition au sujet de mademoiselle Le Vasseur. Je ne prévois pas encore quand elle se trouvera dans le cas de profiter de vos bontés. J'ai été fort mal l'été dernier; mais l'automne m'a donné du relâche au point de pouvoir faire, dans le pays, quelques voyages pédestres, très utiles à ma santé. Mais le retour de l'hiver a produit son effet ordinaire en me remettant aussi bas que j'étais au printemps. Si je puis atteindre la belle saison, j'en espère le même soulagement qu'elle m'a souvent procuré. Mais si dans la vie ordinaire on doit compter sur si peu de chose, la mienne est telle qu'on n'y peut compter sur rien. Dans cette position, j'ai instruit mademoiselle Le Vasseur de toutes vos bontés, dont elle est pénétrée : je lui ai donné votre adresse afin qu'elle vous écrive en cas d'accident. Tandis qu'elle serait occupée à recueillir ici mes guenilles, vous pourriez concerter avec elle le moyen de faire son voyage avec le plus d'économie et le plus commodément. Je pense qu'elle pourrait prendre une voiture à Neuchâtel pour Genève, et que là vous pourriez lui en envoyer une qui la conduirait mieux que celle qu'elle pourrait prendre à Genève même. Quoi qu'il en soit, je suis tranquillisé par vous sur le sort de cette pauvre fille. Je n'ai plus rien qui m'inquiète sur le mien, et je vous dois en grande partie la paix dont je jouis dans mon triste état.

Bonjour, monsieur; je suis plein de vous et de vos bontés, et je voudrais être un jour à portée de voir et d'embrasser un aussi digne officier de morale. Vous savez que c'est ainsi que l'abbé de Saint-Pierre appelait ses collègues les gens d'église.

Agréez, monsieur, mes salutations et mon respect.

A M. D'IVERNOIS.

A Motiers, le 17 décembre 1763.

Je reçois à l'instant, monsieur, une lettre de votre compagnon de voyage, par laquelle j'apprends qu'il l'a aussi bien fini que commencé, et qu'il s'est mieux trouvé de vos auspices que des miens. Je m'en réjouis de tout mon cœur, et je voudrais bien être à portée de me sentir de la même influence; car j'en ai encore plus besoin que lui, et le remède ne me plairait pas moins. Quant à votre querelle avec madame votre femme, vous m'avez bien l'air de me prendre pour arbitre honoraire, et de m'avoir déjà soufflé le raccommodement. Quoi qu'il en soit, je vais remplir mon office en vous condamnant tous les deux; elle pour réclamer, après quatorze enfants, les droits de Sophie : car en ce point il vaut mieux jamais que tard; et vous pour lui reprocher sa paresse en vrai paresseux vous-même, qui voudrait faire à la fois beaucoup d'ouvrage, pour n'y pas revenir si souvent.

Je vous salue, monsieur, et vous honore de tout mon cœur.

Mille amitiés et compliments de votre aimable cousine. M. son frère a enfin reçu son brevet, et je m'en réjouis de tout mon cœur.

A MADAME LATOUR.

Motiers, le 25 décembre 1763.

Je ne répondrai, madame, aux imputations dont vous me chargez par votre dernière lettre que par des faits. Lorsque je reçus votre portrait, j'avais chez moi un Genevois venu exprès pour me voir, et je n'avais pas cessé d'avoir des étrangers depuis plus de six semaines; deux jours après j'eus un gentilhomme westphalien et un Génois; six jours après, j'eus deux Zuriquois qui me restèrent huit jours; quelques jours après j'eus un Genevois convalescent, qui, étant venu chez moi changer d'air, y retomba malade, et n'est enfin reparti que depuis huit jours. Il n'est pas toujours aisé de fermer sa porte aux visites qui vous viennent de cinquante, soixante, et cent lieues; et, dans mon étroite situation, je me passerais fort de l'honneur que me font tant de gens de venir s'établir chez moi. Outre cela, j'ai continuellement un grand nombre de lettres à répondre; je ne réponds point à celles de compliments ou d'injures, et je prends mon temps pour répondre aux lettres d'amitié : mais il y en a un grand nombre d'autres où l'on daigne me consulter sur des objets importants et pressés pour ceux qui m'écrivent, et dont je ne puis différer les réponses sans manquer à mon devoir ; ces temps derniers, en particulier, j'étais occupé à un mémoire pour M. le prince de Wirtemberg, qui m'avait consulté sur l'éducation de sa fille; et je suis maintenant occupé à un travail encore plus grave pour quelqu'un qui en a besoin, et qui par conséquent est en droit de l'exiger. Mon triste état, qui empire toujours en cette saison, me réduit journellement à porter une sonde plusieurs heures, durant lesquelles toute occupation m'est impossible; il faut ensuite que je fasse un exercice d'une heure ou deux pour me faire suer; et, quand je passe un seul jour sans employer ce remède, je paie cruellement cette négligence durant la nuit; au milieu de tout cela, un homme qui n'a pas un sou de rente ne vit pas de l'air, et il faut quelques soins aussi pour pourvoir au pain. Mais je ris de ma simplicité de prétendre faire entendre raison sur une situation si différente à une femme de Paris, oisive par état, et qui n'ayant pour toute occupation que d'écrire et recevoir des lettres, entend que tous ses amis ne soient occupés non plus que du même objet.

Pour échapper à l'influence des importuns, et pour me livrer à l'exercice qui m'est nécessaire, je fais l'été, dans mes bons intervalles, des courses dans le pays; dans une de ces absences M. Breguet vint me voir à Motiers, tandis que j'étais à Yverdun : me voila coupable encore pour n'avoir pas deviné son voyage de n'avoir pas en conséquence rompu le mien.

Vous êtes, madame, une femme très aimable; je ne connais personne qui écrive des lettres mieux que vous. Je vous crois le cœur aussi bon que vous avez l'esprit agréable, et votre amitié m'est très précieuse; mais, dans l'état où je suis, ma tranquillité me l'est encore plus; et, puisque je ne puis entretenir avec vous qu'une correspondance orageuse, j'aime encore mieux n'en avoir plus du tout. Au reste, je vous déclare que c'est ici ma dernière apologie, et je vous préviens qu'il suffira désormais que vous exigiez une prompte réponse pour être sûre de n'en point recevoir du tout.

A MADAME LA COMTESSE DE BOUFFLERS.

Motiers, le 28 décembre 1763.

Votre lettre, madame, m'a fait un plaisir d'autant plus sensible que je m'y attendais moins. Je craignais, il est vrai, d'avoir perdu votre amitié ; et, sans avoir à me reprocher cette perte, je la mettais au nombre des malheurs qui m'accablent et que je ne me suis pas attirés. Je suis charmé pour moi, madame, et je suis bien aise aussi pour vous qu'il n'en soit rien ; il ne tiendra sûrement pas à moi que je ne me conserve toute ma vie un bien qui m'est si précieux. L'intérêt que je vous ai vu prendre à mes disgrâces ne peut pas plus sortir de mon cœur que n'en sortiront les sentiments qu'il avait conçus pour vous-même auparavant. Je me réjouis de n'apprendre votre rougeole et votre mélancolie qu'après votre guérison. Tâchez d'être aussi bien quitte de l'une que de l'autre. Eh! comment la mélancolie osait-elle se loger dans une âme si belle, parée d'un habit qui lui va si bien, faite à tant d'égards pour faire adorer la vertu et pour la rendre heureuse par elle? Ne dussiez-vous jouir que du bien que vous faites, je n'imagine pas ce qui devrait manquer à votre bonheur.

Après vous avoir parlé de vous, comment oser parler de moi? Mon âme, surchargée, travaille à soutenir ses disgrâces sans s'en laisser accabler; et depuis l'entrée de l'hiver, il ne manque aux maux que mon corps souffre que le degré nécessaire pour s'en délivrer tout-à-fait. Dans cet état, vous me demandez quels sont mes projets: grâce au ciel je n'en fais plus, madame; ce n'est plus la peine d'en faire; c'est une inquiétude dont mes maux m'ont enfin délivré. Le dernier, le plus chéri, celui qui ne peut, même à présent, sortir de mon cœur, était de rejoindre mylord maréchal; de donner mes derniers jours à mon ami, mon protecteur, mon père, au seul homme qui m'ait tendu la main dans ma misère, et qui m'en ait consolé. Mais cet espoir m'était trop doux; il m'échappe encore: mon triste état me l'ôte; il ne m'en reste presque plus que le désir, à moins que le reste de l'hiver ne m'épargne, et que le retour de la belle saison ne fasse un miracle; je n'attends plus d'autre changement à mon sort ici-bas que son terme; il ne me reste plus qu'à souffrir et mourir. Cela se peut faire ici tout comme ailleurs; et si je ne puis rejoindre mylord maréchal, je ne songe plus à changer de place: ce dont j'ai besoin désormais se trouve partout.

Il y a longtemps que je n'ai eu de nouvelles de mylord maréchal; je soupçonne que dans le long trajet nos lettres s'égarent, car je suis parfaitement sûr qu'il ne m'oublie pas, et j'en ai la preuve par ce qu'il vient de faire en ma faveur auprès de vous. Ah! ce digne homme! au bout de la terre il serait mon bienfaiteur encore, et mon cœur irait l'y chercher. Ayez la bonté, madame, de lui faire parvenir l'incluse: je le connais; je sais qu'il m'aime, et vous lui ferez plaisir presque autant qu'à moi.

Vous voulez que je vous donne des nouvelles de mademoiselle Le Vasseur: c'est une bonne et honnête personne, digne de l'honneur que vous lui faites. Chaque jour ajoute à mon estime pour elle, et la seule chose qui me rend désormais l'habitation de ce pays déplaisante, est de l'y laisser sans amis après moi qui la protégent contre l'avarice des gens de loi qui dissiperont mes guenilles et visiteront mes chiffons. Du reste, l'air de ce pays lui est plus favorable qu'à moi, et elle s'y porte mieux qu'à Montmorency, quoiqu'elle s'y plaise moins. Permettez-lui, madame, de vous faire ici ses remercîments très humbles, et de joindre ses respects aux miens.

A L'ABBÉ DE ***.

Motiers, le 6 janvier 1764.

Quoi! monsieur, vous avez renvoyé vos portraits de famille et vos titres! vous vous êtes défait de votre cachet! Voilà bien plus de prouesses que je n'en aurais fait à votre place. J'aurais laissé les portraits où ils étaient; j'aurais gardé mon cachet parce que je l'avais; j'aurais laissé moisir mes titres dans leur coin, sans m'imaginer même que tout cela valût la peine d'en faire un sacrifice: mais vous êtes pour les grandes actions: je vous en félicite de tout mon cœur.

A force de me parler de vos doutes, vous m'en donnez d'inquiétants sur votre compte; vous me faites douter s'il y a des choses dont vous ne doutiez pas: ces doutes mêmes, à mesure qu'ils croissent, vous rendent tranquille; vous vous y reposez comme sur un oreiller de paresse. Tout cela m'effraierait beaucoup pour vous, si vos grands scrupules ne me rassuraient. Ces scrupules sont assurément respectables comme fondés sur la vertu; mais l'obligation d'avoir de la vertu, sur quoi la fondez-vous? Il serait bon de savoir si vous êtes bien décidé sur ce point : si vous l'êtes, je me rassure. Je ne vous trouve plus si sceptique que vous affectez de l'être, et quand on est bien décidé sur les principes de ses devoirs, le reste n'est pas une si grande affaire. Mais, si vous ne l'êtes pas, vos inquiétudes me semblent peu raisonnées. Quand on est si tranquille dans le doute de ses devoirs, pourquoi tant s'affecter du parti qu'ils nous imposent?

Votre délicatesse sur l'état ecclésiastique est sublime ou puérile, selon le degré de vertu que vous avez atteint. Cette délicatesse est sans doute un devoir pour quiconque remplit tous les autres; et qui n'est faux ni menteur en rien dans ce monde ne doit pas l'être même en cela. Mais je ne connais que Socrate et vous à qui la raison pût passer un tel scrupule; car à nous autres hommes vulgaires il serait impertinent et vain d'en oser avoir un pareil. Il n'y a pas un de nous qui ne s'écarte de la vérité cent fois le jour dans le commerce des hommes en choses claires, importantes, et souvent préjudiciables; et dans un point de pure spéculation dans lequel nul ne voit ce qui est vrai ou faux, et qui n'importe ni à Dieu ni aux hommes, nous nous ferions un crime de condescendre aux préjugés de nos frères, et de dire oui où nul n'est en droit de dire non! Je vous avoue qu'un homme qui, d'ailleurs n'étant pas un saint, s'aviserait tout de bon d'un scrupule que l'abbé de Saint-Pierre et Fénelon n'ont pas eu, me deviendrait par cela seul très suspect. Quoi! dirais-je en moi-même, cet homme refuse d'embrasser le noble état d'officier de morale, un état dans lequel il peut être le guide et le bienfaiteur des hommes, dans lequel il peut les instruire, les soulager, les consoler, les protéger, leur servir d'exemple, et cela pour quelques énigmes auxquelles ni lui ni nous n'entendons rien, et qu'il n'avait qu'à prendre et donner pour ce qu'elles valent, en ramenant sans bruit le christianisme à son véritable objet! Non, concluerais-je, cet homme ment, il nous trompe; sa fausse vertu n'est point active, elle n'est que de pure ostentation; il faut être un hypocrite soi-même pour oser taxer d'hypocrisie détestable ce qui n'est au fond qu'un formulaire indifférent en lui-même, mais consacré par les lois. Sondez bien votre cœur, monsieur, je vous en conjure : si vous y trouvez cette raison telle que vous me la donnez, elle doit vous déterminer, et je vous admire. Mais souvenez-vous bien qu'alors si vous n'êtes pas le plus digne des hommes, vous aurez été le plus fou.

A la manière dont vous me demandez des préceptes de vertu, l'on dirait que vous la regardez comme un métier. Non, monsieur, la vertu n'est que la force de faire son devoir dans les occasions difficiles, et la sagesse, au contraire, est d'écarter la difficulté de nos devoirs. Heureux celui qui, se contentant d'être homme de bien, s'est mis dans une position à n'avoir jamais besoin d'être vertueux! Si vous n'allez à la campagne que pour y porter le faste de la vertu, restez à la ville. Si vous voulez à toute force exercer les grandes vertus, l'état de prêtre vous les rendra souvent nécessaires; mais si vous vous sentez les passions assez modérées, l'esprit assez doux, le cœur assez sain pour vous accommoder d'une vie égale, simple et laborieuse, allez dans vos terres, faites-les valoir, travaillez vous-même, soyez le père de vos domestiques, l'ami de vos voisins, juste et bon envers tout le monde; laissez là vos rêveries métaphysiques, et servez Dieu dans la simplicité de votre cœur; vous serez assez vertueux.

Je vous salue, monsieur, de tout mon cœur.

Au reste, je vous dispense, monsieur, du secret qu'il vous plaît de m'offrir, je ne sais pourquoi. Je n'ai pas, ce me semble, dans ma conduite, l'air d'un homme fort mystérieux.

A M. LE PRINCE L. E. DE WIRTEMBERG.

Motiers, le 21 janvier 1764.

Je m'attendais bien, monsieur le duc, que la manière dont vous élevez votre enfant ne passerait pas sans critique et sans opposition, et je vous avoue que je sais quelque gré au révérend docteur de celle qu'il vous a faite; car ses objections étaient plus propres à vous réjouir qu'à vous ébranler; et moi j'ai profité de la gaîté qu'elles vous ont donnée. On ne peut rien de plus plaisant que l'exposé de ses raisons, et je crois qu'il serait difficile qu'il en fût plus content que moi : je crains pourtant qu'il ne les trouve pas tout-à-fait péremptoires; car s'il a pour lui les chardonnerets, les chenilles, les escargots, en revanche il a contre lui les vers, les limaçons, les grenouilles, et cela doit l'intriguer furieusement.

Je ne suis pas fort surpris non plus des petits désagréments qui peuvent rejaillir, à cette occasion, sur M. Tissot; je crains même que l'accord de nos principes sur ce point n'ajoute au chagrin qu'on lui témoigne; l'influence d'un certain voisinage nourrit dans le canton de Berne une furieuse animosité contre moi, que les traitements qu'on m'y a faits aigrissent encore. On oublie quelquefois les offenses qu'on a reçues, mais jamais celles qu'on a faites; et ces messieurs ne me pardonnent point le tort qu'ils ont avec moi : tels sont les hommes. Ce qui me rassure pour M. Tissot, c'est qu'il leur est trop nécessaire pour qu'ils ne lui passent pas de mieux penser qu'eux : c'est aux rêveurs purement spéculatifs qu'il n'est pas permis de dire des vérités que rien ne rachète. Le bienfaiteur des hommes peut être vrai impunément, mais il n'en faut pas moins, je l'avoue; et s'il était moins directement utile, il serait bientôt persécuté.

Permettez que je supplie votre altesse sérénissime de vouloir bien lui remettre le barbouillage ci-joint, roulant sur une métaphysique assez ennuyeuse, et dont, par cette raison, je ne vous propose pas la lecture, ni même à M. Tissot; mais la bonté qu'il a eue de m'envoyer ses ouvrages m'impose l'obligation de lui faire hommage des miens. J'ai même été deux fois l'été dernier sur le point d'employer à lui aller rendre sa visite un des pèlerinages que mes bons intervalles m'ont permis; mais quelque plaisir que ce devoir m'eût fait à remplir, je m'en suis abstenu pour ne pas le compromettre, et j'ai sacrifié mon désir à son repos.

Vous m'inspirez pour M. et madame de Gollowkin toute l'estime dont vous êtes pénétré pour eux; mais, flatté de l'approbation qu'ils donnent à mes maximes, je ne suis pas sans crainte que leur enfant ne soit peut-être un jour la victime de mes erreurs. Par bonheur je dois, sur le portrait que vous m'avez tracé, les supposer assez éclairés pour discerner le vrai et ne pratiquer que ce qui est bien. Cependant il me reste toujours une frayeur fondée sur l'extrême difficulté d'une telle éducation; c'est qu'elle n'est bonne que dans son tout, qu'autant qu'on y persévère, et que s'ils viennent à se relâcher ou à changer de système, tout ce qu'ils auront fait jusqu'alors gâtera tout ce qu'ils voudront faire à l'avenir. Si l'on ne va jusqu'au bout, c'est un grand mal d'avoir commencé.

J'ai relu plusieurs fois votre lettre, et je ne l'ai point lue sans émotion. Les chagrins, les maux, les ans, ont beau vieillir ma pauvre machine, mon cœur sera jeune jusqu'à la fin, et je sens que vous lui rendez sa première chaleur. Oserais-je vous demander si nous ne nous sommes jamais vus? N'est-ce point avec vous que j'ai eu l'honneur de causer un quart d'heure, il y a huit ou dix ans, à Passy, chez M. de la Poplinière? Je n'ai pas, comme vous voyez, oublié cet entretien; mais j'avoue qu'il m'eût fait une autre impression si j'avais prévu la correspondance que nous avons maintenant, et le sujet qui l'a fait naître.

Qu'ai-je fait pour mériter les bontés de madame la princesse? Rien n'est si commun que des barbouilleurs de papier : ce qui est si rare, c'est une femme de son rang qui aime et remplit ses devoirs de mère, et voilà ce qu'il faut admirer.

À MADAME LA MARQUISE DE VERDELIN.

Motiers, le 28 janvier 1764.

Vos regrets sont bien légitimes, madame; ce que vous me marquez des derniers moments de M. de Verdelin prouve qu'il vous était sincèrement attaché. Et combien ne devait-il pas l'être! Cependant, comme dans l'état où il était il a plus gagné que vous n'avez perdu, les sentiments qu'il vous laisse doivent être plus relatifs à lui qu'à vous. D'ailleurs moi qui sais combien vous êtes bonne mère, et qu'en le perdant vous avez pour ainsi dire acquis vos enfants, tout ce que je puis faire en cette circonstance, par respect pour votre bon cœur et pour sa mémoire, est de ne vous pas féliciter.

Il est vrai, madame, que, m'étant trouvé plus mal cet été, j'ai écrit à un curé qui avait fait la route avec mademoiselle Le Vasseur, pour la lui recommander, sachant qu'elle ne se souciait pas de retourner à Paris, où elle ne manquerait pas d'être tyrannisée et dévalisée de nouveau par toute son avide famille. Sur les attentions qu'il avait eues pour elle, sur les discours qu'il lui avait tenus, j'avais pris la plus grande opinion de cet honnête homme, et je la lui recommandais, non pas pour lui être à charge, comme il paraît par ma lettre même, puisqu'elle a, par la pension de mon libraire, de quoi vivre en province avec économie, mais seulement pour diriger sa conduite et ses petites affaires dans un pays qui lui est inconnu. Mais le bon homme est parti de là pour supposer que j'implorais ses charités pour elle, et pour faire courir ma lettre par tout Paris, au point de proposer à un libraire de l'imprimer. J'ai gagné par là d'être instruit à temps et de pouvoir prendre d'autres mesures. J'ai la plus grande confiance en vous, madame, et l'intérêt que vous daignez prendre à elle et à moi fait la consolation de ma vie. Mais connaissant ses façons de penser, son état, ses inclinations, ce qui convient à son bonheur, je ne lui conseillerai jamais d'aller vivre à Paris ni dans la maison d'autrui, bien convaincu, par ma propre expérience, qu'on n'est jamais libre que chez soi. Du reste, je compte si parfaitement sur votre souvenir, qu'en quelque lieu qu'elle vive, je ne doute point que vous n'ayez la bonté de la recommander, de la protéger, de vous intéresser à elle; et j'avais si peu de doute là-dessus, que, sans ce que vous m'en dites dans votre dernière lettre, je ne me serais pas même avisé de vous en parler.

Garderez-vous Soisi, madame, ou vivrez-vous toujours à Paris? Lesquelles de vos filles prendrez-vous auprès de vous? Resterez-vous à l'hôtel d'Aubeterre, ou prendrez-vous une maison à vous? Le voyage de Saintonge, que vous méditez, sera selon moi, bien inutile; quelque tendresse qu'ait pour vous M. votre père, à son âge on n'aime guère à se déplacer; j'éprouve bien cette répugnance, moi que les infirmités ont déjà rendu si vieux. Je suis ici l'hiver au milieu des glaces, l'été en proie à mille importuns, très chèrement pour la vie; en toute saison ma demeure a ses incommodités. Cependant je ne puis me résoudre à me déplacer; le moindre embarras m'effraie, et je crois que j'aurai moins de peine à déménager de mon corps que de ma maison. Bonjour, madame.

À MADEMOISELLE JULIE BONDELI.

Motiers, le 28 janvier 1764.

Vous savez bien, mademoiselle, que les correspondants de votre ordre font toujours plaisir et n'incommodent jamais; mais je ne suis pas assez injuste pour exiger de vous une exactitude dont je ne me sens pas capable, et la mise est si peu égale entre nous, que, quand vous répondriez à dix de mes lettres par une des vôtres, vous seriez quitte avec moi tout au moins.

Je trouve M. Schulthess bien payé de son goût pour la vertu par l'intérêt qu'il vous inspire; et, si ce goût dégénère en passion près de vous, ce pourrait bien être un peu la faute du maître. Quoi qu'il en soit, je lui veux trop de bien pour le tirer de votre direction en le prenant sous la mienne; et jamais, ni pour le bonheur, ni pour la vertu, il n'aura regret à sa jeunesse, s'il la consacre à recevoir vos instructions. Au reste, si comme vous le pensez, les passions sont la petite-vérole de l'âme, heureux qui, pouvant la prendre encore, irait s'inoculer à Kœnitz! Le mal d'une opération si douce serait le danger de n'en pas guérir. N'allez pas vous fâcher de mes douceurs, je vous prie, je ne les prodigue pas à toutes les femmes, et puis on peut être un peu vaine.

Je ne puis, mademoiselle, répondre à votre question sur les *Lettres d'un citoyen de Genève*, car cet ouvrage m'est parfaitement inconnu, et je ne sais que par vous qu'il existe. Il est vrai qu'en général je suis peu curieux de ces sortes d'écrits; et, quand ils seraient aussi obligeants qu'ils sont insultants pour l'ordinaire, je n'irais pas plus à la chasse des éloges que des injures. Du reste, sitôt qu'il est question de moi, tous les préjugés sont qu'en effet l'ouvrage est une satire; mais les préjugés sont-ils faits pour l'emporter sur vos jugements? D'ailleurs, je ne vois pas que ce livre soit annoncé dans la gazette de Berne; grande preuve qu'il ne m'est pas injurieux.

Je n'ose vous parler de mon état, il contristerait votre bon cœur. Je vous dirai seulement que je ne puis me procurer des nuits supportables qu'en fendant du bois tout le jour, malgré ma faiblesse, pour me maintenir dans une transpiration continuelle, dont la moindre suspension me fait cruellement souffrir. Vous avez raison toutefois de prendre quelque intérêt à mon existence : malgré tous mes maux, elle m'est chère encore par les sentiments d'estime et d'affection qui m'attachent au vrai mérite; et voilà, mademoiselle, ce qui ne doit pas vous être indifférent.

Acceptez un barbouillage qui ne vaut pas la peine d'en parler, et dont je n'ose vous proposer la lecture que sous les auspices de l'ami Platon.

A M. D'ESCHERNY.

Motiers, le 2 février 1764.

Je ne suis pas si pressé, monsieur, de juger, et surtout en mal, des personnes que je ne connais point; et j'aurais tort, plus que tout homme au monde, de donner un si grand poids aux imputations du tiers et du quart. L'estime des gens de mérite est toujours honorable, et, comme on vous a peint à moi comme tel, je ne puis que m'applaudir de la vôtre. Au reste, si notre goût commun pour la retraite ne nous rapproche pas l'un de l'autre, ayez-y peu de regret; j'y perds plus que vous, peut-être : on dit votre commerce fort agréable, et moi je suis un pauvre malade fort ennuyeux; ainsi, pour l'amour de vous, demeurons comme nous sommes, et soyez persuadé, je vous supplie, que je n'ai pas le moindre soupçon que vous pensiez du mal de moi, ni par conséquent que vous en vouliez dire.

Recevez, monsieur, je vous supplie, mes remercîments de votre lettre obligeante, et mes salutations.

A MADAME LATOUR.

5 février 1764.

Je suis fort en peine de vous, madame. Quoique je n'aime pas à me savoir dans votre disgrâce, j'aime encore mieux regarder votre silence comme une punition que vous m'imposez, que comme un signe que vous êtes malade. Un mot, je vous supplie, sur la cause de ce silence, afin que, si c'est le malheur de vous déplaire, je m'en afflige; mais que je ne porte pas à la fois deux maux pour un.

Je reçois à l'instant votre lettre du 30 janvier, j'y vois que mes pressentiments n'étaient que trop justes. J'espère que vous êtes bien rétablie; toutefois votre lettre ne me rassure pas assez. Un mot sur votre état présent, je vous supplie. Je n'en puis dire aujourd'hui davantage; le paquet de France ne m'arrive qu'au moment où je dois fermer le mien.

A M. PANCKOUCKE.

Motiers, le 12 février 1764.

Je vois avec plaisir, monsieur, par votre lettre du 25 janvier, que vous ne m'avez point oublié, et je vous prie de croire que, quant à moi, je me souviendrai de vous toute ma vie avec amitié.

Je regarde votre établissement à Paris comme un moyen presque assuré de parvenir promptement à votre bien-être du côté de la fortune, vu le goût effréné de littérature qui règne en cette grande ville, et qu'étant vous-même homme de lettres, vous saurez bien choisir vos entreprises.

Je ne refuse point, monsieur, le cadeau que vous voulez me faire de ce que vous avez imprimé; il me sera précieux comme un témoignage de votre amitié : mais si vous exigez de moi de tout lire, ne m'envoyez rien; car, dans l'état où je suis, je ne puis plus supporter aucune lecture sérieuse, et tout ouvrage de raisonnement m'ennuie à la mort. Des romans et des voyages, voilà désormais tout ce que je puis souffrir, et je m'imagine qu'un homme grave comme vous n'imprime rien de tout cela.

A M. PICTET.

Motiers, le 1er mars 1764.

Je suis flatté, monsieur, que, sans un fréquent commerce de lettres, vous rendiez justice à mes sentiments pour vous : ils seront aussi durables que l'estime sur laquelle ils sont fondés; et j'espère que le retour dont vous m'honorez ne sera pas moins à l'épreuve du temps et du silence. La seule chose changée entre nous est l'espoir d'une connaissance personnelle. Cette attente, monsieur, m'était douce; mais il y faut renoncer, si je ne puis la remplir que sur les terres de Genève ou dans les environs. Là-dessus mon parti est pris pour la vie; et je puis vous assurer que vous êtes entré pour beaucoup dans ce qu'il m'en a coûté de le prendre. Du reste, je sens avec surprise qu'il m'en coûtera moins de le tenir que je ne m'étais figuré. Je ne pense plus à mon ancienne patrie qu'avec indifférence; c'est même un aveu que je vous fais sans honte, sachant bien que nos sentiments ne dépendent pas de nous; et cette indifférence était peut-être le seul qui pouvait rester pour elle dans un cœur qui ne sut jamais haïr. Ce n'est pas que je me croie quitte envers elle, on ne l'est jamais qu'à la mort. J'ai le zèle du devoir encore, mais j'ai perdu celui de l'attachement.

Mais où est-elle, cette patrie? Existe-t-elle encore? Votre lettre décide cette question. Ce ne sont ni les murs ni les hommes qui font la patrie; ce sont les lois, les mœurs, les coutumes, le gouvernement, la constitution, la manière d'être qui résulte de tout cela. La patrie est dans les relations d'état à ses membres : quand ces relations changent ou s'anéantissent, la patrie s'évanouit. Ainsi, monsieur, pleurons la nôtre; elle a péri, et son simulacre qui reste encore ne sert plus qu'à la déshonorer.

Je me mets, monsieur, à votre place, et je comprends combien le spectacle que vous avez sous les yeux doit vous déchirer le cœur. Sans contredit on souffre moins loin de son pays que de le voir dans un état si déplorable; mais les affections, quand la patrie n'est plus, se resserrent autour de la famille, et un bon père se console avec ses enfants de ne plus vivre avec ses frères. Cela me fait comprendre que des intérêts si chers, malgré les objets qui nous affligent, ne vous permettront pas de vous dépayser. Cependant, s'il arrivait que par voyage ou par déplacement vous vous éloignassiez de

Genève, il me serait très doux de vous embrasser; car, bien que nous n'ayons plus de commune patrie, j'augure des sentiments qui nous animent que nous ne cesserons point d'être concitoyens; et les liens de l'estime et de l'amitié demeurent toujours quand même on a rompu tous les autres. Je vous salue, monsieur, de tout mon cœur.

A M. L'ABBÉ DE ***.

Motiers, le 4 mars 1764.

J'ai parcouru, monsieur, la longue lettre où vous m'exposez vos sentiments sur la nature de l'âme et sur l'existence de Dieu. Quoique j'eusse résolu de ne plus rien dire sur ces matières, j'ai cru vous devoir une exception pour la peine que vous avez prise, et dont il ne m'est pas aisé de démêler le but. Si c'est d'établir entre nous un commerce de dispute, je ne saurais en cela vous complaire; car je ne dispute jamais, persuadé que chaque homme a sa manière de raisonner qui lui est propre en quelque chose, et qui n'est bonne en tout à nul autre que lui. Si c'est de me guérir des erreurs où vous me jugez être, je vous remercie de vos bonnes intentions, mais je n'en puis faire aucun usage, ayant pris depuis longtemps mon parti sur ces choses-là. Ainsi, monsieur, votre zèle philosophique est à pure perte avec moi, et je ne serai pas plus votre prosélyte que votre missionnaire. Je ne condamne point vos façons de penser, mais daignez me laisser les miennes, car je vous déclare que je n'en veux pas changer.

Je vous dois encore des remercîments du soin que vous prenez dans la même lettre de m'ôter l'inquiétude que m'avaient donnée les premières sur les principes de la haute vertu dont vous faites profession. Sitôt que ces principes vous paraissent solides, le devoir qui en dérive doit avoir pour vous la même force que s'ils l'étaient en effet : ainsi mes doutes sur leur solidité n'ont rien d'offensant pour vous; mais je vous avoue que, quant à moi, de tels principes me paraîtraient frivoles; et sitôt que je n'en admettrais pas d'autres, je sens que dans le secret de mon cœur ceux-là me mettraient fort à l'aise sur les vertus pénibles qu'ils paraîtraient m'imposer : tant il est vrai que les mêmes raisons ont rarement la même prise en diverses têtes, et qu'il ne faut jamais disputer de rien!

D'abord l'amour de l'ordre, en tant que cet ordre est étranger à moi, n'est point un sentiment qui puisse balancer en moi celui de mon intérêt propre; une vue purement spéculative ne saurait dans le cœur humain l'emporter sur les passions; ce serait à ce qui est moi préférer ce qui m'est étranger : ce sentiment n'est pas dans la nature. Quant à l'amour de l'ordre dont je fais partie, il ordonne tout par rapport à moi, et comme alors je suis seul le centre de cet ordre, il serait absurde et contradictoire qu'il ne me fît pas rapporter toutes choses à mon bien particulier. Or la vertu suppose un combat contre nous-mêmes, et c'est la difficulté de la victoire qui en fait le mérite; mais, dans la supposition, pourquoi ce combat? Toute raison, tout motif y manque. Ainsi point de vertu possible par le seul amour de l'ordre.

Le sentiment intérieur est un motif très puissant sans doute; mais les passions et l'orgueil l'altèrent et l'étouffent de bonne heure dans presque tous les cœurs. De tous les sentiments que nous donne une conscience droite, les deux plus forts et les seuls fondements de tous les autres sont celui de la dispensation d'une providence et celui de l'immortalité de l'âme : quand ces deux-là sont détruits, je ne vois plus ce qui peut rester. Tant que le sentiment intérieur me dirait quelque chose, il me défendrait, si j'avais le malheur d'être sceptique, d'alarmer ma propre mère des doutes que je pourrais avoir.

L'amour de soi-même est le plus puissant, et, selon moi, le seul motif qui fait agir les hommes. Mais comment la vertu, prise absolument et comme un être métaphysique, se fonde-t-elle sur cet amour-là? c'est ce qui me passe. Le crime, dites-vous, est contraire à celui qui le commet; cela est toujours vrai dans mes principes, et souvent très faux dans les vôtres. Il faut distinguer alors les tentations, les positions, l'espérance plus ou moins grande qu'on a qu'il reste inconnu ou impuni. Communément le crime a pour motif d'éviter un grand mal ou d'acquérir un grand bien; souvent il parvient à son but. Si ce sentiment n'est pas naturel, quel sentiment pourra l'être? Le crime adroit jouit dans cette vie de tous les avantages de la fortune et même de la gloire. La justice et les scrupules ne font ici-bas que des dupes. Otez la justice éternelle et la prolongation de mon être après cette vie, je ne vois plus dans la vertu qu'une folie à qui l'on donne un beau nom. Pour un matérialiste l'amour de soi-même n'est que l'amour de son corps. Or, quand Régulus allait, pour tenir sa foi, mourir dans les tourments à Carthage, je ne vois point ce que l'amour de son corps faisait à cela.

Une considération plus forte encore confirme les précédentes; c'est que dans votre système, le mot même de vertu ne peut avoir aucun sens; c'est un son qui bat l'oreille, et rien de plus. Car enfin, selon vous, tout est nécessaire : où tout est nécessaire, il n'y a point de liberté; sans liberté, point de moralité dans les actions; sans la moralité des actions, où est la vertu? Pour moi, je ne le vois pas. En parlant du sentiment intérieur je devais mettre au premier rang celui du libre arbitre; mais il suffit de l'y renvoyer d'ici.

Ces raisons vous paraîtront très faibles, je n'en doute pas; mais elles me paraissent fortes à moi; et cela suffit pour vous prouver que, si par hasard je devenais votre disciple, vos leçons n'auraient fait de moi qu'un fripon. Or un homme vertueux comme vous ne voudrait pas consacrer ses peines à mettre un fripon de plus dans le monde, car je crois qu'il y a bien autant de ces gens-là que d'hypocrites, et qu'il n'est pas plus à propos de les y multiplier.

Au reste je dois avouer que ma morale est bien moins sublime que la vôtre, et je sens que ce sera beaucoup même si elle me sauve de votre mépris. Je ne puis disconvenir que vos imputations d'hypocrisie ne portent un peu sur moi. Il est très vrai que sans être en tout du sentiment de mes frères, et sans déguiser le mien dans l'occasion, je m'accommode très bien du leur : d'accord avec eux sur les principes de nos devoirs, je ne dispute point sur le reste, qui me paraît très peu important. En attendant que nous sachions certainement qui de nous a raison, tant qu'ils me souffriront dans leur communion, je continuerai d'y vivre avec un véritable attachement. La vérité pour nous est couverte d'un voile, mais la paix et l'union sont des biens certains.

Il résulte de toutes ces réflexions que nos façons de penser sont trop différentes pour que nous puissions nous entendre, et que par conséquent un plus long commerce entre nous ne peut qu'être sans fruit. Le temps est si court, et nous en avons besoin pour tant de choses, qu'il ne faut pas l'employer inutilement. Je vous souhaite, monsieur, un bonheur solide, la paix de l'âme, qu'il me semble que vous n'avez pas, et je vous salue de tout mon cœur.

A MADAME LATOUR.

A Motiers, le 10 mars 1764.

Quelque mécontente que vous soyez de moi, chère Marianne, vous ne sauriez l'être plus que je le suis moi-même. Mais des regrets stériles ne me rendront pas meilleur; mes plis sont pris, et je sens avec douleur qu'à mon âge et dans mon état on ne se corrige plus de rien. J'aurais désiré, tel que je suis, que vous ne m'eussiez pas tout-à-fait abandonné. Cependant, si vous ne me jugez plus digne de vos lettres ni de votre souvenir, j'en aurai de la douleur, mais je n'en murmurerai pas. Quant à moi, je ne vous oublierai de ma vie; et, dussiez-vous ne plus me répondre, je vous écrirai toujours quelquefois, mais sans gêne et sans règle, car je n'en puis mettre à rien.

A M. LE PRINCE L. E. DE WIRTEMBERG.

11 mars 1764.

Qui, moi, des contes? à mon age et dans mon état? Non, prince, je ne suis plus dans l'enfance, ou plutôt je n'y suis pas encore; et, malheureusement, je ne suis pas si gai dans mes maux que Scarron l'était dans les siens. Je dépéris tous les jours; j'ai des comptes à rendre, et point de contes à faire. Ceci m'a bien l'air d'un bruit préliminaire répandu par quelqu'un qui veut m'honorer d'une gentillesse de sa façon. Divers auteurs, non contents d'attaquer mes sottises, se sont mis à m'imputer les leurs. Paris est inondé d'ouvrages qui portent mon nom, et dont on a soin de faire des chefs-d'œuvre de bêtise, sans doute afin de mieux tromper les lecteurs. Vous n'imagineriez jamais quels coups détournés on porte à ma réputation, à mes mœurs, à mes principes. En voici un qui vous fera juger des autres.

Tous les amis de M. de Voltaire répandent à Paris qu'il s'intéresse tendrement à mon sort (et il est vrai qu'il s'y intéresse). Il font entendre qu'il est avec moi dans la plus intime liaison. Sur ce bruit, une femme qui ne me connaît point me demande par écrit quelques éclaircissements sur la religion, et envoie sa lettre à M. de Voltaire, le priant de me la faire passer. M. de Voltaire garde la lettre qui m'est adressée, et renvoie à cette dame, comme en réponse, le *Sermon des cinquante*. Surprise d'un pareil envoi de ma part, cette femme m'écrit par une autre voie; et voilà comment j'apprends ce qui s'est passé.

Vous êtes surpris que ma Lettre sur la Providence n'ait pas empêché Candide de naître? C'est elle, au contraire, qui lui a donné naissance; Candide en est la réponse. L'auteur m'en fit une de deux pages dans laquelle il battait la campagne, et Candide parut dix mois après. Je voulais philosopher avec lui; en réponse il m'a persifflé. Je lui ai écrit une fois que je le haïssais, et je lui en ai dit les raisons. Il ne m'a pas écrit la même chose, mais il me l'a vivement fait sentir. Je me venge en profitant des excellentes leçons qui sont dans ses ouvrages, et je le force à continuer de me faire du bien malgré lui.

Pardon, prince : voilà trop de jérémiades; mais c'est un peu votre faute si je prends tant de plaisir à m'épancher avec vous. Que fait madame la princesse? Daignez me parler quelquefois de son état. Quand aurons-nous ce précieux enfant de l'amour qui sera l'élève de la vertu? Que ne deviendra-t-il point sous de tels auspices? de quelles fleurs charmantes, de quels fruits délicieux ne couronnera-t-il point les liens de ses dignes parents? Mais cependant quels nouveaux soins vous sont imposés! Vos travaux vont redoubler; y pourrez-vous suffire? aurez-vous la force de persévérer jusqu'à la fin? Pardon, monsieur le duc; vos sentiments connus me sont garants de vos succès. Aussi mon inquiétude ne vient-elle pas de défiance, mais du vif intérêt que j'y prends.

A MADAME DE LUZE.

Motiers, le 17 mars 1764.

Il est dit, madame, que j'aurai toujours besoin de votre indulgence, moi qui voudrais mériter toutes vos bontés. Si je pouvais changer une réponse en visite, vous n'auriez pas à vous plaindre de mon exactitude, et vous me trouveriez peut-être aussi importun qu'à présent vous me trouvez négligent. Quand viendra ce temps précieux où je pourrai aller au Biez réparer mes fautes, ou du moins en implorer le pardon? Ce ne sera point, madame, pour voir ma mince figure que je ferai ce voyage; j'aurai un motif d'empressement plus satisfaisant et plus raisonnable. Mais permettez-moi de me plaindre de ce qu'ayant bien voulu loger ma ressemblance, vous n'avez pas voulu me faire la faveur tout entière en permettant qu'elle vous vînt de moi. Vous savez que c'est une vanité qui n'est pas permise d'oser offrir son portrait; mais vous avez craint peut-être que ce ne fût une trop grande faveur de le demander; votre but était d'avoir une image, et non d'enorgueillir l'original. Aussi pour me croire chez vous il faut que j'y sois en personne, et il faut tout l'accueil obligeant que vous daignez m'y faire pour ne pas me rendre jaloux de moi.

Permettez, madame, que je remercie ici madame de Faugnes de l'honneur de son souvenir, et que je l'assure de mon respect. Daignez agréer pour vous la même assurance, et présenter mes salutations à M. de Luze.

A MYLORD MARÉCHAL.

25 mars 1764.

Enfin, mylord, j'ai reçu dans son temps, par M. Rougemont, votre lettre du 2 février, et c'est de toutes les réponses dont vous me parlez la seule qui me soit parvenue. J'y vois, par votre dégoût de l'Ecosse, par l'incertitude du choix de votre demeure, qu'une partie de nos châteaux en Espagne est déjà détruite, et je crains bien que le progrès de mon dépérissement, qui rend chaque jour mon déplacement plus difficile, n'achève de renverser l'autre. Que le cœur de l'homme est inquiet! Quand j'étais près de vous, je soupirais, pour y être plus à mon aise, après le séjour de l'Ecosse; et maintenant je donnerais tout au monde pour vous voir encore ici gouverneur de Neuchâtel. Mes vœux sont divers, mais leur objet est toujours le même. Revenez à Colombier, mylord, cultiver votre jardin, et faire du bien à des ingrats, malgré eux; peut-on terminer plus dignement sa carrière? Cette exhortation de ma part est intéressée, j'en conviens; mais si elle offensait votre gloire, le cœur de votre enfant ne se la permettrait jamais.

J'ai beau vouloir me flatter, je vois, mylord, qu'il faut renoncer à vivre auprès de vous; et malheureusement je n'en perdrai pas si facilement le besoin que l'espoir. La circonstance où vous m'avez accueilli m'a fait une impression que les jours passés avec vous ont rendue ineffaçable : il me semble que je ne puis plus être libre que sous vos yeux, ni valoir mon prix que dans votre estime. L'imagination du moins me rapprocherait, si je pouvais vous donner les bons moments qui me restent : mais vous m'avez refusé des mémoires sur votre illustre frère. Vous avez eu peur que je ne fisse le bel esprit, et que je ne gâtasse la sublime simplicité du *probus vixit, fortis obiit*. Ah! mylord, fiez-vous à mon cœur; il saura trouver un ton qui doit plaire au vôtre pour parler de ce qui vous appartient. Oui, je donnerais tout au monde pour que vous voulussiez me fournir des matériaux pour m'occuper de vous, de votre famille, pour pouvoir transmettre à la postérité quelque témoignage de mon attachement pour vous et de vos bontés pour moi. Si vous avez la complaisance de m'envoyer quelques mémoires, soyez persuadé que votre confiance ne sera point trompée : d'ailleurs vous serez le juge de mon travail; et comme je n'ai d'autre objet que de satisfaire un besoin qui me tourmente, si j'y parviens, j'aurai fait ce que j'ai voulu. Vous déciderez du reste, et rien ne sera publié que de votre aveu. Pensez à cela, mylord, je vous conjure, et croyez que vous n'aurez pas peu fait pour le bonheur de ma vie, si vous me mettez à portée d'en consacrer le reste à m'occuper de vous.

Je suis touché de ce que vous avez écrit à M. le conseiller Rougemont au sujet de mon testament. Je compte, si je me remets un peu, l'aller voir cet été à Saint-Aubin pour en conférer avec lui. Je me détournerai pour passer à Colombier : j'y reverrai du moins ce jardin, ces allées, ces bords du lac où se sont faites de si douces promenades et où vous devriez venir les recommencer, pour réparer du moins, dans un climat qui vous était salutaire, l'altération que celui d'Edimbourg a faite à votre santé.

Vous me promettez, mylord, de me donner de vos nouvelles et de m'instruire de vos directions itinéraires : ne l'oubliez pas, je vous en supplie. J'ai été cruellement tourmenté de ce long silence. Je ne craignais pas que vous m'eussiez oublié, mais je craignais pour vous la rigueur de l'hiver. L'été je craindrai la mer, les fatigues, les déplacements, et de ne savoir plus où vous écrire.

A MADAME ROGUIN, NÉE BOUGUET.

A Motiers, le 31 mars 1764.

Assurément, madame, vous serez une bonne mère, et avec le zèle que vous me marquez pour les devoirs attachés à ce lien, c'eût été grand dommage que M. Roguin ne vous eût pas mise dans l'état de les remplir. Vous vous inquiétez déjà de votre enfant, du temps où vous pourrez commencer à le baigner dans l'eau froide, de la manière de parvenir graduellement à lui couvrir la tête, et il n'est pas encore né. C'est là, madame, une sollicitude maternelle très bien placée à certains égards; à d'autres, un peu précoce; mais très louable en tous sens et qui mérite que j'y réponde de mon mieux.

En premier lieu, il importe fort peu que l'enfant soit dans un panier d'osier ou dans autre chose. Qu'il soit couché un peu mollement, un peu de biais, et souvent au grand air. S'il est en liberté, il ne tardera pas d'acquérir la force nécessaire pour se donner l'attitude qui lui convient. Et d'ailleurs, il ne sera pas toujours couché, puisqu'une aussi bonne nourrice que vous voulez l'être, daignera bien le tenir quelquefois sur ses bras.

Vous désirez le baigner de très bonne heure dans l'eau froide. C'est très bien fait, madame. Mon avis est que, pour ne rien risquer, on commence dès le jour de sa naissance. Le quart du monde chrétien, c'est-à-dire tous les Russes et la plupart des Grecs, baptisent les enfants nouveau-nés, en les plongeant trois fois de suite dans l'eau toute froide et même glacée. Faites la même chose, madame, baptisez votre enfant par immersion deux fois le jour, et n'ayez pas peur des rhumes.

Vous songez de trop loin au temps de lui couvrir la tête; mais je n'en vois pas bien la nécessité. Cette nécessité ne viendra sûrement jamais, si c'est un garçon. Si c'est une fille, vous pourrez y songer lors de sa première communion, et cela moins pour obéir à la raison qu'à saint Paul, qui veut que les femmes aient la tête couverte dans l'église. A la bonne heure donc, puisque saint Paul le veut comme cela. Mais le reste du temps, qu'elle soit toujours coiffée en cheveux jusqu'à l'âge de trente ans, qu'une pareille coiffure devient indécente et ridicule dans une femme. Comme un exemple dit plus sur tout ceci que cent pages d'explication, je joins ici, madame, l'extrait d'un mémoire où vous pourrez voir en faits les solutions de vos difficultés. Quoique les *Sophies* et les *Emiles* soient rares, comme vous dites fort bien, il s'en élève pourtant quelques-uns en Europe, même en Suisse, et même à votre voisinage, et le succès promet déjà à leurs dignes pères et mères le prix de la tendresse qui leur fait supporter les soins d'une éducation si pénible, et du courage qui leur fait braver les clabauderies des sots, des gens d'église, et les ricaneries encore plus sottes des beaux-esprits.

Si vous voulez, madame, faire par vous-même les observations nécessaires, prenez la peine d'aller près de Lauzanne voir M. le prince de Wirtemberg. C'est sa fille unique qu'il élève de la manière marquée dans le mémoire; et s'il vous faut là-dessus des explications plus détaillées, vous pourrez consulter l'illustre M. Tissot. Prenez ses avis, madame : c'est le meilleur que je puisse vous donner. Agréez, je vous supplie, mes salutations et mon respect.

A MYLORD MARÉCHAL.

31 mars 1764.

Sur l'acquisition, mylord, que vous avez faite, et sur l'avis que vous m'en avez donné, la meilleure réponse que j'aie à vous faire est de vous transcrire ici ce que j'écris sur ce sujet à la personne que je prie de donner cours à cette lettre, en lui parlant des acclamations de vos bons compatriotes.

« Tous les plaisirs ont beau être pour les méchants, en voilà pourtant un que je leur défie de goûter. Il n'a rien eu de plus pressé que de me donner avis du changement de sa fortune : vous devinez aisément pourquoi. Félicitez-moi de tous mes malheurs, madame; ils m'ont donné pour ami mylord maréchal. »

Sur vos offres, qui regardent mademoiselle Le Vasseur et moi, je commencerai, mylord, par vous dire que, loin de mettre de l'amour-propre à me refuser à vos dons, j'en mettrai un très noble à les recevoir. Ainsi là-dessus point de dispute; les preuves que vous vous intéressez à moi, de quelque genre qu'elles puissent être, sont plus propres à m'enorgueillir qu'à m'humilier, et je ne m'y refuserai jamais; soit dit une fois pour toutes.

Mais j'ai du pain quant à présent; et, au moyen des arrangements que je médite, j'en aurai pour le reste de mes jours. Que me servirait le surplus? Rien ne me manque de ce que je désire et qu'on peut avoir avec de l'argent. Mylord, il faut préférer ceux qui ont besoin à ceux qui n'ont pas besoin, et je suis dans ce dernier cas. D'ailleurs, je n'aime point qu'on me parle de testaments. Je ne voudrais pas être, moi le sachant, dans celui d'un indifférent; jugez si je voudrais me savoir dans le vôtre.

Vous savez, mylord, que mademoiselle Le Vasseur a une petite pension de mon libraire avec laquelle elle peut vivre quand elle ne m'aura plus. Cependant j'avoue que le bien que vous voulez lui faire m'est plus précieux que s'il me regardait directement, et je suis extrêmement touché de ce moyen trouvé par votre cœur de contenter la bienveillance dont vous m'honorez. Mais s'il se pouvait que vous lui assignassiez plutôt la rente de la somme que la somme même, cela m'éviterait l'embarras de chercher à la placer, sorte d'affaire où je n'entends rien.

J'espère, mylord, que vous aurez reçu ma précédente lettre. M'accorderez-vous des mémoires? Pourrai-je écrire l'histoire de votre maison? Pourrais-je donner quelques éloges à ces bons Écossais à qui vous êtes si cher, et qui par là me sont chers aussi?

AU MÊME.

Avril 1764.

J'ai répondu très exactement, mylord, à chacune de vos deux lettres du 2 février et du 6 mars, et j'espère que vous serez content de ma façon de penser sur les bontés dont vous m'honorez dans la dernière. Je reçois à l'instant celle du 26 mars, et j'y vois que vous prenez le parti que j'ai toujours prévu que vous prendriez à la fin. En vous menaçant d'une descente, le roi l'a effectuée; et, quelque redoutable qu'il soit, il vous a encore plus sûrement conquis par sa lettre(1) qu'il n'aurait fait par ses armes. L'asile qu'il vous presse d'accepter est le seul digne de vous. Allez, mylord, à votre destination; il vous convient de vivre auprès de Frédéric comme il m'eût convenu de vivre auprès de George Keith. Il n'est ni dans l'ordre de la justice ni dans celui de

---

(1) Voici cette lettre, d'après la version qu'on a publiée d'Alembert, dans son éloge de mylord maréchal.

« Je disputerais bien avec les habitants d'Édimbourg l'avantage de vous posséder : si j'avais des vaisseaux, je méditerais une descente en Écosse pour enlever mon cher mylord et pour l'emmener ici; mais nos barques de l'Elbe sont peu propres à une pareille expédition. Il n'y a que vous sur qui je puisse compter. J'étais ami de votre frère, je lui

la fortune que mon bonheur soit préféré au vôtre. D'ailleurs mes maux empirent et deviennent presque insupportables : il ne me reste qu'à souffrir et mourir sur la terre; et en vérité c'eût été dommage de n'aller vous joindre que pour cela.

Voilà donc ma dernière espérance évanouie.... Mylord, puisque vous voilà devenu si riche et si ardent à verser sur moi vos dons, il en est un que j'ai souvent désiré, et qui malheureusement me devient plus désirable encore lorsque je perds l'espoir de vous revoir. Je vous laisse expliquer cette énigme; le cœur d'un père est fait pour la deviner.

Il est vrai que le trajet que vous préférez vous épargnera de la fatigue; mais si vous n'étiez pas bien fait à la mer elle pourrait vous éprouver beaucoup à votre âge, surtout s'il revenait du gros temps. En ce cas, le plus long trajet par terre me paraîtrait préférable, même au risque d'un peu de fatigue de plus. Comme j'espère aussi que vous attendrez pour vous embarquer que la saison soit moins rude, vous voulez bien, mylord, que je compte encore sur une de vos lettres avant votre départ.

A M. A.

Motiers-Travers, le 7 avril 1764.

L'état où j'étais, monsieur, au moment où votre lettre me parvint, m'a empêché de vous en accuser plus tôt la réception, et de vous remercier comme je fais aujourd'hui du plaisir que m'a fait ce témoignage de votre souvenir. J'en suis plus touché que surpris; et j'ai toujours bien cru que l'amitié dont vous m'honoriez dans mes jours prospères ne se refroidirait ni par mes disgrâces ni par mon exil. De mon côté, sans avoir avec vous des relations suivies, je n'ai point cessé, monsieur, de prendre intérêt aux changements agréables que vous avez éprouvés depuis nos anciennes liaisons. Je ne doute point que vous ne soyez aussi bon mari et aussi digne père de famille que vous étiez homme aimable étant garçon, que vous ne vous appliquiez à donner à vos enfants une éducation raisonnable et vertueuse, et que vous ne fassiez le bonheur d'une femme de mérite qui doit faire le vôtre. Toutes ces idées, fruits de l'estime qui vous est due, me rendent la vôtre plus précieuse.

Je voudrais vous rendre compte de moi pour répondre à l'intérêt que vous daignez y prendre : mais que vous dirais-je? Je ne fus jamais bien grand'-chose; maintenant je ne suis plus rien; je me regarde comme ne vivant déjà plus. Ma pauvre machine délabrée me laissera jusqu'au bout, j'espère, une âme saine quant aux sentiments et à la volonté; mais, du côté de l'entendement et des idées, je suis aussi malade de l'esprit que du corps. Peut-être est-ce un avantage pour ma situation. Mes maux me rendent mes malheurs peu sensibles. Le cœur se tourmente moins quand le corps souffre, et la nature me donne tant d'affaires que l'injustice des hommes ne me touche plus. Le remède est cruel, je l'avoue; mais enfin c'en est un pour moi; car les plus vives douleurs me laissent toujours quelque relâche, au lieu que les grandes afflictions ne m'en laissent point. Il est donc bon que je souffre et que je dépérisse pour être moins attristé; et j'aimerais mieux être Scarron malade que Timon en santé. Mais si je suis désormais peu sensible aux peines, je le suis encore aux consolations; et c'en sera toujours une pour moi d'apprendre que vous vous portez bien, que vous êtes heureux, et que vous continuez de m'aimer. Je vous salue, monsieur, et vous embrasse de tout mon cœur.

avais des obligations; je suis le vôtre de cœur et d'âme : voilà mes titres; voilà les droits que j'ai sur vous. Vous vivez ici dans le sein de l'amitié, de la liberté et de la philosophie : il n'y a que cela dans le monde, mon cher mylord; quand on a passé par toutes les métamorphoses des états, quand on a goûté de tout, on en revient là. »

A M. LE PRINCE L. E. DE WIRTEMBERG.

Motiers, le 15 avril 1764.

Ne vous plaignez pas de vos disgrâces, prince. Comme elles sont l'ouvrage de votre courage et de vos vertus, elles sont aussi l'instrument de votre gloire et de votre bonheur. Vaincre Frédéric eût été beaucoup, sans doute; mais vaincre dans son propre cœur les préjugés et les passions qui subjuguent les conquérants comme les autres hommes, est plus encore. Et, dites la vérité, combien de batailles gagnées vous eussent donné dans l'opinion des hommes ce que vous donne au fond de votre cœur une heure de jouissance des plaisirs de l'amour conjugal et paternel? Quand vos succès eussent fait aux hommes quelque vrai bien, ce qui me paraît fort douteux; car qu'importe au peuple qui perde ou qui gagne? vous auriez méconnu les vrais biens pour vous-même; et, séduit par les acclamations publiques, vous n'eussiez plus mis votre bonheur que dans les jugements d'autrui. Vous avez appris à le trouver en vous, à en être le maître, et à en jouir malgré la reine et malgré les jaloux. Vous l'avez conquis, pour ainsi dire; c'était la meilleure conquête à faire.

La fumée de la gloire est enivrante dans mon métier comme dans le vôtre. J'ignore si cette fumée m'a porté à la tête, mais elle m'a souvent fait mal au cœur; et il est bien difficile qu'au milieu des triomphes un guerrier ne sente pas quelquefois la même atteinte; car si les lauriers des héros sont plus brillants, la culture en est aussi plus pénible, plus dépendante, et souvent on la leur fait payer bien cher.

La manière de vivre isolé et sans prétention que j'ai choisie, et qui me rend à peu près nul sur la terre, m'a mis à portée d'observer et comparer toutes les conditions, depuis les paysans jusqu'aux grands. J'ai pu facilement écarter l'apparence; car j'ai été partout admis dans le commerce et même dans la familiarité. Je me suis, pour ainsi dire, incorporé dans tous les états pour les bien étudier. J'ai vu leurs sentiments, leurs plaisirs, leurs désirs, leur manière interne d'être; j'ai toujours vu que ceux qui savaient rendre leur situation non la plus éclatante, mais la plus indépendante, étaient les plus près de toute la félicité permise à l'homme; que les sentiments libres qu'ils cultivaient, tels que l'amour, l'amitié, étaient tout autrement délicieux que ceux qui naissent des relations forcées que donnent l'état et le rang; que les affections enfin qui tenaient aux personnes et qui étaient du choix du cœur étaient infiniment plus douces que celles qui tenaient aux choses et que déterminait la fortune.

Sur ce principe il m'a semblé, dès les premières lettres dont vous m'avez honoré, et toutes les suivantes confirment ce jugement, que vous aviez fait le plus grand pas pour arriver au bonheur; que, de prince et de général se faire père, mari, véritable homme, n'était point aller aux privations, mais aux jouissances; que vos présentes occupations marquaient l'état de votre âme de la façon la moins équivoque; que votre respect pour le sublime Klyiogg montrait combien vous en méritiez vous-même; qu'enfin vous pouviez avoir des chagrins, parce que tout homme en a; mais que, si quelqu'un dans le monde approchait par sa situation et par ses sentiments du vrai bonheur, ce devait être vous; et que, sur la disgrâce qui vous avait conduit à cet état simple et désirable, vous pouviez dire, comme Thémistocle : Nous périssions, si nous n'eussions péri. Voilà, prince, ma façon de penser sur votre situation présente et passée. Si je me trompe, ne me détrompez pas.

Une femme du pays de Vaud, qui se prétend grosse, m'a écrit pour me demander des conseils sur l'éducation de son enfant. Sa lettre me paraît un persifflage perpétuel sur mes chimériques idées. J'ai pris la liberté de lui citer pour réponse votre petite Sophie et la manière dont vous avez le courage de l'élever. J'espère n'avoir point commis en cela d'indiscrétion; si je l'avais fait, je vous prierais de me le dire afin que je fusse plus retenu une autre fois.

Si vous approuviez que nos lettres finissent désormais sans formule et sans signature, il me semble que cela serait plus commode. Quand les sentiments sont connus, quand l'écriture est connue, il ne reste à prendre sur cet article que des soins qui me semblent superflus : en attendant que votre exemple m'autorise avec vous à cet usage, agréez, monsieur le duc, je vous supplie, les assurances de mon profond respect.

A M. LE MARÉCHAL DE LUXEMBOURG.

Motiers, le 21 avril 1764.

Je suis alarmé, monsieur le maréchal, d'apprendre à l'instant que vous n'êtes pas allé ce printemps à Montmorency. Je crains que la suite d'une indisposition qu'on m'avait décrite comme légère, et dont je vous croyais rétabli, n'ait mis obstacle à ce voyage. Permettez que je vous supplie de me faire écrire un mot sur votre état présent. Je sais qu'il faudrait toujours savoir se retirer avant que d'être importun, et qu'on y est obligé, du moins quand on sent qu'on l'est devenu. Mais, monsieur le maréchal, comme les sentiments que vous daignâtes cultiver ne peuvent sortir de mon cœur, je ne puis perdre non plus les inquiétudes qui en sont inséparables. Je serai discret désormais sur tout autre article; mais, je ne puis me résoudre à l'être, quand je suis en peine de votre santé.

A M. D'IVERNOIS.

Motiers, le 21 avril 1764.

Je me réjouis, monsieur, de vous savoir heureusement de retour de votre voyage; et je me réjouirais bien aussi de celui que vous avez la bonté de me proposer, si j'étais en état de l'accepter; mais c'est à quoi ma situation présente ne me permet pas de penser. D'ailleurs je vous avouerai franchement qu'il entre dans mes arrangements de ne dépendre que de ma volonté dans mes courses, de n'en faire par conséquent qu'avec gens qui n'ont point d'affaire, et qui n'ont une voiture ni devant ni derrière eux. Mais si je ne puis, monsieur, avoir le plaisir de vous suivre, j'attends du moins avec empressement celui de vous embrasser; ce serait un bien de plus dans ma vie d'en pouvoir jouir plus souvent.

Oserais-je vous charger d'une petite commission? M. Deluc l'aîné a eu la bonté de m'envoyer un baril de miel de Chamouni, comme je l'en avais prié. Je lui ai écrit là-dessus sans recevoir de réponse. Vous m'obligeriez beaucoup, monsieur, si vous vouliez bien solder avec lui cette petite affaire, en y ajoutant quelques affranchissements de lettres que je lui dois aussi, et je vous rembourserais ici le tout à votre passage. Je vous connais trop obligeant pour croire avoir là-dessus d'excuse à vous faire. Recevez les remerciments et respects de mademoiselle Le Vasseur, et faites, je vous supplie, agréer les miens à madame d'Ivernois. Je vous salue, monsieur, de tout mon cœur.

A MADAME LATOUR.

A Motiers, le 28 avril 1764.

Tant que ma situation ne changera pas, j'aurai, chère Marianne, avec le chagrin de ne pouvoir vous écrire que des lettres rares et courtes, celui de sentir que vous imputez toujours en vous-même mon malheur à ma mauvaise volonté; car je sais qu'il n'est pas dans le cœur humain de se mettre à la place des autres dans les choses qu'on exige d'eux. Au reste, un article de vos lettres, auquel je ne répondrais pas quand j'aurais le temps et la santé qui me manquent, est celui des louanges. Le silence est la seule bonne réponse que je sache faire à cet article-là.

Les pièces de mes écrits que vous avez in-12, et que vous me demandez in-8°, ont, pour la plupart été imprimées, dans ce dernier format, chez Pissot, quai de Conti, à la descente du Pont-Neuf; le *Discours sur l'économie politique* a aussi été imprimé in-8° à Genève, chez Duvillard. Je n'ai aucune de ces pièces détachées de l'unique exemplaire que je me suis réservé de mes écrits, et je n'ai plus aucune relation avec les libraires qui les ont imprimées. Cependant, ne vous mettez pas en quête de ces pièces de six semaines d'ici; car j'espère, avant ce terme, pouvoir vous les procurer toutes d'une bonne édition, et cela sans embarras. Voilà, chère Marianne, ce que j'ai quant à présent à vous répondre sur les éclaircissements que vous m'avez demandés. J'attends maintenant la question que vous avez à me faire; j'espère qu'elle n'a nul trait à mon sincère attachement pour vous; car, quelque mécontente que vous soyez de ma correspondance, je ne vous pardonnerais pas de rien mettre en doute qui pût se rapporter à cet objet-là.

A M. GUY.

A Motiers, le 6 mai 1764.

Puisque vous voulez bien que je dispose de quelques exemplaires du Recueil que vous venez de faire imprimer, je vous prie de vouloir bien en faire porter un in-8° broché, chez « Madame de L. T., rue de Richelieu, entre la rue Neuve-Saint-Augustin, et les écuries de madame la duchesse d'Orléans; » et, si elle veut le payer, de défendre à celui qui le portera de recevoir l'argent.

A MADEMOISELLE D. M.

Le 7 mai 1764.

Je ne prends pas le change, Henriette, sur l'objet de votre lettre, non plus que sur votre date de Paris. Vous recherchez moins mon avis sur le parti que vous avez à prendre que mon approbation pour celui que vous avez pris. Sur chacune de vos lignes je lis ces mots écrits en gros caractères : « Voyons si vous aurez le front de condamner à ne plus penser ni lire quelqu'un qui pense et écrit ainsi. » Cette interprétation n'est assurément pas un reproche, et je ne puis que vous savoir gré de me mettre au nombre de ceux dont les jugements vous importent. Mais en vous flattant, vous n'exigez pas, je crois, que je vous flatte; et vous déguiser mon sentiment, quand il y va du bonheur de votre vie, serait mal répondre à l'honneur que vous m'avez fait.

Commençons par écarter les délibérations inutiles. Il ne s'agit plus de vous réduire à coudre et broder. Henriette, on ne quitte pas sa tête comme son bonnet, et l'on ne revient pas plus à la simplicité qu'à l'enfance; l'esprit une fois en effervescence y reste toujours, et quiconque a pensé pensera toute sa vie. C'est là le plus grand malheur de l'état de réflexion : plus on en sent les maux, plus on les augmente; et tous nos efforts pour en sortir ne font que nous y embourber plus profondément.

Ne parlons donc pas de changer d'état, mais du parti que vous pouvez tirer du vôtre. Cet état est malheureux, il doit toujours l'être. Vos maux sont grands et sans remède ; vous les sentez, vous en gémissez; et, pour les rendre supportables, vous cherchez du moins un palliatif. N'est-ce pas là l'objet que vous vous proposez dans vos plans d'études et d'occupations ?

Vos moyens peuvent être bons dans une autre vue, mais c'est votre fin qui vous trompe, parce que ne voyant pas la véritable source de vos maux, vous en chercherez l'adoucissement dans la cause qui les fit naître. Vous les cherchez dans votre situation, tandis qu'ils sont votre ouvrage. Combien de personnes de mérite nées dans le bien-être, et tombées dans l'indigence, l'ont supportée avec moins de succès et de bonheur que vous, et toutefois n'ont pas ces réveils tristes et cruels dont vous décrivez l'horreur avec tant d'énergie? Pourquoi cela? Sans doute elles n'auront pas, direz-vous, une âme aussi sensible. Je n'ai vu personne en ma vie qui n'en dît autant. Mais qu'est-ce enfin que cette sensibilité si vantée? Voulez-vous le savoir, Henriette? c'est en dernière analyse un amour-propre qui se compare. J'ai mis le doigt sur le siége du mal.

Toutes vos misères viennent et viendront de vous être affichée. Par cette manière de chercher le bonheur il est impossible qu'on le trouve. On n'obtient jamais dans l'opinion des autres la place qu'on y prétend. S'ils nous l'accordent à quelques égards, ils nous la refusent à mille autres, et une seule exclusion tourmente plus que ne flattent cent préférences. C'est bien pis encore dans une femme qui, voulant se faire homme, met d'abord tout son sexe contre elle, et n'est jamais prise au mot par le nôtre; en sorte que son orgueil est souvent aussi mortifié par les honneurs qu'on lui rend que par ceux qu'on lui refuse. Elle n'a jamais précisément ce qu'elle veut, parce qu'elle veut des choses contradictoires, et qu'usurpant les droits d'un sexe sans vouloir renoncer à ceux de l'autre, elle n'en possède aucun pleinement.

Mais le grand malheur d'une femme qui s'affiche est de n'attirer, ne voir que des gens qui font comme elle, et d'écarter le mérite solide et modeste qui ne s'affiche point, et qui ne court point où s'assemble la foule. Personne ne juge si mal et si faussement des hommes que les gens à prétentions; car ils ne les jugent que d'après eux-mêmes et ce qui leur ressemble; et ce n'est certainement pas voir le genre humain par son beau côté. Vous êtes mécontente de toutes vos sociétés : je le crois bien; celles où vous avez vécu étaient les moins propres à vous rendre heureuse; vous n'y trouviez personne en qui vous puissiez prendre cette confiance qui soulage. Comment l'auriez-vous trouvée parmi les gens tout occupés d'eux seuls, à qui vous demandiez dans leur cœur la première place, et qui n'en ont pas même une seconde à donner. Vous vouliez briller, vous vouliez primer, et vous vouliez être aimée : ce sont des choses incompatibles. Il faut opter. Il n'y a point d'amitié sans égalité, et il n'y a jamais d'égalité reconnue entre gens à prétentions. Il ne suffit pas d'avoir besoin d'un ami pour en trouver, il faut encore avoir de quoi fournir aux besoins d'un autre. Parmi les provisions que vous avez faites, vous avez oublié celle-là.

La marche par laquelle vous avez acquis des connaissances n'en justifie ni l'objet ni l'usage. Vous avez voulu paraître philosophe; c'était renoncer à l'être; et il valait beaucoup mieux avoir l'air d'une fille qui attend un mari, que d'un sage qui attend de l'encens. Loin de trouver le bonheur dans l'effet des soins que vous n'avez donnés qu'à la seule apparence, vous n'y avez trouvé que des biens apparents et des maux véritables. L'état de réflexion où vous vous êtes jetée vous a fait faire incessamment des retours douloureux sur vous-même; et vous voulez pourtant bannir ces idées par le même genre d'occupation qui vous les donna.

Vous voyez l'erreur de la route que vous avez prise, et, croyant en changer par votre projet, vous allez encore au même but par un détour. Ce n'est point pour vous que vous voulez revenir à l'étude, c'est encore pour les autres. Vous voulez faire des provisions de connaissances pour suppléer dans un autre âge à la figure : vous voulez substituer l'empire du savoir à celui des charmes.

Vous ne voulez pas devenir la complaisante d'une autre femme, mais vous voulez avoir des complaisants. Vous voulez avoir des amis, c'est-à-dire une cour. Car les amis d'une femme jeune ou vieille sont toujours ses courtisans; il la servent ou la quittent, et vous prenez de loin des mesures pour les retenir, afin d'être toujours le centre d'une sphère, petite ou grande. Je crois sans cela que les provisions que vous voulez faire seraient la chose la plus inutile pour l'objet que vous croyez bonnement vous proposer. Vous voudriez, dites-vous, vous mettre en état d'entendre les autres. Avez-vous besoin d'un nouvel acquis pour cela? Je ne sais pas au vrai quelle opinion vous avez de votre intelligence actuelle? mais dussiez-vous avoir pour amis des OEdipes, j'ai peine à croire que vous soyez fort curieuse de jamais entendre les gens que vous ne pouvez entendre aujourd'hui. Pourquoi donc tant de soins pour obtenir ce que vous avez déjà? Non, Henriette, ce n'est pas cela; mais, quand vous seriez une sibylle, vous voulez prononcer des oracles : votre vrai projet n'est pas tant d'écouter les autres que d'avoir vous-même des auditeurs. Sous prétexte de travailler pour l'indépendance, vous travaillez encore pour la domination. C'est ainsi que, loin d'alléger le poids de l'opinion qui vous rend malheureuse, vous voulez en aggraver le joug. Ce n'est pas le moyen de vous procurer des réveils plus sereins.

Vous croyez que le seul soulagement du sentiment pénible qui vous tourmente est de vous éloigner de vous. Moi, tout au contraire, je crois que c'est de vous en rapprocher.

Toute votre lettre est pleine de preuves que jusqu'ici l'unique but de toute votre conduite a été de vous mettre avantageusement sous les yeux d'autrui. Comment, ayant réussi dans le public autant que personne, et en rapportant si peu de satisfaction intérieure, n'avez-vous pas senti que ce n'était pas là le bonheur qu'il vous fallait, et qu'il était temps de changer de plan? Le vôtre peut être bon pour la gloire, mais il est mauvais pour la félicité. Il ne faut point chercher à s'éloigner de soi, parce que cela n'est pas possible, et que tout nous y ramène malgré que nous en ayons. Vous convenez d'avoir passé des heures très douces en m'écrivant et me parlant de vous. Il est étonnant que cette expérience ne vous mette pas sur la voie, et ne vous apprenne pas où vous devez chercher sinon le bonheur, au moins la paix.

Cependant, quoique mes idées en ceci diffèrent beaucoup des vôtres, nous sommes à peu près d'accord sur ce que vous devez faire. L'étude est désormais pour vous la lance d'Achille, qui doit guérir la blessure qu'elle a faite. Mais vous ne voulez qu'anéantir la douleur, et je voudrais ôter la cause du mal. Vous voulez vous distraire de vous par la philosophie : moi, je voudrais qu'elle vous détachât de tout et vous rendît à vous-même. Soyez sûre que vous ne serez contente des autres que quand vous n'aurez plus besoin d'eux, et que la société ne peut vous devenir agréable qu'en cessant de vous être nécessaire. N'ayant jamais à vous plaindre de ceux dont vous n'exigerez rien, c'est vous alors qui leur serez nécessaire; et sentant que vous vous suffisez à vous-même, ils vous sauront gré du mérite que vous voulez bien mettre en commun. Ils ne croiront plus vous faire grâce; ils la recevront toujours. Les agréments de la vie vous rechercheront par cela seul que vous ne les rechercherez pas; et c'est alors que, contente de vous sans pouvoir être mécontente des autres, vous aurez un sommeil paisible et un réveil délicieux.

Il est vrai que des études faites dans des vues si contraires ne doivent pas beaucoup se ressembler, et il y a bien de la différence entre la culture qui orne l'esprit et celle qui nourrit l'âme. Si vous aviez le courage de goûter un projet dont l'exécution vous sera d'abord très pénible, il faudrait beaucoup changer vos directions. Cela demanderait d'y bien penser avant de se mettre à l'ouvrage. Je suis malade, occupé, abattu, j'ai l'esprit lent; il me faut des efforts pénibles pour sortir du petit cercle d'idées qui me sont familières, et rien n'en est plus éloigné que votre situation. Il n'est pas juste que je me fatigue à pure perte; car j'ai peine à croire que vous vouliez entreprendre de refondre, pour ainsi dire, toute votre constitution morale. Vous avez trop de philosophie pour ne pas voir avec effroi cette entreprise. Je désespérerais de vous si vous vous y mettiez aisément. N'allons donc pas plus loin quant à présent; il suffit que votre principale question est résolue: suivez la carrière des lettres; il ne vous en reste plus d'autre à choisir.

Ces lignes que je vous écris à la hâte, distrait et souffrant, ne disent peut-être rien de ce qu'il faut dire : mais les erreurs que ma précipitation peut m'avoir fait faire ne sont pas irréparables. Ce qu'il fallait, avant toute chose, était de vous faire sentir combien vous m'intéressez ; et je crois que vous n'en douterez pas en lisant cette lettre. Je ne vous regardais jusqu'ici que comme une belle penseuse qui, si elle avait reçu un caractère de la nature, avait pris soin de l'étouffer, de l'anéantir sous l'extérieur, comme un de ces chefs-d'œuvre jetés en bronze, qu'on admire par les dehors et dont le dedans est vide. Mais si vous savez pleurer encore sur votre état, il n'est pas sans ressource ; tant qu'il reste au cœur un peu d'étoffe, il ne faut désespérer de rien.

A MADAME DE V...-N.

Motiers, le 13 mai 1764.

Quoique tout ce que vous m'écrivez, madame, me soit intéressant, l'article le plus important de votre dernière lettre en mérite une tout entière, et fera l'unique sujet de celle-ci. Je parle des propositions qui vous ont fait hâter votre retraite à la campagne. La réponse négative que vous y avez faite et le motif qui vous l'a inspirée sont, comme tout ce que vous faites, marqués au coin de la sagesse et de la vertu ; mais je vous avoue, mon aimable voisine, que les jugements que vous portez sur la conduite de la personne me paraissent bien sévères ; et je ne puis vous dissimuler que, sachant combien sincèrement il vous était attaché, loin de voir dans son éloignement un signe de tiédeur, j'y ai bien plutôt vu les scrupules d'un cœur qui croit avoir à se défier de lui-même ; et le genre de vie qu'il choisit à sa retraite montre assez ce qui l'y a déterminé. Si un amant quitté pour la dévotion ne doit pas se croire oublié, l'indice est bien plus fort dans les hommes ; et, comme cette ressource leur est moins naturelle, il faut qu'un besoin plus puissant les force d'y recourir. Ce qui m'a confirmé dans mon sentiment, c'est son empressement à revenir du moment qu'il a cru pouvoir écouter son penchant sans crime ; et cette démarche, dont votre délicatesse me paraît offensée, est à mes yeux une preuve de la sienne, qui doit lui mériter toute votre estime, de quelque manière que vous envisagiez d'ailleurs son retour.

Ceci, madame, ne diminue absolument rien de la solidité de vos raisons quant à vos devoirs envers vos enfants. Le parti que vous prenez est sans contredit le seul dont ils n'aient pas à se plaindre et le plus digne de vous ; mais ne gâtez pas un acte de vertu si grand et si pénible par un dépit déguisé, et par un sentiment injuste envers un homme aussi digne de votre estime par sa conduite que vous-même est la vôtre digne de l'estime de tous les honnêtes gens. J'oserai dire plus : votre motif, fondé sur vos devoirs de mère, est grand et pressant, mais il peut n'être que secondaire. Vous êtes trop jeune encore, vous avez un cœur trop tendre et plein d'une inclination trop ancienne pour n'être pas obligée à compter avec vous-même dans ce que vous devez sur ce point à vos enfants. Pour bien remplir ses devoirs, il ne faut point s'en imposer d'insupportables : rien de ce qui est juste et honnête n'est illégitime ; quelque chers que vous soient vos enfants, ce que vous leur devez sur cet article n'est point ce que vous deviez à votre mari. Pesez donc les choses en bonne mère, mais en personne libre. Consultez si bien votre cœur que vous fassiez leur avantage, mais sans vous rendre malheureuse, car vous ne leur devez pas jusque-là. Après cela, si vous persistez dans vos refus, je vous en respecterai davantage ; mais si vous cédez, je ne vous en estimerai pas moins.

Je n'ai pu me refuser à mon zèle de vous exposer mes sentiments sur une matière si importante et dans le moment où vous êtes à temps de délibérer. M. de*** ne m'a écrit ni fait écrire ; je n'ai de ses nouvelles ni directement ni indirectement ; et quoique nos anciennes liaisons m'aient laissé de l'attachement pour lui, je n'ai eu nul égard à son intérêt dans ce que je viens de vous dire. Mais moi que vous laissâtes lire dans votre cœur, et qui en vis si bien la tendresse et l'honnêteté ; moi qui quelquefois vis couler vos larmes, je n'ai point oublié l'impression qu'elles m'ont faite, et je ne suis pas sans crainte sur ce qu'elles ont pu vous laisser. Mériterais-je l'amitié dont vous m'honorez si je négligeais en ce moment les devoirs qu'elle m'impose?

A MADEMOISELLE GALLEY,
En lui envoyant un lacet.

14 mai 1764.

Ce présent, ma bonne amie, vous fut destiné du moment que j'eus le bien de vous connaître, et, quoi qu'en pût dire votre modestie, j'étais sûr qu'il aurait dans peu son emploi. La récompense suit de près la bonne œuvre. Vous étiez cet hiver garde-malade, et ce printemps Dieu vous donne un mari: vous lui serez charitable, et Dieu vous donnera des enfants; vous les élèverez en sage mère, et ils vous rendront heureuse un jour. D'avance vous devez l'être par les soins d'un époux aimable et aimé, qui saura vous rendre le bonheur qu'il attend de vous. Tout ce qui promet un bon choix m'est garant du vôtre; des liens d'amitié formés dès l'enfance, éprouvés par le temps, fondés sur la connaissance des caractères ; l'union des cœurs que le mariage affermit, mais ne produit pas ; l'accord des esprits où des deux parts la bonté domine, et où la gaîté de l'un, la solidité de l'autre, se tempérant mutuellement, rendront douce et chère à tous deux l'austère loi qui fait succéder aux jeux de l'adolescence des soins plus graves, mais plus touchants. Sans parler d'autres convenances, voilà de bonnes raisons de compter pour toute la vie sur un bonheur commun dans l'état où vous entrez, et que vous honorerez par votre conduite. Voir vérifier un augure si bien fondé sera, chère Isabelle, une consolation très-douce pour votre ami. Du reste, la connaissance que j'ai de vos principes et l'exemple de madame votre sœur me dispensent de faire avec vous des conditions. Si vous n'aimez pas les enfants, vous aimerez vos devoirs. Cet amour me répond de l'autre ; et votre mari, dont vous fixerez les goûts sur divers articles, saura bien changer le vôtre sur celui-là.

En prenant la plume j'étais plein de ces idées. Les voilà pour tout compliment. Vous attendiez peut-être une lettre pour être montrée; mais auriez-vous dû me la pardonner, et reconnaîtriez vous l'amitié que vous m'avez inspirée, dans une épître où je songerais au public en songeant à vous?

A M. DE SAUTTERSHEIM.

Motiers, le 20 mai 1764.

Mettez-vous à ma place, monsieur, et jugez-vous. Quand, trop facile à céder à vos avances, j'épanchais mon cœur avec vous, vous me trompiez. Qui me répondra qu'aujourd'hui vous ne me trompez pas encore? Inquiet de votre long silence, je me suis fait informer de vous à la cour de Vienne: votre nom n'y est connu de personne. Ici votre honneur est compromis, et, depuis votre départ, une salope, appuyée de certaines gens, vous a chargé d'un enfant. Qu'êtes-vous allé faire à Paris? Qu'y faites vous maintenant, logé précisément dans la rue qui a le plus mauvais renom? Que voulez-vous que je pense? J'eus toujours du penchant à vous aimer : mais je dois subordonner mes goûts à la raison, et je ne veux pas être dupe. Je vous plains; mais je ne puis vous rendre ma confiance que je n'aie des preuves que vous ne me trompez plus.

Vous avez ici des effets dans deux malles dont une est à moi. Disposez de ces effets, je vous prie, puisqu'ils vous doivent être utiles, et qu'ils m'embarrasseraient dans le transport des miens si je quittais Motiers. Vous me paraissez être dans le besoin; je ne suis pas non plus trop à mon aise. Cependant, si vos besoins sont pressants, et que les dix louis que vous n'acceptâtes pas l'année dernière puissent y porter quelque remède, parlez-moi clairement.

Si je connaissais mieux votre état, je vous préviendrais; mais je voudrais vous soulager, non vous offenser.

Vous êtes dans un âge où l'âme a déjà pris son pli, et où les retours à la vertu sont difficiles. Cependant les malheurs sont de grandes leçons : puissiez-vous en profiter pour rentrer en vous-même! Il est certain que vous étiez fait pour être un homme de mérite. Ce serait grand dommage que vous trompassiez votre vocation. Quant à moi, je n'oublierai jamais l'attachement que j'eus pour vous; et si j'achevais de vous en croire indigne, je m'en consolerais difficilement.

A M. DE P.

23 mai 1764.

Je sais, monsieur, que, depuis deux ans, Paris fourmille d'écrits qui portent mon nom, mais dont heureusement peu de gens sont les dupes. Je n'ai ni écrit ni vu ma prétendue lettre à M. l'archevêque d'Auch, et la date de Neuchâtel prouve que l'auteur n'est pas même instruit de ma demeure.

Je n'avais pas attendu les exhortations des protestants en France pour réclamer contre les mauvais traitements qu'ils essuient. Ma lettre à M. l'archevêque de Paris porte un témoignage assez éclatant du vif intérêt que je prends à leurs peines : il serait difficile d'ajouter à la force des raisons que j'apporte pour engager le gouvernement à les tolérer, et j'ai même lieu de présumer qu'il y a fait quelque attention. Quel gré m'en ont-ils su? On dirait que cette lettre, qui a ramené tant de catholiques, n'a fait qu'achever d'aliéner les protestants; et combien d'entre eux ont osé m'en faire un nouveau crime! comment voudriez-vous, monsieur, que je prisse avec succès leur défense, lorsque j'ai moi-même à me défendre de leurs outrages? Opprimé, persécuté, poursuivi chez eux de toutes parts comme un scélérat, je les ai vus tous réunis pour achever de m'accabler; et lorsque enfin la protection du roi a mis ma personne à couvert, ne pouvant plus autrement me nuire, ils n'ont cessé de m'injurier. Ouvrez jusqu'à vos Mercures, et vous verrez de quelle façon ces charitables chrétiens m'y traitent : si je continuais à prendre leur cause, ne me demanderait-on pas de quoi je me mêle? Ne jugerait-on pas qu'apparemment je suis de ces braves qu'on mène au combat à coups de bâton? « Vous avez bonne grâce de venir nous prêcher la tolérance, me dirait-on, tandis que vos gens se montrent plus intolérants que nous. Votre propre histoire dément vos principes, et prouve que les réformés, doux peut-être quand ils sont faibles, sont très violents sitôt qu'ils sont les plus forts. Les uns vous décrètent, les autres vous bannissent, les autres vous reçoivent en rechignant. Cependant vous voulez que nous les traitions sur des maximes de douceur qu'ils n'ont pas eux-mêmes! Non, puisqu'ils persécutent, ils doivent être persécutés; c'est la loi de l'équité qui veut qu'on fasse à chacun comme il fait aux autres. Croyez-nous, ne vous mêlez plus de leurs affaires, car ce ne sont point les vôtres. Ils ont grand soin de le déclarer tous les jours en vous reniant pour leur frère, en protestant que votre religion n'est pas la leur. »

Si vous voyez, monsieur, ce que j'aurais de solide à répondre à ce discours, ayez la bonté de me le dire; quant à moi je ne le vois pas. Et puis que sais-je encore? peut-être, en voulant les défendre, avancerais-je par mégarde quelque hérésie, pour laquelle on me ferait saintement brûler. Enfin, je suis abattu, découragé, souffrant, et l'on me donne tant d'affaires à moi-même, que je n'ai plus le temps de me mêler de celles d'autrui.

Recevez mes salutations, monsieur, je vous supplie, et les assurances de mon respect.

A M. PANCKOUCKE.

Motiers-Travers, le 25 mai 1764.

Je lirai avec grand plaisir les écrits de M. Beaurieu, et sur votre exhortation, j'ai déjà commencé par l'*Elève de la nature*. On ne peut pas en effet penser avec plus d'esprit, ni dire plus agréablement. Je lui conseille toutefois de s'attacher toujours plus aux sujets qu'on peut traiter en descriptions et en images qu'à ceux de discussion et d'analyse, et qu'en général aux matières de raisonnement. Un traité d'Agriculture sera tout-à-fait de son genre; et s'il choisit bien ses matériaux, il peut à un livre très utile donner tout l'agrément des Géorgiques.

Je me fais bien du scrupule de toucher aux ouvrages de Richardson, surtout pour les abréger; car je n'aimerais guère être abrégé moi-même, bien que je sente le besoin qu'en auraient plusieurs de mes écrits; ceux de Richardson en ont besoin incontestablement. Ses entretiens de cercle sont surtout insupportables; car, comme il n'avait pas vu le grand monde, il en ignorerait entièrement le ton; j'oserais tenter de faire ce que vous me proposez; mais n'exigez pas que je fasse vite; car, malade et paresseux, occupé d'ailleurs à préparer l'édition générale par laquelle je me propose d'achever ma carrière littéraire, je n'aurai de longtemps, si je vis, que très peu de temps à donner à une compilation : d'ailleurs, n'entendant pas l'anglais, il me faudrait toutes les traductions qui ont été faites, pour les comparer et choisir; et tout cela est embarrassant pour vous, pour moi, ou plutôt pour tous les deux. Si j'achève jamais ma grande édition, et que je lui survive, alors seulement je pourrai m'occuper uniquement de ces choses-là, et je me ferai un plaisir d'entrer dans vos vues autant que ma situation, ma santé et mon esprit indolent me le permettront.

J'oubliais de vous dire que le recueil que vous avez vu ne s'est point fait sous mes yeux. C'est M. l'abbé de La Porte qui l'a fait; je n'ai su les pièces qu'il contenait qu'à la réception des exemplaires qui m'ont été envoyés. J'en ai pourtant fourni quelques-unes, mais non pas votre *Prédiction*, que je n'ai même jamais communiquée à personne, non que je ne m'en fasse honneur, mais parce que je n'en aurais pas disposé sans votre permission.

Je vous suis obligé de faire assez de cas de mes écrits pour leur donner dans votre cabinet un acte de prédilection. Je serai fort aise qu'ils vous fassent quelquefois souvenir de leur auteur, qui vous aime depuis longtemps, et qui désire être toujours aimé de vous.

A M. LE PRINCE L. E. DE WIRTEMBERG.

Motiers, le 28 mai 1764.

Je reçois avec reconnaissance le livre que vous avez eu la bonté de m'envoyer; et lorsque je relirai cet ouvrage, ce qui, j'espère, m'arrivera quelquefois encore, ce sera toujours dans l'exemplaire que je tiens de vous. Ces entretiens ne sont point de Phocion, ils sont de l'abbé de Mably, frère de l'abbé de Condillac, célèbre par d'excellents livres de métaphysique, et connu lui-même par divers ouvrages de politique, très bons aussi dans leur genre. Cependant on retrouve quelquefois dans ceux-ci de ces principes de la politique moderne, qu'il serait à désirer que tous les hommes de votre rang blâmassent ainsi que vous. Ainsi, quoique l'abbé de Mably soit un honnête homme rempli de vues très saines, j'ai pourtant été surpris de le voir s'élever, dans ce dernier ouvrage, à une morale si pure et si sublime. C'est pour cela sans doute que ces entretiens, d'ailleurs très bien faits, n'ont eu qu'un succès médiocre en France; mais ils en ont eu un très grand en Suisse, où je vois avec plaisir qu'ils ont été réimprimés.

J'ai le cœur plein de vos deux dernières lettres; je n'en reçois pas une qui n'augmente mon respect et, si j'ose le dire, mon attachement pour vous. L'homme vertueux, le grand homme élevé par les disgrâces, me fait tout-à-fait oublier le prince et le frère d'un souverain; et, vu l'antipathie pour cet état qui m'est naturelle, ce n'est pas peu de m'avoir amené là. Nous pourrions bien cependant n'être pas toujours de même avis en toute chose; et, par exemple, je ne suis pas trop convaincu qu'il suffise pour être heureux de bien remplir les devoirs de son emploi. Sûrement Turenne, en brûlant le Palatinat par l'ordre de son prince, ne jouissait pas du vrai bonheur; et je ne crois pas que les fermiers-généraux les plus appliqués autour de leurs tapis verts en jouissent davantage : mais si ce sentiment est une erreur, elle est plus belle en vous que la vérité même; elle est digne de qui sut se choisir un état dont tous les devoirs sont des vertus.

Le cœur me bat à chaque ordinaire dans l'attente du moment désiré qui doit tripler votre être. Tendres époux, que vous êtes heureux! Que vous allez le devenir encore, en voyant multiplier des devoirs si charmants à remplir! Dans la disposition d'âme où je vous vois tous les deux, non, je n'imagine aucun bonheur pareil au vôtre. Hélas! quoi qu'on en puisse dire, la vertu seule ne le donne pas, mais elle seule nous le fait connaître, et nous apprend à le goûter.

À M. *** (1).

Motiers, le 28 mai 1764.

C'est rendre un vrai service à un solitaire éloigné de tout, que de l'avertir de ce qui se passe par rapport à lui. Voilà, monsieur, ce que vous avez très obligeamment fait en m'envoyant un exemplaire de ma prétendue lettre à M. l'archevêque d'Auch.

Cette lettre, comme vous l'avez deviné, n'est pas plus de moi que tous ces écrits pseudonymes qui courent Paris sous mon nom. Je n'ai point vu le mandement auquel elle répond, je n'en ai même jamais ouï parler, et il y a huit jours que j'ignorais qu'il y eût un M. du Tillet au monde. J'ai peine à croire que l'auteur de cette lettre ait voulu persuader sérieusement qu'elle était de moi. N'ai-je pas assez des affaires qu'on me suscite sans m'aller mêler de celles d'autrui? Depuis quand m'a-t-on vu devenir homme de parti? Quel nouvel intérêt m'aurait fait changer si brusquement de maximes? Les jésuites sont-ils en meilleur état que quand je refusais d'écrire contre eux dans leurs disgrâces? Quelqu'un me connaît-il assez lâche, assez vil pour insulter aux malheureux? Eh! si j'oubliais les égards qui leur sont dus, de qui pourraient-ils en attendre? Que m'importe enfin le sort des jésuites, quel qu'il puisse être? Leurs ennemis se sont-ils montrés pour moi plus tolérants qu'eux? La triste vérité délaissée est-elle plus chère aux uns qu'aux autres? et, soit qu'ils triomphent ou qu'ils succombent, en serai-je moins persécuté? D'ailleurs, pour peu qu'on lise attentivement cette lettre, qui ne sentira pas comme vous que je n'en suis point l'auteur? Les maladresses y sont entassées : elle est datée de Neuchâtel, où je n'ai pas mis le pied; on y emploie la formule du *très humble serviteur*, dont je n'use avec personne; on m'y fait prendre le titre de citoyen de Genève auquel j'ai renoncé : tout en commençant on s'échauffe pour M. de Voltaire, le plus ardent, le plus adroit de mes persécuteurs, et qui se passe bien, je crois, d'un défenseur tel que moi : on affecte quelques imitations de mes phrases, et ces imitations se démentent l'instant après : le style de la lettre peut être meilleur que le mien, mais enfin ce n'est pas le mien; on m'y prête des expressions basses; on m'y fait dire des grossièretés qu'on ne trouvera certainement dans aucun de mes écrits; on m'y fait dire *vous* à Dieu; usage que je ne blâme pas, mais qui n'est pas le nôtre. Pour me supposer l'auteur de cette lettre, il faut supposer aussi que j'ai voulu me déguiser. Il n'y fallait donc pas mettre mon nom; et alors on aurait pu persuader aux sots qu'elle était de moi.

Telles sont, monsieur, les armes dignes de mes adversaires dont ils achèvent de m'accabler. Non contents de m'outrager dans mes ouvrages, ils prennent

---

(1) Voltaire écrivant à Damilaville au sujet de cette lettre lui demande s'il est vrai que c'est à Duclos qu'elle était adressée.

le parti plus cruel encore de m'attribuer les leurs. A la vérité le public jusqu'ici n'a pas pris le change, et il faudrait qu'il fût bien aveuglé pour le prendre aujourd'hui. La justice que j'en attends sur ce point est une consolation bien faible pour tant de maux. Vous savez la nouvelle affliction qui m'accable : la perte de M. de Luxembourg met le comble à toutes les autres ; je la sentirai jusqu'au tombeau. Il fut mon consolateur durant sa vie, il sera mon protecteur après sa mort : sa chère et honorable mémoire défendra la mienne des insultes de mes ennemis ; et quand ils voudront la souiller par leurs calomnies, on leur dira : Comment cela pourrait-il être? le plus honnête homme de France fut son ami.

Je vous remercie et vous salue, monsieur, de tout mon cœur.

A M. DELEYRE.

Motiers, 3 juin 1764.

J'avais reçu toutes vos lettres, cher Deleyre, et j'ai aussi reçu celle que m'a fait passer en dernier lieu M. Sabattier. Je ne crois pas vous avoir proposé d'établir entre nous une correspondance suivie ; non qu'elle ne me soit agréable, mais parce que ma paresse naturelle, mon état languissant, les lettres dont je suis accablé, les survenants dont ma maison ne désemplit point, m'empêcheraient de la suivre régulièrement. Mais, comme je vous aime et que je désire que vous m'aimiez, je recevrai toujours avec plaisir les détails que vous voudrez me faire de la situation de votre âme et de vos affaires, des marques de votre confiance et de votre amitié. Je me ménagerai aussi par intervalles le plaisir de vous écrire, et quand j'aurai le temps d'épancher mon cœur avec vous, ce sera un soulagement pour moi. Voilà ce que je puis vous promettre ; mais je ne vous promets point dans mes réponses une exactitude que je n'y sus jamais mettre. On n'a que trop de devoirs à remplir dans la vie sans s'en imposer encore de nouveaux.

Vos deux dernières lettres me fourniraient ample matière à disserter, tant sur vos dispositions actuelles que sur votre manière d'envisager l'histoire grecque et romaine : comme si, commençant cette étude, vous y eussiez cherché d'autres êtres que des hommes, et que ce ne fût pas bien assez d'y en trouver de meilleurs dans leurs étoffes que ne sont nos contemporains. Mais, mon cher, l'accablement où me jettent les maux du corps et de l'âme, et tout récemment la perte de M. de Luxembourg, qui m'a porté le dernier coup, m'ôtent la force de penser et d'écrire. Vous le savez, j'avais pour amis tout ce qu'il y avait d'illustre parmi les gens de lettres ; je les ai tous perdus pleins de vie ; aucun, pas même Duclos, ne m'est resté dans mes disgrâces. J'en fais un parmi les grands : c'est celui qui se trouve à l'épreuve ; et la mort vient me l'ôter. Quel renversement d'idées! sur quels nouveaux principes faut-il donc remonter ma raison? Je suis trop vieux pour supporter un tel bouleversement ; je suis trop sensible pour philosopher uniquement sur mes pertes. Ma tête n'y est plus ; je ne sens plus que mes douleurs, je ne vois plus qu'un chaos. Cher Deleyre, j'ai trop vécu.

Avant de finir, reparlons de la manière de lier notre correspondance, au moins telle que je puis l'entretenir. Puisque vous avez reçu la lettre que je vous ai écrite directement, et que j'ai reçu la vôtre, nous ne sommes point fondés par notre expérience à nous défier des postes d'Italie. La médiation de M. Sabattier, plus embarrassante, ne fait qu'augmenter la peine et la dépense, puisqu'il faut multiplier les enveloppes, lui écrire à lui-même, affranchir pour Turin comme pour Parme, payer des ports plus forts encore. En tout ma peine me coûte plus que mon argent. Ainsi je suis d'avis que nous revenions au plus simple, en nous écrivant directement. Si l'on ouvre nos lettres, que nous importe? Nous ne tramons pas de conspirations. Si nous trouvons qu'elles se perdent, il sera temps alors de prendre d'autres mesures. Quant à présent, contentons-nous de les numéroter, comme je fais celle-ci ;

ce sera le moyen de reconnaître si on en a intercepté quelqu'une. Je ne croyais vous écrire qu'un mot, et me voilà à la troisième page. La conséquence est facile à tirer. Mon respect, je vous prie, à madame Deleyre, et mes salutations à M. l'abbé de Condillac. Je vous embrasse de tout mon cœur.

A MADAME LA MARÉCHALE DE LUXEMBOURG.

Motiers, le 5 juin 1764.

C'est en vain que je lutte contre moi-même pour vous épargner les importunités d'un malheureux; la douleur qui me déchire ne connaît plus de discrétion. Ce n'est pas à vous que je m'adresserais, madame la maréchale, si je connaissais quelqu'un qui eût été plus cher au digne ami que j'ai perdu. Mais avec qui puis-je mieux déplorer cette perte qu'avec la personne du monde qui la sent le plus? et comment ceux qu'il aima peuvent-ils rester divisés? Leurs cœurs ne devraient-ils pas se réunir pour le pleurer? Si le vôtre ne vous dit plus rien pour moi, prenez du moins quelque intérêt à mes misères par celui que vous savez qu'il y prenait.

Mais c'est trop me flatter, sans doute : il avait cessé d'y en prendre, à votre exemple il m'avait oublié. Hélas! qu'ai-je fait? Quel est mon crime, si ce n'est de vous avoir trop aimés l'un et l'autre, et de m'être apprêté ainsi les regrets dont je suis consumé? Jusqu'au dernier instant vous avez joui de sa plus tendre affection; la mort seule a pu vous l'ôter : mais moi, je vous ai perdus tous deux pleins de vie; je suis plus à plaindre que vous.

A LA MÊME.

Motiers, le 17 juin 1764.

Que mon état est affreux! et que votre lettre m'a soulagé! Oui, madame la maréchale, la certitude d'avoir été aimé de M. le maréchal, sans me consoler de sa perte, en adoucit l'amertume, et fait succéder à mon désespoir des larmes précieuses et douces dont je ne cesserai d'honorer sa mémoire tous les jours de ma vie. J'ose dire qu'il me la devait cette amitié sincère que vous m'assurez qu'il eut toujours pour moi; car mon cœur n'eut jamais d'attachement plus vrai, plus vif, plus tendre, que celui qu'il m'avait inspiré. C'est encore un de mes regrets que les tristes bienséances m'aient souvent empêché de lui faire connaître jusqu'à quel point il m'était cher. J'en puis dire autant à votre égard, madame la maréchale, et j'en ai pour preuve bien cruelle les déchirements que j'ai sentis dans la persuasion d'être oublié de vous. Mon dessein n'est point d'entrer en explication sur le passé. Vous dites m'avoir écrit la dernière : nous sommes là-dessus bien loin de compte; mais vos bontés me sont si précieuses, que, pourvu qu'elles me soient rendues, je me chargerai volontiers d'un tort que mon cœur n'eut jamais, et qu'il saura bien vous faire oublier. Je consens que vous ne m'accordiez rien qu'à titre de grâce. Mais, si je n'ai point mérité votre amitié, songez, je vous supplie, que, de votre propre aveu, M. le maréchal m'accordait la sienne. C'est en son nom, c'est au nom de sa mémoire qui nous est si chère à tous deux, que je réclame de votre part les sentiments qu'il eut pour moi, et que, de mon côté, je voue à la personne qu'il aima le plus tous ceux que j'avais pour lui. Il est impossible de dire davantage. Je ne demande ni de fréquentes lettres, ni des réponses exactes; mais quand vous sentirez que je dois être inquiet (et, quand on aime les gens, cela se devine), faites-moi dire un mot par M. de la Roche, et je suis content.

A M. DE SAUTTERSHEIM.

Motiers, le 21 juin 1764.

Je suis honteux d'avoir tardé si longtemps, monsieur, à vous répondre sais mieux que personne quels priviléges d'attention méritent les infortunés; mais, à ce même titre, je mérite aussi quelque indulgence, et je ne différais que pour pouvoir vous dire quelque chose de positif sur les dix louis dont vous craignez de vous prévaloir, de peur de n'être pas en état de me les rendre. Mais soyez bien tranquille sur cet article, puisque ma plus constante maxime, quand je prête (ce qui, vu ma situation, m'arrive rarement), est de ne compter jamais sur la restitution, et même de ne la pas exiger. Ce qui retarde à cet égard l'exécution de ma promesse est un événement malheureux qui ne me laisse pas disposer dans le moment d'un argent qui m'appartient. Sitôt que je le pourrai, je n'oublierai pas qu'une chose offerte est une chose due, quand il n'y a que l'impuissance de rendre qui empêche d'accepter.

J'ai du penchant à croire que pour le présent vous me parlez sincèrement; mais à moins d'en être sûr, je ne puis continuer avec vous une correspondance qui, aux termes où nous avons été, ne pourrait qu'être désagréable à tous deux sans une confiance réciproque. Malheureusement ma santé est si mauvaise, mon état est si triste, et j'ai tant d'embarras plus pressants, que je ne puis vaquer maintenant aux recherches nécessaires pour vérifier votre histoire et votre conduite, ni demeurer avec vous en liaisons que cette vérification ne soit faite; ce qui emporte de votre côté la nécessité de disposer de ce que vous avez laissé chez moi, et que je souhaite de ne pas garder plus longtemps. Je voudrais donc, monsieur, vous faire acheter une autre malle à la place de la mienne, dont j'ai besoin, et que vous trouvassiez un autre dépositaire qui se chargeât de vos effets, ou que vous me marquassiez par quelle voie je dois vous les envoyer.

Mon dessein n'est pas d'entrer en discussion sur les explications de votre dernière lettre. Vous demandez, par exemple, si la servante de la maison de ville a des preuves que l'enfant qu'elle vous donne est de vous : ordinairement on ne prend pas des témoins dans ces sortes d'affaires. Mais elle a fait ses déclarations juridiques, et prêté serment au moment de l'accouchement, selon la forme prescrite en ce pays par la loi; et cela fait foi, en justice et dans le public, par défaut d'opposition de votre part.

Quelles qu'aient été vos mœurs jusqu'ici, vous êtes à portée encore de rentrer en vous-même; et l'adversité, qui achève de perdre ceux qui ont un penchant décidé au mal, peut, si vous en faites un bon usage, vous ramener au bien, pour lequel il m'a toujours paru que vous étiez né. L'épreuve est rude et pénible; mais quand le mal est grand le remède y doit être proportionné. Adieu, monsieur. Je comprends que votre situation demanderait de ma part autre chose que des discours, mais la mienne me tient enchaîné pour le présent. Prenez, s'il est possible, un peu de patience, et soyez persuadé qu'au moment que je pourrai disposer de la bagatelle en question, vous aurez de mes nouvelles. Je vous salue, monsieur, de tout mon cœur.

A M. DE CHAMPFORT.

Le 28 juin 1764.

J'ai toujours désiré, monsieur, d'être oublié de la tourbe insolente et vile qui ne songe aux infortunés que pour insulter à leur misère; mais l'estime des hommes de mérite est un précieux dédommagement de ses outrages, et je ne puis qu'être flatté de l'honneur que vous m'avez fait en m'envoyant votre pièce. Quoique accueillie du public, elle doit l'être des connaisseurs et des gens sensibles aux vrais charmes de la nature. L'effet le plus sûr de mes maximes, qui est de m'attirer la haine des méchants et l'affection des gens de bien, et qui se marque autant par mes malheurs que par mes succès, m'apprend, par l'approbation dont vous honorez mes écrits, ce qu'on doit attendre des vôtres, et me fait désirer, pour l'utilité publique, qu'ils tiennent tout ce que promet votre début. Je vous salue, monsieur, de tout mon cœur.

A M. D'IVERNOIS.

Motiers, le 6 juillet 1764.

J'apprends, monsieur, avec grand plaisir votre heureuse arrivée à Genève, et je vous remercie de l'inquiétude que vous donne ma sciatique naissante. Des personnes à qui je suis attaché, et qui me marquent qu'elles me viennent voir, m'ôtent la liberté de partir pour Aix. Je vous prie de ne pas envoyer la flanelle, dont je vous remercie, et dont il me serait impossible de faire un usage assez suivi pour m'en ressentir. Les soins qui gênent et qui durent m'importunent plus que les maux, et en toute chose j'aime mieux souffrir qu'agir.

La réponse du Conseil aux dernières représentations ne m'étonne point; mais ce qui m'étonne, c'est la persévérance des citoyens et bourgeois à faire des représentations.

La brochure que vous m'avez envoyée me paraît d'un homme qui a trop d'étoffe dans la tête pour n'en avoir pas un peu dans le cœur. Si jamais il prend part à quelque affaire, il fera poids dans le parti qu'il embrassera.

Celui à qui je me suis adressé pour les airs de mandoline m'a marqué qu'il les ferait graver. Ainsi, il ne me reste qu'à vous remercier pour cela de la peine que vous avez bien voulu prendre.

Mademoiselle Le Vasseur vous remercie de l'honneur de votre souvenir, et vous assure de son respect. Je vous prie d'assurer du mien madame d'Ivernois. J'embrasse M. Deluc, et vous salue, monsieur, de tout mon cœur.

Je reçois à l'instant la flanelle, et vous en remercie, en attendant le plaisir de vous voir.

A M. H. D. P.

Motiers, le 15 juillet 1764.

Si mes raisons, monsieur, contre la proposition qui m'a été faite par le canal de M. P***, vous paraissent mauvaises, celles que vous m'objectez ne me semblent pas meilleures; et dans ce qui regarde ma conduite, je crois pouvoir rester juge des motifs qui doivent me déterminer.

Il ne s'agit pas, je le sais, de ce que tel ou tel peut mériter par la loi du talion, mais il s'agit de l'objection par laquelle les catholiques me fermeraient la bouche en m'accusant de combattre ma propre religion. Vous écrivez contre les persécuteurs, me diraient-ils, et vous vous dites protestant! Vous avez donc tort; car les protestants sont tout aussi persécuteurs que nous, et c'est pour cela que nous ne devons point les tolérer, bien sûrs que, s'ils devenaient les plus forts, ils ne nous toléreraient pas nous mêmes. Vous nous trompez, ajouteraient-ils, ou vous vous trompez en vous mettant en contradiction avec les vôtres, et nous prêchant d'autres maximes que les leurs. Ainsi, l'ordre veut qu'avant d'attaquer les catholiques je commence par attaquer les protestants, et par leur montrer qu'ils ne savent pas leur propre religion. Est-ce là, monsieur, ce que vous m'ordonnez de faire? Cette entreprise préliminaire rejetterait l'autre encore loin; et il me paraît que la grandeur de la tâche ne vous effraie guère, quand il n'est question que de l'imposer.

Que si les arguments *ad hominem* qu'on m'objecterait vous paraissent peu embarrassants, ils me le paraissent beaucoup à moi; et, dans ce cas, c'est à celui qui sait les résoudre d'en prendre le soin.

Il y a encore, ce me semble, quelque chose de dur et d'injuste de compter pour rien tout ce que j'ai fait, et de regarder ce qu'on me prescrit comme un nouveau travail à faire. Quand on a bien établi une vérité par cent preuves invincibles, ce n'est pas un si grand crime, à mon avis, de ne pas courir après la cent et unième, surtout si elle n'existe pas. J'aime à dire des choses utiles, mais je n'aime pas à les répéter; et ceux qui veulent absolument des redites n'ont qu'à prendre plusieurs exemplaires du même écrit. Les protestants de France jouissent maintenant d'un repos auquel je puis avoir contribué, non par de vaines déclamations comme tant d'autres, mais par de fortes raisons politiques bien exposées. Cependant voilà qu'ils me pressent d'écrire en leur faveur : c'est faire trop de cas de ce que je puis faire, ou trop peu de ce que j'ai fait. Ils avouent qu'ils sont tranquilles; mais ils veulent être mieux que bien, et c'est après que je les ai servis de toutes mes forces qu'ils me reprochent de ne les pas servir au-delà de mes forces.

Ce reproche, monsieur, me paraît peu reconnaissant de leur part, et peu raisonné de la vôtre. Quand un homme revient d'un long combat, hors d'haleine et couvert de blessures, est-il temps de l'exhorter gravement à prendre les armes, tandis qu'on se tient soi-même au repos? Eh! messieurs, chacun son tour, je vous prie. Si vous êtes si curieux des coups, allez en chercher votre part : quant à moi, j'en ai bien la mienne; il est temps de songer à la retraite : mes cheveux gris m'avertissent que je ne suis plus qu'un vétéran, mes maux et mes malheurs me prescrivent le repos, et je ne sors point de la lice sans y avoir payé de ma personne. *Sat patriæ Priamoque datum.* Prenez mon rang, jeunes gens, je vous le cède; gardez-le seulement comme j'ai fait, et après cela ne vous tourmentez pas plus des exhortations indiscrètes et des reproches déplacés, que je ne m'en tourmenterai désormais.

Ainsi, monsieur, je confirme à loisir ce que vous m'accusez d'avoir écrit à la hâte, et que vous jugez n'être pas digne de moi; jugement auquel j'éviterai de répondre, faute de l'entendre suffisamment.

Recevez, monsieur, je vous supplie, les assurances de tout mon respect.

A MADAME DE CRÉQUI.

Motiers-Travers, le 21 juillet 1764.

Vous ne m'auriez pas prévenu, madame, si ma situation m'eût permis de vous faire souvenir de moi; mais si dans la prospérité l'on doit aller au-devant de ses amis, dans l'adversité il n'est permis que d'attendre. Mes malheurs, l'absence et la mort, qui ne cessent de m'en ôter, me rendent plus précieux ceux qui me restent. Je n'avais pas besoin d'un si triste motif pour faire valoir votre lettre; mais j'avoue, madame, que la circonstance où elle m'est venue ajoute encore au plaisir qu'en tout autre temps j'aurais eu de la recevoir. Je reconnais avec joie toutes vos anciennes bontés pour moi dans les vœux que vous daignez faire pour ma conversion. Mais, quoique je sois trop bon chrétien pour être jamais catholique, je ne m'en crois pas moins de la même religion que vous; car la bonne religion consiste beaucoup moins dans ce qu'on croit que dans ce qu'on fait. Ainsi, madame, restons comme nous sommes; et, quoi que vous en puissiez dire, nous nous reverrons bien plus purement dans l'autre monde que dans celui-ci. C'eût été un très-grand bonheur pour votre gouvernement que J.-J. Rousseau y vécût et mourût tranquille; mais l'esprit étroit de vos petits parlementaires ne leur a pas permis de voir jusque-là, et, quand ils l'auraient vu, l'intérêt particulier ne leur eût pas permis de chercher la gloire nationale au préjudice de leur vengeance jésuitique et des petits moyens qui tenaient à ce projet. Je connais trop leur portée pour les exposer à faire une seconde sottise; la première a suffi pour me rendre sage. L'air de ce lieu-ci me tuera, je le sais : mais n'importe, j'aime mieux mourir sous l'autorité des lois que de vivre éternel jouet des petites passions des hommes. Madame, Paris ne me reverra jamais; voilà sur quoi vous pouvez compter. Je suis bien fâché que cette certitude m'ôte l'espoir de vous revoir jamais qu'en esprit; car je crois qu'avec toute votre dévotion vous ne pensez pas qu'on se revoie autrement dans l'autre vie. Recevez, madame, mes salutations et mon respect, et soyez bien persuadée, je vous supplie, que, mort ou vif, je ne vous oublierai jamais.

CORRESPONDANCE

A M. SÉGUIER DE SAINT-BRISSON.

Motiers, le 22 juillet 1764.

Je crains, monsieur, que vous n'alliez un peu vite en besogne dans vos projets; il faudrait, quand rien ne vous presse, proportionner la maturité des délibérations à l'importance des résolutions. Pourquoi quitter si brusquement l'état que vous aviez embrassé, tandis que vous pouviez à loisir vous arranger pour en prendre un autre, si tant est qu'on puisse appeler un état le genre de vie que vous vous êtes choisi, et dont vous serez peut-être aussitôt rebuté que du premier? Que risquiez-vous à mettre un peu moins d'impétuosité dans vos démarches, et à tirer parti de ce retard, pour vous confirmer dans vos principes, et pour assurer vos résolutions par une plus mûre étude de vous-même? Vous voilà seul sur la terre dans l'âge où l'homme doit tenir à tout; je vous plains, et c'est pour cela que je ne puis vous approuver, puisque vous avez voulu vous isoler vous-même au moment où cela vous convenait le moins. Si vous croyez avoir suivi mes principes, vous vous trompez; vous avez suivi l'impétuosité de votre âge; une démarche d'un tel éclat valait assurément la peine d'être bien pesée avant d'en venir à l'exécution. C'est une chose faite, je le sais : je veux seulement vous faire entendre que la manière de la soutenir et d'en revenir demande un peu plus d'examen que vous n'en avez mis à la faire.

Voici pis. L'effet naturel de cette conduite a été de vous brouiller avec madame votre mère. Je vois, sans que vous me le montriez, le fil de tout cela; et, quand il n'y aurait que ce que vous me dites, à quoi bon aller effaroucher la conscience tranquille d'une mère, en lui montrant sans nécessité des sentiments différents des siens? Il fallait, monsieur, garder ces sentiments au-dedans de vous pour la règle de votre conduite, et leur premier effet devait être de vous faire endurer avec patience les tracasseries de vos prêtres, et de ne pas changer ces tracasseries en persécutions, en voulant secouer hautement le joug de la religion où vous étiez né. Je pense si peu comme vous sur cet article, que quoique le clergé protestant me fasse une guerre ouverte, et quoique je sois fort éloigné de penser comme lui sur tous les points, je n'en demeure pas moins sincèrement uni à la communion de notre Eglise, bien résolu d'y vivre et d'y mourir s'il dépend de moi : car il est très-consolant pour un croyant affligé de rester en communauté de culte avec ses frères, et de servir Dieu conjointement avec eux. Je vous dirai plus, et je vous déclare que, si j'étais né catholique, je demeurerais catholique, sachant bien que votre Eglise met un frein très-salutaire aux écarts de la raison humaine, qui ne trouve ni fond ni rive quand elle veut sonder l'abîme des choses; et je suis si convaincu de l'utilité de ce frein, que je m'en suis moi-même imposé un semblable, en me prescrivant, pour le reste de ma vie, des règles de foi dont je ne me permets plus de sortir. Aussi je vous jure que je ne suis tranquille que depuis ce temps-là, bien convaincu que, sans cette précaution, je ne l'aurais été de ma vie. Je vous parle, monsieur, avec effusion de cœur, et comme un père parlerait à son enfant Votre brouillerie avec madame votre mère me navre. J'avais dans mes malheurs la consolation de croire que mes écrits ne pouvaient faire que du bien; voulez-vous m'ôter encore cette consolation? Je sais que s'ils font du mal, ce n'est que faute d'être entendus; mais j'aurai toujours le regret de n'avoir pu me faire entendre. Cher Saint-Brisson, un fils brouillé avec sa mère a toujours tort : de tous les sentiments naturels, le seul demeuré parmi nous est l'affection maternelle. Le droit des mères est le plus sacré que je connaisse; en aucun cas on ne peut le violer sans crime : raccommodez-vous donc avec la vôtre. Allez vous jeter à ses pieds; à quelque prix que ce soit, apaisez-la : soyez sûr que son cœur vous sera rouvert si le vôtre vous ramène à elle. Ne pouvez-vous sans fausseté lui faire le sacrifice de quelques opinions inutiles, ou du moins les dissimuler? Vous ne serez jamais appelé à persécuter personne; que vous importe le reste? Il n'y a pas deux morales. Celle du christianisme et celle de la philosophie sont la même, l'une et l'autre vous impose ici le même devoir; vous pouvez le remplir, vous le devez; la raison, l'honneur, votre intérêt, tout le veut; moi je l'exige pour répondre aux sentiments dont vous m'honorez. Si vous le faites, comptez sur mon amitié, sur toute mon estime, sur mes soins, si jamais ils vous sont bons à quelque chose. Si vous ne le faites pas, vous n'avez qu'une mauvaise tête; ou, qui pis est, votre cœur vous conduit mal, et je ne veux conserver des liaisons qu'avec des gens dont la tête et le cœur soient sains.

A M. D'IVERNOIS.

Yverdun, le mercredi 1er août 1764.

Le voyage, monsieur, qui doit me rapprocher de vous, est commencé; mais je ne sais quand il s'achèvera, vu les pluies qui tombent actuellement, et qui rendent les chemins désagréables pour un piéton. Toutefois supposant que la pluie cesse et que le chemin se ressuie passablement d'ici à demain après dîner, je me propose d'aller coucher à Goumoins, après demain à Morges, où j'attendrai peut-être un jour ou deux. Comme j'en crois les cabarets mauvais et le séjour ennuyeux, je tâcherai de trouver un bateau pour traverser à Thonon, où je séjournerai quelques jours attendant de vos nouvelles. Je vous marque ma marche un peu en détail, afin que, si vous vouliez me joindre à Morges, vous puissiez savoir quand m'y trouver : mais encore une fois, ma manière de voyager fait que tous mes arrangements dépendent du temps. Je serai charmé de vous voir et nos amis, à condition que je ne serai point gêné dans ma manière de vivre, et qu'on n'amènera point de femme, quelque plaisir que j'eusse en tout autre temps de faire connaissance avec madame d'Ivernois. Je lui présente mon respect, et vous salue, monsieur, de tout mon cœur.

AU MÊME.

Motiers, le 20 août 1764.

En arrivant ici avant-hier, monsieur, en médiocre état, je reçus avec des centaines de lettres la vôtre pour m'en consoler, mais à laquelle l'importunité des autres m'empêche de répondre en détail aujourd'hui.

Je suis très sensible à la grâce que veut me faire M. Guyot : ce serait en abuser que de prendre toutes ses bougies au prix auquel il veut bien me les passer. D'ailleurs, il ne me paraît pas que celle que vous m'avez envoyée soit exactement semblable aux miennes; il faudrait, pour en faire l'essai convenablement, et plus de loisir et un plus grand nombre. A tout événement, si de ces cinq douzaines M. Guyot voulait bien en céder deux, je pourrais, sur ces vingt-quatre bougies, faire cet hiver des essais qui me décideraient sur ce qui pourrait lui en rester au printemps; et, si pour ce nombre il permet le choix, je les aimerais mieux grises ou noires que rouges, et surtout des plus longues qu'il ait, puisque je suis obligé de mettre à toutes des allonges qui m'incommodent beaucoup, mais qui sont nécessaires pour que la bougie pénètre jusqu'à l'obstacle.

Vous aurez la *Nouvelle Héloïse*; mais, comme je suppose que vous n'êtes pas pressé, j'attendrai que les tracas me laissent respirer. Du reste, ne vous faites pas tant valoir pour m'avoir demandé cette bagatelle; votre intention se pénètre aisément. Les autres donnent pour recevoir; vous faites tout le contraire, et même vous abusez de ma facilité. Ne m'envoyez point de l'eau d'Auguste, parce qu'en vérité je n'en saurais que faire, ne la trouvant pas fort agréable, et n'ayant pas grande foi à ses vertus. Quant à la truite, l'assaisonnement et la main qui l'a préparée doivent rendre excellente une chose naturellement aussi bonne; mais mon état présent m'interdit l'usage de ces sortes de mets. Toutefois ce présent vient d'une part qui m'empêche de le refuser, et j'ai grande peur que ma gourmandise ne m'empêche de m'en abstenir.

Je dois vous avertir, par rapport à l'eau d'Auguste, de ne plus vous servir d'une aiguille de cuivre, ou de vous abstenir d'en boire; car la liqueur doit dissoudre assez de cuivre pour rendre cette boisson pernicieuse et pour en faire même un poison. Ne négligez pas cet avis.

J'aurais cent choses à vous dire; mais le temps me presse, il faut finir; ce ne serait pas sans vous faire tous les remercîments que je vous dois, si des paroles y pouvaient suffire. Bien des respects à madame, je vous supplie; mille choses à nos amis; recevez les remercîments et les salutations de mademoiselle Le Vasseur, et d'un homme dont le cœur est plein de vous.

Je ne puis m'empêcher de vous réitérer que l'idée d'adresser D à B est une chose excellente, c'est une mine d'or que cette idée entre des mains qui sauront l'exploiter.

A MYLORD MARÉCHAL.

Motiers, le 21 août 1764.

Le plaisir que m'a causé, mylord, la nouvelle de votre heureuse arrivée à Berlin, par votre lettre du mois dernier, a été retardé par un voyage que j'avais entrepris, et que la lassitude et le mauvais temps m'ont fait abandonner à moitié chemin. Un premier ressentiment de sciatique, mal héréditaire dans ma famille, m'effrayait avec raison. Car jugez de ce que deviendrait, cloué dans sa chambre, un pauvre malheureux qui n'a d'autre soulagement ni d'autre plaisir dans la vie que la promenade, et qui n'est plus qu'une machine ambulante? Je m'étais donc mis en chemin pour Aix dans l'intention d'y prendre la douche et aussi d'y voir mes bons amis les Savoyards, le meilleur peuple, à mon avis, qui soit sur la terre. J'ai fait la route jusqu'à Morges pédestrement, à mon ordinaire, assez caressé partout. En traversant le lac, et voyant de loin les clochers de Genève, je me surpris à soupirer aussi lâchement que j'aurais fait jadis pour une perfide maîtresse. Arrivé à Thonon, il a fallu rétrograder, malade et sous une pluie continuelle. Enfin me voici de retour, non cocu à la vérité, mais battu, mais content, puisque j'apprends votre heureux retour auprès du roi, et que mon protecteur et mon père aime toujours son enfant.

Ce que vous m'apprenez de l'affranchissement des paysans de Poméranie, joint à tous les autres traits pareils que vous m'avez ci devant rapportés, me montre partout deux choses également belles, savoir, dans l'objet le génie de Frédéric, et dans le choix le cœur de George. On ferait une histoire digne d'immortaliser le roi sans autres mémoires que vos lettres.

A propos de mémoires, j'attends avec impatience ceux que vous m'avez promis. J'abandonnerais volontiers la vie particulière de votre frère si vous les rendiez assez amples pour en pouvoir tirer l'histoire de votre maison. J'y pourrais parler au long de l'Ecosse que vous aimez tant, et de votre illustre frère et de son illustre frère, par lequel tout cela m'est devenu cher. Il est vrai que cette entreprise serait immense et fort au-dessus de mes forces, surtout dans l'état où je suis; mais il s'agit moins de faire un ouvrage que de m'occuper de vous, et de fixer mes indociles idées qui voudraient aller leur train malgré moi. Si vous voulez que j'écrive la vie de l'ami dont vous me parlez, que votre volonté soit faite; la mienne y trouvera toujours son compte, puisque en vous obéissant je m'occuperai de vous. Bonjour, mylord.

A MADAME LA COMTESSE DE BOUFFLERS.

Motiers, le 26 août 1764.

Après les preuves touchantes, madame, que j'ai eues de votre amitié dans les plus cruels moments de ma vie, il y aurait à moi de l'ingratitude de n'y pas compter toujours; mais il faut pardonner beaucoup à mon état : la confiance abandonne les malheureux, et je sens au plaisir que m'a fait votre lettre, que j'ai besoin d'être ainsi rassuré quelquefois. Cette consolation ne pouvait me venir plus à propos : après tant de pertes irréparables, et en dernier lieu celle de M. de Luxembourg, il m'importe de sentir qu'il me reste des biens assez précieux pour valoir la peine de vivre. Le moment où j'eus le bonheur de le connaître ressemblait beaucoup à celui où je l'ai perdu; dans l'un et dans l'autre, j'étais affligé, délaissé, malade : il me consola de tout; qui me consolera de lui? Les amis que j'avais avant de le perdre; car mon cœur, usé par les maux, et déjà durci par les ans, est fermé désormais à tout nouvel attachement.

Je ne puis penser, madame, que dans les critiques qui regardent l'éducation de M. votre fils, vous compreniez ce que, sur le parti que vous avez pris de l'envoyer à Leyde, j'ai écrit au chevalier L***. Critiquer quelqu'un, c'est blâmer dans le public sa conduite; mais dire son sentiment à un ami commun sur un pareil sujet ne s'appellera jamais critiquer, à moins que l'amitié n'impose la loi de ne dire jamais ce qu'on pense, même en choses où les gens du meilleur sens peuvent n'être pas du même avis. Après la manière dont j'ai constamment pensé et parlé de vous, madame, je me décrierais moi-même si je m'avisais de vous critiquer. Je trouve à la vérité beaucoup d'inconvénient à envoyer les jeunes gens dans les universités; mais je trouve aussi que, selon les circonstances, il peut y en avoir davantage à ne pas le faire, et l'on n'a pas toujours en ceci le choix du plus grand bien, mais du moindre mal. D'ailleurs, une fois la nécessité de ce parti supposée, je crois comme vous qu'il y a moins de danger en Hollande que partout ailleurs.

Je suis ému de ce que vous m'avez marqué de MM. les comtes de B*** : jugez, madame, si la bienveillance des hommes de ce mérite m'est précieuse, à moi que celle même des gens que je n'estime pas subjugue toujours. Je ne sais ce qu'on eût fait de moi par les caresses : heureusement on ne s'est pas avisé de me gâter là-dessus. On a travaillé sans relâche à donner à mon cœur, et peut-être à mon génie, le ressort que naturellement ils n'avaient pas. J'étais né faible; les mauvais traitements m'ont fortifié : à force de vouloir m'avilir, on m'a rendu fier.

Vous avez la bonté, madame, de vouloir des détails sur ce qui me regarde. Que vous dirai-je? rien n'est plus uni que ma vie, rien n'est plus borné que mes projets; je vis au jour la journée sans souci du lendemain, ou plutôt j'achève de vivre avec plus de lenteur que je n'avais compté. Je ne m'en irai pas plus tôt qu'il ne plaît à la nature : mais ses longueurs ne laissent pas de m'embarrasser, car je n'ai rien à faire ici. Le dégoût de toutes choses me livre toujours plus à l'indolence et à l'oisiveté. Les maux physiques me donnent seuls un peu d'activité. Le séjour que j'habite, quoique assez sain pour les autres hommes, est pernicieux pour mon état; ce qui fait que, pour me dérober aux injures de l'air et à l'importunité des désœuvrés, je vais errant par le pays durant la belle saison; mais aux approches de l'hiver, qui est ici très rude et très long, il faut revenir et souffrir. Il y a longtemps que je cherche à déloger : mais où aller? comment m'arranger! J'ai tout à la fois l'embarras de l'indigence et celui des richesses : toute espèce de soin m'effraie; le transport de mes guenilles et de mes livres par ces montagnes est pénible et coûteux : c'est bien la peine de déloger de ma maison, dans l'attente de déloger bientôt de mon corps! Au lieu que, restant où je suis, j'ai des journées délicieuses, errant, sans souci, sans projet, sans affaires, de bois en bois et de rochers en rochers, rêvant toujours et ne pensant point. Je donnerais tout au monde pour savoir la botanique; c'est la véritable occupation d'un corps ambulant et d'un esprit paresseux : je ne répondrais pas que je n'eusse la folie d'essayer de l'apprendre, si je savais par où commencer. Quant à ma situation du côté des ressources, n'en soyez point en peine;

le nécessaire, même abondant, ne m'a point manqué jusqu'ici, et probablement ne me manquera pas sitôt. Loin de vous gronder de vos offres, madame, je vous en remercie, mais vous conviendrez qu'elles seraient mal placées si je m'en prévalais avant le besoin.

Vous vouliez des détails; vous devez être contente. Je suis très content des vôtres, à cela près que je n'ai jamais pu lire le nom du lieu que vous habitez. Peut-être le connais-je; et il me serait bien doux de vous y suivre, du moins par l'imagination. Au reste, je vous plains de n'en être encore qu'à la philosophie. Je suis bien plus avancé que vous, madame; sauf mon devoir et mes amis, me voilà revenu à rien.

Je ne trouve pas le chevalier si déraisonnable puisqu'il vous divertit; s'il n'était que déraisonnable, il n'y parviendrait sûrement pas. Il est bien à plaindre dans les accès de sa goutte, car on souffre cruellement; mais il a du moins l'avantage de souffrir sans risque. Des scélérats ne l'assassineront pas; et personne n'a intérêt à le tuer. Etes-vous à portée, madame, de voir souvent madame la maréchale? Dans les tristes circonstances où elle se trouve, elle a bien besoin de tous ses amis, et surtout de vous.

A M. LE PRINCE DE WIRTEMBERG.

Motiers, le 3 septemère 1764.

J'apprends avec plus de chagrin que de surprise l'accident qui vous a forcé d'ôter à votre second enfant sa nourrice naturelle. Ces refus de lait sont assez communs; mais ils ne sont pas tous sur le compte de la nature, les mères pour l'ordinaire y ont bonne part. Cependant, en cette occasion, mes soupçons tombent plus sur le père que sur la mère. Vous me parlez de ce joli sein en époux jaloux de lui conserver toute sa fraîcheur, et qui, au pis aller, aime mieux que le dégât qui peut s'y faire soit de sa façon que de celle de l'enfant : mais les voluptés conjugales sont passagères, et les plaisirs de l'amant ne font le bonheur ni du père ni de l'époux.

Rien de plus intéressant que les détails des progrès de Sophie. Ces premiers actes d'autorité ont été très bien vus et très bien réprimés. Ce qu'il y a de plus difficile dans l'éducation est de ne donner aux pleurs des enfants ni plus ni moins d'attention qu'il est nécessaire. Il faut que l'enfant demande, et non qu'il commande; il faut que la mère accorde souvent, mais qu'elle ne cède jamais. Je vois que Sophie sera très rusée; et tant mieux, pourvu qu'elle ne soit ni capricieuse ni impérieuse; mais je vois qu'elle aura grand besoin de la vigilance paternelle et maternelle, et de l'esprit de discernement que vous y joignez. Je sens, au plaisir et à l'inquiétude que me donnent toutes vos lettres, que le succès de l'éducation de cette chère enfant m'intéresse presque autant que vous.

A MADAME LATOUR.

Au Champ-du-Moulin, le 9 septembre 1764.

J'ai reçu toutes vos lettres, chère Marianne, je sens tous mes torts; pourtant j'ai raison. Dans les tracas où je suis, l'aversion d'écrire des lettres s'étend jusqu'aux personnes à qui je suis forcé de les adresser, et vous êtes, en pareil cas, une de celles à qui je me sens le moins disposé d'écrire. Si ce sont absolument des lettres que vous voulez, rien ne m'excuse; mais si l'amitié vous suffit, restez en repos sur ce point. Au surplus, daignez attendre, je vous écrirai quand je pourrai.

Mille choses, je vous supplie, au papa, s'il est encore auprès de vous.

A M. DU PEYROU.

12 septembre 1764.

Je prends le parti, monsieur, suivant votre idée, d'attendre ici votre passage : s'il arrive que vous alliez à Cressier, je pourrai prendre celui de vous y suivre, et c'est de tous les arrangements celui qui me plaira le plus. En ce cas-là j'irai seul, c'est-à-dire sans mademoiselle Le Vasseur, et je resterai seulement deux ou trois jours pour essai, ne pouvant guère m'éloigner en ce moment plus longtemps d'ici. Je comprends, au temps que demande la dame Guinchard pour ses préparatifs, qu'elle me prend pour un Sybarite. Peut-être aussi veut-elle soutenir la réputation du cabaret de Cressier ; mais cela lui sera difficile, puisque les plats, quoique bons, n'en font pas la bonne chère, et qu'on n'y remplace pas l'hôte par un cuisinier. Vous avez à Monlezi un autre hôte qui n'est pas plus facile à remplacer, et des hôtesses qui le sont encore moins. Monlezi doit être une espèce de mont Olympe pour tout ce qui l'habite en pareille compagnie. Bonjour, monsieur : quand vous reviendrez parmi les mortels, n'oubliez pas, je vous prie, celui de tous qui vous honore le plus, et qui veut vous offrir, au lieu d'encens, des sentiments qui le valent bien.

AU MÊME.

Ce dimanche matin, septembre 1764.

Mon état met encore plus d'obstacles que le temps à mon départ. Ainsi j'abandonne, pour le présent, mon premier projet de voyage, qui ne me permettrait pas d'être ici de retour à la fin du mois, ce qu'il faut absolument ; mais au lieu de cela, je prendrai le parti de descendre à Neuchâtel, et d'y passer quelques jours avec vous ; ainsi vous pouvez, si vous y descendez, me prendre avec vous, ou nous descendrons séparément, toujours en supposant que mon état le permette.

Je fais mille salutations et respects à tous les habitants et habitantes de Monlezi. Je ne dois entrer pour rien dans l'arrangement de voyage de M. Chaillet, parce que je ne prévois pas pouvoir descendre aussitôt que lui. Madame Boy de La Tour me charge de lui marquer, de même qu'à madame, l'empressement qu'elle a de les voir ici. Elle leur fait dire aussi pour nouvelle que madame de Froment est arrivée hier à Colombier. Nous verrons votre besogne quand nous nous verrons, et c'est surtout pour en conférer ensemble que je veux passer deux ou trois jours avec vous. J'écris si à la hâte, que je ne sais ce que je dis, sinon quand je vous assure que je vous aime de tout mon cœur.

Le portrait est fait, et on le trouve assez ressemblant ; mais le peintre n'en est pas content.

A M. D'IVERNOIS.

Motiers, le 15 septembre 1764.

La difficulté, monsieur, de trouver un logement qui me convienne me force à demeurer ici cet hiver ; ainsi vous m'y trouverez à votre passage. Je viens de recevoir, avec votre lettre du 11, le mémoire que vous m'y annoncez : je n'ai point celui de E à G, et je n'ai aucune nouvelle de C ; ce qui me confirme dans l'opinion où j'étais sur son sort.

Je suis charmé, mais non surpris, de ce que vous me marquez de la part de M. Abauzit. Cet homme vénérable est trop éclairé pour ne pas voir mes intentions, et trop vertueux pour ne pas les approuver.

Je savais le voyage de M. le duc de Randan : deux carrossées d'officiers du régiment du roi, qui l'ont accompagné, et qui me sont venus voir, m'en ont dit des détails. On leur avait assuré à Genève que j'étais un loup-garou inabordable. Ils ne sont pas édifiés de ce qu'on leur a dit de moi dans ce pays-là.

J'aurai soin de mettre une marque distinctive aux papiers qui me viennent de vous ; mais je vous avertis que, si j'en dois faire usage, il faudra qu'ils me restent très longtemps, aussi bien que tout ce qui est entre mes mains et tout ce dont j'ai besoin encore. Nous en causerons quand j'aurai le plaisir de vous voir, moment que j'attends avec un véritable empressement. Mes respects à madame d'Ivernois, et mes salutations à nos amis. Je vous embrasse.

Je crois vous avoir marqué que j'avais ici la harangue de M. Chouet.

A M. DU PEYROU.

Le 17 septembre 1764.

Le temps qu'il fait ni mon état présent ne me permettent pas, monsieur, de fixer le jour auquel il me sera possible d'aller à Cressier. Mais s'il faisait beau et que je fusse mieux, je tâcherais, d'aujourd'hui ou de demain en huit, d'aller coucher à Neuchâtel; et de là, si votre carosse était chez vous, je pourrais, puisque vous le permettez, le prendre pour aller à Cressier. Mon désir d'aller passer quelques jours près de vous est certain; mais je suis si accoutumé à voir contrarier mes projets, que je n'ose presque plus en faire; toutefois voilà le mien, quant à présent; et, s'il arrive que j'y renonce, j'aurai sûrement regret de n'avoir pu l'exécuter. Mille remercîments, monsieur, et salutations de tout mon cœur.

Je ne comprends pas bien, monsieur, pourquoi vous avez affranchi votre lettre. Comme je n'aime pas pointiller, je n'affranchis pas la mienne. Quand on s'écarte de l'usage, il faut avoir des raisons; j'en aurais une, et vous n'en aviez point que je sache.

M. DANIEL ROGUIN.

Motiers, le 22 septembre 1764.

Je suis vivement touché, très cher papa, de la perte que nous venons de faire; car, outre que nul événement dans votre famille ne m'est étranger, j'ai pour ma part à regretter toutes les bontés dont m'honorait M. le banneret. La tranquillité de ses derniers moments nous montre bien que l'horreur qu'on y trouve est moins dans la chose que dans la manière de l'envisager. Une vie intègre est à tout événement un grand moyen de paix dans ces moments-là, et la sérénité avec laquelle vous philosophez sur cette matière vient autant de votre cœur que de votre raison. Cher papa, nous n'abrégerons pas, comme le défunt, notre carrière à force de vouloir la prolonger; nous laisserons disposer de nous à la nature et à son auteur, sans troubler notre vie par l'effroi de la perdre. Quand les maux ou les ans auront mûri ce fruit éphémère, nous le laisserons tomber sans murmure; et tout ce qu'il peut arriver de pis en toute supposition est que nous cesserons alors, moi d'aimer le bien, vous d'en faire.

A M. DE CHAMFORT.

Motiers, le 6 octobre 1764.

Je vous remercie, monsieur, de votre dernière pièce et du plaisir que m'a fait sa lecture. Elle décide le talent qu'annonçait la première, et déjà l'auteur m'inspire assez d'estime pour oser lui dire du mal de son ouvrage. Je n'aime pas trop qu'à votre âge vous fassiez le grand-père, que vous me donniez un intérêt si tendre pour le petit-fils que vous n'avez point, et que, dans une épître où vous dites de si belles choses, je sente que ce n'est pas vous qui parlez. Evitez cette métaphysique à la mode, qui depuis quelque temps obscurcit tellement les vers français qu'on ne peut les lire qu'avec contention d'esprit. Les vôtres ne sont pas dans ce cas encore; mais ils y tomberaient si la différence qu'on sent entre votre première pièce et la seconde allait en augmentant. Votre épître abonde, non-seulement en grands sentiments, mais en pensées philosophiques, auxquelles je reprocherais quelquefois de l'être trop. Par exemple, en louant dans les jeunes gens la foi qu'ils ont et qu'on doit à la vertu, croyez-vous que leur faire entendre que cette foi n'est qu'une rreur de leur âge, soit un bon moyen de la leur conserver? Il ne faut pas, monsieur, pour paraître au-dessus des préjugés, saper les fondements de la morale. Quoiqu'il n'y ait aucune parfaite vertu sur la terre, il n'y a peut-être aucun homme qui ne surmonte ses penchants en quelque chose, et qui par conséquent n'ait quelque vertu; les uns en ont plus, les autres moins : mais si la mesure est indéterminée, est-ce à dire que la chose n'existe point? C'est ce qu'assurément vous ne croyez point, et que pourtant vous faites entendre. Je vous condamne, pour réparer cette faute, à faire une pièce où vous prouverez que, malgré les vices des hommes, il y a parmi eux des vertus, et même de la vertu, et qu'il y en aura toujours. Voilà, monsieur, de quoi s'élever à la plus haute philosophie. Il y en a davantage à combattre les préjugés philosophiques qui sont nuisibles qu'à combattre les préjugés populaires qui sont utiles. Entreprenez hardiment cet ouvrage : et si vous le traitez comme vous le pouvez faire, un prix ne saurait vous manquer.

En vous parlant des gens qui m'accablent dans mes malheurs et qui me portent leurs coups en secret, j'étais bien éloigné, monsieur, de songer à rien qui eût le moindre rapport au parlement de Paris. J'ai pour cet illustre corps les mêmes sentiments qu'avant ma disgrâce, et je rends toujours la même justice à ses membres, quoiqu'ils me l'aient si mal rendue. Je veux même penser qu'ils ont cru faire envers moi leur devoir d'hommes publics; mais c'en était un pour eux de mieux l'apprendre. On trouverait difficilement un fait où le droit des gens fût violé de tant de manières : mais quoique les suites de cette affaire m'aient plongé dans un gouffre de malheurs d'où je ne sortirai de ma vie, je n'en sais nul mauvais gré à ces messieurs. Je sais que leur but n'était point de me nuire, mais seulement d'aller à leurs fins. Je sais qu'ils n'ont pour moi ni amitié ni haine, que mon être et mon sort est la chose du monde qui les intéresse le moins. Je me suis trouvé sur leur passage comme un caillou qu'on pousse avec le pied sans y regarder. Je connais à peu près leur portée et leurs principes. Ils ne doivent pas dire qu'ils ont fait leur devoir, mais qu'ils ont fait leur métier.

Lorsque vous voudrez m'honorer de quelque témoignage de souvenir et me faire quelque part de vos travaux littéraires, je les recevrai toujours avec intérêt et reconnaissance. Je vous salue, monsieur, de tout mon cœur.

A. M. MARTEAU.

Môtiers, le 14 octobre 1764.

J'ai reçu, monsieur, au retour d'une tournée que j'ai faite dans nos montagnes, votre lettre du 4 août et l'ouvrage que vous y avez joint. J'y ai trouvé des sentiments, de l'honnêteté, du goût; et il m'a rappelé avec plaisir notre ancienne connaissance. Je ne voudrais pourtant plus qu'avec le talent que vous paraissez avoir, vous en bornassiez l'emploi à de pareilles bagatelles.

Ne songez pas, monsieur, à venir ici avec une femme et douze cents livres de rente viagère pour toute fortune. La liberté met ici tout le monde à son aise. Le commerce qu'on ne gêne point y fleurit; on y a beaucoup d'argent et peu de denrées; ce n'est pas le moyen d'y vivre à bon marché. Je vous conseille aussi de bien songer, avant de vous marier, à ce que vous allez faire. Une rente viagère n'est pas une grande ressource pour une famille. Je remarque d'ailleurs que tous les jeunes gens à marier trouvent des Sophies; mais je n'entends plus parler de Sophies aussitôt qu'ils sont mariés.

Je vous salue, monsieur, de tout mon cœur.

A. M. LALIAUD.

Môtiers, le 14 octobre 1764.

Voici, monsieur, celle des trois estampes que vous m'avez envoyées, qui, dans le nombre des gens que j'ai consultés, a eu la pluralité des voix. Plusieurs cependant préfèrent celle qui est en habit français, et l'on peut balancer avec raison, puisque l'une et l'autre ont été gravées sur le même portrait, peint par M. de La Tour. Quant à l'estampe où le visage est de profil, elle n'a pas la moindre ressemblance : il paraît que celui qui l'a faite ne m'avait jamais vu; et il s'est même trompé sur mon âge.

Je voudrais, monsieur, être digne de l'honneur que vous me faites. Mon portrait figure mal parmi ceux des grands philosophes dont vous me parlez : mais j'ose croire qu'il n'est pas déplacé parmi ceux des amis de la justice et de la vérité. Je vous salue, monsieur, de tout mon cœur.

A M. LE PRINCE L. E. DE WIRTEMBERG.

A Motiers, le 14 octobre 1764.

C'est à regret, prince, que je me prévaux quelquefois des conditions que mon état et la nécessité plus que ma paresse, m'ont forcé de faire avec vous. Je vous écris rarement; mais j'ai toujours le cœur plein de vous et de tout ce qui vous est cher. Votre constance à suivre le genre de vie si sage et si simple que vous avez choisi me fait voir que vous avez tout ce qu'il faut pour l'aimer toujours; et cela m'attache et m'intéresse à vous comme si j'étais votre égal, ou plutôt comme si vous étiez le mien; car ce n'est que dans les conditions privées que l'on connaît l'amitié.

Le sujet des deux épitaphes que vous m'avez envoyées est bien moral : la pensée en est fort belle; mais avouez que les vers de l'une et de l'autre sont bien mauvais. Des vers plats sur une plate pensée font du moins un tout assorti; au lieu qu'à mal dire une belle chose on a le double tort de mal dire et de la gâter.

Il me vient une idée en écrivant ceci; ne seriez-vous point l'auteur d'une de ces deux pièces? Cela serait plaisant, et je le voudrais un peu. Que n'avez-vous fait quatre mauvais vers, afin que je pusse vous le dire, et que vous m'en aimassiez encore plus!

A M. DE LA TOUR.

Motiers, le 14 octobre 1764.

Oui, monsieur, j'accepte encore mon second portrait. Vous savez que j'ai fait du premier un usage aussi honorable à vous qu'à moi, et bien précieux à mon cœur. M. le maréchal de Luxembourg daigna l'accepter : madame la maréchale a daigné le recueillir. Ce monument de votre amitié, de votre générosité, de vos rares talents, occupe une place digne de la main dont il est sorti. J'en destine au second une plus humble, mais dont le même sentiment a fait choix. Il ne me quittera point, monsieur, cet admirable portrait qui me rend en quelque façon l'original respectable; il sera sous mes yeux chaque jour de ma vie ; il parlera sans cesse à mon cœur ; il sera transmis après moi dans ma famille, et ce qui me flatte le plus dans cette idée est qu'on s'y souviendra toujours de notre amitié.

Je vous prie instamment de vouloir bien donner à M. Le Nieps vos directions pour l'emballage. Je tremble que cet ouvrage, que je me réjouis de faire admirer en Suisse, ne souffre quelque atteinte dans le transport.

A M. LE NIEPS.

Motiers, le 14 octobre 1764.

Puisque, malgré ce que je vous avais marqué ci-devant, mon bon ami, vous avez jugé à propos de recevoir pour moi mon second portrait de M. de La Tour, je ne vous en dédirai pas. L'honneur qu'il m'a fait, l'estime et l'amitié réciproque, les consolations que je reçois de son souvenir dans mes malheurs, ne me laissent pas écouter dans cette occasion une délicatesse qui, vis-à-vis de lui, serait une espèce d'ingratitude. J'accepte ce second présent, et il ne m'est point pénible de joindre pour lui la reconnaissance et l'attachement. Faites-moi le plaisir, cher ami, de lui remettre l'incluse, et priez-le, comme je fais, de vous donner ses avis sur la manière d'emballer et voiturer ce bel ouvrage, afin qu'il ne s'endommage pas dans le transport. Employez quelqu'un d'entendu pour cet emballage, et prenez la peine aussi de prier MM. Rougemont de vous indiquer des voituriers de confiance à qui l'on puisse remettre la caisse pour qu'elle me parvienne sûrement et que ce qu'elle contiendra ne soit point tourmenté. Comme il ne vient pas de voituriers de Paris jusqu'ici, il faut l'adresser, par lettre de voiture, à M. Junet, directeur des postes à Pontarlier, avec prière de me la faire parvenir. Vous ferez, s'il vous plaît, une note exacte de vos déboursés, et je vous les ferai rembourser aussitôt. Je suis impatient de m'honorer en ce pays du travail d'un aussi illustre artiste, et des dons d'un homme aussi vertueux.

Le mauvais temps ne me permit pas de suivre cet été ma route jusqu'à Aix, pour une misérable sciatique dont les premières atteintes, jointes à mes autres maux, m'ont effrayé. Je vis à Thonon quelques Genevois, et entre autres celui dont vous parlez, et en ce point vous avez été très bien informé, mais non sur le reste, puisque nous nous séparâmes tous fort contents les uns des autres. M. D. a des défauts qui sont assez désagréables; mais c'est un honnête homme, bon citoyen, qui, sans cagoterie, a de la religion, et des mœurs sans âpreté. Je vous dirai qu'à mon voyage de Genève, en 1754, il me parut désirer de se raccommoder avec vous; mais je n'osai vous en parler, voyant l'éloignement que vous aviez pour lui : cependant il me serait fort doux de voir tous ceux que j'aime s'aimer entre eux.

Après avoir cherché dans tout le pays une habitation qui me convînt mieux que celle-ci, j'ai partout trouvé des inconvénients qui m'ont retenu, et sur lesquels je me suis enfin déterminé à revenir passer l'hiver ici. Bien sûr que je ne trouverai la santé nulle part, j'aime autant trouver ici qu'ailleurs la fin de mes misères. Les maux, les ennuis, les années qui s'accumulent me rendent moins ardent dans mes désirs, et moins actif à les satisfaire; puisque le bonheur n'est pas dans cette vie, n'y multiplions pas du moins les tracas.

Nous avons perdu le banneret Roguin, homme de grand mérite, proche parent de notre ami, et très regretté de sa famille, de sa ville et de tous les gens de bien. C'est encore, en mon particulier un ami de moins; hélas! ils s'en vont tous, et moi je reste pour survivre à tant de pertes et pour les sentir. Il ne m'en demeure plus guère à faire, mais elles me seraient bien cruelles. Cher ami, conservez-vous.

A M. MOULTOU.

Motiers, le 15 octobre 1764.

Voici la lettre que vous m'avez envoyée. Je suis peu surpris de ce qu'elle contient, mais vous paraissez avoir une si grande opinion de celui à qui vous vous adressiez, qu'il peut vous être bon d'avoir vu ce qu'il en était.

Vous songez à changer de pays; c'est fort bien fait, à mon avis; mais il eût été mieux encore de commencer par changer de robe, puisque celle que vous portez ne peut plus que vous déshonorer. Je vous aimerai toujours, et je n'ai point cessé de vous estimer; mais je veux que mes amis sentent ce qu'ils se doivent, et qu'ils fassent leur devoir pour eux-mêmes aussi bien qu'ils le font pour moi. Adieu, cher Moultou; je vous embrasse de tout mon cœur.

A M. DELEYRE.

Motiers, le 17 octobre 1764.

J'ai le cœur surchargé de mes torts, cher Deleyre; je comprends par votre lettre qu'il m'est échappé dans un moment d'humeur des expressions désobligeantes, dont vous auriez raison d'être offensé, s'il ne fallait pardonner beaucoup à mon tempérament et à ma situation. Je sens que je me suis mis en colère sans sujet et dans une occasion où vous méritiez d'être désabusé et non querellé. Si j'ai plus fait et que je vous aie outragé, comme il semble par vos reproches, j'ai fait dans un emportement ridicule ce que dans nul autre temps je n'aurais fait avec personne, et bien moins encore avec vous. Je suis inexcusable, je l'avoue, mais je vous ai offensé sans le vouloir. Voyez moins l'action que l'intention, je vous en supplie. Il est permis aux autres hommes de n'être que justes, mais les amis doivent être cléments.

Je reviens de longues courses que j'ai faites dans nos montagnes, et même jusqu'en Savoie, où je comptais aller prendre à Aix les bains pour une sciatique naissante qui, par son progrès, m'ôtait le seul plaisir qui me reste dans la vie, savoir la promenade. Il a fallu revenir sans avoir été jusque-là. Je trouve en rentrant chez moi des tas de paquets et des lettres à faire tourner la tête. Il faut absolument répondre au tiers de tout cela pour le moins. Quelle tâche! Pour surcroît, je commence à sentir cruellement les approches de l'hiver, souffrant, occupé, surtout ennuyé : jugez de ma situation! N'attendez donc de moi, jusqu'à ce qu'elle change, ni de fréquentes ni de longues lettres; mais soyez bien convaincu que je vous aime, que je suis fâché de vous avoir offensé, et que je ne puis être bien avec moi-même jusqu'à ce que j'aie fait ma paix avec vous.

A M. FOULQUIER,
Au sujet du Mémoire de M. de J..., sur les Mariages des protestants.

Motiers, le 18 octobre 1764.

Voici, monsieur, le mémoire que vous avez eu la bonté de m'envoyer. Il m'a paru fort bien fait; il dit assez et ne dit rien de trop. Il y aurait seulement quelques petites fautes de langue à corriger, si l'on voulait le donner au public : mais ce n'est rien; l'ouvrage est bon, et ne sent point trop son théologien.

Il me paraît que depuis quelque temps le gouvernement de France, éclairé par quelques bons écrits, se rapproche assez d'une tolérance tacite en faveur des protestants. Mais je pense aussi que le moment de l'expulsion des jésuites le force à plus de circonspection que dans un autre temps, de peur que ces pères et leurs amis ne se prévalent de cette indulgence pour confondre leur cause avec celle de la religion. Cela étant, ce moment ne serait pas le plus favorable pour agir à la cour; mais, en attendant qu'il vînt, on pourrait continuer d'instruire et d'intéresser le public par des écrits sages et modérés, forts de raisons d'état claires et précises, et dépouillées de toutes ces aigres et puériles déclamations trop ordinaires aux gens d'église. Je crois même qu'on doit éviter d'irriter trop le clergé catholique : il faut dire les faits sans les charger de réflexions offensantes. Concevez, au contraire, un mémoire adressé aux évêques de France en termes décents et respectueux, et où, sur des principes qu'ils n'oseraient désavouer, on interpellerait leur équité, leur charité, leur commisération, leur patriotisme, et même leur christianisme. Ce mémoire, je le sais bien, ne changerait pas leur volonté, mais il leur ferait honte de la montrer, et les empêcherait peut-être de persécuter si ouvertement et si durement nos malheureux frères. Je puis me tromper; voilà ce que je pense. Pour moi je n'écrirai point, cela ne m'est pas possible; mais partout où mes soins et mes conseils pourront être utiles aux opprimés, ils trouveront toujours en moi, dans leur malheur, l'intérêt et le zèle que dans les miens je n'ai trouvés chez personne.

A M. LE COMTE CHARLES DE ZINZENDORFF.

Motiers, le 20 octobre 1764.

J'avais résolu, monsieur, de vous écrire. Je suis fâché que vous m'ayez prévenu ; mais je n'ai pu trouver jusqu'ici le temps de chercher dans des tas de lettres la matière du mémoire dont vous vouliez bien vous charger. Tout ce que je me rappelle à ce sujet est que l'homme en question s'appelle M. de Sauttersheim, fils d'un bourgmestre de Bude, et qu'il a été employé durant deux ans dans une des chambres dont sont composés à Vienne les différents conseils de la reine. C'est un homme d'environ trente ans, d'une bonne taille, ayant assez d'embonpoint pour son âge, brun, portant ses cheveux, d'un visage assez agréable, ne manquant pas d'esprit. Je ne sais de lui que des choses honnêtes, et qui ne sont point d'un aventurier.

J'étais bien sûr, monsieur, que lorsque vous auriez vu M. le prince de Wirtemberg, vous changeriez de sentiment sur mon compte, et je suis bien sûr maintenant que vous n'en changerez plus. Il y a longtemps qu'à force de m'inspirer du respect il m'a fait oublier sa naissance ; ou, si je m'en souviens quelquefois encore, c'est pour honorer tant plus sa vertu.

Les Corses, par leur valeur, ayant acquis l'indépendance, osent aspirer encore à la liberté. Pour l'établir, ils s'adressent au seul ami qu'ils lui connaissent. Puisse-t-il justifier l'honneur de leur choix !

Je recevrai toujours, monsieur, avec empressement, des témoignages de votre souvenir, et j'y répondrai de même. Ils ne peuvent que me rappeler la journée agréable que j'ai passée avec vous, et nourrir le désir d'en avoir encore de pareilles. Agréez, monsieur, mes salutations et mon respect.

Je suis bien aise que vous connaissiez M. Deluc ; c'est un digne citoyen. Il a été l'utile défenseur de la liberté de sa patrie ; maintenant il voudrait courir encore après cette liberté qui n'est plus : il perd son temps.

A MADAME LATOUR.

A Motiers, le 21 octobre 1764.

La fin de votre dernière lettre, chère Marianne, m'a fait penser que je pourrais peut-être vous obliger, en vous mettant à portée de me rendre un bon office. Voici de quoi il s'agit : Mon portrait, peint en pastel par M. de La Tour, qui m'en a fait présent, a été remis par lui à M. Le Nieps, rue de Savoie, pour me le faire parvenir. Comme je ne voudrais pas exposer ce bel ouvrage à être gâté dans la route par des rouliers, j'ai pensé que si votre bon papa était encore à Paris, et qu'il pût, sans incommodité, mettre la caisse sur sa voiture, il voudrait bien peut-être, en votre faveur, se charger de cet embarras. Cependant, comme il se présentera dans peu quelque autre occasion non moins favorable, je vous prie de ne faire usage de celle-ci qu'en toute discrétion.

Je rends justice à vos sentiments, chère Marianne ; je vous prie de la rendre aux miens, malgré mes torts : le premier effet des approches de l'hiver sur ma pauvre machine délabrée, un surcroît d'occupations inopinément survenues, de nouveaux inconnus qui m'écrivent, de nouveaux survenants qui m'arrivent, tout cela ne me permet pas d'espérer de mieux faire à l'avenir, et cela même est mon excuse. Si le tout venait de mon cœur, il finirait ; mais venant de ma situation, il faut qu'il dure autant qu'elle. Au reste, à quelque chose malheur est bon : vous écrire plus souvent me serait sans doute une occupation bien douce, mais j'y perdrais aussi le plaisir de voir avec quelle prodigieuse variété de tours élégants vous savez me reprocher la rareté de mes lettres, sans que jamais les vôtres se ressemblent. Je n'en lis pas une sans me voir coupable sous un nouveau point de vue. En achevant de lire, je pense à vous, et je me trouve innocent.

A MADAME P***.

Motiers, le 24 octobre 1764.

J'ai reçu vos deux lettres, madame ; c'est avouer tous mes torts : ils sont grands, mais involontaires; ils tiennent aux désagréments de mon état. Tous les jours je voulais vous répondre, et tous les jours des réponses plus indispensables venaient renvoyer celle-là; car enfin, avec la meilleure volonté du monde, on ne saurait passer la vie à faire des réponses du matin jusqu'au soir. D'ailleurs je n'en connais point de meilleure aux sentiments obligeants dont vous m'honorez que de tâcher d'en être digne, et de vous rendre ceux qui vous sont dus. Quant aux opinions sur lesquelles vous me marquez que nous ne sommes pas d'accord, qu'aurais-je à dire, moi, qui ne dispute jamais avec personne, qui trouve très bon que chacun ait ses idées, et qui ne veux pas plus qu'on se soumette aux miennes que me soumettre à celles d'autrui? Ce qui me semblait utile et vrai, j'ai cru de mon devoir de le dire; mais je n'eus jamais la manie de vouloir le faire adopter, et je réclame pour moi la liberté que je laisse à tout le monde. Nous sommes d'accord, madame, sur les devoirs des gens de bien, je n'en doute point. Gardons au reste, vous vos sentiments, moi les miens, et vivons en paix. Voilà mon avis. Je vous salue, madame, avec respect et de tout mon cœur.

A MADAME DE LUZE.

Motiers, le 27 octobre 1764.

Vous me faites, madame, vous et mademoiselle Bondely, bien plus d'honneur que je n'en mérite. Il y a longtemps que mes maux et ma barbe grise m'avertissent que je n'ai plus le droit de braver la neige et les frimas pour aller voir les dames. J'honore beaucoup mademoiselle Bondely, et je fais grand cas de son éloquence; mais elle me persuadera difficilement que, parce qu'elle a toujours le printemps avec elle, l'hiver et ses glaces ne sont pas autour de moi. Loin de pouvoir en ce moment faire des visites, je ne suis pas même en état d'en recevoir. Me voilà comme une marmotte, terré pour sept mois au moins. Si j'arrive au bout de ce temps, j'irai volontiers, madame, au milieu des fleurs et de la verdure, me réveiller auprès de vous; mais maintenant je m'engourdis avec la nature: jusqu'à ce qu'elle renaisse je ne vis plus.

A MYLORD MARÉCHAL.

Motiers-Travers, le 29 octobre 1764.

Je voudrais, mylord, pouvoir supposer que vous n'avez point reçu mes lettres, je serais beaucoup moins attristé; mais outre qu'il n'est pas possible qu'il ne vous en soit parvenu quelqu'une, si le cas pouvait être, les bontés dont vous m'honoriez vous auraient à vous-même inspiré quelque inquiétude; vous vous seriez informé de moi; vous m'auriez fait dire au moins quelques mots par quelqu'un: mais point; mille gens en ce pays ont de vos nouvelles, et je suis le seul oublié. Cela m'apprend mon malheur; mais, qui m'en apprendra la cause? je cesse de la chercher, n'en trouvant aucune qui soit digne de vous.

Mylord, les sentiments que je vous dois et que je vous ai voués dureront toute ma vie; je ne penserai jamais à vous sans attendrissement; je vous regarderai toujours comme mon protecteur et mon père. Mais comme je ne crains rien tant que d'être importun, et que je ne sais pas nourrir seul une correspondance, je cesserai de vous écrire jusqu'à ce que vous m'ayez permis de continuer.

Daignez, mylord, je vous supplie, agréer mon profond respect.

A M. THÉODORE ROUSSEAU.

Motiers, le 31 octobre 1764.

Si j'avais, mon cher cousin, dix mains, dix secrétaires, une santé robuste et beaucoup de loisirs, je serais inexcusable envers vous, envers M. Chirol et beaucoup d'autres; mais ne pouvant suffire à tout, je me borne aux choses indispensables, et quant aux simples lettres de souvenir, je m'en dispense, bien sûr que mes parents et mes amis n'ont pas besoin de ce témoignage du mien. Si j'avais pu faire ce que souhaitait M. Chirol, je l'aurais fait tout de suite; mais il m'a paru peu nécessaire de lui marquer que je ne le pouvais pas; je voudrais de tout mon cœur pouvoir contribuer à ses avantages, mais je n'ai rien à lui fournir pour imprimer. Quant à vous, mon cher cousin, j'espère que vous voudrez bien pardonner quelque inexactitude dans mes réponses, qui marquent bien plus la confiance que j'ai dans votre amitié que l'attiédissement de la mienne. Je salue avec respect ma cousine votre mère, et vous embrasse, mon cher cousin, de tout mon cœur.

A MADEMOISELLE D. M.

Motiers, le 4 novembre 1764.

Si votre situation, mademoiselle, vous laisse à peine le temps de m'écrire, vous devez concevoir que la mienne m'en laisse encore moins pour vous répondre. Vous n'êtes que dans la dépendance des affaires et des gens à qui vous tenez; et moi je suis dans celle de toutes les affaires et de tout le monde, parce que chacun, me jugeant libre, veut par droit de premier occupant disposer de moi. D'ailleurs, toujours harcelé, toujours souffrant, accablé d'ennuis, et dans un état pire que le vôtre, j'emploie à respirer le peu de moments qu'on me laisse; je suis trop occupé pour n'être pas paresseux. Depuis un mois je cherche un moment pour vous écrire à mon aise : ce moment ne vient point; il faut donc vous écrire à la dérobée, car vous m'intéressez trop pour vous laisser sans réponse. Je connais peu de gens qui m'attachent davantage, et personne qui m'étonne autant que vous.

Si vous avez trouvé dans ma lettre beaucoup de choses qui ne cadraient pas à la vôtre, c'est qu'elle était écrite pour une autre que vous. Il y a dans votre situation des rapports si frappants avec celle d'une autre personne, qui précisément était à Neuchâtel quand je reçus votre lettre, que je ne doutai point que cette lettre ne vînt d'elle; et je pris le change dans l'idée qu'on cherchait à me le donner. Je vous parlai donc moins sur ce que vous me disiez de votre caractère, que sur ce qui m'était connu du sien. Je crus trouver dans sa manie de s'afficher, car c'est une savante et un bel-esprit en titre, la raison du malaise intérieur dont vous me faisiez le détail : je commençai par attaquer cette manie, comme si c'eût été la vôtre, et je ne doutai point qu'en vous ramenant à vous-même je ne vous rapprochasse du repos, dont rien n'est plus éloigné, selon moi, que l'état d'une femme qui s'affiche.

Une lettre faite sur un pareil quiproquo doit contenir bien des balourdises. Cependant il y avait cela de bon dans mon erreur, qu'elle me donnait la clef de l'état moral de celle à qui je pensais écrire; et, sur cet état supposé, je croyais entrevoir un projet à suivre pour vous tirer des angoisses que vous me décriviez, sans recourir aux distractions qui, selon vous, en sont le seul remède, et qui, selon moi, ne sont pas même un palliatif. Vous m'apprenez que je me suis trompé, et que je n'ai rien vu de ce que je croyais voir. Comment trouverai-je un remède à votre état, puisque cet état m'est inconcevable? Vous m'êtes une énigme affligeante et humiliante. Je croyais connaître le cœur humain, et je ne connais rien au vôtre. Vous souffrez, et je ne puis vous soulager.

Quoi! parce que rien d'étranger à vous ne vous contente, vous voulez vous fuir; et, parce que vous avez à vous plaindre des autres, parce que vous les méprisez, qu'ils vous en ont donné le droit, que vous sentez en vous une âme digne d'estime, vous ne voulez pas vous consoler avec elle du mépris que vous inspirent celles qui ne lui ressemblent pas? Non, je n'entends rien à cette bizarrerie, elle me passe.

Cette sensibilité qui vous rend mécontente de tout ne devait-elle pas se replier sur elle-même? ne devait-elle pas nourrir votre cœur d'un sentiment sublime et délicieux d'amour-propre? n'a-t-on pas toujours en lui la ressource contre l'injustice et le dédommagement de l'insensibilité? Il est si rare, dites-vous, de rencontrer une âme. Il est vrai; mais comment peut-on en avoir une et ne pas se complaire avec elle? Si l'on sent, à la sonde, les autres étroites et resserrées, on s'en rebute, on s'en détache; mais après s'être si mal trouvé chez les autres, quel plaisir n'a-t-on pas de rentrer dans sa maison? Je sais combien le besoin d'attachement rend affligeante aux cœurs sensibles l'impossibilité d'en former; je sais combien cet état est triste; mais je sais qu'il a pourtant des douceurs; il fait verser des ruisseaux de larmes; il donne une mélancolie qui nous rend témoignage de nous-mêmes et qu'on ne voudrait pas ne pas avoir; il fait rechercher la solitude comme le seul asile où l'on se retrouve avec tout ce qu'on a raison d'aimer. Je ne puis trop vous le redire, je ne connais ni bonheur ni repos dans l'éloignement de soi-même : et, au contraire, je sens mieux, de jour en jour, qu'on ne peut être heureux sur la terre qu'à proportion qu'on s'éloigne des choses et qu'on se rapproche de soi. S'il y a quelque sentiment plus doux que l'estime de soi-même, s'il y a quelque occupation plus aimable que celle d'augmenter ce sentiment, je puis avoir tort; mais voilà comme je pense : jugez sur cela s'il m'est possible d'entrer dans vos vues, et même de concevoir votre état.

Je ne puis m'empêcher d'espérer encore que vous vous trompez sur le principe de votre malaise, et qu'au lieu de venir du sentiment qui réfléchit sur vous-même, il vient au contraire de celui qui vous lie encore à votre insu aux choses dont vous vous croyez détachée, et dont peut-être vous désespérez seulement de jouir. Je voudrais que cela fût, je verrais une prise pour agir; mais si vous accusez juste, je n'en vois point. Si j'avais actuellement sous les yeux votre première lettre, et plus de loisir pour y réfléchir, peut-être parviendrais-je à vous comprendre, et je n'y épargnerais pas ma peine, car vous m'inquiétez véritablement; mais cette lettre est noyée dans des tas de papier : il me faudrait pour la retrouver plus de temps qu'on ne m'en laisse; je suis forcé de renvoyer cette recherche à d'autres moments. Si l'inutilité de notre correspondance ne vous rebutait pas de m'écrire, ce serait vraisemblablement un moyen de vous entendre à la fin. Mais je ne puis vous promettre plus d'exactitude dans mes réponses que je ne suis en état d'y en mettre; ce que je vous promets et que je tiendrai bien, c'est de m'occuper beaucoup de vous et de ne vous oublier de ma vie. Votre dernière lettre, pleine de traits de lumière et de sentiments profonds, m'affecte encore plus que la précédente. Quoi que vous en puissiez dire, je croirai toujours qu'il ne tient qu'à celle qui l'a écrite de se plaire avec elle-même, et de se dédommager par là des rigueurs de son sort.

A M. D***.

Motiers, le 4 novembre 1764.

Bien des remercîments, monsieur, du *Dictionnaire philosophique*. Il est agréable à lire; il y règne une bonne morale; il serait à souhaiter qu'elle fût dans le cœur de l'auteur et de tous les hommes. Mais ce même auteur est presque toujours de mauvaise foi dans les extraits de l'Ecriture; il raisonne souvent fort mal : et l'air de ridicule et de mépris qu'il jette sur des sentiments respectés des hommes, rejaillissant sur les hommes mêmes, me paraît un outrage fait à la société. Voilà mon sentiment, et peut-être mon erreur, que je me crois permis de dire, mais que je n'entends faire adopter à qui que ce soit.

Je suis fort touché de ce que vous me marquez de la part de M. et de madame de Buffon. Je suis bien aise de vous avoir dit ce que je pensais de cet homme illustre avant que son souvenir réchauffât mes sentiments pour lui, afin d'avoir tout l'honneur de la justice que j'aime à lui rendre, sans que mon amour-propre s'en soit mêlé. Ses écrits m'instruiront et me plairont toute ma vie. Je lui crois des égaux parmi ses contemporains en qualité de penseur et de philosophe; mais en qualité d'écrivain je ne lui en connais point : c'est la plus belle plume de son siècle; je ne doute point que ce ne soit là le jugement de la postérité. Un de mes regrets est de n'avoir pas été à portée de le voir davantage et de profiter de ses obligeantes invitations; je sens combien ma tête et mes écrits auraient gagné dans son commerce. Je quittai Paris au moment de son mariage : ainsi je n'ai point eu le bonheur de connaître madame de Buffon; mais je sais qu'il a trouvé dans sa personne et dans son mérite l'aimable et digne récompense du sien. Que Dieu les bénisse l'un et l'autre de vouloir bien s'intéresser à ce pauvre proscrit! Leurs bontés sont une des consolations de ma vie : qu'ils sachent, je vous en supplie, que je les honore et les aime de tout mon cœur.

Je suis bien éloigné, monsieur, de renoncer aux pèlerinages projetés. Si la ferveur de la botanique vous dure encore, et que vous ne rebutiez pas un élève à barbe grise, je compte plus que jamais aller herboriser cet été sur vos pas. Mes pauvres Corses ont bien maintenant d'autres affaires que d'aller établir l'Utopie au milieu d'eux. Vous savez la marche des troupes françaises : il faut savoir ce qu'il en résultera. En attendant, il faut gémir tout bas et aller herboriser.

Vous me rendez fier en me marquant que mademoiselle B*** n'ose me venir voir à cause des bienséances de son sexe, et qu'elle a peur de moi comme d'un circoncis. Il y a quinze ans que les jolies femmes me faisaient en France l'affront de me traiter comme un bon homme sans conséquence, jusqu'à venir dîner avec moi tête à tête dans la plus insultante familiarité, jusqu'à m'embrasser dédaigneusement devant tout le monde, comme le grand-père de leur nourrice. Grâces au Ciel, me voilà bien rétabli dans ma dignité, puisque les demoiselles me font l'honneur de ne m'oser venir voir.

A M. L'ABBÉ DE***.

Motiers-Travers, le 11 novembre 1764.

Vous voilà donc, monsieur, tout d'un coup devenu croyant. Je vous félicite de ce miracle, car c'en est sans doute un de la grâce, et la raison pour l'ordinaire n'opère pas si subitement. Mais, ne me faites pas honneur de votre conversion, je vous prie; je sens que cet honneur ne m'appartient point. Un homme qui ne croit guère aux miracles n'est pas fort propre à en faire; un homme qui ne dogmatise ni ne dispute n'est pas un fort bon convertisseur. Je dis quelquefois mon avis quand on me le demande, et je crois que c'est à bonne intention; mais je n'ai point la folie d'en vouloir faire une loi pour d'autres, et quand ils m'en veulent faire une du leur, je m'en défends du mieux que je puis sans chercher à les convaincre. Je n'ai rien fait de plus avec vous : ainsi, monsieur, vous avez seul tout le mérite de votre résipiscence, et je ne songeais sûrement point à vous catéchiser.

Mais voici maintenant les scrupules qui s'élèvent. Les vôtres m'inspirent du respect pour vos sentiments sublimes, et je vous avoue ingénument que, quant à moi, qui marche un peu plus terre à terre, j'en serais beaucoup moins tourmenté. Je me dirais d'abord que de confesser mes fautes est une chose utile pour m'en corriger, parce que, me faisant une loi de dire tout et de dire vrai, je serais souvent retenu d'en commettre par la honte de les révéler.

Il est vrai qu'il pourrait y avoir quelque embarras sur la foi robuste qu'on exige dans votre Église, et que chacun n'est pas maître d'avoir comme il lui plaît. Mais de quoi s'agit-il au fond dans cette affaire? du sincère désir de croire, d'une soumission du cœur plus que de la raison : car enfin la raison ne dépend pas de nous, mais la volonté en dépend; et c'est par la seule volonté qu'on peut être soumis ou rebelle à l'Eglise. Je commencerais donc par me choisir pour confesseur un bon prêtre, un homme sage et sensé, tel qu'on en trouve partout quand on les cherche. Je lui dirais : Je vois l'océan de difficultés où nage l'esprit humain dans ces matières; le mien ne cherche point à s'y noyer; je cherche ce qui est vrai et bon; je le cherche sincèrement; je sens que la docilité qu'exige l'Eglise est un état désirable pour être en paix avec soi : j'aime cet état, j'y veux vivre; mon esprit murmure, il est vrai, mais mon cœur lui impose silence, et mes sentiments sont tous contre mes raisons. Je ne crois pas, mais je veux croire, et je le veux de tout mon cœur. Soumis à la foi malgré mes lumières, quel argument puis-je avoir à craindre? Je suis plus fidèle que si j'étais convaincu.

Si mon confesseur n'est pas un sot, que voulez-vous qu'il me dise? Voulez-vous qu'il exige bêtement de moi l'impossible? qu'il m'ordonne de voir du rouge où je vois du bleu? Il me dira : Soumettez-vous. Je répondrai : C'est ce que je fais. Il priera pour moi, et me donnera l'absolution sans balancer; car il la doit à celui qui croit de toute sa force, et qui suit la loi de tout son cœur.

Mais supposons qu'un scrupule mal entendu le retienne, il se contentera de m'exhorter en secret et de me plaindre; il m'aimera même : je suis sûr que ma bonne foi lui gagnera le cœur. Vous supposez qu'il m'ira dénoncer à l'official; et pourquoi? qu'a-t-il à me reprocher? de quoi voulez-vous qu'il m'accuse? d'avoir trop fidèlement rempli mon devoir? Vous supposez un extravagant, un frénétique : ce n'est pas l'homme que j'ai choisi. Vous supposez de plus un scélérat abominable que je peux poursuivre, démentir, faire pendre peut-être, pour avoir sapé le sacrement par sa base, pour avoir causé le plus dangereux scandale, pour avoir violé sans nécessité, sans utilité, le plus saint de tous les devoirs, quand j'étais si bien dans le mien, que je n'ai mérité que des éloges. Cette supposition, je l'avoue, une fois admise, paraît avoir ses difficultés.

Je trouve en général que vous les pressez en homme qui n'est pas fâché d'en faire naître. Si tout se réunit contre vous, si les prêtres vous poursuivent, si le peuple vous maudit, si la douleur fait descendre vos parents au tombeau, voilà, je l'avoue, des inconvénients bien terribles pour n'avoir pas voulu prendre en cérémonie un morceau de pain. Mais que faire enfin? me demandez-vous. Là-dessus voici, monsieur, ce que j'ai à vous dire.

Tant qu'on peut être juste et vrai dans la société des hommes, il est des devoirs difficiles sur lesquels un ami désintéressé peut être utilement consulté.

Mais quand une fois les institutions humaines sont à tel point de dépravation qu'il n'est plus possible d'y vivre et d'y prendre un parti sans mal faire, alors on ne doit plus consulter personne; il faut n'écouter que son propre cœur, parce qu'il est injuste et malhonnête de forcer un honnête homme à nous conseiller le mal. Tel est mon avis.

Je vous salue, monsieur, de tout mon cœur.

A M. HIRZEL.

11 novembre 1764.

Je reçois, monsieur, avec reconnaissance, la seconde édition du *Socrate rustique*, et les bontés dont m'honore son digne historien. Quelque étonnant que soit le héros de votre livre, l'auteur ne l'est pas moins à mes yeux. Il y a plus de paysans respectables que de savants qui les respectent et qui l'osent dire. Heureux le pays où les Clyioggs cultivent la terre, et où des Hirzels cultivent les lettres! l'abondance y règne et les vertus y sont en honneur.

Recevez, monsieur, je vous supplie, mes remerciments et mes salutations.

A M. DE MALESHERBES.

Motiers-Travers, par Pontarlier, le 11 novembre 1764.

J'use rarement, monsieur, de la permission que vous m'avez donnée de vous écrire; mais les malheureux doivent être discrets. Mon cœur n'est pas plus changé que mon sort, et, plongé dans un abîme de maux dont je ne sortirai de ma vie, j'ai beau sentir mes misères, je sens toujours vos bontés.

En apprenant votre retraite, monsieur, j'ai plaint les gens de lettres; mais je vous ai félicité. En cessant d'être à leur tête par votre place, vous y serez toujours par vos talents; par eux, vous embellissez votre âme et votre asile. Occupé des charmes de la littérature, vous n'êtes plus forcé d'en voir les calamités; vous philosophez plus à votre aise, et votre cœur a moins à souffrir. C'est un moyen d'émulation, selon moi, bien plus sûr, bien plus digne d'accueillir et distinguer le mérite à Malesherbes que de le protéger à Paris.

Où est-il, où est-il ce château de Malesherbes, que j'ai tant désiré de voir? Les bois, les jardins, auraient maintenant un attrait de plus pour moi dans le nouveau goût qui me gagne. Je suis tenté d'essayer la botanique, non comme vous, monsieur, en grand et comme une branche de l'histoire naturelle, mais tout au plus en garçon apothicaire, pour savoir faire ma tisane et mes bouillons. C'est le véritable amusement d'un solitaire qui se promène et qui ne veut penser à rien. Il ne me vient jamais une idée vertueuse et utile que je ne voie à côté de moi la potence ou l'échafaud; avec un Linnæus dans la poche et du foin dans la tête, j'espère qu'on ne me pendra pas. Je m'attends à faire les progrès d'un écolier à barbe grise : mais qu'importe? Je ne veux pas savoir, mais étudier : et cette étude, si conforme à ma vie ambulante, m'amusera beaucoup et me sera salutaire : on n'étudie pas toujours si utilement que cela.

Je viens, à la prière de mes anciens concitoyens, de faire imprimer en Hollande une espèce de réfutation des *Lettres de la campagne*, écrit que peut-être vous aurez vu. Le mien n'a trait absolument qu'à la procédure faite à Genève contre moi et à ses suites : je n'y parle des Français qu'avec éloge, de la médiation de la France qu'avec respect; il n'y a pas un mot contre les catholiques ni leur clergé; les rieurs y sont toujours pour lui contre nos ministres. Enfin cet ouvrage aurait pu s'imprimer à Paris avec privilège du roi, et le gouvernement aurait dû en être bien aise. M. de Sartine en a défendu l'entrée. J'en suis fâché, parce que cette défense me met hors d'état de faire passer sous vos yeux cet écrit dans sa nouveauté, n'osant, sans votre permission, vous le faire envoyer par la poste.

Agréez, monsieur, je vous supplie, mon profond respect.

On dit que la raison pour laquelle M. de Sartine a défendu l'entrée de mon ouvrage est que j'ose m'y justifier contre l'accusation d'avoir rejeté les miracles. Ce M. de Sartine m'a bien l'air d'un homme qui ne serait pas fâché de me faire pendre, uniquement pour avoir prouvé que je ne méritais pas d'être pendu. France, France, vous dédaignez trop dans votre gloire les hommes qui vous aiment et qui savent écrire! Quelque méprisables qu'ils vous paraissent, ce serait toujours plus sagement fait de ne pas les pousser à bout.

A M. LE PRINCE L. E. DE WIRTEMBERG.

Motiers, le 15 novembre 1764.

Il est certain que vos vers ne sont pas bons, et il est certain de plus, que, si vous vous piquiez d'en faire de tels ou même de vous y trop bien connaître, il faudrait vous dire comme un musicien disait à Philippe de Macédoine qui critiquait ses airs de flûte : A Dieu ne plaise, sire, que tu saches ces choses-là mieux que moi! Du reste, quand on ne croit pas faire de bons vers, il est toujours permis d'en faire, pourvu qu'on ne les estime que ce qu'ils valent, et qu'on ne les montre qu'à ses amis.

Il y a bien du temps que je n'ai des nouvelles de nos petites élèves, de leur digne précepteur, et de leur aimable gouvernante. De grâce, une petite relation de l'état présent des choses. J'aime à suivre les progrès de ces chers enfants dans tout leur détail.

Il est vrai que les Corses m'ont fait proposer de travailler à leur dresser un plan de gouvernement. Si ce travail est au-dessus de mes forces, il n'est pas au-dessus de mon zèle. Du reste, c'est une entreprise à méditer longtemps, qui demande bien des préliminaires; et avant d'y songer il faut voir d'abord ce que la France veut faire de ces pauvres gens. En attendant, je crois que le général Paoli mérite l'estime et le respect de toute la terre, puisque étant le maître, il n'a pas craint de s'adresser à quelqu'un qu'il sait bien, la guerre excepté, ne vouloir laisser personne au-dessus des lois. Je suis prêt à consacrer ma vie à leur service; mais, pour ne pas m'exposer à perdre mon temps, j'ai débuté par toucher l'endroit sensible. Nous verrons ce que cela produira.

A M. D'IVERNOIS.

Motiers, le 29 novembre 1764.

Je m'aperçois à l'instant, monsieur, d'un quiproquo que je viens de faire, en prenant dans votre lettre le 6 décembre pour le 6 janvier. Cela me donne l'espoir de vous voir un mois plus tôt que je n'avais cru, et je prends le parti de vous l'écrire, de peur que vous n'imaginiez peut-être sur ma lettre d'aujourd'hui que je voudrais renvoyer aux Rois votre visite, de quoi je serais bien fâché. M. de Payraube sort d'ici, et m'a apporté votre lettre et vos nouveaux cadeaux. Nous avons pour le présent beaucoup de comptes à faire, et d'autres arrangements à prendre pour l'avenir. D'aujourd'hui en huit donc, j'attends, monsieur, le plaisir de vous embrasser; et en attendant je vous souhaite un bon voyage et vous salue de tout mon cœur.

A M. DU PEYROU.

Motiers, le 29 novembre 1764.

Le temps et mes tracas ne me permettent pas, monsieur, de répondre à présent à votre dernière lettre, dont plusieurs articles m'ont ému et pénétré : je destine uniquement celle-ci à vous consulter sur un article qui m'intéresse, et sur lequel je vous épargnerais cette importunité, si je connaissais quelqu'un qui me parût plus digne que vous de toute ma confiance.

Vous savez que je médite depuis longtemps de prendre le dernier congé du public par une édition générale de mes écrits, pour passer dans la retraite et le repos le reste des jours qu'il plaira à la Providence de me départir. Cette entreprise doit m'assurer du pain, sans lequel il n'y a ni repos, ni liberté parmi les hommes : le recueil sera d'ailleurs le monument sur lequel je compte obtenir de la postérité le redressement des jugements iniques de mes contemporains. Jugez par là si je dois regarder comme importante pour moi une entreprise sur laquelle mon indépendance et ma réputation sont fondées.

Le libraire Fauche, aidé d'un associé, jugeant que cette affaire lui peut être avantageuse, désire de s'en charger; et, pressentant l'obstacle que la pédanterie de vos ministraux peut mettre à son exécution dans Neuchâtel, il projette, en supposant l'agrément du Conseil d'état, dont pourtant je doute, d'établir son imprimerie à Motiers, ce qui me serait très commode; et il est certain qu'à considérer la chose en homme d'état, tous les membres du gouvernement doivent favoriser cette entreprise qui versera peut-être cent mille écus dans le pays.

Cet agrément donc supposé (c'est son affaire), il reste à savoir si ce sera la mienne de consentir à cette proposition, et de me lier par un traité en forme. Voilà, monsieur, sur quoi je vous consulte. Premièrement, croyez-vous que ces gens-là puissent être en état de consommer cette affaire avec honneur, soit du côté de la dépense, soit du côté de l'exécution? car l'édition que je propose de faire, étant destinée aux grandes bibliothèques, doit être un chef-d'œuvre de typographie, et je n'épargnerai point ma peine pour que c'en soit un de correction. En second lieu, croyez-vous que les engagements qu'ils prendront avec moi soient assez sûrs pour que je puisse y compter, et n'avoir plus de souci là-dessus le reste de ma vie? En supposant que oui, voudrez-vous bien m'aider de vos soins et de vos conseils pour établir mes sûretés sur un fondement solide? Vous sentez que mes infirmités croissant, et la vieillesse avançant par-dessus le marché, il ne faut pas que, hors d'état de gagner mon pain, je m'expose au danger d'en manquer. Voilà l'examen que je soumets à vos lumières, et je vous prie de vous en occuper par amitié pour moi. Votre réponse, monsieur, réglera la mienne. J'ai promis de la donner dans quinze jours. Marquez-moi, je vous en prie, avant ce temps-là, votre sentiment cette affaire, afin que je puisse me déterminer.

A M. DUCLOS.

Motiers, le 2 décembre 1764.

Je crois, mon cher ami, qu'au point où nous en sommes, la rareté des lettres est plus une marque de confiance que de négligence : votre silence peut m'inquiéter sur votre santé, mais non sur votre amitié, et j'ai lieu d'attendre de vous la même sécurité sur la mienne. Je suis errant tout l'été, malade tout l'hiver, et en tout temps si surchargé de désœuvrés, qu'à peine ai-je un moment de relâche pour écrire à mes amis.

Le recueil fait par Duchesne est en effet incomplet, et, qui pis est, très fautif; mais il n'y manque rien que vous ne connaissiez, excepté ma réponse aux Lettres écrites de la campagne, qui n'est pas encore publique. J'espérais vous la faire remettre aussitôt qu'elle serait à Paris; mais on m'apprend que M. de Sartine en a défendu l'entrée, quoique assurément il n'y ait pas un mot dans cet ouvrage qui puisse déplaire à la France ni aux Français, et que le clergé catholique y ait à son tour les rieurs aux dépens du nôtre. Malheur aux opprimés! surtout quand ils le sont injustement, car alors ils n'ont pas même le droit de se plaindre; et je ne serais pas étonné qu'on me fît pendre uniquement pour avoir dit et prouvé que je ne méritais pas d'être décrété. Je pressens le contrecoup de cette défense en ce pays. Je vois d'avance le parti qu'en vont tirer mes implacables ennemis, et surtout *ipse doli fabricator Epeus*.

J'ai toujours le projet de faire enfin moi-même un recueil de mes écrits, dans lequel je pourrai faire entrer quelques chiffons qui sont encore en manuscrits, et entre autres le petit conte dont vous parlez, puisque vous jugez qu'il en vaut la peine. Mais outre que cette entreprise m'effraie, surtout dans l'état où je suis, je ne sais pas trop où la faire. En France il n'y faut pas songer. La Hollande est trop loin de moi. Les libraires de ce pays n'ont pas d'assez vastes débouchés pour cette entreprise, les profits en seraient peu de chose, et je vous avoue que je n'y songe que pour me procurer du pain durant le reste de mes malheureux jours, ne me sentant plus en état d'en gagner. Quant aux mémoires de ma vie, dont vous parlez, ils sont trop difficiles à faire sans compromettre personne; pour y songer, il faut plus de tranquillité qu'on ne m'en laisse, et que je n'en aurai probablement jamais : si je vis toutefois, je n'y renonce pas. Vous avez toute ma confiance, mais vous sentez qu'il y a des choses qui ne se disent pas de si loin.

Mes courses dans nos montagnes, si riches en plantes, m'ont donné du goût pour la botanique : cette occupation convient fort à une machine ambulante à laquelle il est interdit de penser. Ne pouvant laisser ma tête vide, je la veux empailler; c'est de foin qu'il faut l'avoir pleine pour être libre et vrai, sans crainte d'être décrété. J'ai l'avantage de ne connaître encore que dix plantes, en comptant l'hysope; j'aurai longtemps du plaisir à prendre avant d'en être aux arbres de nos forêts.

J'attends avec impatience votre nouvelle édition des *Considérations sur les mœurs*. Puisque vous avez des facilités pour tout le royame, adressez le paquet à Pontarlier, à moi directement, ce qui suffit; ou à M. Junet, directeur des postes; il me le fera parvenir. Vous pouvez le remettre à Duchesne, qui me le fera passer avec d'autres envois. Je vous demanderai même, sans façon, de faire relier l'exemplaire, ce que je ne puis faire ici sans le gâter; je le prendrai secrètement dans ma poche en allant herboriser; et, quand je ne verrai point d'archers autour de moi, j'y jetterai les yeux à la dérobée. Mon cher ami, comment faites-vous pour penser, être honnête homme, et ne vous pas faire pendre? Cela me paraît difficile, en vérité. Je vous embrasse de tout mon cœur.

A MYLORD MARÉCHAL.

8 décembre 1764.

Sur la dernière lettre, mylord, que vous avez dû recevoir de moi, vous aurez pu juger du plaisir que m'a causé celle dont vous m'avez honoré le 24 octobre. Vous m'avez fait sentir un peu cruellement à quel point je vous suis attaché, et trois mois de silence de votre part m'ont plus affecté et navré que ne fit le décret du Conseil de Genève. Tant de malheurs ont rendu mon cœur inquiet, et je crains toujours de perdre ce que je désire si ardemment de conserver. Vous êtes mon seul protecteur, le seul homme à qui j'aie de véritables obligations, le seul ami sur lequel je compte, le dernier auquel je me sois attaché, et auquel il n'en succédera jamais d'autres. Jugez sur cela si vos bontés me sont chères, et si votre oubli m'est facile à supporter.

Je suis fâché que vous ne puissiez habiter votre maison que dans un an. Tant qu'on en est encore aux châteaux en Espagne, toute habitation nous est bonne en attendant; mais quand enfin l'expérience et la raison nous ont appris qu'il n'y a de véritable jouissance que celle de soi-même, un logement commode et un corps sain deviennent les seuls biens de la vie, et dont le prix se fait sentir de jour en jour, à mesure qu'on est détaché du reste. Comme il n'a pas fallu si longtemps pour faire votre jardin, j'espère que dès à présent il vous amuse, et que vous en tirez déjà de quoi fournir ces *oilles* si savoureuses, que, sans être fort gourmand, je regrette tous les jours.

Que ne puis-je m'instruire auprès de vous dans une culture plus utile, quoique plus ingrate! Que mes bons et infortunés Corses ne peuvent-ils, par mon entremise, profiter de vos longues et profondes observations sur les hommes et les gouvernements! mais je suis loin de vous. N'importe; sans songer à l'impossibilité du succès, je m'occuperai de ces pauvres gens comme si mes rêveries leur pouvaient être utiles. Puisque je suis dévoué aux chimères, je veux du moins m'en former d'agréables. En songeant à ce que les hommes pourraient être, je tâcherai d'oublier ce qu'ils sont. Les Corses sont, comme vous le dites fort bien, plus près de cet état désirable qu'aucun autre peuple. Par exemple, je ne crois pas que la dissolubilité des mariages, très utile dans le Brandebourg, le fût de longtemps en Corse, où la simplicité des mœurs et la pauvreté générale rendent encore les grandes passions inactives et les mariages paisibles et heureux. Les femmes sont laborieuses et chastes; les hommes n'ont de plaisirs que dans leur maison; dans cet état, il n'est pas bon de leur faire envisager comme possible une séparation qu'ils n'ont nulle occasion de désirer.

Je n'ai point encore reçu la lettre avec la traduction de Fletcher que vous m'annoncez. Je l'attendais pour vous écrire; mais, voyant que le paquet ne vient point, je ne puis différer plus longtemps. Mylord, j'ai le cœur plein de vous sans cesse. Songez quelquefois à votre fils le cadet.

A M. DU PEYROU.

8 décembre 1764.

Quoique les affaires et les visites dont je suis accablé ne me laissent presque aucun moment à moi, et que d'ailleurs celle qui m'occupe en ce moment me rend nécessaire d'en délibérer avec vous, monsieur, puisque vous y consentez, ne pouvant me ménager du temps pour suffire à tout, je donne la préférence au soin de vous tranquilliser sur ce terrible B qui vous inquiète, et qui vous a paru suffisant pour effacer ou balancer le témoignage de tous mes écrits et de ma vie entière, sur les sentiments que j'ai constamment professés et que je professerai jusqu'à mon dernier soupir. Puisqu'une seule lettre de l'alphabet a tant de puissance, il faut croire désormais aux vertus des talismans. Ce B signifie *Bon*, cela est certain ; mais comme vous m'en demandez l'explication, sans me transcrire les passages auxquels il se rapporte, et dont je n'ai pas le moindre souvenir, je ne puis vous satisfaire que préalablement vous n'ayez eu la bonté de m'envoyer ces passages, en y ajoutant le sens que vous donnez au B qui vous inquiète ; car il est à présumer que ce sens n'est pas le mien. Peut-être alors, en vous développant ma pensée, viendrai-je à bout de vous édifier sur ce point. Tout ce que je puis vous dire d'avance est que non-seulement je ne suis pas matérialiste, mais que je ne me souviens pas même d'avoir été un seul moment de ma vie tenté de le devenir. Bien est-il vrai que sur un grand nombre de propositions je suis d'accord avec les matérialistes, et celles où vous avez vu des B sont apparemment de ce nombre ; mais il ne s'ensuit nullement que ma méthode de déduction et la leur soient la même, et me conduise aux mêmes conclusions. Je ne puis, quant à présent, vous en dire davantage, et il faut savoir sur quoi roulent vos difficultés avant de songer à les résoudre. En attendant, j'ai des excuses à vous faire du souci que vous a causé mon indiscrétion, et je vous promets que si jamais je suis tenté de barbouiller des marges de livres, je me souviendrai de cette leçon.

A M. LALIAUD.

Motiers, le 9 décembre 1764.

Je voudrais, monsieur, pour contenter votre obligeante fantaisie, pouvoir vous envoyer le profil que vous me demandez ; mais je ne suis pas en lieu à trouver aisément quelqu'un qui le sache tracer. J'espérais me prévaloir pour cela de la visite qu'un graveur hollandais, qui va s'établir à Morat, avait dessein de me faire ; mais il vient de me marquer que des affaires indispensables ne lui en laissaient pas le temps. Si M. Liotard fait un tour jusqu'ici, comme il paraît le désirer, c'est une autre occasion dont je profiterai pour vous complaire, pour peu que l'état cruel où je suis m'en laisse le pouvoir. Si cette seconde occasion me manque, je n'en vois pas de prochaine qui puisse y suppléer. Au reste, je prends peu d'intérêt à ma figure, j'en prends peu même à mes livres ; mais j'en prends beaucoup à l'estime des honnêtes gens, dont les cœurs ont lu dans le mien. C'est dans le vif amour du juste et du vrai, c'est dans des penchants bons et honnêtes, qui sans doute m'attacheraient à vous, que je voudrais vous faire aimer ce qui est véritablement moi, et vous laisser de mon effigie intérieure un souvenir qui vous fût intéressant. Je vous salue, monsieur, de tout mon cœur.

A M. ABAUZIT,

En lui envoyant les LETTRES DE LA MONTAGNE.

Motiers, le 9 décembre 1764.

Daignez, vénérable Abauzit, écouter mes justes plaintes. Combien j'ai gémi que le Conseil et les ministres de Genève m'aient mis en droit de leur dire des vérités si dures! Mais puisque enfin je leur dois ces vérités, je veux payer ma dette. Ils ont rebuté mon respect, ils auront désormais toute ma franchise. Pesez mes raisons et prononcez. Ces dieux de chair ont pu me punir si j'étais coupable; mais si Caton m'absout, ils n'ont pu que m'opprimer.

A M. MONTPEROUX, RÉSIDENT DE FRANCE A GENÈVE.

Motiers, le 9 décembre 1764.

L'écrit, monsieur, qui vous est présenté de ma part, contient mon apologie et celle de nombre d'honnêtes gens offensés dans leurs droits par l'infraction des miens. La place que vous remplissez, monsieur, et vos anciennes bontés pour moi, m'engagent également à mettre sous vos yeux cet écrit. Il peut devenir une des pièces d'un procès au jugement duquel vous présiderez peut-être. D'ailleurs, aussi zélé sujet que bon patriote, vous aimerez me voir célébrer dans ces lettres le plus beau monument du règne de Louis XV, et rendre aux Français, malgré mes malheurs, toute la justice qui leur est due.

Je vous supplie, monsieur, d'agréer mon respect.

A M. DU PEYROU.

Motiers, le 13 décembre 1764.

Je vous parlerai maintenant, monsieur, de mon affaire, puisque vous voulez bien vous charger de mes intérêts. J'ai revu mes gens : leur société est augmentée d'un libraire de France, homme entendu, qui aura l'inspection de la partie typographique. Ils sont en état de faire les fonds nécessaires sans avoir besoin de souscription, et c'est d'ailleurs une voie à laquelle je ne consentirai jamais par de très bonnes raisons, trop longues à détailler dans une lettre.

En combinant toutes les parties de l'entreprise, et supposant un plein succès, j'estime qu'elle doit donner un profit net de cent mille francs. Pour aller d'abord au rabais, réduisons-le à cinquante. Je crois que, sans être déraisonnable, je puis porter mes prétentions au quart de cette somme; d'autant plus que cette entreprise demande de ma part un travail assidu de trois ou quatre ans, qui sans doute achèvera de m'épuiser, et me coûtera plus de peine à préparer et revoir mes feuilles que je n'en eus à les composer.

Sur cette considération, et laissant à part celle du profit, pour ne songer qu'à mes besoins, je vois que ma dépense ordinaire depuis vingt ans a été, l'un dans l'autre, de soixante louis par an. Cette dépense deviendra moindre lorsque absolument séquestré du public je ne serai plus accablé de ports de lettres et de visites, qui, par la loi de l'hospitalité, me forcent d'avoir une table pour les survenants.

Je pars de ce petit calcul pour fixer ce qui m'est nécessaire pour vivre en paix le reste de mes jours, sans manger le pain de personne; résolution formée depuis longtemps, et dont, quoi qu'il arrive, je ne me départirai jamais.

Je compte pour ma part un fonds de dix à douze mille livres; et j'aime mieux ne pas faire l'entreprise s'il faut me réduire à moins, parce qu'il n'y a que le repos du reste de mes jours que je veuille acheter par quatre ans d'esclavage.

Si ces messieurs peuvent me faire cette somme, mon dessein est de la placer en rentes viagères; et, puisque vous voulez bien vous charger de cet emploi, elle vous sera comptée, et tout est dit. Il convient seulement, pour la sûreté de la chose, que tout soit payé avant que l'on commence l'impression du dernier volume, parce que je n'ai pas le temps d'attendre le débit de l'édition pour assurer mon état.

Mais comme une telle somme en argent comptant pourrait gêner les entrepreneurs, vu les grandes avances qui leur sont nécessaires, ils aimeront mieux me faire une rente viagère; ce qui, vu mon âge, et l'état de ma santé, leur doit probablement tourner plus à compte. Ainsi, moyennant des sûretés dont vous soyez content, j'accepterai la rente viagère, sauf une somme en argent comptant lorsqu'on commencera l'édition; et, pourvu que cette somme ne soit pas moindre que cinquante louis, je m'en contente, en déduction du capital dont on me fera la rente.

Voilà, monsieur, les divers arrangements dont je leur laisserais le choix si je traitais directement avec eux : mais, comme il se peut que je me trompe, ou que j'exige trop, ou qu'il y ait quelque meilleur parti à prendre pour eux ou pour moi, je n'entends point vous donner en cela des règles auxquelles vous deviez vous tenir dans cette négociation. Agissez pour moi comme un bon tuteur pour son pupille : mais ne chargez pas ces messieurs d'un traité qui leur soit onéreux. Cette entreprise n'a de leur part qu'un objet de profit, il faut qu'ils gagnent; de ma part elle a un autre objet, il suffit que je vive, et, toute réflexion faite, je puis bien vivre à moins de ce que je vous ai marqué. Ainsi n'abusons pas de la résolution où ils paraissent être d'entreprendre cette affaire à quelque prix que ce soit : comme tout le risque demeure de leur côté, il doit être compensé par les avantages. Faites l'accord dans cet esprit, et soyez sûr que de ma part il sera ratifié.

Je vous vois avec plaisir prendre cette peine : voilà, monsieur, le seul compliment que je vous ferai jamais.

A MADAME LATOUR.

A Motiers, le 16 décembre 1764.

Je n'ai pas eu, chère Marianne, en recevant mon portrait, que M. Breguet a eu la bonté de m'envoyer, le plaisir que vous m'annonciez de le recevoir lui-même. La fatigue, le mauvais temps qu'il a eu durant son voyage, l'ont retenu malade dans sa maison; et moi, depuis deux mois enfermé dans la mienne, je suis hors d'état d'aller le remercier, et lui demander un peu en détail de vos nouvelles, comme je me l'étais proposé. Donnez-m'en donc vous-même, chère Marianne, en attendant que je puisse voir votre bon papa, si digne de l'éloge que vous en faites et de l'attachement que vous avez pour lui. Quant à moi, je ne suis qu'un ami peu démonstratif, quoique vrai, réputé négligent, parce que ma situation me force à le paraître, et trop heureux de recevoir de vous, à titre de grâce, des sentiments que vous me devrez quand les miens vous seront mieux connus. En attendant, il vaut mieux que vous m'aimiez et que vous me grondiez, que si vous paraissiez contente sans l'être. Tant que vous exercerez sur moi l'autorité de l'amitié, je croirai qu'au fond vous rendez justice à la mienne, et que c'est pour me laisser moins voir ma misère que vous vous en prenez à ma volonté. Voilà du moins le seul sens que devraient avoir vos reproches; si je pouvais vous écrire et vous complaire autant que je le désire, et que vous fussiez équitable, le papa lui-même ne vous serait pas plus cher que moi.

J'apprends avec grand plaisir qu'il est beaucoup mieux.

A M. D'IVERNOIS.

Motiers, le 17 décembre 1764.

Il est bon, monsieur, que vous sachiez que, depuis votre départ d'ici, je n'ai reçu aucune de vos lettres, ni nouvelles d'aucune espèce par le canal de personne, quoique vous m'eussiez promis de m'annoncer votre heureuse arrivée à Genève, et de m'écrire même auparavant. Vous pouvez concevoir mon inquiétude. Je sais bien que c'est l'ordinaire qu'on m'accable de lettres inutiles, et que tout se taise dans les moments essentiels; je m'étais flatté cependant qu'il y aurait dans celui-ci quelque exception en ma faveur. Je me suis trompé. Il faut prendre patience, et se résoudre à attendre qu'il vous plaise de me donner des nouvelles de votre santé, que je souhaite être bonne de tout mon cœur.

Mes respects à madame, je vous supplie.

A M. PANCKOUCKE.
Motiers, le 21 décembre 1764.

Je suis sensible aux bontés de M. de Buffon, à proportion du respect et de l'estime que j'ai pour lui; sentiments que j'ai toujours hautement professés, et dont vous avez été témoin vous-même. Il y a des amis dont la bienveillance mutuelle n'a pas besoin d'une correspondance expresse pour se nourrir, et j'ai osé me placer avec lui dans cette classe-là. Si c'est une illusion de ma part, elle est bien pardonnable à la cause qui la produit. Je ne le mets point dans une distribution d'exemplaires, sachant bien qu'il me mettrait dans celle des siens; et que, comme il n'y a point de proportion dans ces choses-là, je n'aime point donner un œuf pour avoir un bœuf.

Le quidam qui s'irrite si fort que j'aie mis une devise à mon livre, doit s'irriter bien plus que je l'aie entourée d'une couronne civique; et bien plus encore, que j'aie, dans ce même livre, justifié la devise et mérité la couronne.

A M. DE MONTMOLLIN.
En lui envoyant les LETTRES ÉCRITES DE LA MONTAGNE.
Le 23 décembre 1764.

Plaignez-moi, monsieur, d'aimer tant la paix, et d'avoir toujours la guerre. Je n'ai pu refuser à mes anciens compatriotes de prendre leur défense comme ils avaient pris la mienne. C'est ce que je ne pouvais faire sans repousser les outrages dont, par la plus noire ingratitude, les ministres de Genève ont eu la bassesse de m'accabler dans mes malheurs, et qu'ils ont osé porter jusque dans la chaire sacrée. Puisqu'ils aiment si fort la guerre, ils l'auront; et, après mille agressions de leur part, voici mon premier acte d'hostilité, dans lequel toutefois je défends une de leurs plus grandes prérogatives qu'ils se laissent lâchement enlever; car, pour insulter à leur aise au malheureux, ils rampent volontiers sous la tyranie. La querelle, au reste, est tout-à-fait personnelle entre eux et moi; ou, si j'y fais entrer la religion protestante pour quelque chose, c'est comme son défenseur contre ceux qui veulent la renverser. Voyez mes raisons, monsieur, et soyez persuadé que, plus on me mettra dans la nécessité in'expliquer mes sentiments, plus il en résultera d'honneur pour votre conduite envers moi, et pour la justice que vous m'avez rendue.

Recevez, monsieur, je vous prie, mes salutations et mon respect.

A M. D'IVERNOIS.
Motiers, le 29 décembre 1764.

J'ai reçu, monsieur, toutes les lettres que vous m'avez fait l'amitié de m'écrire, jusqu'à celle du 25 inclusivement. J'ai aussi reçu les estampes que vous avez eu la bonté de m'envoyer; mais le messager de Genève n'étant point encore de retour, je n'ai pas reçu, par conséquent, les deux paquets que vous lui avez remis, et je n'ai pas non plus entendu parler encore du paquet que vous m'avez envoyé par le voiturier. Je prierai M. le trésorier de s'en faire informer à Neuchâtel, puisqu'il y doit être de retour depuis plusieurs jours.

Les vacherins que vous m'envoyez seront distribués en votre nom dans votre famille. La caisse de vin de Lavaux, que vous m'annoncez, ne sera reçue qu'en payant le prix, sans quoi elle restera chez M. d'Ivernois. Je croyais que vous feriez quelque attention à ce dont nous étions convenus ici : puisque vous n'y voulez pas avoir égard, ce sera désormais mon affaire; et je vous avoue que je commence à craindre que le train que vous avez pris ne produise entre nous une rupture qui m'affligerait beaucoup. Ce qu'il y a de parfaitement sûr, c'est que personne au monde ne sera bien reçu à vouloir me faire des présents par force; les vôtres, monsieur, sont si fréquents, et, j'ose dire, si obstinés, que de la part de tout autre homme, en qui je reconnaîtrais moins de franchise, je croirais qu'il cache quelque vue secrète qui ne se découvrirait qu'en temps et lieu.

Mon cher monsieur, vivons bons amis, je vous en supplie. Les soins que vous vous donnez pour mes petites commissions me sont très précieux. Si vous voulez que je croie qu'ils ne vous sont pas importuns, faites-moi des comptes si exacts, qu'il n'y soit pas même oublié le papier pour les paquets, ou la ficelle des emballages; à cette condition j'accepte vos soins obligeants, et toute mon affection ne vous est pas moins acquise que ma reconnaissance vous est due. Mais, de grâce, ne rendez pas là-dessus une troisième explication nécessaire, car elle serait la dernière bien sûrement.

Je suis et serai même plusieurs années hors d'état de m'occuper des objets relatifs à l'imprimé qu'une personne vous a remis pour me le prêter; ainsi, s'il faut s'en servir promptement, je serai contraint de le renvoyer sans en faire usage. Mon intention était de rassembler des matériaux pour le temps éloigné de mes loisirs, si jamais il vient, de quoi je doute : ainsi ne m'envoyez rien là-dedans qui ne puisse rester entre mes mains, sans autre condition que de l'y retrouver quand on voudra.

Vous trouverez ci-jointe la copie de la lettre de remercîment que M. C.....r m'a écrite. Comment se peut-il qu'avec un cœur si aimant et si tendre je ne trouve partout que haine et que malveillants? je ne puis là-dessus me vaincre: l'idée d'un seul ennemi, quoique injuste, me fait sécher de douleur. Genevois, Genevois, il faut que mon amitié pour vous me coûte à la fin la vie.

Obligez-moi, mon cher monsieur, en m'envoyant la note de l'argent que vous avez déboursé pour toutes mes commissions, ou d'en tirer sur moi le montant par lettre de change, ou de me marquer par qui je dois vous le faire tenir. N'omettez pas ce qu'a fourni M. Duluc. Je vous embrasse de tout mon cœur.

A M. DU PEYROU.

... 31 décembre 1764.

Votre lettre m'a touché jusqu'aux larmes. Je vois que je ne me suis pas trompé, et que vous avez une âme honnête. Vous parez un homme précieux à mon cœur. Lisez l'imprimé ci-joint. Voilà, monsieur, à quels ennemis j'ai affaire; voilà les armes dont ils m'attaquent. Renvoyez-moi cette pièce quand vous l'aurez lue; elle entrera dans les monuments de l'histoire de ma vie. Oh! quand un jour le voile sera déchiré, que la postérité m'aimera! qu'elle bénira ma mémoire! Vous, aimez-moi maintenant, et croyez que je n'en suis pas indigne. Je vous embrasse.

A M. D'IVERNOIS.

Motiers, le 31 décembre 1764.

Je reçois, mon cher monsieur, votre lettre du 28 et les feuilles de la réponse; vous recevrez aussi bientôt la musique que vous demandez. J'ai reçu par ce même courrier un imprimé intitulé: *Sentiment des citoyens.* J'ai d'abord reconnu le style pastoral de M. Vernes, défenseur de la foi, de la vérité, de la vertu et de la charité chrétienne. Les citoyens ne pouvaient choisir un plus digne organe pour déclarer au public leurs sentiments. Il est très à souhaiter que cette pièce se répande en Europe; elle achèvera ce que le décret a commencé.

Tout ce que me marque M. le Premier est d'un magistrat bien sage. Si les autres l'étaient autant, tout serait bientôt pacifié, et les choses rentreraient dans l'état douteux où peut-être serait-il à désirer qu'elles fussent encore. Mais fiez-vous aux sottises que l'animosité leur fera faire : ils vont désormais travailler pour vous.

Les deux exemplaires que demande M*** sont sans doute pour travailler dessus : mais n'importe; je les lui enverrais avec grand plaisir si j'en avais l'occasion, surtout s'il voulait prendre le ton de M. Vernes. Si par hasard c'était en effet par goût pour l'ouvrage, M*** serait un théologien bien étonnant : mais, laissez-les faire. La colère les transporte : comme ils vont prêter le flanc ! Oh ! monsieur, si tous ces gens-là, moins brutaux, moins rogues, s'étaient avisés de me prendre par des caresses, j'étais perdu; je sens que jamais je n'aurais pu résister; mais, par le côté qu'ils m'ont pris, je suis à l'épreuve. Ils feront tant qu'ils me rendront illustre et grand, au lieu que j'étais fait pour n'être jamais qu'un petit garçon. Je vous embrasse de tout mon cœur.

A M. DUCHESNE, LIBRAIRE A PARIS.

Motiers, le 6 janvier 1765.

Je vous envoie, monsieur, une pièce imprimée et publiée à Genève, et que je vous prie d'imprimer et publier à Paris, pour mettre le public en état d'entendre les deux parties, en attendant les autres réponses foudroyantes qu'on prépare à Genève contre moi. Celle-ci est de M. Vernes, si toutefois je ne me trompe ; il ne faut qu'attendre pour s'en éclaircir : car, s'il en est l'auteur, il ne manquera pas de la reconnaître hautement, selon le devoir d'un homme et d'un bon chrétien; s'il ne l'est pas, il la désavouera de même, et le public saura bientôt à quoi s'en tenir.

Je vous connais trop, monsieur, pour croire que vous voulussiez imprimer une pièce pareille, si elle vous venait d'une autre main; mais, puisque c'est moi qui vous en prie, vous ne devez vous en faire aucun scrupule.

N. B. En faisant lui-même réimprimer ce libelle à Paris, Rousseau y a joint quelques notes que nous allons reproduire, en les faisant précéder des passages du libelle auxquels chacune d'elle se rapporte.

« Lorsqu'il mêla l'irréligion à ses romans, nos magistrats furent indispen-
« sablement obligés d'imiter ceux de Paris et de Berne (1), dont les uns le
« décrétèrent et les autres le chassèrent.

« *Figurons-nous*, ajoute-t-il, *une âme infernale analysant ainsi l'Evangile.*
« Eh ! qui l'a jamais ainsi analysé ? où est cette âme infernale (2)?

« *Considérons qui les traite ainsi* (nos pasteurs) : *est-ce un savant......
« est-ce un homme de bien?......* Nous avouons avec douleur et en rougissant
« que c'est un homme qui porte encore les marques funestes de ses débau-
« ches; et qui, déguisé en saltimbanque, traîne avec lui, de village en village,
« la malheureuse dont il fit mourir la mère, et dont il a exposé les enfants à
« la porte d'un hôpital, en rejetant les soins qu'une personne charitable vou-
« lait avoir d'eux, et en abjurant tous les sentiments de la nature, comme il
« dépouille ceux de l'honneur et de la religion (3). »

(1) Je ne fus chassé du canton de Berne qu'un mois après le décret de Genève.
(2) Il paraît que l'auteur de cette pièce pourrait mieux répondre que personne à sa question. Je prie le lecteur de ne pas manquer de consulter dans l'endroit qu'il cite, ce qui précède et ce qui suit.
(3) Je veux faire avec simplicité la déclaration que semble exiger de moi cet article. Jamais aucune maladie, de celles dont parle ici l'auteur, ni petite ni grande, n'a souillé mon corps. Celle dont je suis affligé n'y a pas le moindre rapport ; elle est née avec moi, comme le savent des personnes encore vivantes qui ont pris soin de mon enfance. Cette maladie est connue de MM. Malouin, Morand, Thierry, Daran, et du frère Côme. S'il s'y trouve la moindre marque de débauche, je les prie de me confondre et de me faire honte de ma devise. La personne sage et généralement estimée qui me soigne dans mes maux

« C'est donc là celui qui parle des devoirs de la société ! Certes il ne remplit
« pas ses devoirs quand, dans le même libelle, trahissant la confiance d'un
« ami (1), il fait imprimer une de ses lettres, pour brouiller ensemble trois
« pasteurs. C'est ici qu'on peut dire... de ce même écrivain, auteur d'un roman
« d'éducation, que, pour élever un jeune homme, il faut commencer par avoir
« été bien élevé (2).

« Pourquoi reveille-t-il nos anciennes querelles? Veut-il que nous nous
« égorgions (2) parce qu'on a brûlé un mauvais livre à Paris et à Genève? »

A M... ***

Au sujet d'un Mémoire en faveur des protestants, que l'on devait adresser aux évêques de France.

.... 1765.

La lettre, monsieur, et le mémoire de M. ***, que vous m'avez envoyés, confirment bien l'estime et le respect que j'avais pour leur auteur. Il y a dans ce mémoire des choses qui sont tout-à-fait bien ; cependant il me paraît que le plan et l'exécution demanderaient une refonte conforme aux excellentes observations contenues dans votre lettre. L'idée d'adresser un mémoire aux évêques n'a pas tant pour but de les persuader eux-mêmes, que de persuader indirectement la cour et le clergé catholique, qui seront plus portés à donner au corps épiscopal le tort dont on ne les chargera pas eux-mêmes. D'où il doit arriver que les évêques auront honte d'élever des oppositions à la tolérance des protestants, ou que, s'ils font ces oppositions, ils attireront contre eux la clameur publique et peut-être les rebuffades de la cour.

Sur cette idée, il paraît qu'il ne s'agit pas tant, comme vous le dites très bien, d'explications sur la doctrine, qui sont assez connues et ont été données mille fois, que d'une exposition politique et adroite de l'utilité dont les protestants sont à la France ; à quoi l'on peut ajouter la bonne remarque de M. ***, sur l'impossibilité reconnue de les réunir à l'Eglise, et par conséquent sur l'inutilité de les opprimer; oppression qui, ne pouvant les détruire, ne peut servir qu'à les aliéner.

En prenant les évêques qui, pour la plupart, sont des plus grandes maisons du royaume, du côté des avantages de leur naissance et de leurs places, on peut leur montrer avec force combien ils doivent être attachés au bien de l'état à proportion du bien dont il les comble, et des privilèges qu'il leur accorde ; combien il serait horrible à eux de préférer leur intérêt et leur ambition particulière au bien général d'une société dont ils sont les principaux membres; on peut leur prouver que leurs devoirs de citoyens, loin d'être opposés à ceux de leur ministère, en reçoivent de nouvelles forces ; que l'humanité, la religion, la patrie, leur prescrivent la même conduite et la même

---

et me console dans mes afflictions n'est malheureuse que parce qu'elle partage le sort d'un homme fort malheureux; sa mère est actuellement pleine de vie et en bonne santé malgré sa vieillesse. Je n'ai jamais exposé ni fait exposer aucun enfant à la porte d'aucun hôpital ni ailleurs. Une personne qui aurait eu la charité dont on parle aurait eu celle d'en garder le secret, et chacun sent que ce n'est pas de Genève, où je n'ai point vécu, et d'où tant d'animosité se répand contre moi, qu'on doit attendre des informations fidèles sur ma conduite. Je n'ajouterai rien à ce passage, sinon qu'au meurtre près, j'aimerais mieux avoir fait ce dont son auteur m'accuse, que d'en avoir écrit un pareil.

(1) Je crois devoir avertir le public que le théologien qui a écrit la lettre dont j'ai donné un extrait n'est ni ne fut jamais mon ami; que je ne l'ai vu qu'une fois en ma vie, et qu'il n'a pas la moindre chose à démêler, ni en bien ni en mal, avec les ministres de Genève. Cet avertissement m'a paru nécessaire pour prévenir les téméraires applications.

(2) Tout le monde accordera, je pense, à l'auteur de cette pièce, que lui et moi n'avons pas plus eu la même éducation, que nous n'avons la même religion.

(3) On peut voir dans ma conduite les douloureux sacrifices que j'ai faits pour ne pas troubler la paix de ma patrie, et, dans mon ouvrage, avec quelle force j'exhorte les citoyens à ne la troubler jamais, à quelque extrémité qu'on les réduise.

obligation de protéger leurs malheureux frères opprimés plutôt que de les poursuivre. Il y a mille choses vives et saillantes à dire là-dessus, en leur faisant honte, d'un côté, de leurs maximes barbares, sans pourtant les leur reprocher; et de l'autre, en excitant contre eux l'indignation du ministère et des autres ordres du royaume, sans pourtant paraître y tâcher.

Je suis, monsieur, si pressé, si accablé, si surchargé de lettres, que je ne puis vous jeter ici quelques idées qu'avec la plus grande rapidité. Je voudrais pouvoir entreprendre ce mémoire, mais cela m'est absolument impossible, et j'en ai bien du regret; car, outre le plaisir de bien faire, j'y trouverais un des plus beaux sujets qui puissent honorer la plume d'un auteur. Cet ouvrage peut être un chef-d'œuvre de politique et d'éloquence, pourvu qu'on y mette le temps; mais je ne crois pas qu'il puisse être bien traité par un théologien. Je vous salue, monsieur, de tout mon cœur.

A M. SÉGUIER DE SAINT-BRISSON.

Motiers, janvier 1765.

J'ai reçu, monsieur, votre lettre du 27 décembre; j'ai aussi lu *Ariste* et *Philopenès*. Malgré le plaisir que m'ont fait l'un et l'autre, je ne me repens point du mal que je vous ai dit du premier; et ne doutez pas que je ne vous en eusse dit du second, si vous m'eussiez consulté. Mon cher Saint-Brisson, je ne vous dirai jamais assez avec quelle douleur je vous vois entrer dans une carrière couverte de fleurs et semée d'abîmes, où l'on ne peut éviter de se corrompre ou de se perdre, où l'on devient malheureux ou méchant à mesure qu'on avance, et très souvent l'un et l'autre avant d'arriver. Le métier d'auteur n'est bon que pour qui veut servir les passions des gens qui mènent les autres; mais pour qui veut sincèrement le bien de l'humanité, c'est un métier funeste. Aurez-vous plus de zèle que moi pour la justice, pour la vérité, pour tout ce qui est honnête et bon? aurez-vous des sentiments plus désintéressés, une religion plus douce, plus tolérante, plus pure, plus sensée? Aspirerez-vous à moins de choses? suivrez-vous une route plus solitaire? irez-vous sur le chemin de moins de gens? Choquerez-vous moins de rivaux et de concurrents? éviterez-vous avec plus de soin de croiser les intérêts de personne? et toutefois vous voyez; je ne sais comment il existe dans le monde un seul honnête homme à qui mon exemple ne fasse pas tomber la plume des mains. Faites du bien, mon cher Saint-Brisson, mais non pas des livres; loin de corriger les méchants, ils ne font que les aigrir. Le meilleur livre fait très peu de bien aux hommes et beaucoup de mal à son auteur. Je vous ai déjà vu aux champs pour une brochure qui n'était pas même fort malhonnête; à quoi devez-vous vous attendre si ces choses vous blessent déjà!

Comment pouvez-vous croire que je veuille passer en Corse, sachant que les troupes françaises y sont? Jugez-vous que je n'aie pas assez de mes malheurs sans en aller chercher d'autres? Non, monsieur, dans l'accablement où je suis, j'ai besoin de reprendre haleine; j'ai besoin d'aller plus loin de Genève chercher quelques moments de repos; car on ne m'en laissera nulle part un long sur la terre, je ne puis plus l'espérer que dans son sein. J'ignore encore de quel côté j'irai; il ne m'en reste plus guère à choisir. Je voudrais, chemin faisant, me chercher quelque retraite fixe, pour m'y transplanter tout-à-fait, où l'on eût l'humanité de me recevoir, et de me laisser mourir en paix. Mais où la trouver parmi les chrétiens? La Turquie est trop loin d'ici.

Ne doutez pas, cher Saint-Brisson, qu'il ne me fût fort doux de vous avoir pour compagnon de voyage, pour consolateur, et pour garde-malade; mais j'ai contre ce même voyage de grandes objections par rapport à vous. Premièrement, ôtez-vous de l'esprit de me consulter sur rien, et de trouver dans mon entretien la moindre ressource contre l'ennui. L'étourdissement où me jettent des agitations sans relâche m'a rendu stupide; ma tête est en léthargie, mon cœur même est mort; je ne sens ni ne pense plus. Il me reste un seul plaisir dans la vie; j'aime encore à marcher, mais en marchant je ne rêve pas même; j'ai les sensations des objets qui me frappent, et rien de plus : je voulais essayer d'un peu de botanique pour m'amuser du moins à reconnaître en chemin quelques plantes; mais ma mémoire est absolument éteinte; elle ne peut pas même aller jusque-là. Imaginez le plaisir de voyager avec un pareil automate.

Ce n'est pas tout. Je sens le mauvais effet que votre voyage ici fera pour vous-même. Vous n'êtes déjà pas trop bien auprès des dévots; voulez-vous achever de vous perdre? Vos compatriotes mêmes, en général, ne nous pardonnent pas de me connaître; comment vous pardonneraient-ils de m'aimer? Je suis très fâché que vous m'ayez nommé à la tête de votre *Ariste* : ne faites plus pareille sottise, ou je me brouille avec vous tout de bon. Dites-moi surtout de quel œil vous croyez que votre famille verra ce voyage : madame votre mère en frémira; je frémis moi-même à penser aux funestes effets qu'il peut produire auprès de vos proches. Et vous voulez que je vous laisse faire! C'est vouloir que je sois le dernier des hommes. Non, monsieur, obtenez l'agrément de madame votre mère, et venez. Je vous embrasse avec la plus grande joie, mais sans cela n'en parlons plus.

A M. MOULTOU.

Motiers, le 7 janvier 1765.

Il était bien cruel, monsieur, que chacun de nous désirant si fort conserver l'amitié de l'autre, crût également l'avoir perdue. Je me souviens très bien, moi qui suis si peu exact à écrire, de vous avoir écrit le dernier. Votre silence obstiné me navra l'âme, et me fit croire que ceux qui voulaient vous détacher de moi avaient réussi; cependant, même dans cette supposition, je plaignais votre faiblesse sans accuser votre cœur; et mes plaintes, peut-être indiscrètes, prouvaient, mieux que n'eût fait mon silence, l'amertume de ma douleur. Que pouvait faire de plus un homme qui ne s'est jamais départi de ces deux maximes, et ne s'en veut jamais départir; l'une de ne jamais rechercher personne, l'autre de ne point courir après ceux qui s'en vont? Votre retraite m'a déchiré : si vous revenez sincèrement, votre retour me rendra la vie. Malheureusement je trouve dans votre lettre plus d'éloges que de sentiments. Je n'ai que faire de vos louanges, et je donnerais mon sang pour votre amitié.

Quant à mon dernier écrit, loin de l'avoir fait par animosité, je ne l'ai fait qu'avec la plus grande répugnance, et vivement sollicité : c'est un devoir que j'ai rempli sans m'y complaire : mais je n'ai qu'un ton; tant pis pour ceux qui me forcent de le prendre, car je n'en changerai sûrement pas pour eux. Du reste, ne craignez rien de l'effet de mon livre; il ne fera du mal qu'à moi. Je connais mieux que vous la bourgeoisie de Genève : elle n'ira pas plus loin qu'il ne faut, je vous en réponds.

> Hi motus animorum atque hæc certamina tanta
> Pulveris exigui jactu compressa quiescent.

Moultou, je n'aime à vous voir ni ministre ni citoyen de Genève. Dans l'état où sont les mœurs, les goûts, les esprits dans cette ville, vous n'êtes pas fait pour l'habiter. Si cette déclaration vous fâche encore, ne nous raccommodons pas, car je ne cesserai point de vous la faire. Le plus mauvais parti qu'un homme de votre portée puisse prendre est celui de se partager. Il faut être tout-à-fait comme les autres, ou tout-à-fait comme soi. Pensez-y. Je vous embrasse.

Saluez de ma part votre vénérable père.

A M. D'IVERNOIS.

Motiers, le 7 janvier 1765.

J'ai reçu, monsieur, avec vos dernières lettres, comprise celle du 5, la réponse aux *Lettres écrites de la campagne*. Cet ouvrage est excellent, et doit être en tout temps le manuel des citoyens. Voilà, monsieur, le ton respectueux, mais ferme et noble, qu'il faut toujours prendre, au lieu du ton craintif et rampant dont on n'osait sortir autrefois, mais il ne faut jamais passer au-delà. Vos magistrats n'étant plus mes supérieurs, je puis, vis-à-vis d'eux, prendre un ton qu'il ne vous conviendrait pas d'imiter.

Je vous remercie derechef des soins sans nombre que vous avez bien voulu prendre pour mes petites commissions, mais qui sont grandes par la peine continuelle qu'elles vous donnent; car il semble, à votre activité, que vous ne pouvez être occupé que de moi. Vos soins obligeants, monsieur, peuvent m'être aussi utiles que votre amitié me sera précieuse; et lorsque vous voudrez bien observer nos conditions, une fois à mon aise de ce côté, bien sûr de vos bontés, je n'épargnerai point vos peines.

Je n'ai point encore donné le louis de votre part à ma pauvre voisine; premièrement, parce que sa santé étant passable à présent, elle n'est pas absolument sous la condition que vous y avez mise; et en second lieu, parce que vous exigez de n'être pas nommé, condition que je ne puis admettre, parce que ce serait faire présumer à ces bonnes gens que cette libéralité vient de moi, et que je me cache par modestie, idée à laquelle il ne me convient pas de donner lieu.

Bien des remerciments à M. Deluc fils, de sa bonne volonté. Je ne vous cacherai pas que l'optique me serait fort agréable; mais, premièrement, je ne consentirai point que M. Deluc, déjà si chargé d'autres occupations, s'en donne la peine lui-même, et je crains que cette fantaisie ne coûte plus d'argent que je n'y en puis mettre pour le présent. Mais il m'a promis de me pourvoir d'un microscope; peut-être même en faudrait-il deux. Il en sait l'usage, il décidera. Je serais bien aise aussi d'avoir, en couleurs bien pures, un peu d'outremer et de carmin, du vert de vessie, et de la gomme arabique.

Il est très à désirer que la fermentation causée par les derniers écrits n'ait rien de tumultueux. Si les Genevois sont sages, ils se réuniront, mais paisiblement; ils ne se livreront à aucune impétuosité, et ne feront aucune démarche brusque. Il est vrai que la longueur du temps est contre eux; car on travaillera fortement à les désunir, et tôt ou tard on réussira. La combinaison des droits, des préjugés, des circonstances, exige dans les démarches autant de sagesse que de fermeté. Il est des moments qui ne reviennent plus quand on les néglige; mais il faut autant de pénétration pour les connaître que d'adresse à les saisir. N'y aurait-il pas moyen de réveiller un peu le Deux-Cents? S'il ne voit pas ici son intérêt, ses membres ne sont que des cruches. Mais tenez-vous sûrs qu'on vous tendra des pièges, et craignez les faux frères. Profitez du zèle apparent de M. Ch., mais ne vous y fiez pas, je vous le répète. Ne comptez point non plus sur l'homme dont vous m'avez envoyé une réponse. S'il faut agir, que ce soit plus loin. Du reste, je commence à penser que si l'on se conduit bien, cette ressource hasardeuse ne sera pas nécessaire.

Vous voulez une inscription sur votre exemplaire. Mes bons Saint-Gervaisiens en ont mis une qui se rapporte à l'ouvrage : en voici une autre qui se rapporte à l'auteur : *Alto quæsivit cœlo lucem, ingemuitque reperta*.

Je suis fâché de vous donner du latin; mais le français ne vaut rien pour ce genre; il est mou, il est mort, il n'a pas plus de nerf que de vie.

Mille remerciments, je vous prie, à madame d'Ivernois, pour la bonté qu'elle a eue de présider à l'achat pour mademoiselle Le Vasseur. Son goût se montre dans ses emplettes comme son esprit dans ses lettres. Je vous embrasse de tout mon cœur.

Voici une lettre pour M. Moultou : la sienne m'a fait le plus grand plaisir, et mon cœur en avait besoin.

Je m'aperçois que l'inscription ci-dessus est beaucoup trop longue pour l'usage que vous en voulez faire. En voici une de l'invention de M. Moultou, qui dit à peu près la même chose en moins de mots : *Luget et monet.*

J'oubliais de vous dire que le premier de ce mois MM. de Couvet me firent prier, par une députation, de vouloir bien agréer la bourgeoisie de leur communauté; ce que je fis avec reconnaissance; et, le lendemain, un des gouverneurs avec le secrétaire m'apportèrent des lettres conçues en termes très obligeants et très honorables, et dans le cartouche desquelles, dessiné en miniature, ils avaient eu l'attention de mettre ma devise. Je leur dis, car je ne veux rien vous taire, que je me tenais plus libre, sujet d'un roi juste, et plus honoré d'être membre d'une communauté où régnait l'égalité et la concorde, que citoyen d'une république où les lois n'étaient qu'un mot, et la liberté qu'un leurre. Il est dit dans les lettres que la délibération a été unanime aux suffrages de cent vingt-cinq voix.

Hier l'abbaye de l'arquebuse de Couvet me fit offrir le même honneur, et je l'acceptai de même. Vous savez que je suis déjà de celle de Motiers. Je vous avoue que je suis plus flatté de ces marques de bienveillance, après un assez long séjour dans le pays pour que ma conduite et mes mœurs y fussent connues, que si elles n'eussent été prodiguées d'abord en y arrivant.

A M. DE GAUFFECOURT.

Motiers-Travers, le 12 janvier 1765.

Je suis bien aise, mon cher papa, que vous puissiez envisager, dans la sérénité de votre paisible apathie, les agitations et les traverses de ma vie, et que vous ne laissiez pas de prendre aux soupirs qu'elles m'arrachent un intérêt digne de notre ancienne amitié.

Je voudrais encore plus que vous que le *moi* parût moins dans les *Lettres écrites de la montagne;* mais sans le *moi* ces lettres n'auraient point existé. Quand on fit expirer le malheureux Calas sur la roue, il lui était difficile d'oublier qu'il était là.

Vous doutez qu'on permette une réponse. Vous vous trompez, ils répondront par des libelles diffamatoires : c'est ce que j'attends pour achever de les écraser. Que je suis heureux qu'on ne se soit pas avisé de me prendre par des caresses! j'étais perdu, je sens que je n'aurais jamais résisté. Grâce au ciel, on ne m'a pas gâté de ce côté-là, et je me sens inébranlable par celui qu'on a choisi. Ces gens-là feront tant qu'ils me rendront grand et illustre, au lieu que naturellement je ne devais être qu'un petit garçon. Tout ceci n'est pas fini; vous verrez la suite, et vous sentirez, je l'espère, que les outrages et les libelles n'auront pas avili votre ami. Mes salutations, je vous prie, à M. de Quinsonas : les deux lignes qu'il a jointes à votre lettre me sont précieuses; son amitié me paraît désirable; et il serait bien doux de la former par un médiateur tel que vous.

Je vous prie de faire dire à M. Bourgeois que je n'oublie point sa lettre, mais que j'attends pour y répondre d'avoir quelque chose de positif à lui marquer. Je suis fâché de ne pas savoir son adresse.

Bonjour, bon papa : parlez-moi de temps en temps de votre santé et de votre amitié. Je vous embrasse de tout mon cœur.

P. S. Il paraît à Genève une espèce de désir de se rapprocher de part et d'autre. Plût à Dieu que ce désir fût sincère d'un côté, et que j'eusse la joie de voir finir des divisions dont je suis la cause innocente! plût à Dieu que je pusse contribuer moi-même à cette bonne œuvre par toutes les déférences et satisfactions que l'honneur peut me permettre! Je n'aurais rien fait de ma vie d'aussi bon cœur, et dès ce moment je me tairais pour jamais.

A M. DUCLOS.

Motiers, le 13 janvier 1765.

J'attendais, mon cher ami, pour vous remercier de votre présent que j'eusse eu le plaisir de lire cette nouvelle édition, et de la comparer avec la précédente ; mais la situation violente où me jette la fureur de mes ennemis ne me laisse pas un moment de relâche ; et il faut renvoyer les plaisirs à des moments plus heureux, s'il m'est encore permis d'en attendre. Votre portrait n'avait pas besoin de la circonstance pour me causer de l'émotion ; mais il est vrai qu'elle en a été plus vive par la comparaison de mes misères présentes avec le temps où j'avais le bonheur de vous voir tous les jours. Je voudrais bien que vous me fissiez l'amitié de m'en donner une seconde épreuve pour mon portefeuille. Les vrais amis sont trop rares pour qu'en effet la planche ne restât pas longtemps neuve, si vous n'en donniez qu'une épreuve à chacun des vôtres ; mais j'ose ici dire, au nom de tous, qu'ils sont bien dignes que vous l'usiez pour eux.

Quoique je sache que vous n'êtes point fait pour en perdre, je suis peu surpris que vous ayez à vous plaindre de ceux avec lesquels j'ai été forcé de rompre. Je sens que quiconque est un faux ami pour moi n'en peut être un vrai pour personne.

Ils travaillent beaucoup à me faciliter l'entreprise d'écrire ma vie, que vous m'exhortez de reprendre. Il vient de paraître à Genève un libelle effroyable, pour lequel la dame d'Epinay a fourni des mémoires à sa manière, lesquels me mettent déjà fort à mon aise vis-à-vis d'elle et de ce qui l'entoure. Dieu me préserve toutefois de l'imiter même en me défendant ! Mais sans révéler les secrets qu'elle m'a confiés, il m'en reste assez de ceux que je ne tiens pas d'elle pour la faire connaître autant qu'il est nécessaire en ce qui se rapporte à moi. Elle ne me croit pas si bien instruit ; mais, puisqu'elle m'y force, elle apprendra quelque jour combien j'ai été discret. Je vous avoue cependant que j'ai peine encore à vaincre ma répugnance, et je prendrai du moins mes mesures pour que rien ne paraisse de mon vivant. Mais j'ai beaucoup à dire, et je dirai tout ; je n'omettrai pas une de mes fautes, pas même une de mes mauvaises pensées. Je me peindrai tel que je suis : le mal offusquera presque toujours le bien ; et, malgré cela, j'ai peine à croire qu'aucun de mes lecteurs ose dire, je suis meilleur que ne fut cet homme-là.

Cher ami : J'ai le cœur oppressé, j'ai les yeux gonflés de larmes ; jamais être humain n'éprouva tant de maux à la fois. Je me tais, je souffre, et j'étouffe. Que ne suis-je auprès de vous ! du moins je respirerais. Je vous embrasse.

A M. D'IVERNOIS.

Motiers, le 17 janvier 1765.

Votre lettre, monsieur, du 9 de ce mois, ne m'est parvenue qu'hier, et très certainement elle avait été ouverte.

Il me semble que je ne serais pas de votre avis sur la question de porter ou de ne pas porter au Conseil général les griefs de la bourgeoisie, puisqu'en supposant de la part du petit Conseil le refus de la satisfaire sur ces griefs, il n'y a nul autre moyen de prouver qu'il y est obligé : car enfin de ce que des particuliers se plaignent, il ne s'ensuit pas qu'ils aient raison de se plaindre ; et de ce qu'ils disent que la loi a été violée, il ne s'ensuit pas que cela soit vrai, surtout quand le Conseil n'en convient pas. Je vois ici deux parties, savoir ; les représentants et le petit Conseil. Qui sera juge entre les deux ?

D'ailleurs la grande affaire en cette occasion est d'annuler le prétendu droit négatif dans sa partie qui n'est pas légitime ; et rien n'est plus important pour constater cette nullité que l'appel au Conseil général. Le fait seul de cette assemblée donnerait aux représentants gain de cause, quand même leurs griefs n'y seraient pas adoptés.

Je conviens que par la diminution du nombre cette souveraine assemblée perdra peu à peu son autorité ; mais cet inconvénient, peut-être inévitable, est encore éloigné, et il est bien plus grand en renonçant dès à présent aux

Conseils généraux. Il est certain que votre gouvernement tend rapidement à l'aristocratie héréditaire; mais il ne s'ensuit pas qu'on doive abandonner dès à présent un bon remède, et surtout s'il est unique, seulement parce qu'on prévoit qu'il perdra sa force un jour. Mille incidents peuvent d'ailleurs retarder ce progrès encore; mais si le petit Conseil demeure seul juge de vos griefs, en tout état de cause vous êtes perdus.

La question me paraît bien établie dans ma huitième lettre. On se plaint que la loi est transgressée. Si le Conseil convient de cette transgression et la répare, tout est dit, et vous n'avez rien à demander de plus; mais s'il n'en convient pas, ou refuse de la réparer, que vous reste-t-il à demander pour l'y contraindre? un Conseil général.

L'idée de faire une déclaration sommaire des griefs est excellente; mais il faut éviter de la faire d'une manière trop dure, qui mette le Conseil trop au pied du mur. Demander que le jugement contre moi soit révoqué, c'est demander une chose insupportable pour eux, et aussi parfaitement inutile pour vous que pour moi. Il n'est pas même sûr que l'affirmative passât au Conseil général, et ce serait m'exposer à un nouvel affront encore plus solennel. Mais demander si l'article 88 de l'ordonnance ecclésiastique ne s'applique pas aux auteurs des livres ainsi qu'à ceux qui dogmatisent de vive voix, c'est exiger une décision très raisonnable, qui, dans le droit, aura la même force, en supposant l'affirmative, que si la procédure était annulée, mais qui sauve le Conseil de l'affront de l'annuler ouvertement. Sauvez à vos magistrats des rétractations humiliantes, et prévenez les interprétations arbitraires pour l'avenir. Il y a cependant des points sur lesquels on doit exiger les déclarations les plus expresses; tels sont les tribunaux sans syndics, tels sont les emprisonnements faits d'office, etc. Laissez là, messieurs, le petit point d'honneur, et allez au solide. Voilà mon avis.

J'ai reçu les couleurs et le microscope; mille remercîments, et à M. Deluc. N'oubliez pas, je vous supplie, de tenir une note exacte de tout. Dans celle que vous m'avez envoyée vous avez oublié la flanelle; je vous prie de réparer cette omission.

J'ai fait donner le louis à ma voisine. Digne homme, que les bénédictions du ciel sur vous et sur votre famille augmentent de jour en jour une fortune dont vous faites un si noble usage!

Le messager doit partir la semaine prochaine. Je voudrais que vous attendissiez les occasions de vous servir de lui plutôt que d'importuner incessamment M. le trésorier pour tant de petits articles qui ne pressent point du tout, et dont l'expédition lui donne encore plus d'incommodité qu'à moi d'avantage.

Ne faites rien mettre dans la gazette. Le gazetier, vendu à mes ennemis, altérerait infailliblement votre article, ou l'emprisonnerait dans quelque autre. D'ailleurs à quoi bon? Que ne suis-je oublié du genre humain! que ne puis-je, aux dépens de cette petite gloriole, qui ne me flatta de ma vie, jouir du repos que j'idolâtre, de cette paix si chère à mon cœur, et qu'on ne goûte que dans l'obscurité! Oh! si je puis faire une fois mes derniers adieux au public!... Mais peut-être avant cet heureux moment faut-il les faire à la vie. La volonté de Dieu soit faite. Je vous embrasse tendrement.

Je vous prie de vouloir bien donner cours à cette lettre pour Chambéri. Je ne puis faire la procuration que vous demandez que dans la belle saison, voulant qu'elle soit légalisée à Yverdun ou à Neuchâtel, par des raisons que je vous expliquerai et qui n'ont aucun rapport à la chose.

A M. PICTET.

Motiers, le 19 janvier 1765.

Vous auriez toujours, monsieur, des réponses bien promptes si ma diligence à les faire était proportionnée au plaisir que je reçois de vos lettres:

mais il me semble que, par égard pour ma triste situation, vous m'avez promis sur cet article une indulgence dont assurément mon cœur n'a pas besoin, mais que les tracas des faux empressés, et l'indolence de mon état, me rendent chaque jour plus nécessaire. Rappelez-vous donc quelquefois, je vous supplie, les sentiments que je vous ai voués, et ne concluez rien de mon silence contre mes déclarations.

Vous aurez pu comprendre aisément, monsieur, à la lecture des *Lettres de la montagne*, combien elles ont été écrites à contre-cœur. Je n'ai jamais rempli devoir avec plus de répugnance que celui qui m'imposait cette tâche; mais enfin c'en était un tant envers moi qu'envers ceux qui s'étaient compromis en prenant ma défense. J'aurais pu, j'en conviens, le remplir sur un autre ton; mais je n'en ai qu'un; ceux qui ne l'aiment pas ne doivent pas me forcer à le prendre. Puisqu'ils s'étudient à m'obliger de leur dire leur vérité, il faut bien user du droit qu'ils me donnent. Que je suis heureux qu'ils ne se soient pas avisés de me gâter par des caresses! Je sens bien mon cœur; j'étais perdu s'ils m'avaient pris de ce côté-là; mais je me crois à l'épreuve par celui qu'ils ont préféré.

Ce que j'ai dit est si simple, que vous ne pouvez m'en savoir aucun gré, mais vous pouvez m'en savoir un peu de ce que je n'ai pas osé dire, et vous n'ignorez pas la raison qui m'a rendu discret.

Puisque vous avez cependant, monsieur, le courage d'avouer dans ces circonstances l'amitié dont vous m'honorez, je m'en honore trop moi-même pour ne pas vous prendre au mot. Jusqu'ici je n'ai point indiscrètement parlé de notre correspondance, et je n'ai laissé voir aucune de vos lettres; mais par la permission que vous m'en donnez, j'ai montré la dernière. Par les talents qu'elle annonce, elle mérite à son auteur la célébrité; mais elle la lui mérite encore à meilleur titre par les vertus qui s'y font sentir.

A M. DU PEYROU.

Motiers, le 24 janvier 1765.

Je vous avoue que je ne vois qu'avec effroi l'engagement que je vais prendre avec la compagnie en question si l'affaire se consomme; ainsi quand elle manquerait, j'en serais très peu puni. Cependant, comme j'y trouverais des avantages solides, et une commodité très grande pour l'exécution d'une entreprise que j'ai à cœur, que d'ailleurs je ne veux pas répondre malhonnêtement aux avances de ces messieurs, je désire, si l'entreprise se rompt, que ce ne soit pas par ma faute. Du reste, quoique je trouve les demandes que vous avez faites en mon nom un peu fortes, je suis fort d'avis, puisqu'elles sont faites, qu'il n'en soit rien rabattu.

Je vous reconnais bien, monsieur, dans l'arrangement que vous me proposez au défaut de celui-là; mais quoique j'en sois pénétré de reconnaissance, je me reconnaîtrais peu moi-même si je pouvais l'accepter sur ce pied-là: toutefois j'y vois une ouverture pour sortir, avec votre aide, d'un furieux embarras où je suis. Car, dans l'état précaire où sont ma santé et ma vie, je mourrais dans une perplexité bien cruelle en songeant que je laisse mes papiers, mes effets, et ma gouvernante, à la merci d'un inconnu. Il y aura bien du malheur si l'intérêt que vous voulez bien prendre à moi, et la confiance que j'ai en vous ne nous amènent pas à quelque arrangement qui contente votre cœur sans faire souffrir le mien. Quand vous serez une fois mon dépositaire universel, je serai tranquille; et il me semble que le repos de mes jours m'en sera plus doux quand je vous en serai redevable. Je voudrais seulement qu'au préalable nous puissions faire une connaissance encore plus intime. J'ai des projets de voyage pour cet été. Nous pourrions en faire quelqu'un ensemble? Votre bâtiment vous occupera-t-il si fort que vous ne puissiez le quitter quelques semaines, même quelques mois, si le cas y échoit? Mon cher monsieur, il faut commencer par beaucoup se connaître pour savoir bien ce qu'on fait quand on se lie. Je m'attendris à penser qu'après une vie si malheureuse, peut-être trouverai-je encore des jours sereins près de vous, et que peut-être une chaîne de traverses m'a-t-elle conduit à l'homme que la Providence appelle à me fermer les yeux. Au reste, je vous parle de mes voyages parce qu'à force d'habitude les déplacements sont devenus pour moi des besoins. Durant toute la belle saison il m'est impossible de rester plus de deux ou trois jours en place sans me contraindre et sans souffrir.

A M. LE COMTE DE B....

Motiers, le 26 janvier 1765.

Je suis pénétré, monsieur, des témoignages d'estime et de confiance dont vous m'honorez : mais, comme vous dites fort bien, laissons les compliments, et, s'il est possible, allons à l'utile.

Je ne crois pas que ce vous désirez de moi se puisse exécuter avec succès d'emblée dans une seule lettre, que madame la comtesse sentira d'abord être votre ouvrage. Il vaut mieux, ce me semble, puisque vous m'assurez qu'elle est portée à bien penser de moi, que je fasse avec elle les avances d'une correspondance qui fera naître aisément les sujets dont il s'agit, et sur lesquels je pourrai lui présenter mes réflexions de moi-même à mesure qu'elle m'en fournira l'occasion. Car il arrivera de deux choses l'une; ou, m'accordant quelque confiance, elle épanchera quelquefois son honnête et vertueux cœur en m'écrivant, et alors la liberté que je prendrai de lui dire mon sentiment, autorisée par elle-même, ne pourra lui déplaire; ou elle restera dans une réserve qui doit me servir de règle, et alors, n'ayant point l'honneur d'être connu d'elle, de quel droit m'ingérer à lui donner des leçons? La lettre ci-jointe est écrite dans cette vue et prépare les matières dont nous aurons à traiter si ce texte lui agrée. Disposez de cette lettre, je vous supplie, pour la donner ou la supprimer selon qu'il vous paraîtra convenable.

En vérité, monsieur, je suis enchanté de vous et de votre digne épouse. Qu'aimable et tendre doit être un mari qui peint sa femme sous des traits si charmants! Elle peut vous aimer trop pour votre repos, mais jamais trop pour votre mérite, ni vous l'aimer jamais assez pour le sien. Je ne connais rien de plus intéressant que le tableau de votre union, et tracé par vous-même. Toutefois voyez que sans y songer vous n'ayez donné peut-être à sa délicatesse quelque raison particulière de craindre votre éloignement. Monsieur, les cœurs sensibles sont faciles à blesser; tout les alarme, et ils sont d'un si grand prix qu'ils valent bien les peines qu'on prend à les contenter. Les soins amoureux de nouveaux époux bientôt se relâchent; les témoignages d'un attachement durable fondé sur l'estime et sur la vertu sont moins frivoles et font plus d'effet. Laissez à votre femme le plaisir de sacrifier quelquefois ses goûts aux vôtres; mais qu'elle voie toujours que vous cherchez votre bonheur dans le sien, et que vous la distinguez des autres femmes par des sentiments à l'épreuve du temps. Quand une fois elle sera bien convaincue de la solidité de votre attachement, elle n'aura pas peur que vous lui soyez enlevé par des folles. Pardon, monsieur, vous demandez des avis pour madame la comtesse, et c'est à vous que j'ose en donner. Mais vous m'inspirez un intérêt si vif pour votre union, qu'en vous parlant de tout ce qui me semble propre à l'affermir je crois déjà me mêler de vos affaires.

A MADAME LA COMTESSE DE B.

Motiers, le 26 janvier 1765.

J'apprends, madame, que vous êtes une femme aussi vertueuse qu'aimable, que vous avez pour votre mari autant de tendresse qu'il en a pour vous, et que c'est à tous égards dire autant qu'il est possible. On ajoute que vous m'honorez de votre estime, et que vous m'en préparez même un témoignage qui me donnerait l'honneur d'appartenir à votre sang par des devoirs.

En voilà plus qu'il ne faut, madame, pour m'attacher par le plus vif intérêt au bonheur d'un si digne couple, et bien assez, j'espère, pour m'autoriser à vous marquer ma reconnaissance pour la part qui me vient de vous des bontés qu'a pour moi M. le comte de ***. J'ai pensé que l'heureux événement qui s'approche pouvait, selon vos arrangements, me mettre avec vous en correspondance; et pour un objet si respectable je sens du plaisir à le prévenir.

Une autre idée me fait livrer à mon zèle avec confiance. Les devoirs de M. le comte de *** l'appelleront quelquefois loin de vous. Je rends trop de justice à vos sentiments nobles pour douter que si le charme de votre présence lui faisait oublier ces devoirs, vous ne les lui rappelassiez vous-même avec courage. Comme un amour fondé sur la vertu peut sans danger braver l'absence, il n'a rien de la mollesse du vice; il se renforce par les sacrifices qui lui coûtent et dont il s'honore à ses propres yeux. Que vous êtes heureuse, madame, d'avoir un mérite qui vous met au-dessus des craintes, et un époux qui sait si bien en sentir le prix! Plus il aura de comparaison à faire, plus il s'applaudira de son bonheur.

Dans ces intervalles vous passerez un temps très doux à vous occuper de lui, des chers gages de sa tendresse, à lui en parler dans vos lettres, à en parler à ceux qui prennent part à votre union. Dans ce nombre, oserais-je, madame, me compter auprès de vous pour quelque chose ? J'en ai le droit par mes sentiments : essayez si j'entends les vôtres, si je sens vos inquiétudes, si quelquefois je puis les calmer. Je ne me flatte pas d'adoucir vos peines; mais c'est quelque chose que de les partager, et voilà ce que je ferai de tout mon cœur. Recevez, madame, je vous supplie, les assurances de mon respect.

A MYLORD MARÉCHAL.

26 janvier 1765.

J'espérais, mylord, finir ici mes jours en paix; je sens que cela n'est pas possible. Quoique je vive en toute sûreté dans ce pays sous la protection du roi, je suis trop près de Genève et de Berne qui ne me laisseront point en repos. Vous savez à quel usage ils jugent à propos d'employer la religion : ils en font un gros torchon de paille enduit de boue, qu'ils me fourrent dans la bouche à toute force pour me mettre en pièces tout à leur aise, sans que je puisse crier. Il faut donc fuir malgré mes maux, malgré ma paresse; il faut chercher quelque endroit paisible où je puisse respirer. Mais où aller? Voilà, mylord, sur quoi je vous consulte.

Je ne vois que deux pays à choisir, l'Angleterre ou l'Italie. L'Angleterre serait bien plus selon mon humeur, mais elle est moins convenable à ma santé, et je ne sais pas la langue : grand inconvénient quand on s'y transplante seul. D'ailleurs il y fait si cher vivre, qu'un homme qui manque de grandes ressources n'y doit point aller, à moins qu'il ne veuille s'intriguer pour s'en procurer, chose que je ne ferai de ma vie; cela est plus décidé que jamais.

Le climat de l'Italie me conviendrait fort, et mon état, à tous égards, me le rend de beaucoup préférable. Mais j'ai besoin de protection pour qu'on m'y laisse tranquille : il faudrait que quelqu'un des princes de ce pays-là m'accordât un asile dans quelqu'une de ses maisons, afin que le clergé ne pût me chercher querelle si par hasard la fantaisie lui en prenait : et cela ne me paraît ni bienséant à demander ni facile à obtenir quand on ne connaît personne. J'aimerais assez le séjour de Venise, que je connais déjà; mais quoique Jésus ait défendu la vengeance à ses apôtres, Saint-Marc ne se pique pas d'obéir sur ce point. J'ai pensé que si le roi ne dédaignait pas de m'honorer de quelque apparente commission, ou de quelque titre sans fonctions comme sans appointements, et qui ne signifiât rien que l'honneur que j'aurais d'être à lui, je pourrais sous cette sauvegarde, soit à Venise, soit ailleurs, jouir en sûreté du respect qu'on porte à tout ce qui lui appartient. Voyez, mylord, si dans cette occurrence votre sollicitude paternelle imaginerait quelque chose pour me préserver d'aller sous les plombs, ce qui serait finir assez tristement une vie bien malheureuse. C'est une chose bien précieuse à mon cœur que le repos, mais qui me serait bien plus précieuse encore si je la tenais de vous. Au reste, ceci n'est qu'une idée qui me vient, et qui peut-être est très ridicule. Un mot de votre part me décidera sur ce qu'il en faut penser.

A M. DU PEYROU.

Motiers, le 31 janvier 1765.

Voici, monsieur, deux exemplaires de la pièce que vous avez déjà vue, et que j'ai fait imprimer à Paris. C'était la meilleure réponse qu'il me convenait d'y faire.

Voici aussi la procuration sur votre dernier modèle : je doute qu'elle puisse avoir son usage. Pourvu que ce ne soit ni votre faute ni la mienne, il importe peu que l'affaire se rompe; naturellement je dois m'y attendre, et je m'y attends.

Voici enfin la lettre de M. de Buffon, de laquelle je suis extrêmement touché. Je veux lui écrire; mais la crise horrible où je suis ne me le permettra pas si tôt. Je vous avoue cependant que je n'entends pas bien le conseil qu'il me donne de ne pas me mettre à dos M. de Voltaire; c'est comme si l'on conseillait à un passant, attaqué dans un grand chemin, de ne pas se mettre à dos le brigand qui l'assassine. Qu'ai-je fait pour m'attirer les persécutions de M. de Voltaire; et qu'ai-je à craindre de pire de sa part? M. de Buffon veut-il que je fléchisse ce tigre altéré de mon sang? Il sait bien que rien n'apaise ni ne fléchit jamais la fureur des tigres. Si je rampais devant Voltaire, il en triompherait sans doute, mais il ne m'en égorgerait pas moins. Des bassesses me déshonoreraient, et ne me sauveraient pas. Monsieur, je sais souffrir, j'espère apprendre à mourir; et qui sait cela n'a jamais besoin d'être lâche.

Il a fait jouer les pantins de Berne à l'aide de son âme damnée le jésuite Bertrand : il joue à présent le même jeu en Hollande. Toutes les puissances plient sous l'ami des ministres tant politiques que presbytériens. A cela que puis-je faire? Je ne doute presque pas du sort qui m'attend sur le canton de Berne, si j'y mets les pieds; cependant j'en aurai le cœur net, et je veux voir jusqu'où, dans ce siècle aussi doux qu'éclairé, la philosophie et l'humanité seront poussées. Quand l'inquisiteur Voltaire m'aura fait brûler, cela ne sera pas plaisant pour moi, je l'avoue; mais avouez aussi que, pour la chose, cela ne saurait l'être plus.

Je ne sais pas encore ce que je deviendrai cet été. Je me sens ici trop près de Genève et de Berne pour y goûter un moment de tranquillité. Mon corps y est en sûreté, mais mon âme y est incessamment bouleversée. Je voudrais trouver quelque asile où je pusse au moins achever de vivre en paix. J'ai quelque envie d'aller chercher en Italie une inquisition plus douce, et un climat moins rude. J'y suis désiré, et je suis sûr d'y être accueilli. Je ne me propose pourtant pas de me transplanter brusquement, mais d'aller seulement reconnaître les lieux, si mon état me le permet, et qu'on me laisse les passages libres, de quoi je doute. Le projet de ce voyage trop éloigné ne me permet pas de songer à le faire avec vous, et je crains que l'objet qui me le faisait surtout désirer ne s'éloigne. Ce que j'avais besoin de connaître mieux n'était assurément pas la conformité de nos sentiments et de nos principes, mais celle de nos humeurs, dans la supposition d'avoir à vivre ensemble comme vous aviez eu l'honnêteté de me le proposer. Quelque parti que je prenne, vous connaîtrez, monsieur, je m'en flatte, que vous n'avez pas mon estime et ma confiance à demi; et, si vous pouvez me prouver que certains arrangements ne vous porteront pas un notable préjudice, je vous remettrai, puisque vous le voulez bien, l'embarras de tout ce qui regarde tant la collection de mes écrits que l'honneur de ma mémoire; et, perdant toute autre idée que de me préparer au dernier passage, je vous devrai avec joie le repos du reste de mes jours.

J'ai l'esprit trop agité maintenant pour prendre un parti; mais, après y avoir mieux pensé, quelque parti que je prenne, ce ne sera point sans en causer avec vous, et sans vous faire entrer pour beaucoup dans mes résolutions dernières. Je vous embrasse de tout mon cœur.

A M. SAINT-BOURGOIS.

Motiers, le 2 février 1765.

J'ai reçu, monsieur, avec la lettre que vous m'avez fait l'honneur de m'écrire le 29 janvier, l'écrit que vous avez pris la peine d'y joindre. Je vous remercie de l'une et de l'autre.

Vous m'assurez qu'un grand nombre de lecteurs me traitent d'homme plein d'orgueil, de présomption, d'arrogance; vous avez soin d'ajouter que ce sont là leurs propres expressions. Voilà, monsieur, de fort vilains vices dont je dois tâcher de me corriger. Mais sans doute ces messieurs, qui usent si libéralement de ces termes, sont eux-mêmes si remplis d'humilité, de douceur et de modestie, qu'il n'est pas aisé d'en avoir autant qu'eux.

Je vois, monsieur, que vous avez de la santé, du loisir et du goût pour la dispute : je vous en fais mon compliment; et pour moi, qui n'ai rien de tout cela, je vous salue, monsieur, de tout mon cœur.

A M. PAUL CHAPPUIS.

Motiers, le 2 février 1765.

J'ai lu, monsieur, avec grand plaisir la lettre dont vous m'avez honoré le 18 janvier. J'y trouve tant de justesse, de sens, et une si honnête franchise, que j'ai regret de ne pouvoir vous suivre dans les détails où vous y êtes entré. Mais, de grâce, mettez-vous à ma place; supposez-vous malade, accablé de chagrins, d'affaires, de lettres, de visites, excédé d'importuns de toute espèce qui, ne sachant que faire de leur temps, absorberaient impitoyablement le vôtre, et dont chacun voudrait vous occuper de lui seul et de ses idées. Dans cette position, monsieur, car c'est la mienne, il me faudrait dix têtes, vingt mains, quatre secrétaires, et des jours de quarante-huit heures pour répondre à tout; encore ne pourrais-je contenter personne, parce que souvent deux lignes d'objections demandent vingt pages de solutions.

Monsieur, j'ai dit ce que je savais, et peut-être ce que je ne savais pas; ce qu'il y a de sûr, c'est que je n'en sais pas davantage; ainsi je ne ferais plus que bavarder; il vaut mieux me taire. Je vois que la plupart de ceux qui m'écrivent pensent comme moi sur quelques points, et différemment sur d'autres : tous les hommes en sont à peu près là; il ne faut point se tourmenter de ces différences inévitables, surtout quand on est d'accord sur l'essentiel, comme il me paraît que nous le sommes vous et moi.

Je trouve les chefs auxquels vous réduisez les éclaircissements à demander au Conseil assez raisonnables. Il n'y a que le premier qu'il faut retrancher comme inutile, puisque, ne voulant jamais rentrer dans Genève, il m'est parfaitement égal que le jugement rendu contre moi soit ou ne soit pas redressé. Ceux qui pensent que l'intérêt où la passion m'a fait agir dans cette affaire, lisent bien mal le fond de mon cœur. Ma conduite est une, et n'a jamais varié sur ce point : si mes contemporains ne me rendent pas justice en ceci, je m'en console en me la rendant à moi-même, et je l'attends de la postérité.

Bonjour, monsieur. Vous croyez que j'ai fait avec vous en finissant ma lettre; point du tout : ayant oublié votre adresse, il faut maintenant la retourner chercher dans votre première lettre, perdue dans cinq cents autres, où il me faudra peut-être une demi-journée pour la trouver. Ce qui achève de m'étourdir est que je manque d'ordre : mais le découragement et la paresse m'absorbent, m'anéantissent, et je suis trop vieux pour me corriger de rien. Je vous salue de tout mon cœur.

A MADAME LA MARQUISE DE VERDELIN.

Motiers, le 3 février 1765.

Au milieu des soins que vous donne, madame, le zèle pour votre famille, et au premier moment de votre convalescence, vous vous occupez de moi; vous pressentez les nouveaux dangers où vont me replonger les fureurs de mes ennemis, indignés que j'aie osé montrer leur injustice. Vous ne vous trompez pas, madame; on ne peut rien imaginer de pareil à la rage qu'ont excitée les *Lettres de la montagne*. Messieurs de Berne viennent de défendre cet ouvrage en termes très insultants : je ne serais pas surpris qu'on me fît un mauvais parti sur leurs terres, lorsque j'y remettrai le pied. Il faut en ce pays même toute la protection du roi pour m'y laisser en sûreté. Le Conseil de Genève, qui souffle le feu tant ici qu'en Hollande, attend le moment d'agir ouvertement à son tour, et d'achever de m'écraser, s'il lui est possible. De quelque côté que je me tourne, je ne vois que griffes pour me déchirer et que gueules pour m'engloutir. J'espérais du moins plus d'humanité du côté de la France : mais j'avais tort; coupable du crime irrémissible d'être injustement opprimé, je n'en dois attendre que mon coup de grâce. Mon parti est pris, madame; je laisserai tout faire, tout dire, et je me tairai : ce n'est pourtant pas faute d'avoir à parler.

Je sens qu'il est impossible qu'on me laisse respirer en paix ici. Je suis trop près de Genève et de Berne. La passion de cette heureuse tranquillité m'agite et me travaille chaque jour davantage. Si je n'espérais la trouver à la fin, je sens que ma constance achèverait de m'abandonner. J'ai quelque envie d'essayer de l'Italie, dont le climat et l'inquisition me seront peut-être plus doux qu'en France et qu'ici. Je tâcherai cet été de me traîner de ce côté-là pour y chercher un gîte paisible; et, si je le puis trouver, je vous promets bien qu'on n'entendra plus parler de moi. Repos, repos, chère idole de mon cœur, où te trouverai-je? Est-il possible que personne n'en veuille laisser jouir un homme qui ne troubla jamais celui de personne? Je ne serais pas surpris d'être à la fin forcé de me réfugier chez les Turcs, et je ne doute point que je n'y fusse accueilli avec plus d'humanité et d'équité que chez les chrétiens.

On vous dit donc, madame, que M. de Voltaire m'a écrit sous le nom du général Paoli, et que j'ai donné dans le piége. Ceux qui disent cela ne font guère plus d'honneur, ce me semble, à la probité de M. de Voltaire qu'à mon discernement. Depuis la réception de votre lettre, voici ce qui m'est arrivé. Un chevalier de Malte, qui a beaucoup bavardé dans Genève, et qui dit venir d'Italie, est venu me voir, il y a quinze jours, de la part du général Paoli, faisant beaucoup l'empressé des commissions dont il se disait chargé près de moi, mais me disant au fond très peu de chose, et m'étalant, d'un air important, d'assez chétives paperasses fort pochetées. A chaque pièce qu'il me montrait, il était tout étonné de me voir tirer d'un tiroir la même pièce, et la lui montrer à mon tour. J'ai vu que cela le mortifiait d'autant plus, qu'ayant fait tous ses efforts pour savoir quelles relations je pouvais avoir eues en Corse, il n'a pu là-dessus m'arracher un seul mot.

Comme il ne m'a point apporté de lettres, et qu'il n'a voulu ni se nommer ni me donner la moindre notion de lui, je l'ai remercié des visites qu'il voulait continuer de me faire. Il n'a pas laissé de passer encore ici dix ou douze jours sans me revenir voir. J'ignore ce qu'il y a fait. On m'apprend qu'il est reparti d'hier.

Vous vous imaginez bien, madame, qu'il n'est plus question pour moi de la Corse, tant à cause de l'état où je me trouve, que par mille raisons qu'il vous est aisé d'imaginer. Ces messieurs dont vous me parlez ont de la santé, du pain, du repos ; ils ont la tête libre et le cœur épanoui par le bien-être ; ils peuvent méditer et travailler à leur aise. Selon toute apparence les troupes françaises, s'ils vont dans le pays, ne maltraiteront point leurs personnes ; et, s'ils n'y vont pas, n'empêcheront point leur travail. Je désire passionnément voir une législation de leur façon ; mais j'avoue que j'ai peine à voir quel fondement ils pourraient lui donner en Corse, car malheureusement les femmes de ce pays-là sont très laides, et très chastes, qui pis est.

Que mon voyage projeté n'aille pas, madame, vous faire renoncer au vôtre. J'en ai plus besoin que jamais, et tout peut très bien s'arranger, pourvu que vous veniez au commencement ou à la fin de la belle saison. Je compte ne partir qu'à la fin de mai, et revenir au mois de septembre.

A MADAME GUYENET.

Motiers, le 6 février 1765.

Que j'apprenne à ma bonne amie mes bonnes nouvelles. Le 22 janvier, on a brûlé mon livre à La Haye ; on doit aujourd'hui le brûler à Genève ; on le brûlera, j'espère, encore ailleurs. Voilà, par le froid qu'il fait, des gens bien brûlants. Que de feux de joie brillent à mon honneur dans l'Europe ! Qu'ont donc fait mes autres écrits pour n'être pas aussi brûlés ? et que n'en ai-je à faire brûler encore ! Mais j'ai fini pour ma vie ; il faut savoir mettre des bornes à son orgueil. Je n'en mets point à mon attachement pour vous, et vous voyez qu'au milieu de mes triomphes je n'oublie pas mes amis. Augmentez-en bientôt le nombre, chère Isabelle ; j'en attends l'heureuse nouvelle avec la plus vive impatience. Il ne manque plus rien à ma gloire ; mais il manque à mon bonheur d'être grand-papa.

A MADAME DE CHENONCEAUX.

Motiers, le 6 février 1765.

Je suis entraîné, madame, dans un torrent de malheurs qui m'absorbe et m'ôte le temps de vous écrire. Je me soutiens cependant assez bien. Je n'ai plus de tête, mais mon cœur me reste encore.

Faites-moi l'amitié, madame, de faire tenir cette lettre à M. l'abbé de Mably, et de me faire passer sa réponse aussitôt qu'il se pourra. On fait circuler sous son nom, dans Genève, une lettre avec laquelle on achève de me traîner par les boues, et toujours vers le bûcher. Je serais sûr que cette lettre n'est pas de lui, par cela seul qu'elle est lourdement écrite ; j'en suis encore plus sûr, parce qu'elle est basse et malhonnête. Mais à Genève, où l'on se connaît aussi mal en style qu'en procédés, le public s'y trompe. Je crois qu'il est bon qu'on le désabuse, autant pour l'honneur de M. l'abbé de Mably que pour le mien.

A M. L'ABBÉ DE MABLY.

Motiers, le 6 février 1765.

Voici, monsieur, une lettre qu'on vous attribue, et qui circule dans Genève à la faveur de votre nom. Daignez me marquer non ce que j'en dois croire, mais ce que j'en dois dire, car je n'en puis parler comme j'en pense que quand vous m'y aurez autorisé.

Si mes malheurs ne vous ont point fait oublier nos anciennes liaisons, et l'amitié dont vous m'honorâtes, conservez-la, monsieur, à un homme qui n'a point mérité de la perdre, et qui vous sera toujours attaché (1).

A M. D. ***

Motiers, le 7 février 1765.

Je ne doute point, monsieur, qu'hier, jour de Deux-Cents, on n'ait brûlé mon livre à Genève; du moins toutes les mesures étaient prises pour cela. Vous aurez su qu'il fut brûlé le 22 à La Haye. Rey me marque que l'inquisiteur a écrit dans ce pays-là beaucoup de lettres, et que le ministre Chais, de Genève, s'est donné de grands mouvements. Au surplus, on laisse Rey fort tranquille. Tout cela n'est-il pas plaisant? Cette affaire s'est tramée avec beaucoup de secret et de diligence; car le comte de B***, qui m'écrivit peu de jours auparavant, n'en savait rien. Vous me direz: Pourquoi ne l'a-t-il pas empêché au moment de l'exécution? Monsieur, j'ai partout des amis puissants, illustres, et qui, j'en suis très sûr, m'aiment de tout leur cœur; mais ce sont tous gens droits, bons, doux, pacifiques, qui dédaignent toute voie oblique. Au contraire, mes ennemis sont ardents, adroits, intrigants, rusés, infatigables pour nuire, et qui manœuvrent toujours sous terre, comme les taupes. Vous sentez que la partie n'est pas égale. L'inquisiteur est l'homme le plus actif que la terre ait produit; il gouverne en quelque façon toute l'Europe.

Tu dois régner : ce monde est fait pour les méchants.

Je suis très sûr qu'à moins que je ne lui survive, je serai persécuté jusqu'à la mort.

Je ne digère point que M. de Buffon suppose que c'est moi qui m'attire sa haine. Eh! qu'ai-je donc fait pour cela? Si l'on parle trop de moi, ce n'est pas ma faute; je me passerais d'une célébrité acquise à ce prix. Marquez à M. de Buffon tout ce que votre amitié pour moi vous inspirera; et, en atten-

---

(1) A la suite de cette lettre, Rousseau a transcrit celle qui est attribuée à l'abbé de Mably. Elle est du 11 janvier 1763, et l'extrait lui en fut envoyé à Genève, le 4 février suivant, par un anonyme. Voici cet extrait :

« Une chose qui me fâche beaucoup, c'est la lecture que je viens de faire des *Lettres de la montagne*, et voilà toutes mes idées bouleversées sur le compte de Rousseau. Je le croyais honnête homme ; je croyais que sa morale était sérieuse, qu'elle était dans son cœur, et non pas au bout de sa plume. Il me fait prendre malgré moi une autre façon de penser, et j'en suis bien affligé. S'il s'était borné à prétendre que son déisme est un bon christianisme, et qu'on a eu tort de brûler son livre et de décréter sa personne, on pourrait rire de ses sophismes, de ses paralogismes et de ses paradoxes, et on aurait dit qu'il est fâcheux que l'homme le plus éloquent de son siècle n'ait pas le sens commun. Mais cet homme finit par être une espèce de conjuré. Est-ce Érostrate qui veut brûler le temple d'Éphèse? est-ce un Gracchus ? Je sais bien que les trois dernières lettres, dans lesquelles Rousseau attaque votre gouvernement, ne sont remplies que de déclamations et de mauvais raisonnements; mais il est à craindre que tout cela ne paraisse très juste, très sage et très raisonnable à des têtes échauffées, et qui ne savent pas juger et goûter leur bonheur. Je croirais que votre gouvernement est aussi bon qu'il peut l'être, eu égard à sa situation ; et, dans ce cas, c'est un crime que d'en troubler l'harmonie. J'espère que cette affaire n'aura aucune suite fâcheuse ; et l'excellente tête qui a fait les *Lettres de la campagne* a sans doute tout ce qu'il faut pour entretenir l'ordre au milieu de la fermentation, ouvrir les yeux du peuple, et de lui faire connaître ses erreurs, ou plutôt celles de Rousseau. Que voulez-vous! Il n'est point de bonheur parfait pour les hommes, ni de gouvernement sans inconvénient. La liberté veut être achetée ; elle est exposée à des moments d'agitation et d'inquiétude. Malgré cela, elle vaut mieux que le despotisme. Je vous demanderais pardon, madame, de vous parler si gravement, si vous étiez Parisienne ; mais vous êtes Genevoise, et des choses sérieuses vous plaisent plus que nos colifichets. »

L'anonyme avait accompagné cet envoi du billet suivant :

« O toi, le plus vertueux et le plus modeste de tous les hommes, surtout pour les statues et les médailles, juge à présent lequel les mérite le mieux, de celui-ci ou de toi! »

(Note de Du Peyrou.)

dant que je sois en état de lui écrire, parlez-lui, je vous supplie, de tous les sentiments dont vous me savez pénétré pour lui.

M. Vernes désavoue hautement, et avec horreur, le libelle où j'ai mis son nom. Il m'a écrit là-dessus une lettre honnête, à laquelle j'ai répondu sur le même ton, offrant de contribuer, autant qu'il me serait possible, à répandre son désaveu. Malgré la certitude où je croyais être que l'ouvrage était de lui, certains faits récents me font soupçonner qu'il pourrait bien être de quelqu'un qui se cache sous son manteau.

Au reste l'imprimé de Paris s'est très promptement et très singulièrement répandu à Genève. Plusieurs particuliers en ont reçu par la poste des exemplaires sous enveloppe, avec ces seuls mots, écrits d'une main de femme : *Lisez, bonnes gens!* Je donnerais tout au monde pour savoir qui est cette aimable femme qui s'intéresse si vivement à un pauvre opprimé, et qui sait marquer son indignation en termes si brefs et si pleins d'énergie.

J'avais bien prévu, monsieur, que votre calcul ne serait pas admissible, et qu'auprès d'un homme que vous aimez votre cœur ferait déraisonner votre tête en matière d'intérêt. Nous causerons de cela plus à notre aise, en herborisant cet été; car loin de renoncer à nos caravanes, même en supposant le voyage d'Italie, je veux bien tâcher qu'il n'y nuise pas. Au reste, je vous dirai que je sens en moi, depuis quelques jours, une révolution qui m'étonne. Ces derniers événements, qui devaient achever de m'accabler, m'ont, je ne sais comment, rendu tranquille, et même assez gai. Il me semble que je donnais trop d'importance à des jeux d'enfants. Il y a dans toutes ces brûleries quelque chose de si niais et de si bête, qu'il faut être plus enfant qu'eux pour s'en émouvoir. Ma vie morale est finie. Est-ce la peine de tant choisir où je dois laisser mon corps? La partie la plus précieuse de moi-même est déjà morte : les hommes n'y peuvent plus rien, et je ne regarde plus tous ces tas de magistrats si barbares que comme autant de vers qui s'amusent à ronger mon cadavre.

La machine ambulante se montera donc cet été pour aller herboriser; et, si l'amitié peut la réchauffer encore, vous serez le Prométhée qui me rapportera le feu du ciel. Bonjour, monsieur.

A M. MOULTOU.

Motiers, le 7 février 1765.

Cher ami, comptons donc désormais l'un sur l'autre, et que notre confiance soit à l'épreuve de l'éloignement, du silence, et de la froideur d'une lettre; car quoiqu'on ait toujours le même cœur, on n'est pas toujours de la même humeur. Votre état me touche vivement : qui doit mieux sentir vos peines que moi qui vous aime? et qui doit mieux compatir aux maux de votre père, que moi qui en sens si souvent de pareils? J'ai dans ce moment une attaque qui n'est pas légère. Jugez au milieu de tout le reste.

Oui, je vous désire hors de Genève. Je doute que la plus pure vertu pût s'y conserver telle, surtout parmi l'ordre de gens avec qui vous vivez. Jugez de leur parti par leurs manœuvres; ils ont toutes celles du crime; ils ne travaillent que sous terre comme les taupes; leurs procédés sont aussi noirs que leurs cœurs. J'ai reçu avant-hier une lettre anonyme, où l'on me faisait, d'un air de triomphe, l'extrait d'une prétendue lettre de l'abbé de Mably, que l'abbé de Mably n'a très sûrement jamais écrite. Cette lettre est lourde et maladroite; elle sent le terroir, elle est malhonnête et basse à la manière de ces messieurs. On y dit d'un ton de sixième : Est-ce Érostrate qui veut brûler le temple d'Éphèse? Est-ce un Gracchus? etc. Cependant, au nom de l'abbé de Mably, voilà, j'en suis sûr, tout votre Deux-Cents à genoux, tous vos bourgeois pris pour dupes. Ils ne résistent jamais à la fausse autorité des noms; on a beau les tromper tous les jours, ils ne voient jamais qu'on les trompe.

En faisant imprimer à Paris la lettre de M. Vernes, j'ai bien eu soin de relever par une note l'endroit qu'il prétendait vous regarder. Je n'ai pas besoin qu'on me dise ces choses-là; je les sens d'avance. Il m'a écrit une lettre honnête, je lui ai répondu poliment. S'il désavoue la pièce en termes convenables, et qu'il s'en tienne là, je ne répliquerai rien, car je suis las de querelles; mais s'il s'avise de faire le mauvais, nous verrons. Il sera difficile de prouver juridiquement qu'il est auteur de la pièce; cependant je me crois en état de pousser les indices si près de la preuve, que le public n'en doutera pas plus que moi. Vous êtes très à portée de m'aider dans ces recherches, et cela bien secrètement. Cependant, si les perquisitions sur ce point sont difficiles, il n'en est pas de même sur les propos qu'il tenait publiquement et sans mesure lorsque l'ouvrage parut; là-dessus il vous est très aisé d'avoir des faits, des discours articulés, avec les circonstances des lieux, des temps, des personnes. Faites ces recherches avec soin, je vous en prie; ou, si vous partez, chargez de ce soin quelqu'un de vos amis ou des miens; quelqu'un sur qui vous puissiez compter, et qu'il n'est pas même nécessaire que je connaisse, puisqu'il peut m'envoyer, sans signer, les faits qu'il aura ramassés; mais il faudrait se servir d'une voie sûre, ou garder un double de ce qu'on m'envoie, pour me le renvoyer au besoin par duplicata. Ces recherches peuvent m'être très importantes. J'espère cependant qu'elles seront superflues; car, encore un coup, je suis bien résolu de n'en faire usage qu'à la dernière extrémité, et s'il me pousse contre le mur. Autrement, je resterai en repos, cela est sûr.

Écrivez-moi avant votre départ. J'espère que vous m'écrirez aussi de Montpellier, et que vous m'y donnerez votre adresse et des nouvelles de votre digne père. Vous savez qu'on vient de brûler mon livre à La Haye; c'est le ministre Chais et l'inquisiteur Voltaire qui ont arrangé cela; Rey me le marque. Il ajoute que dans le pays tout le monde est d'un étonnement sans égal de cette belle expédition : pour moi, ces choses-là ne m'étonnent plus, mais elles me font toujours rire. Je parierais ma tête qu'hier votre Deux-Cents en a fait autant.

Si vous pouvez m'envoyer un exemplaire du libelle, de l'impression de Genève, vous me ferez plaisir. Je n'ai plus le mien, l'ayant envoyé à Paris.

En ce moment, ce qu'on m'écrit de Vernes me fait douter si peut-être l'ouvrage ne serait point d'un autre, qui aurait pris toutes ses mesures pour le lui faire attribuer. Que ne donnerais-je point pour savoir la vérité !

Je sais des gens qui auraient grand besoin d'une plume, et je sais un homme bien digne de la leur fournir. Il le pourrait sans se compromettre; et puisqu'il aime la vertu, jamais il n'en aurait fait un plus bel acte.

A M. LE NIEPS.

Motiers, le 8 février 1765.

Je commençais à être inquiet de vous, cher ami; votre lettre vient bien à propos me tirer de peine. La violente crise où je suis me force à ne vous parler, dans celle-ci, que de moi. Vous aurez vu qu'on a brûlé le 22 mon livre à La Haye. Rey me marque que le ministre Chais s'est donné beaucoup de mouvements, et que l'inquisiteur Voltaire a écrit beaucoup de lettres pour cette affaire. Je pense qu'avant-hier le Deux-Cents en a fait autant à Genève; du moins tout était préparé pour cela. Toutes ces brûleries sont si bêtes qu'elles ne font plus que me faire rire. Je vous envoie ci-jointe copie d'une lettre que j'écrivis avant-hier là-dessus à une jeune femme qui m'appelle son papa. Si la lettre vous paraît bonne, vous pouvez la faire courir, pourvu que les copies soient exactes.

Prévoyant les chagrins sans nombre que m'attirerait mon dernier ouvrage, je ne le fis qu'avec répugnance, malgré moi, et vivement sollicité. Le voilà fait, publié, brûlé. Je m'en tiens là. Non-seulement je ne veux plus me mêler des affaires de Genève, ni même en entendre parler; mais, pour le coup, je quitte tout-à-fait la plume, et soyez assuré que rien au monde ne me la fera reprendre. Si l'on m'eût laissé faire, il y a longtemps que j'aurais pris ce parti; mais il est pris si bien que, quoi qu'il arrive, rien ne m'y fera renoncer. Je ne demande au ciel que quelque intervalle de paix jusqu'à ma dernière heure, et tous mes malheurs seront oubliés; mais, dût-on me poursuivre jusqu'au tombeau, je cesse de me défendre. Je ferai comme les enfants et les ivrognes, qui se laissent tomber tout bonnement quand on les pousse, et ne se font aucun mal; au lieu qu'un homme qui veut se raidir, n'en tombe pas moins, et se casse une jambe ou un bras par-dessus le marché.

On répand donc que c'est l'inquisiteur qui m'a écrit au nom des Corses, et que j'ai donné dans un piége si subtil. Ce qui me paraît ici tout-à-fait bon, est que l'inquisiteur trouve plaisant de se faire passer pour faussaire, pourvu qu'il me fasse passer pour dupe. Supposons que ma stupidité fût telle que, sans autre information, j'eusse pris cette prétendue lettre pour argent comptant, est-il concevable qu'une pareille négociation se fût bornée à cette unique lettre, sans instructions, sans éclaircissements, sans mémoires, sans précis d'aucune espèce? ou bien M. de Voltaire aura-t-il pris la peine de fabriquer aussi tout cela? Je veux que sa profonde érudition ait pu tromper sur ce point mon ignorance; tout cela n'a pu se faire au moins sans avoir de ma part quelque réponse, ne fût-ce que pour savoir si j'acceptais la proposition. Il ne pouvait même avoir que cette réponse en vue pour attester ma crédulité; ainsi son premier soin a dû être de se la faire écrire : qu'il la montre, et tout sera dit.

Voyez comment ces pauvres gens accordent leurs flûtes. Au premier bruit d'une lettre que j'avais reçue, on y mit aussitôt pour emplâtre que MM. Helvétius et Diderot en avaient reçu de pareilles. Que sont maintenant devenues ces lettres; M. de Voltaire a-t-il aussi voulu se moquer d'eux? Je ris toujours de vos Parisiens, de ces esprits si subtils, de ces jolis faiseurs d'épigrammes, que leur Voltaire mène incessamment avec des contes de vieilles qu'on ne ferait pas croire aux enfants. J'ose dire que ce Voltaire lui-même, avec tout son esprit, n'est qu'une bête, un méchant très maladroit. Il me poursuit, il m'écrase, il me persécute, et peut-être me fera-t-il périr à la fin : grande merveille, avec cent mille livres de rente, tant d'amis puissants à la cour, et tant de si basses cajoleries contre un pauvre homme dans mon état! J'ose dire que si Voltaire, dans une situation pareille à la mienne, osait m'attaquer, et que je daignasse employer contre lui ses propres armes, il serait bientôt terrassé. Vous allez juger de la finesse de ses piéges par un fait qui peut-être a donné lieu au bruit qu'il a répandu, comme s'il eût été sûr d'avance du succès d'une ruse si bien conduite.

Un chevalier de Malte, qui a beaucoup bavardé dans Genève, et dit venir d'Italie, est venu me voir, il y a quinze jours, de la part du général Paoli, faisant beaucoup l'empressé des commissions dont il se disait chargé près de moi, mais en me disant au fond très peu de chose, et m'étalant d'un air important d'assez chétives paperasses fort pochetées. A chaque pièce qu'il me montrait, il était tout étonné de me voir tirer d'un tiroir la même pièce, et la lui montrer à mon tour. J'ai vu que cela le mortifiait d'autant plus, qu'ayant fait tous ses efforts pour savoir quelles relations je pouvais avoir eues en Corse, il n'a pu là-dessus m'arracher un seul mot. Comme il ne m'a point apporté de lettres, et qu'il n'a voulu ni se nommer, ni me donner la moindre notion de lui, je l'ai remercié des visites qu'il voulait continuer de me faire. Il n'a pas laissé de passer encore ici dix ou douze jours sans me revenir voir.

Tout cela peut être une chose fort simple. Peut-être, ayant quelque envie de me voir, n'a-t-il cherché qu'un prétexte pour s'introduire, et peut-être est-ce un galant homme, très bien intentionné, et qui n'a d'autre tort, dans ce fait, que d'avoir fait un peu trop l'empressé pour rien. Mais comme tant de malheurs doivent m'avoir appris à me tenir sur mes gardes, vous m'avouerez que si c'est un piège, il n'est pas fin.

M. Vernes m'a écrit une lettre honnête pour désavouer avec horreur le libelle. Je lui ai répondu très honnêtement, et je me suis obligé de contribuer, autant qu'il m'est possible, à répandre son désaveu, dans le doute que quelqu'un plus méchant que lui ne se cache sous son manteau.

A MADAME LATOUR.

A Motiers, le 10 février 1765.

L'orage nouveau qui m'entraîne et me submerge ne me laisse pas un moment de paix pour écrire à l'aimable Marianne; mais rien ne m'ôtera ceux que je consacre à penser à elle, et à faire d'un si doux souvenir une des consolations de ma vie.

Prêt à faire partir ce mot, je reçois votre lettre; j'en avais besoin, j'étais en peine de vous. Puisque vous voilà rétablie, j'aime mieux qu'il y ait eu de l'altération dans votre corps que dans votre cœur; le mien, quoi que vous en disiez, est pour vous toujours le même; et si tant d'atteintes cruelles le forcent à se concentrer plus en dedans, il y nourrit toutes les affections qui lui sont chères. Vous avez un ami bien malheureux : mais vous l'avez toujours. . . . .
. . . Je ne cache point ma faiblesse en vous écrivant; vous sentez ce que cela veut dire.

A MYLORD MARÉCHAL.

Motiers, le 11 février 1765.

Vous savez, mylord, une partie de ce qui m'arrive, la brûlerie de La Haye, la défense de Berne, ce qui se prépare à Genève; mais vous ne pouvez savoir tout. Des malheurs si constants, une animosité si universelle, commençaient à m'accabler tout-à-fait. Quoique les mauvaises nouvelles se multiplient depuis la réception de votre lettre, je suis plus tranquille et même assez gai. Quand ils m'auront fait tout le mal qu'ils peuvent, je pourrai les mettre au pis. Grâces à la protection du roi et à la vôtre, ma personne est en sûreté contre leurs atteintes : mais elle ne l'est pas contre leurs tracasseries; et ils me le font bien sentir. Quoi qu'il en soit, si ma tête s'affaiblit et s'altère, mon cœur me reste en bon état. Je l'éprouve en lisant votre dernière lettre et le billet que vous avez écrit pour la communauté de Couvet. Je crois que M. Meuron s'acquittera avec plaisir de la commission que vous lui donnez : je n'en dirais pas autant de l'adjoint que vous lui associez pour cet effet, malgré l'empressement qu'il affecte. Un des tourments de ma vie est d'avoir quelquefois à me plaindre des gens que vous aimez, et à me louer de ceux que vous n'aimez pas. Combien tout ce qui est attaché me serait cher s'il voulait seulement ne pas repousser mon zèle! mais vos bontés pour moi font ici bien des jaloux; et, dans l'occasion, ces jaloux ne me cachent pas trop leur haine. Puisse-t-elle augmenter sans cesse au même prix! Ma bonne sœur Emetulla, conservez-moi soigneusement notre père : si je le perdais je serais le plus malheureux des êtres.

Avez-vous pu croire que j'aie fait la moindre démarche pour obtenir la permission d'imprimer ici le recueil de mes écrits, ou pour empêcher que cette permission ne fût révoquée? Non, mylord, j'étais si parfaitement là-dessus dans vos sentiments, sans les connaître, que dès le commencement je parlai sur ce ton aux associés qui se présentèrent, et à Du Peyrou, qui a bien voulu se charger de traiter avec eux. La proposition est venue d'eux, et je ne me suis point pressé d'y consentir. Du reste, je n'ai rien demandé, je ne demande rien, je ne demanderai rien ; et, quoi qu'il arrive, on ne pourra pas se vanter de m'avoir fait un refus, qui, après tout, me nuira moins qu'à eux-mêmes puisqu'il ne fera qu'ôter au pays cinq ou six cent mille francs que j'y aurais fait entrer de cette manière, et qu'on ne rebutera peut-être pas si dédaigneusement ailleurs. Mais s'il arrivait, contre toute attente, que la permission fût accordée ou ratifiée, j'avoue que j'en serais touché comme si personne n'y gagnait que moi seul, et que je m'attacherais au pays pour le reste de ma vie.

Comme probablement cela n'arrivera pas, et que le voisinage de Genève me devient de jour en jour plus insupportable, je cherche à m'en éloigner à tout prix : il ne me reste à choisir que deux asiles, l'Angleterre ou l'Italie. Mais l'Angleterre est trop éloignée; il y fait trop cher vivre, et mon corps ni ma bourse n'en supporteraient pas le trajet. Reste l'Italie, et surtout Venise, dont le climat et l'inquisition sont plus doux qu'en Suisse; mais saint Marc, quoique apôtre, ne pardonne guère, et j'ai bien dit du mal de ses enfants. Toutefois je crois qu'à la fin j'en courrai les risques, car j'aime encore mieux la prison et la paix, que la liberté et la guerre. Le tumulte où je suis ne me permet encore de rien résoudre; je vous en dirai davantage quand mes sens seront plus rassis. Un peu de vos conseils me serait bien nécessaire; car je suis si malheureux quand j'agis de moi-même, qu'après avoir bien raisonné, *deteriora sequor*.

A M. DELEYRE.

Motiers, le 11 février 1765.

Je répondis, cher Deleyre, à votre lettre (n° 4) par un gentilhomme écossais nommé M. Boswell, qui, devant s'arrêter à Turin, n'arrivera peut-être pas à Parme aussitôt que cette lettre. Mais une bévue que j'ai faite est d'avoir mis ma lettre ouverte dans celle que je lui écrivis en la lui adressant à Genève. Il m'en a remercié comme d'une marque de confiance : il se trompe, ce n'est qu'une marque d'étourderie. J'espère, au reste, que le mal ne sera pas grand; car quoique je ne me souvienne pas de ce que contenait ma lettre, je suis sûr de n'avoir aucun secret qui craigne les yeux d'un tiers.

Vous ne sauriez avoir l'idée de l'orage qu'excite contre moi la publication des *Lettres écrites de la montagne*. C'est une défense que je devais à mes anciens concitoyens, et que je me devais à moi-même : mais comme j'aime encore mieux mon repos que ma justification, ce sera mon dernier écrit, quoi qu'il arrive. Si je puis faire le recueil général que je projette, je finirai par là, et, grâces au ciel, le public n'entendra plus parler de moi. Si M. Boswell était parti d'ici huit jours plus tard, je lui aurais remis pour vous un exemplaire de ce dernier écrit, qui, au reste, n'intéresse que Genève et les Genevois; mais je ne le reçus qu'après son départ.

Une amie de M. l'abbé de Condillac et de moi me marque de Paris sa maladie et sa guérison dans la même lettre : ce qui me sauva l'inquiétude d'apprendre la première nouvelle avant l'autre. Je vois cependant, en reprenant votre lettre, que vous m'aviez marqué cette première nouvelle, mais dans le post-scriptum, si séparé du reste, et en si petit caractère, qu'il m'avait échappé dans une fort grande lettre que je ne pus lire que très à la hâte dans la circonstance où je la reçus. La même amie me marque qu'il doit retourner en France l'année prochaine, et que peut-être aurai-je le plaisir de le voir. Ainsi soit-il.

Je savais déjà par les bruits publics ce que je savais des triomphes du jongleur Tronchin dans votre cour. La pierre renchérira s'il faut un buste à chaque inoculateur de la petite vérole; et je trouve que l'abbé Condillac méritait mieux ce buste pour l'avoir gagnée, que lui pour l'avoir guérie.

Donnez-moi de vos nouvelles, cher Deleyre, et de celles de madame Deleyre. Vous m'apprenez à connaître cette digne femme, et à vous aimer autant de votre attachement pour elle, que je vous en blâmais avant votre mariage, quand je ne la connaissais pas. C'est une réparation dont elle doit être contente, que celle que la vertu arrache à la vérité. Je vous embrasse.

A M. DU PEYROU.

Motiers, le 14 février 1765.

Voici, monsieur, le projet que vous avez pris la peine de me dresser : sur quoi je ne vous dis rien, par la raison que vous savez. Je vous prie, si cette affaire doit se conclure, de vouloir bien décider de tout à votre volonté; je confirmerai tout, car pour moi j'ai maintenant l'esprit à mille lieues de là; et, sans vous, je n'irais pas plus loin, par le seul dégoût de parler d'affaires. Si ce que les associés disent dans leur réponse, article premier, de mon *Ouvrage sur la musique*, s'entend du *Dictionnaire*, je m'en rapporte là-dessus à la réponse verbale que je leur ai faite. J'ai sur cette compilation des engagements antérieurs qui ne me permettent plus d'en disposer; et s'il arrivait que, changeant de pensée, je le comprisse dans mon recueil, ce que je ne promets nullement, ce ne serait qu'après qu'il aurait été imprimé à part par le libraire auquel je suis engagé.

Vous ne devez point, s'il vous plaît, passer outre, que les associés n'aient le consentement formel du Conseil d'état, que je doute fort qu'ils obtiennent. Quant à la permission qu'ils ont demandée à la cour, je doute encore plus qu'elle leur soit accordée. Mylord maréchal connaît là-dessus mes intentions; il sait que non-seulement je ne demande rien, mais que je suis très déterminé à ne jamais me prévaloir de son crédit à la cour, pour y obtenir quoi que ce puisse être, relativement au pays où je vis, qui n'ait pas l'agrément du gouvernement particulier du pays même. Je n'entends me mêler en aucune façon de ces choses-là, ni traiter qu'elles ne soient décidées.

Depuis hier que ma lettre est écrite, j'ai la preuve de ce que je soupçonnais depuis quelques jours, que l'écrit de Vernes trouvait ici parmi les femmes autant d'applaudissement qu'il a causé d'indignation à Genève et à Paris, et que trois ans d'une conduite irréprochable sous leurs yeux mêmes ne pouvaient garantir la pauvre demoiselle Le Vasseur de l'effet d'un libelle venu d'un pays où ni moi ni elle n'avons vécu. Peu surpris que ces viles âmes ne se connaissent pas mieux en vertu qu'en mérite, et se plaisent à insulter aux malheureux, je prends enfin la ferme résolution de quitter ce pays, ou du moins ce village, et d'aller chercher une habitation où l'on juge les gens sur leur conduite, et non sur les libelles de leurs ennemis. Si quelque autre honnête étranger veut connaître Motiers, qu'il y passe, s'il peut, trois ans, comme j'ai fait, et puis qu'il en dise des nouvelles.

Si je trouvais à Neuchâtel ou aux environs un logement convenable, je serais homme à l'aller occuper en attendant.

A M. DASTIER.

Motiers, le 17 février 1765.

Les malheureux jours que je passe au milieu des tempêtes m'empêchent, monsieur, d'entretenir avec vous une correspondance aussi fréquente qu'il serait à désirer pour mon instruction et pour ma consolation. Les bruits publics auront peut-être porté jusqu'à vous l'idée des nouvelles persécutions que m'attire l'ouvrage auquel vous avez daigné vous intéresser. J'ai cherché tous les moyens de vous en faire parvenir un exemplaire; mais il m'en est venu si peu de Hollande, si lentement, avec tant d'embarras; j'en suis si peu le maître, et les occasions pour aller jusqu'à vous sont si rares, qu'apprenant qu'on a imprimé à Lyon cet ouvrage, je ne doute point qu'il ne vous parvienne beaucoup plus tôt par cette voie, qu'il ne m'est possible de vous le faire parvenir d'ici. Ainsi ma destinée est d'être en tout prévenu par vos bontés, sans pouvoir remplir envers vous aucun des devoirs qu'elles m'imposent. Acceptez le tribut des malheureux et des faibles, la reconnaissance et l'intention.

Les éclaircissements que vous avez bien voulu me donner sur les affaires de Corse m'ont absolument fait abandonner le projet d'aller dans ce pays-là, d'autant plus que n'en recevant plus de nouvelles, je dois juger, par les empressements suspects de quelques inconnus, que je suis circonvenu par des piéges dont je veux tâcher de me garantir. Cependant on m'a fait parvenir quelques pièces dont je puis tirer parti, du moins pour mon amusement, dans la ferme résolution où je suis de me tenir en repos pour le reste de ma vie, et de ne plus occuper le public de moi. Dans cette position, monsieur, je souhaiterais fort que vous voulussiez bien, dans vos plus grands loisirs, continuer à me communiquer vos observations et vos idées, et m'indiquer les sources où je pourrais puiser les instructions relatives à cet objet. Ne pensez-vous pas que M. de Curzai doit avoir là-dessus de fort bons mémoires, et que, s'il voulait les communiquer à un homme zélé, mais discret, ils ne pourraient que lui faire honneur, sans le compromettre, puisque rien ne resterait écrit de ma part là-dessus que de son aveu, et qu'il ne serait nommé qu'autant qu'il consentirait à l'être? Si vous approuvez cette idée, ne pourriez-vous point m'aider à découvrir où est M. de Curzai, me procurer exactement son adresse, et me mettre même en correspondance avec lui?

Me voici bientôt à la fin d'un hiver passé un peu moins cruellement que le précédent quant au corps, mais beaucoup plus quant à l'âme. J'ignore encore ce que je deviendrai cet été. Je suis ici trop voisin de Genève pour y pouvoir jamais jouir d'un vrai repos. Je suis bien tenté d'aller chercher du côté de l'Italie quelque asile où le climat et l'inquisition soient plus doux qu'ici. D'ailleurs, mille désœuvrés me menacent de toutes parts de leurs importunes visites, auxquelles je voudrais bien échapper. Que ne suis-je plus à portée, monsieur, de recevoir la vôtre, et que j'en aurais besoin! mais, en vérité, l'on ne fait point un si long trajet par partie de plaisir : et moi, dans ma vie orageuse, je ne suis pas assez maître de l'avenir pour pouvoir faire un plan fixe, sur l'exécution duquel je puisse compter. Un de ceux qui me rient le plus est d'aller passer quelques semaines avec un gentilhomme savoyard, de mes très anciens amis, dans une de ses terres. Serait-il impossible d'exécuter de là l'ancien projet d'un rendez-vous à la Grande-Chartreuse? Si cette idée vous plaisait, je sens qu'elle aurait la préférence. Je n'ai point écrit à madame de la Tour du Pin; le nombre et la force de mes tracas absorbent tous mes bons desseins. Si vous lui écrivez, qu'elle apprenne au moins mes remords, je vous en supplie. Si ma faute m'attirait sa disgrâce, je ne m'en consolerais pas.

Vous ne me parlez point, monsieur, du petit compte de l'huile et du café. Il n'est pas permis d'être aussi peu soigneux pour les comptes quand on l'est si fort pour les commissions. Je vous salue, monsieur, et vous embrasse avec le plus véritable attachement.

A M. MOULTOU.

Motiers, le 28 février 1765.

Ce qui arrive ne me surprend point; je l'ai toujours prévu, et j'ai toujours dit qu'en pareil cas il fallait s'en tenir là. Au lieu de faire tout ce qu'on peut, il suffit de faire tout ce qu'on doit; et cela est fait. On ne saurait aller plus loin sans exposer la patrie et le repos public, ce que le sage ne doit jamais. Quand il n'y a plus de liberté commune, il reste une ressource, c'est de cultiver la liberté particulière, c'est-à-dire la vertu. L'homme vertueux est toujours libre, car en faisant toujours son devoir, il ne fait jamais que ce qu'il veut. Si la bourgeoisie de Genève savait remonter ses principes, épurer ses goûts, prendre des mœurs plus sévères, en livrant ces messieurs à l'avilissement des leurs, elle leur deviendrait encore si respectable, qu'avec leur morgue apparente ils trembleraient devant elle; et comme les jongleurs de toute espèce et leurs amis ne vivront pas toujours, tel changement de circonstances étrangères pourrait les mettre à portée de faire examiner enfin par la justice ce que la seule force décide aujourd'hui.

Je vous prie de vouloir bien saluer MM. Deluc de ma part, et leur dire que je ne puis leur écrire. Comme cela n'est plus nécessaire ni utile, il n'est pas raisonnable de l'exiger. On ne doit pas m'envier le repos que je demande, et je crois l'avoir assez payé.

Tâchez de m'envoyer, avant votre départ, ce dont vous m'avez parlé, non pour en faire à présent aucun usage, mais pour prendre d'avance tous les arrangements nécessaires pour en faire usage un jour. J'aurais même autre chose, et d'un genre plus agréable, à vous proposer; mais nous en parlerons à loisir. Je vous embrasse.

A M. LE PRINCE L.-E. DE WIRTEMBERG.

Motiers, le 18 février 1765.

A l'arrivée de M. de Schlieben et de Maltzan, je les reçus pour vous, prince; ensuite je les gardai pour eux-mêmes, et j'achetai une journée agréable à leurs dépens. J'en ai si rarement de telles, qu'il est bien naturel que j'en profite; et, sur les sentiments d'humanité que je leur connais, ils doivent être bien aises de me l'avoir donnée.

Ils sont attachés au vertueux prince Henri par des sentiments qui les honorent : pleins de tout ce qu'ils venaient de voir auprès de vous, ils ont versé dans mon cœur attristé un baume de vie et de consolation. Leurs discours y portaient un peu de ce feu qui brille encore dans de grandes âmes; et j'ai presque oublié mes misères en songeant de qui j'avais l'honneur d'être aimé.

En tout autre temps, je ne craindrais pas une brouillerie avec la princesse pour me ménager l'avantage d'un raccommodement; mais, en vérité, je suis aujourd'hui si maussade, que n'ayant point mérité la querelle, à peine osé-je espérer le pardon. Dites-lui toutefois, je vous supplie, que l'amour paternel n'est pas exclusif comme l'amour conjugal; qu'un cœur de père, sans se partager, se multiplie, et qu'ordinairement les cadets n'ont pas la plus mauvaise part. Mon Isabelle est l'aînée, et devait être la seule : mais sa sœur est bien ingrate d'oser me traiter de volage, elle qui d'abord m'a forcé de l'être, et qui me force à présent de ne l'être plus.

Si j'ai fait quelques vers dans ma jeunesse, comme ils ne valaient pas mieux que les vôtres, j'ai pris pour moi le conseil que je vous ai donné. *Les Benjamites* ou *le Lévite d'Ephraïm*, est une espèce de petit poëme, en prose, de sept à huit pages, qui n'a de mérite que d'avoir été fait pour me distraire quand je partis de Paris, et qui n'est digne en aucune manière de paraître aux yeux du héros qui daigne en parler.

A M. D'IVERNOIS.

Motiers, le 22 février 1765.

Où êtes-vous, monsieur? que faites-vous? comment vous portez-vous? Votre absence et votre long silence me tiennent en peine. C'est votre tour d'être paresseux : à la bonne heure, pourvu que je sache que vous vous portez bien, et que madame d'Ivernois, que je supplie d'agréer mon respect, veuille bien m'en faire informer par un bulletin de deux lignes.

Le tour qu'ont pris vos affaires, messieurs, et les miennes, la persuasion que la vérité ni la justice n'ont plus aucune autorité parmi les hommes, l'ardent désir de me ménager quelques moments de repos sur la fin de ma triste carrière, m'ont fait prendre l'irrévocable résolution de renoncer désormais à tout commerce avec le public, à toute correspondance hors de la plus absolue nécessité, surtout à Genève, et de me ménager quelques douleurs de moins, en ignorant tout ce qui se passe, et à quoi je ne peux plus rien. Les bontés dont vous m'avez comblé, et l'avantage que j'ai de vous voir deux fois l'année, me feront pourtant faire pour vous, si vous l'agréez, une exception, au moyen de laquelle j'aurai le plaisir d'avoir aussi, de temps en temps, des nouvelles de nos amis, auxquels je ne cesserai absolument point de m'intéresser.

Votre aimable parente, la jeune madame Guyenet, après une couche assez heureuse, est si mal depuis deux jours, qu'il est à craindre que je ne la perde. Je dis *moi*, car sûrement, de tout ce qui l'entoure, rien ne lui est plus véritablement attaché que moi; et je le suis moins à cause de son esprit, qui me paraît pourtant d'autant plus agréable qu'elle est moins pressée de le montrer, qu'à cause de son bon cœur et de sa vertu; qualités rares dans tous les pays du monde, et bien plus rares encore dans celui-ci.

Pour moi, mon cher monsieur, je ne vous dis rien de ma situation particulière; vous pouvez l'imaginer. Cependant, depuis ma résolution, je me sens l'âme beaucoup plus calme. Comme je m'attends à tout de la part des hommes, et qu'ils m'ont déjà fait à peu près du pis qu'ils pouvaient, je tâcherai de ne plus m'affliger que des maux réels, c'est-à-dire de ceux que ma volonté peut faire, ou de ceux que mon corps peut souffrir. Ces derniers me retiennent actuellement dans des entraves que je tiens de votre charité, mais qui ne laissent pas d'être fort pénibles. J'attends avec empressement de vos nouvelles; et vous embrasse, mon cher monsieur, de tout mon cœur.

A MM. DELUC.

24 février 1765.

J'apprends, messieurs, que vous êtes en peine des lettres que vous m'avez écrites. Je les ai toutes reçues jusqu'à celle du 15 février inclusivement. Je regarde votre situation comme décidée. Vous êtes trop gens de bien pour pousser les choses à l'extrême, et ne pas préférer la paix à la liberté. Un peuple cesse d'être libre quand les lois ont perdu leur force; mais la vertu ne perd jamais la sienne, et l'homme vertueux demeure libre toujours. Voilà désormais, messieurs, votre ressource : elle est assez grande, assez belle pour vous consoler de tout ce que vous perdez comme citoyens.

Pour moi, je prends le seul parti qui me reste, et je le prends irrévocablement. Puisque avec des intentions aussi pures, puisque avec tant d'amour pour la justice et pour la vérité, je n'ai fait que du mal sur la terre, je n'en veux plus faire, et je me retire au-dedans de moi. Je ne veux plus entendre parler de Genève, ni de ce qui s'y passe. Ici finit notre correspondance. Je vous aimerai toute ma vie, mais je ne vous écrirai plus. Embrassez pour moi votre père. Je vous embrasse, messieurs, de tout mon cœur.

A M. MEURON,
Procureur-général.

25 février 1765.

J'apprends, monsieur, avec quelle bonté de cœur et avec quelle vigueur de courage vous avez pris la défense d'un pauvre opprimé. Poursuivi par la classe, et défendu par vous, je puis bien dire comme Pompée, *Victrix causa diis placuit, sed victa Catoni.*

Toutefois je suis malheureux, mais non pas vaincu; mes persécuteurs, au contraire, ont tout fait pour ma gloire, puisque c'est par eux que j'ai pour protecteur le plus grand des rois, pour père le plus vertueux des hommes, et pour patron l'un des plus éclairés des magistrats.

A M. DE P.

25 février 1765.

Votre lettre, monsieur, m'a pénétré jusqu'aux larmes. Que la bienveillance est une douce chose! et que ne donnerais-je pas pour avoir celle de tous les honnêtes gens! Puissent mes nouveaux patriotes m'accorder la leur à votre exemple! puisse le lieu de mon refuge être aussi celui de mes attachements! Mon cœur est bon; il est ouvert à tout ce qui lui ressemble; il n'a besoin, j'en suis très sûr, que d'être connu pour être aimé. Il reste, après la santé, trois biens qui rendent sa perte plus supportable, la paix, la liberté, l'amitié. Tout cela, monsieur, si je le trouve, me deviendra plus doux encore lorsque j'en pourrai jouir près de vous.

A M. DE C. P. A. A.

Février 1765.

J'attendais des réparations, monsieur, et vous en exigez : nous sommes fort loin de compte. Je veux croire que vous n'avez point concouru, dans les lieux où vous êtes, aux iniquités qui sont l'ouvrage de vos confrères; mais il fallait, monsieur, vous élever contre une manœuvre si opposée à l'esprit du christianisme, et si déshonorante pour votre état. La lâcheté n'est pas moins répréhensible que la violence dans les ministres du Seigneur. Dans tous les pays du monde il est permis à l'innocence de défendre son innocence : dans le vôtre on l'en punit; on fait plus, on ose employer la religion à cet usage. Si vous avez protesté contre cette profanation, vous êtes excepté dans mon livre, et je ne vous dois point de réparation : si vous n'avez pas protesté, vous êtes coupable de connivence, et je vous en dois encore moins.

Agréez, monsieur, je vous supplie, mes salutations et mon respect.

A MADAME LA GÉNÉRALE SANDOZ.

Motiers, 25 février 1765.

L'admiration me tue, et surtout de votre part. Ah! madame, un peu d'amitié, et, parmi tant d'affronts, je serai le plus glorieux des êtres. Votre patrie est injuste, sans doute; mais avec le mal elle a produit le remède. Peut-elle me faire quelque injustice que votre estime ne puisse réparer? La lettre que vous m'avez envoyée est d'un homme d'église; c'est tout dire, et peut-être trop, car il paraît assez modéré. Mais, vu le traitement que je viens d'essuyer à l'instigation de ses confrères, j'attendais des réparations, et il en exige : vous voyez que nous sommes loin de compte. Conservez-moi vos bontés, madame; elles me seront toujours précieuses, et j'aspire au bonheur d'être à portée de les cultiver.

A M. CLAIRAUT.

Motiers-Travers, le 3 mars 1765.

Le souvenir, monsieur, de vos anciennes bontés pour moi vous cause une nouvelle importunité de ma part. Il s'agirait de vouloir bien être, pour la seconde fois, censeur d'un de mes ouvrages. C'est une très mauvaise rapsodie que j'ai compilée, il y a plusieurs années, sous le nom de *Dictionnaire de musique*, et que je suis forcé de donner aujourd'hui pour avoir du pain. Dans le torrent de malheurs qui m'entraîne je suis hors d'état de revoir ce recueil. Je sais qu'il est plein d'erreurs et de bévues. Si quelque intérêt pour le sort du plus malheureux des hommes vous portait à voir son ouvrage avec un peu plus d'attention que celui d'un autre, je vous serais sensiblement obligé de toutes les fautes que vous voudriez bien corriger chemin faisant. Les indiquer sans les corriger ne serait rien faire; car je suis absolument hors d'état d'y donner la moindre attention; et si vous daignez en user comme de votre bien pour changer, ajouter, ou retrancher, vous exercerez une charité très utile, et dont je serai très reconnaissant. Recevez, monsieur, mes très humbles excuses et mes salutations.

A M. DU PEYROU.

Le 4 mars 1765.

Je vous dois une réponse, monsieur, je le sais. L'horrible situation de corps et d'âme où je me trouve m'ôte la force et le courage d'écrire. J'attendais de vous quelques mots de consolation, mais je vois que vous comptez à la rigueur avec les malheureux. Ce procédé n'est pas injuste, mais il est un peu dur dans l'amitié.

AU MÊME.

Motiers, le 7 mars 1765.

Pour Dieu, ne vous fâchez pas, et sachez pardonner quelques torts à vos amis dans leur misère. Je n'ai qu'un ton, monsieur, il est quelquefois un peu dur : il ne faut pas me juger sur mes expressions, mais sur ma conduite. Elle vous honore quand mes termes vous offensent. Dans le besoin que j'ai des consolations de l'amitié, je sens que les vôtres me manquent, et je m'en plains : cela est-il donc si désobligeant?

Si j'ai écrit à d'autres, comment n'avez-vous pas senti l'absolue nécessité de répondre, et surtout dans la circonstance, à des personnes avec qui je n'ai point de correspondance habituelle, et qui viennent au fort de mes malheurs y prendre le plus généreux intérêt? Je croyais que, sur ces lettres mêmes, vous vous diriez, *il n'a pas le temps de m'écrire*, et que vous vous souviendriez de nos conventions. Fallait-il donc, dans une occasion si critique, abandonner tous mes intérêts, toutes mes affaires, mes devoirs même de peur de manquer avec vous à l'exactitude d'une réponse dont vous m'aviez dispensé? Vous vous seriez offensé de ma crainte, et vous auriez eu raison. L'idée même, très fausse assurément, que vous aviez de m'avoir chagriné par votre lettre, n'était-elle pas pour votre bon cœur un motif de réparer le mal que vous supposiez m'avoir fait? Dieu vous préserve d'affliction! mais, en pareil cas, soyez sûr que je ne compterai pas vos réponses. En tout autre cas, ne comptez jamais mes lettres, ou rompons tout de suite, car aussi bien ne tarderions-nous pas à rompre. Mon caractère vous est connu, je ne saurais le changer.

Toutes vos autres raisons ne sont que trop bonnes. Je vous plains dans vos tracas, et les approches de votre goutte me chagrinent surtout vivement, d'autant plus que, dans l'extrême besoin de me distraire, je me promettais des promenades délicieuses avec vous. Je sens encore que ce que je vais vous dire peut être bien déplacé parmi vos affaires; mais il faut vous montrer si je vous crois le cœur dur, et si je manque de confiance en votre amitié. Je ne fais pas des compliments, mais je prouve.

Il faut quitter ce pays, je le sens; il est trop près de Genève, on ne m'y laisserait jamais en repos. Il n'y a guère qu'un pays catholique qui me convienne; et c'est de là, puisque vos ministres veulent tant la guerre, qu'on peut leur en donner le plaisir tout leur soûl. Vous sentez, monsieur, que ce déménagement a ses embarras. Voulez-vous être dépositaire de mes effets en attendant que je me fixe? voulez-vous acheter mes livres, ou m'aider à les vendre? voulez-vous prendre quelque arrangement, quant à mes ouvrages, qui me délivre de l'horreur d'y penser, et de m'en occuper le reste de ma vie? Toute cette rumeur est trop vive et trop folle pour pouvoir durer. Au bout de deux ou trois ans, toutes les difficultés pour l'impression seront levées, surtout quand je n'y serai plus. En tous cas, les autres lieux, même au voisinage, ne manqueront pas. Il y a sur tout cela des détails, qu'il serait trop long d'écrire, et sur lesquels, sans que vous soyez marchand et sans que vous me fassiez l'aumône, cet arrangement peut m'être utile, et ne vous pas être onéreux. Cela demande d'en conférer. Il faut voir seulement si vos affaires présentes vous permettent de penser à celle-là.

Vous savez donc le triste état de la pauvre madame Guyenet, femme aimable, d'un vrai mérite, d'un esprit aussi fin que juste, et pour qui la vertu n'était pas un vain mot : sa famille est dans la plus grande désolation, son mari est au désespoir, et moi je suis déchiré. Voilà, monsieur, l'objet que j'ai sous les yeux pour me consoler d'un tissu de malheurs sans exemple.

J'ai des accès d'abattement, cela est assez naturel dans l'état de maladie, et ces accès sont très sensibles, parce qu'ils sont les moments où je cherche le plus à m'épancher; mais ils sont courts, et n'influent point sur ma conduite. Mon état habituel est le courage, et vous le verrez peut-être dans cette affaire, si l'on me pousse à bout; car je me fais une loi d'être patient jusqu'au moment où l'on ne peut plus l'être sans lâcheté. Je ne sais quelle diable de mouche a piqué vos messieurs; mais il y a bien de l'extravagance à tout ce vacarme; ils en rougiront sitôt qu'ils seront calmés.

Mais, que dites-vous, monsieur, de l'étourderie de vos ministres, qui, vu leurs mœurs, leur crasse ignorance, devraient trembler qu'on n'aperçût qu'ils existent, et qui vont sottement payer pour les autres dans une affaire qui ne les regarde pas? Je suis persuadé qu'ils s'imaginent que je vais rester sur la défensive, et faire le pénitent et le suppliant : le Conseil de Genève le croyait aussi, je l'ai désabusé; je me charge de les désabuser de même. Soyez-moi témoin, monsieur, de mon amour pour la paix, et du plaisir avec lequel j'avais posé les armes : s'ils me forcent à les reprendre, je les reprendrai, car je ne veux pas me laisser battre à terre; c'est un point tout résolu. Quelle prise ne me donnent-ils pas? A trois ou quatre près, que j'honore et que j'excepte, que sont les autres? quels mémoires n'aurai-je pas sur leur compte? Je suis tenté de faire ma paix avec tous les autres clergés, aux dépens du vôtre, d'en faire le bouc d'expiation pour les péchés d'Israël. L'invention est bonne, et son succès est certain. Ne serait-ce pas bien servir l'état, d'abattre si bien leur morgue, de les avilir à tel point, qu'ils ne pussent jamais plus ameuter les peuples? J'espère ne pas me livrer à la vengeance; mais si je les touche, comptez qu'ils sont morts. Au reste, il faut premièrement attendre l'excommunication; car, jusqu'à ce moment, ils me tiennent; ils sont mes pasteurs, et je leur dois du respect. J'ai là-dessus des maximes dont je ne me départirai jamais, et c'est pour cela même que je les trouve bien peu sages de m'aimer mieux loup que brebis.

A M. MOULTOU.

9 mars 1765.

Vous ignorez, je le vois, ce qui se passe ici par rapport à moi. Par des manœuvres souterraines que j'ignore, les ministres, Montmollin à leur tête, se sont tout-à-coup déchaînés contre moi, mais avec une telle violence que, malgré mylord maréchal et le roi même, je suis chassé d'ici sans savoir plus où trouver d'asile sur la terre; il ne m'en reste que dans son sein. Cher Moultou, voyez mon sort. Les plus grands scélérats trouvent un refuge; il n'y a que votre ami qui n'en trouve point. J'aurais encore l'Angleterre; mais quel trajet, quelle fatigue, quelle dépense! Encore si j'étais seul!... Que la nature est lente à me tirer d'affaire! Je ne sais ce que je deviendrai; mais en quelque lieu que j'aille terminer ma misère, souvenez-vous de votre ami.

Il n'est plus question de mon édition générale. Selon toute apparence, je ne trouverai plus à la faire; et, quand je le pourrais, je ne sais si je pourrais vaincre l'horrible aversion que j'ai conçue pour ce travail. Je ne regarde aucun de mes livres sans frémir, et tout ce que je désire au monde est un coin de terre où je puisse mourir en paix, sans toucher ni papier ni plume.

Je sens le prix de ce que vous avez fait pendant que nous ne nous écrivions plus. Je me plaignais de vous, et vous vous occupiez de ma défense. On ne remercie pas de ces choses-là, on les sent. On ne fait point d'excuse, on se corrige.

Voici la lettre de M. Garcin : il vient bien noblement à moi au moment de mes plus cruels malheurs. Du reste, ne m'instruisez plus de ce qu'on pense ou de ce qu'on dit : succès, revers, discours publics, tout m'est devenu de la plus grande indifférence. Je n'aspire qu'à mourir en repos. Ma répugnance à me cacher est enfin vaincue. Je suis à peu près déterminé à changer de nom, et à disparaître de dessus la terre. Je sais déjà quel nom je prendrai ; je pourrai le prendre sans scrupule ; je ne mentirai sûrement pas. Je vous embrasse.

En finissant cette lettre, qui est écrite depuis hier, j'étais dans le plus grand abattement où j'aie été de ma vie. M. de Montmollin entra, et, dans cette entrevue, je retrouvai toute la vigueur que je croyais m'avoir tout-à-fait abandonné. Vous jugerez comment je m'en suis tiré par la relation que j'en envoie à l'homme du roi, et dont je joins ici copie, que vous pouvez montrer. L'assemblée est indiquée pour la semaine prochaine. Peut-être ma contenance en imposera-t-elle. Ce qu'il y a de sûr, c'est que je ne fléchirai pas. En attendant qu'on sache quel parti ils auront pris, ne montrez cette lettre à personne. Bon voyage.

A. M. MEURON,

Conseiller d'état et procureur-général à Neuchâtel.

Motiers, le 9 mars 1765.

Hier, monsieur, M. de Montmollin m'honora d'une visite, dans laquelle nous eûmes une conférence assez vive. Après m'avoir annoncé l'excommunication formelle comme inévitable, il me proposa, pour prévenir le scandale, un tempérament que je refusai net. Je lui dis que je ne voulais point d'un état intermédiaire ; que je voulais être dedans ou dehors, en paix ou en guerre, brebis ou loup. Il me fit sur cette affaire plusieurs objections que je mis en poudre ; car, comme il n'y a ni raison ni justice à tout ce qu'on fait contre moi, sitôt qu'on entre en discussion je suis fort. Pour lui montrer que ma fermeté n'était point obstination, encore moins insolence, j'offris, si la classe voulait rester en repos, de m'engager avec lui de ne plus écrire de ma vie sur aucun point de religion. Il répondit qu'on se plaignait que j'avais déjà pris cet engagement, et que j'y avais manqué. Je répliquai qu'on avait tort ; que je pouvais bien l'avoir résolu pour moi, mais que je ne l'avais promis à personne. Il protesta qu'il n'était pas le maître, qu'il craignait que la classe n'eût déjà pris sa résolution. Je répondis que j'en étais fâché, mais que j'avais aussi pris la mienne. En sortant, il me dit qu'il ferait ce qu'il pourrait ; je lui dis qu'il ferait ce qu'il voudrait, et nous nous quittâmes. Ainsi, monsieur, jeudi prochain, ou vendredi au plus tard, je jetterai l'épée ou le fourreau dans la rivière.

Comme vous êtes bon défenseur et patron, j'ai cru vous devoir rendre mon compte de cette entrevue. Recevez, je vous supplie, mes salutations et mon respect.

A M. LE PROFESSEUR DE MONTMOLLIN.

Par déférence pour M. le professeur de Montmollin, mon pasteur, et par respect pour la vénérable classe, j'offre, si on l'agrée, de m'engager, par un écrit signé de ma main, à ne jamais publier aucun nouvel ouvrage sur aucune matière de religion, même de n'en jamais traiter incidemment dans aucun nouvel ouvrage que je pourrais publier sur tout autre sujet ; et, de plus, je continuerai à témoigner, par mes sentiments et par ma conduite, tout le prix que je mets au bonheur d'être uni à l'Eglise.

Je prie M. le professeur de communiquer cette déclaration à la vénérable classe.

Fait à Motiers, le 10 mars 1765.

A MADAME LATOUR.

J'ai lu votre lettre avec la plus grande attention, j'ai rapproché tous les rapports qui pouvaient m'en faire juger sainement : c'était pour mon cœur une affaire importante.

Vous étiez flatteuse durant ma prospérité, vous devenez franche dans mes misères : à quelque chose malheur est bon.

J'aime la vérité, sans doute; mais si jamais j'ai le malheur d'avoir un ami dans l'état où je suis, et que je ne trouve aucune vérité consolante à lui dire, je mentirai.

On peut donner en tout temps à son ami le blâme qu'on croit qu'il mérite; mais, quand on choisit le moment de ses malheurs, il faut s'assurer qu'on a raison.

Lorsque je disais, il faut se taire, et ne pas imiter le crime de Cham, j'étais citoyen de Genève; je ne dois que la vérité à ceux par qui je ne le suis plus.

Lorsque je disais, il faut se taire, je n'avais que ma cause à défendre, et je me taisais; mais quand c'est un devoir de parler, il ne faut pas se taire : voyez l'avertissement. Adieu, Marianne.

A M. LE P. DE FÉLICE.

Motiers, le 14 mars 1765.

Je n'ai point fait, monsieur, l'ouvrage intitulé *des Princes;* je ne l'ai point vu; je doute même qu'il existe. Je comprends aisément de quelle fabrique vient cette invention, comme beaucoup d'autres, et je trouve que mes ennemis se rendent bien justice en m'attaquant avec des armes si dignes d'eux. Comme je n'ai jamais désavoué aucun ouvrage qui fût de moi, j'ai le droit d'en être cru sur ceux que je déclare n'en pas être. Je vous prie, monsieur, de recevoir et de publier cette déclaration en faveur de la vérité, et d'un homme qui n'a qu'elle pour sa défense. Recevez mes très humbles salutations.

A M. DU PEYROU.

Motiers, le 14 mars 1765.

Voici, monsieur, votre lettre. En la lisant j'étais dans votre cœur : elle est désolante. Je vous désolerai peut-être moi-même en vous avouant que celle qui l'écrit me paraît avoir de bons yeux, beaucoup d'esprit, et point d'âme. Vous devriez en faire non votre amie, mais votre folle, comme les princes avaient jadis des fous, c'est-à-dire d'heureux étourdis, qui osaient leur dire la vérité. Nous parlerons de cette lettre dans un tête-à-tête. Cher du Peyrou, croyez-moi, continuez d'être bon et d'aimer les hommes; mais ne comptez jamais avez eux.

Premier acte d'ami véritable, non dans vos offres, mais dans vos conseils; je les attendais de vous : vous n'avez pas trompé mon attente. Le désir de me venger de votre prêtraille était né dans le premier mouvement; c'était un effet de la colère; mais je n'agis jamais dans le premier mouvement, et ma colère est courte. Nous sommes de même avis : ils sont en sûreté, et je ne leur ferai sûrement pas l'honneur d'écrire contre eux.

Non-seulement je n'ai pas dessein de quitter ce pays durant l'orage, je ne veux pas même quitter Motiers, à moins qu'on n'use de violence pour m'en chasser, ou qu'on ne me montre un ordre du roi sous l'immédiate protection duquel j'ai l'honneur d'être. Je tiendrai dans cette affaire la contenance que je dois à mon protecteur et à moi. Mais, de manière ou d'autre, il faudra que cette affaire finisse. Si l'on me fait traîner dehors par des archers, il faut bien que je m'en aille; si l'on finit par me laisser en repos, je veux alors m'en aller, c'est un point résolu. Que voulez-vous que je fasse dans un pays où l'on me traite plus mal qu'un malfaiteur? Pourrai-je jamais jeter sur ces gens-là un autre œil que celui du mépris et de l'indignation? Je m'avilirais aux yeux de toute la terre si je restais au milieu d'eux.

Je suis bien aise que vous ayez d'abord senti et dit la vérité sur le prétendu livre *des Princes*: mais savez-vous qu'on a écrit de Berne à l'imprimeur d'Yverdun de me demander ce livre et de l'imprimer, que ce serait une bonne affaire? J'ai d'abord senti les soins officieux de l'ami Bertrand; j'ai tout de suite envoyé à M. Félice la lettre dont copie ci-jointe, le faisant prier de l'imprimer et de la répandre. Comme il est livré à gens qui ne m'aiment pas, j'ai prié M. Roguin, en cas d'obstacle, de vous en donner avis par la poste; et alors je vous serais bien obligé si vous vouliez la donner à Fauche, et la lui faire imprimer bien correctement. Il faut qu'il la verse, le plus promptement qu'il sera possible, à Berne, à Genève, et dans le pays de Vaud; mais avant qu'elle paraisse ayez la bonté de la relire sur l'imprimé, de peur qu'il ne s'y glisse quelque faute. Vous sentez qu'il ne s'agit pas ici d'un petit scrupule d'auteur, mais de ma sûreté et de ma liberté peut-être pour le reste de ma vie. En attendant l'impression vous pouvez donner et envoyer des copies.

Je ne serai peut-être en état de vous écrire de longtemps. De grâce, mettez-vous à ma place, et ne soyez pas trop exigeant. Vous devriez sentir qu'on ne me laisse pas du temps de reste; mais vous en avez pour me donner de vos nouvelles, et même des miennes: car vous savez ce qui se passe par rapport à moi: pour moi je l'ignore parfaitement.

Je vous embrasse.

A M. MEURON.
Procureur-général à Neuchâtel.

Motiers, le 23 mars 1765.

Je ne sais, monsieur, si je ne dois pas bénir mes misères, tant elles sont accompagnées de consolations. Votre lettre m'en a donné de bien douces, et j'en ai trouvé de plus douces encore dans le paquet qu'elle contenait. J'avais exposé à mylord maréchal les raisons qui me faisaient désirer de quitter ce pays pour chercher la tranquillité et pour l'y laisser. Il approuve ces raisons, et il est, comme moi, d'avis que j'en sorte: ainsi, monsieur, c'est un parti pris, avec regret, je vous jure, mais irrévocablement. Assurément tous ceux qui ont des bontés pour moi ne peuvent désapprouver que, dans le triste état où je suis, j'aille chercher une terre de paix pour y déposer mes os. Avec plus de vigueur et de santé je consentirais à faire face à mes persécuteurs pour le bien public; mais accablé d'infirmités et de malheurs sans exemple, je suis peu propre à jouer un rôle, et il y aurait de la cruauté à me l'imposer. Las de combats et de querelles, je n'en peux plus supporter. Qu'on me laisse aller mourir en paix ailleurs, car ici cela n'est pas possible, moins par la mauvaise humeur des habitants, que par le trop grand voisinage de Genève, inconvénient qu'avec la meilleure volonté du monde il ne dépend pas d'eux de lever.

Ce parti, monsieur, étant celui auquel on voulait me réduire, doit naturellement faire tomber toute démarche ultérieure pour m'y forcer. Je ne suis point encore en état de me transporter, et il me faut quelque temps pour mettre ordre à mes affaires, durant lequel je puis raisonnablement espérer qu'on ne me traitera pas plus mal qu'un Turc, un juif, un païen, un athée, et qu'on voudra bien me laisser jouir, pour quelques semaines, de l'hospitalité qu'on ne refuse à aucun étranger. Ce n'est pas, monsieur, que je veuille désormais me regarder comme tel; au contraire, l'honneur d'être inscrit parmi les citoyens du pays me sera toujours précieux par lui-même, encore plus par la main dont il me vient, et je mettrai toujours au rang de mes premiers devoirs le zèle et la fidélité que je dois au roi, comme notre prince et comme mon protecteur. J'avoue que j'y laisse un bien très regrettable, mais dont je n'entends point du tout me dessaisir. Ce sont les amis que j'y ai trouvés dans mes disgrâces, et que j'espère y conserver malgré mon éloignement.

Quant à MM. les ministres, s'ils trouvent à propos d'aller toujours en avant avec leur consistoire, je me traînerai de mon mieux pour y comparaître, en quelque état que je sois, puisqu'ils le veulent ainsi; et je crois qu'ils trouveront, pour ce que j'ai à leur dire, qu'ils auraient pu se passer de tant d'appareil. Du reste ils sont fort les maîtres de m'excommunier, si cela les amuse : être excommunié de la façon de M. de Voltaire m'amusera fort aussi.

Permettez, monsieur, que cette lettre soit commune aux deux messieurs qui ont eu la bonté de m'écrire avec un intérêt si généreux. Vous sentez que, dans les embarras où je me trouve, je n'ai pas plus le temps que les termes pour exprimer combien je suis touché de vos soins et des leurs. Mille salutations et respects.

À MADAME D'IVERNOIS.

Motiers, le 25 mars 1765.

Je suis comblé de vos bontés, madame, et confus de mes torts : ils sont tous dans ma situation, je vous assure; aucun n'est dans mes sentiments. Vous avez trop bien deviné, madame, le sort de notre aimable et infortunée amie. M. Tissot m'a fait l'amitié de venir la voir; sous sa direction est-elle déjà beaucoup mieux. Je ne doute point qu'il n'achève de rétablir son corps et sa tête, mais je crains que son cœur ne soit plus longtemps malade, et que l'amitié même ne puisse pas grand'chose sur un mal auquel la médecine ne peut rien.

Pourquoi, madame, n'avez-vous pas ouvert ma lettre pour M. votre mari? J'y avais compté ; une médiatrice telle que vous ne peut que rendre notre commerce encore plus agréable. Dites-lui, je vous supplie, mille choses pour moi que je n'ai pas le temps de lui dire; j'ai le temps seulement de l'aimer de tout mon cœur, et j'emploie bien ce temps-là : pour l'employer mieux encore, je voudrais que vous daignassiez en usurper une partie. Il faut finir, madame. Mille salutations et respects.

AU CONSISTOIRE DE MOTIERS.

Motiers, le 29 mars 1765.

Messieurs,

Sur votre citation j'avais hier résolu, malgré mon état, de comparaître aujourd'hui par-devant vous; mais sentant qu'il me serait impossible, malgré toute ma bonne volonté, de soutenir une longue séance, et sur la matière de foi qui fait l'unique objet de cette citation, réfléchissant que je pouvais également m'expliquer par écrit, je n'ai point douté, messieurs, que la douceur de la charité ne s'alliât en vous au zèle de la foi, et que vous n'agréassiez dans cette lettre la même réponse que j'aurais pu faire de bouche aux questions de M. de Montmollin, quelles qu'elles soient.

Il me paraît donc qu'à moins que la rigueur dont la vénérable classe juge à propos d'user contre moi ne soit fondée sur une loi positive, qu'on m'assure ne pas exister dans cet état, rien n'est plus nouveau, plus irrégulier, plus attentatoire à la liberté civile, et surtout plus contraire à l'esprit de la religion, qu'une pareille procédure en pure matière de foi.

Car, messieurs, je vous supplie de considérer que, vivant depuis longtemps dans le sein de l'Église, et n'étant ni pasteur, ni professeur, ni chargé d'aucune partie de l'instruction publique, je ne dois être soumis, moi particulier, moi simple fidèle, à aucune interrogation ni inquisition sur la foi ; de telles inquisitions, inouïes dans ce pays, sapant tous les fondements de la réformation, et blessant à la fois la liberté évangélique, la charité chrétienne, l'autorité du prince, et les droits des sujets, soit comme membres de l'Église, soit comme citoyens de l'état. Je dois toujours compte de mes actions et de ma conduite aux lois et aux hommes ; mais puisqu'on n'admet point parmi nous d'Eglise infaillible qui ait droit de prescrire à ses membres ce qu'ils doivent croire, donc, une fois reçu dans l'Eglise, je ne dois plus qu'à Dieu seul compte de ma foi.

J'ajoute à cela que lorsque après la publication de l'*Emile* je fus admis à la communion dans cette paroisse, il y a près de trois ans, par M. de Montmollin, je lui fis par écrit une déclaration dont il fut si pleinement satisfait, que non-seulement il n'exigea nulle autre explication sur le dogme, mais qu'il me promit même de n'en point exiger. Je me tiens exactement à sa promesse, et surtout à ma déclaration. Et quelle conséquence, quelle absurdité, quel scandale ne serait-ce point de s'en être contenté, après la publication d'un livre où le christianisme semblait si violemment attaqué, et de ne s'en pas contenter maintenant, après la publication d'un autre livre où l'auteur peut errer, sans doute, puisqu'il est homme, mais où du moins il erre en chrétien, puisqu'il ne cesse de s'appuyer pas à pas sur l'autorité de l'Evangile ? C'était alors qu'on pouvait m'ôter la communion ; mais c'est à présent qu'on devrait me la rendre. Si vous faites le contraire, messieurs, pensez à vos consciences ; pour moi, quoi qu'il arrive, la mienne est en paix.

Je vous dois, messieurs, et je veux vous rendre toutes sortes de déférences, et je souhaite de tout mon cœur qu'on n'oublie pas assez la protection dont le roi m'honore pour me forcer d'implorer celle du gouvernement.

Recevez, messieurs, je vous supplie, les assurances de tout mon respect.

Je joins ici la copie de la déclaration sur laquelle je fus admis à la communion en 1762, et que je confirme aujourd'hui.

A M. DU PEYROU.

Le 6 avril 1765.

Je souffre beaucoup depuis quelques jours, et les tracas que je croyais finis, et que je vois se multiplier, ne contribuent pas à me tranquilliser le corps ni l'âme. Voilà donc de nouvelles lettres d'éclat à écrire, de nouveaux engagements à prendre, et qu'il faut jeter à la tête de tout le monde, jusqu'à ce que je trouve quelqu'un qui les daigne agréer. Voilà, toute chose cessante, un déménagement à faire. Il faut me réfugier à Couvet, parce que j'ai le malheur d'être dans la disgrâce du ministre de Motiers : il faut vite aller chercher un autre ministre et un autre consistoire ; car sans ministre et sans consistoire, il ne m'est plus permis de respirer ; et il faut errer de paroisse en paroisse, jusqu'à ce que je trouve un ministre assez bénin pour daigner me tolérer dans la sienne.

Cependant M. de Pury appelle cela le pays le plus libre de la terre ; à la bonne heure : mais cette liberté-là n'est pas de mon goût. M. de Pury sait que je ne veux plus rien avoir à faire avec les ministres ; il me l'a conseillé lui-même ; il sait que naturellement je suis désormais dans ce cas avec celui-ci : il sait que le conseil d'état m'a exempté de la juridiction de son consistoire : par quelle étrange maxime veut-il que je m'aille refourrer tout exprès sous la juridiction d'un autre consistoire dont le Conseil d'état ne m'a point exempté, et sous celle d'un autre ministre qui me tracassera plus poliment, sans doute, mais qui me tracassera toujours; voudra poliment savoir comme je pense, et que poliment j'enverrai promener? Si j'avais une habitation à choisir dans ce pays, ce serait celle-ci, précisément par la raison qu'on veut que j'en sorte. J'en sortirai donc puisqu'il le faut; mais ce ne sera sûrement pas pour aller à Couvet.

Quant à la lettre que vous jugez à propos que j'écrive pour promettre le silence pendant mon séjour en Suisse, j'y consens; je désirerais seulement que vous me fissiez l'amitié de m'envoyer le modèle de cette lettre, que je transcrirai exactement, et de me marquer à qui je dois l'adresser. Garrottez-moi si bien que je ne puisse plus remuer ni pied ni patte; voilà mon cœur et mes mains dans les liens de l'amitié. Je suis très déterminé à vivre en repos, si je puis, et à ne plus rien écrire, quoi qu'il arrive, si ce n'est ce que vous savez, et pour la Corse, s'il le faut absolument, et que je vive assez pour cela. Ce qui me fâche, encore un coup, c'est d'aller offrant cette promesse de porte en porte, jusqu'à ce qu'il se trouve quelqu'un qui la daigne agréer: je ne sache rien au monde de plus humiliant; c'est donner à mon silence une importance que personne n'y voit que moi seul.

Pardonnez, monsieur, l'humeur qui me ronge; j'ai onze lettres sur la table, la plupart très désagréables, et qui veulent toutes la plus prompte réponse. Mon sang est calciné, la fièvre me consume, je ne pisse plus du tout, et jamais rien ne m'a tant coûté de ma vie que cette promesse authentique qu'il faut que je fasse d'une chose que je suis bien déterminé à tenir, que je la promette ou non. Mais, tout en grognant fort maussadement, j'ai le cœur plein des sentiments les plus tendres pour ceux qui s'intéressent si généreusement à mon repos, et qui me donnent les meilleurs conseils pour l'assurer. Je sais qu'ils ne me conseillent que pour mon bien, qu'ils ne prennent à tout cela d'autre intérêt que le mien propre. Moi, de mon côté, tout en murmurant, je veux leur complaire, sans songer à ce qui m'est bon. S'ils me demandaient pour eux ce qu'ils me demandent pour moi-même, il ne me coûterait plus rien; mais comme il est permis de faire en rechignant son propre avantage, je veux leur obéir, les aimer, et les gronder. Je vous embrasse.

P. S. Tout bien pensé, je crois pourtant qu'avant le départ de M. Meuron je ferai ce qu'on désire. Ma paresse commence toujours par se dépiter, mais à la fin mon cœur cède.

Si je restais, j'en reviendrais, en attendant que votre maison fût faite, au projet de chercher quelque jolie habitation près de Neuchâtel, et de m'abandonner à quelque société où j'eusse à la fois la liberté et le commerce des hommes. Je n'ai pas besoin de société pour me garantir de l'ennui, au contraire; mais j'en ai besoin pour me détourner de rêver et d'écrire. Tant que je vivrai seul, ma tête ira malgré moi.

A MYLORD MARÉCHAL.

Le 6 avril 1765.

Il me paraît, mylord, que, grâces aux soins des honnêtes gens qui vous sont attachés, les projets des prédicants contre moi s'en iront en fumée, ou aboutiront tout au plus à me garantir de l'ennui de leurs lourds sermons. Je n'entrerai point dans le détail de ce qui s'est passé, sachant qu'on vous en a rendu un fidèle compte; mais il y aurait de l'ingratitude à moi de ne vous rien dire de la chaleur que M. Chaillet a mise à toute cette affaire, et de l'activité pleine à la fois de prudence et de vigueur avec laquelle M. Meuron l'a conduite. A portée, dans la place où vous l'avez mis, d'agir et parler au nom du roi et au vôtre, il s'est prévalu de cet avantage avec tant de dextérité, que, sans indisposer personne, il a ramené tout le Conseil d'état à son avis;

ce qui n'était pas peu de chose, vu l'extrême fermentation qu'on avait trouvé le moyen d'exciter dans les esprits. La manière dont il s'est tiré de cette affaire prouve qu'il est très en état d'en manier de plus grandes.

Lorsque je reçus votre lettre du 10 mars avec les petits billets numérotés qui l'accompagnaient, je me sentis le cœur si pénétré de ces tendres soins de votre part, que je m'épanchai là-dessus avec M. le prince Louis de Wirtemberg, homme d'un mérite rare, épuré par les disgrâces, et qui m'honore de sa correspondance et de son amitié. Voici là-dessus sa réponse; je vous la transmets mot à mot : « Je n'ai pas douté un moment que le roi de Prusse ne vous soutînt; mais vous me faites chérir mylord maréchal : veuillez lui témoigner toute la vivacité des sentiments que cet homme respectable m'inspire. Jamais personne avant lui ne s'est avisé de faire un journal si honorable pour l'humanité. »

Quoiqu'il me paraisse à peu près décidé que je puis jouir en ce pays de toute la sûreté possible, sous la protection du roi, sous la vôtre, et grâces à vos précautions, comme sujet de l'état, cependant il me paraît toujours impossible qu'on m'y laisse tranquille. Genève n'en est pas plus loin qu'auparavant, et les brouillons de ministres me haïssent encore plus à cause du mal qu'ils n'ont pu me faire. On ne peut compter sur rien de solide dans un pays où les têtes s'échauffent tout d'un coup sans savoir pourquoi. Je persiste donc à vouloir suivre votre conseil et m'éloigner d'ici. Mais comme il n'y a plus de danger, rien ne presse; et je prendrai tout le temps de délibérer et de bien peser mon choix, pour ne pas faire une sottise, et m'aller mettre dans de nouveaux lacs. Toutes mes raisons contre l'Angleterre subsistent; et il suffit qu'il y ait des ministres dans ce pays-là pour me faire craindre d'en approcher. Mon état et mon goût m'attirent également vers l'Italie; et si la lettre dont vous m'avez envoyé copie obtient une réponse favorable, je penche extrêmement pour en profiter. Cette lettre, mylord, est un chef-d'œuvre; pas un mot de trop, si ce n'est des louanges : pas une idée omise pour aller au but. Je compte si bien sur son effet, que, sans autre sûreté qu'une pareille lettre, j'irais volontiers me livrer aux Vénitiens. Cependant, comme je puis attendre, et que la saison n'est pas bonne encore pour passer les monts, je ne prendrai nul parti définitif sans en bien consulter avec vous.

Il est certain, mylord, que je n'ai pour le moment nul besoin d'argent. Cependant je vous l'ai dit, je vous le répète, loin de me défendre de vos dons, je m'en tiens honoré. Je vous dois les biens les plus précieux de la vie; marchander sur les autres serait de ma part une ingratitude. Si je quitte ce pays, je n'oublierai pas qu'il y a dans les mains de M. Meuron cinquante louis dont je puis disposer au besoin.

Je n'oublierai pas non plus de remercier le roi de ses grâces. Ç'a toujours été mon dessein si jamais je quittais ses états. Je vois, mylord, avec une grande joie, qu'en tout ce qui est convenable et honnête, nous nous entendons sans nous être communiqués.

A M. D'ESCHERNY.

Motiers, le 6 avril 1765.

Je n'entends pas bien, monsieur, ce qu'après sept ans de silence M. Diderot vient tout à coup exiger de moi. Je ne lui demande rien. Je n'ai nul désaveu à faire. Je suis bien éloigné de lui vouloir du mal, encore plus de lui en faire ou d'en dire de lui; je sais respecter jusqu'à la fin les droits de l'amitié, même éteinte, mais je ne la rallume jamais; c'est ma plus inviolable maxime.

J'ignore encore où m'entraînera ma destinée. Ce que je sais, c'est que je ne quitterai qu'à regret un pays où, parmi beaucoup de personnes que j'estime, il y en a quelques-unes que j'aime et dont je suis aimé. Mais, monsieur, ce que j'aime le plus au monde, et dont j'ai le plus de besoin, c'est la paix :

je la chercherai jusqu'à ce que je la trouve, ou que je meure à la peine. Voilà la seule chose sur laquelle je suis bien décidé.

J'espérais toujours vous rapporter votre musique; mais, malade et distrait, je n'ai pas le temps d'y jeter les yeux. M. de Montmollin a jugé à propos de m'occuper ici d'autres chansons bien moins amusantes. Il a voulu me faire chanter ma gamme, et s'est fait un peu chanter la sienne; que Dieu nous préserve de pareille musique! Ainsi soit-il. Je vous salue, monsieur, de tout mon cœur.

A M. LALIAUD.

Motiers, le 7 avril 1765.

Puisque vous le voulez absolument, monsieur, voici deux mauvaises esquisses que j'ai fait faire, faute de mieux, par une manière de peintre qui a passé par Neuchâtel. La grande est un profil à silhouette, où j'ai fait ajouter quelques traits en crayon pour mieux déterminer la position des traits; l'autre est un profil tiré à la vue. On ne trouve pas beaucoup de ressemblance à l'un ni à l'autre : j'en suis fâché, mais je n'ai pu faire mieux; je crois même que vous me sauriez quelque gré de cette petite attention, si vous connaissiez la situation où j'étais quand je me suis ménagé le moment de vous complaire.

Il y a un portrait de moi très ressemblant dans l'appartement de madame la maréchale de Luxembourg. Si M. Lemoine prenait la peine de s'y transporter et de demander de ma part M. de La Roche, je ne doute pas qu'il n'eût la complaisance de le lui montrer.

Je ne vous connais, monsieur, que par vos lettres; mais elles respirent la droiture et l'honnêteté; elles me donnent la plus grande opinion de votre âme; l'estime que vous m'y témoignez me flatte, et je suis bien aise que vous sachiez qu'elle fait une des consolations de ma vie.

A M. D'IVERNOIS.

Motiers, le 8 avril 1765.

Bien arrivé, mon cher monsieur; ma joie est grande, mais elle n'est pas complète, puisque vous n'avez pas passé par ici. Il est vrai que vous y auriez trouvé une fermentation désagréable à votre amitié pour moi. J'espère, quand vous viendrez, que vous trouverez tout pacifié. La chance commence à tourner extrêmement. Le roi s'est si hautement déclaré, mylord maréchal a si vivement écrit, les gens en crédit ont pris mon parti si chaudement, que le Conseil d'état s'est unanimement déclaré pour moi, et m'a, par un arrêt, exempté de la juridiction du consistoire, et assuré la protection du gouvernement. Les ministres sont généralement hués : l'homme à qui vous avez écrit est consterné et furieux; il ne lui reste plus d'autres ressources que d'ameuter la canaille, ce qu'il a fait jusqu'ici avec assez de succès. Un des plus plaisants bruits qu'il fait courir est que j'ai dit dans mon dernier livre que les femmes n'avaient point d'âme; ce qui les met dans une telle fureur par tout le Val-de-Travers, que, pour être honoré du sort d'Orphée, je n'ai qu'à sortir de chez moi. C'est tout le contraire à Neuchâtel, où toutes les dames sont déclarées en ma faveur. Le sexe dévot y traîne les ministres dans les boues. Une des plus aimables disait, il y a quelques jours, en pleine assemblée, qu'il n'y avait qu'une seule chose qui la scandalisât dans tous mes écrits; c'était l'éloge de M. de Montmollin. Les suites de cette affaire m'occupent extrêmement. M. Andrié m'est arrivé de Berlin de la part de mylord maréchal. Il me survient de toutes parts des multitudes de visites. Je songe à déménager de cette maudite paroisse pour aller m'établir près de Neuchâtel, où tout le monde a la bonté de me désirer. Par-dessus tous ces tracas, mon triste état ne me laisse point de relâche, et voici le septième mois que je ne suis sorti qu'une seule fois, dont je me suis trouvé fort mal. Jugez d'après tout cela si je suis en état de recevoir M. de Servan, quelque désir que j'en eusse; dans tout le cours de ma vie il n'aurait pas pu choisir plus mal son temps pour me venir voir. Dissuadez-l'en, je vous supplie, ou qu'il ne s'en prenne pas à moi s'il perd ses pas.

Je ne crois pas avoir écrit à personne que peut-être je serais dans le cas d'aller à Berlin. Il m'a tant passé de choses par la tête que celle-là pourrait y avoir passé aussi; mais je suis presque assuré de n'en avoir rien dit à qui que ce soit. La mémoire que je perds absolument m'empêche de rien affirmer. Des motifs très doux, très pressants, très honorables, m'y attireraient sans doute, mais le climat me fait peur. Que je cherche au moins la bénignité du soleil, puisque je n'en dois point attendre des hommes. J'espère que celle de l'amitié me suivra partout. Je connais la vôtre, et je m'en prévaudrais au besoin; mais ce n'est pas l'argent qui me manque, et, si j'en avais besoin, cinquante louis sont à Neuchâtel à mes ordres, grâce à la prévoyance de mylord maréchal.

A M. DU PEYROU.

8 avril 1765.

Je n'ai le temps, monsieur, que de vous écrire un mot. Votre inquiétude m'en donne une très grande. S'il est cruel d'avoir des peines, il l'est bien plus encore de ne connaître pas un ami tendre, pas un honnête homme dans le sein duquel on les puisse épancher.

A MADEMOISELLE D'IVERNOIS.

Motiers, le 9 avril 1765.

Au moins, mademoiselle, n'allez pas m'accuser aussi de croire que les femmes n'ont point d'âme; car, au contraire, je suis persuadé que toutes celles qui vous ressemblent en ont au moins deux à leur disposition. Quel dommage que la vôtre vous suffise! J'en connais une qui se plairait fort à loger en même lieu. Mille respects à la chère maman et à toute la famille. Je vous prie, mademoiselle, d'agréer les miens.

A M. MEURON,
Procureur-général à Neuchâtel.

Motiers, le 9 avril 1765.

Permettez, monsieur, qu'avant votre départ je vous supplie de joindre à tant de soins obligeants pour moi celui de faire agréer à messieurs du Conseil d'état mon profond respect et ma vive reconnaissance. Il m'est extrêmement consolant de jouir, sous l'agrément du gouvernement de cet état, de la protection dont le roi m'honore, et des bontés de mylord maréchal; de si précieux actes de bienveillance m'imposent de nouveaux devoirs que mon cœur remplira toujours avec zèle, non-seulement en fidèle sujet de l'état, mais en homme particulièrement obligé à l'illustre corps qui le gouverne. Je me flatte qu'on a vu jusqu'ici dans ma conduite une simplicité sincère, et autant d'aversion pour la dispute que d'amour pour la paix. J'ose dire que jamais homme ne chercha moins à répandre ses opinions, et ne fut moins auteur dans la vie privée et sociale; si, dans la chaîne de mes disgrâces, les sollicitations, le devoir, l'honneur même, m'ont forcé de prendre la plume pour ma défense et pour celle d'autrui, je n'ai rempli qu'à regret un devoir si triste, et j'ai regardé cette cruelle nécessité comme un nouveau malheur pour moi. Maintenant, monsieur, que, grâce au ciel, j'en suis quitte, je m'impose la loi de me taire, et, pour mon repos et pour celui de l'état où j'ai le bonheur de vivre, je m'engage librement, tant que j'aurai le même avantage, à ne plus traiter aucune matière qui puisse y déplaire, ni dans aucun des états voisins. Je ferai plus; je rentre avec plaisir dans l'obscurité où j'aurais dû toujours vivre, et j'espère sur aucun sujet ne plus occuper le public de moi. Je voudrais de tout mon cœur offrir à ma nouvelle patrie un tribut plus digne d'elle : je lui sacrifie un bien très peu regrettable, et je préfère infiniment au vain bruit du monde l'amitié de ses membres et la faveur de ses chefs.

Recevez, monsieur, je vous supplie, mes très-humbles habitations.

A M. DU PEYROU.

Vendredi, 12 avril 1765.

Plus j'étais touché de vos peines, plus j'étais fâché contre vous ; et en cela j'avais tort ; le commencement de votre lettre me le prouve. Je ne suis pas toujours raisonnable, mais j'aime toujours qu'on me parle raison. Je voudrais connaître vos peines pour les soulager, pour les partager du moins. Les vrais épanchements du cœur veulent non-seulement l'amitié, mais la familiarité, et la familiarité ne vient que par l'habitude de vivre ensemble.

Puisse un jour cette habitude si douce donner, entre nous, à l'amitié tous les charmes ! Je les sentirai trop bien pour ne pas vous les faire sentir aussi. La sentence de Cicéron que vous demandez est, *amicus Plato, amicus Aristoteles, sed magis amica veritas.* Mais vous pourrez la resserrer, en n'employant que les deux premiers mots et les trois derniers, et souvenez-vous qu'elle emporte l'obligation de me dire mes vérités. Au lieu de vous dire précisément si vous devez employer le terme de *conclave inquisitorial*, j'aime mieux vous exposer le principe sur lequel je me détermine en pareil doute. Qu'une expression soit ou ne soit pas ce qu'on appelle française ou du bel usage, ce n'est pas de cela qu'il s'agit : on ne parle et l'on n'écrit que pour se faire entendre ; pourvu qu'on soit intelligible, on va à son but ; quand on est clair, on y va encore mieux : parlez donc clairement pour quiconque entend le français. Voilà la règle, et soyez sûr que, fissiez-vous au surplus cinq cents barbarismes, vous n'en aurez pas moins bien écrit. Je vais plus loin, et je soutiens qu'il faut quelquefois faire des fautes de grammaire pour être plus lumineux. C'est en cela, et non dans toutes les pédanteries du purisme, que consiste le véritable art d'écrire. Ceci posé, j'examine, sur cette règle, le *conclave inquisitorial*, et je me demande si ces deux mots réunis présentent à l'esprit une idée bien une et bien nette, et il me paraît que non. Le mot *conclave* en latin ne signifie qu'une chambre retirée, mais en français il signifie l'assemblée des cardinaux pour l'élection du pape. Cette idée n'a nul rapport à la vôtre, et elle exclut même celle de l'inquisition. Voyez si, peut-être en changeant le premier mot, et mettant, par exemple, celui de *synode inquisitorial*, vous n'iriez pas mieux à votre but. Il me semble même que le mot *synode* pris pour une assemblée de ministres, contrastant avec celui d'*inquisitorial*, ferait mieux sentir l'inconséquence de ces messieurs. L'union seule de ces deux mots ferait à mon sens un argument sans réplique ; et voilà en quoi consiste la finesse de l'emploi de mots. Pardon, monsieur, de mes longueries ; mais comme vous pouvez avoir quelquefois, dans l'honnêteté de votre âme, l'occasion de parler au public pour le bien de la vérité, j'ai cru que vous seriez peut-être bien-aise de connaître la règle générale qui me paraît toujours bonne à suivre dans le choix des mots.

Comme je suis très persuadé que votre ouvrage n'aura nul besoin de ma révision, je vous prie de m'en dispenser à cause de la matière. Il convient que je puisse dire que je n'y ai aucune part et que je ne l'ai pas vu. Il est même inutile de m'envoyer aucune des pièces que vous vous proposez d'y mettre, puisqu'il me suffira de les trouver toutes dans l'imprimé.

Au train dont la neige tombe, nous en aurons ce soir plus d'un pied :

cela, et mon état encore empiré, m'ôtera le plaisir de vous aller voir aussitôt que je l'espérais. Sitôt que je le pourrai, comptez que vous verrez celui qui vous aime.

AU MÊME.

15 avril 1765.

Je prends acte du reproche que vous me faites de trop de précipitation vis-à-vis de M. Vernes, et je vous prédis que dans trois mois d'ici vous me reprocherez trop de lenteur et de modération.

Je n'aime pas que les choses qui se sont passées dans le tête-à-tête, se publient; c'est pourquoi la note sur laquelle vous me consultez est peu de mon goût. Je n'aime pas même trop, dans le texte, l'épithète *si doux*, donnée aux éloges du professeur. Il y a de l'erreur dans mes éloges, mais je ne crois pas qu'il y ait de la fadeur, et quand il y en aurait, je ne voudrais pas que ce fût vous qui la relevassiez. Au reste, je n'exige rien, je dis mon goût, suivez le vôtre.

Charité veut dire *amour*, ainsi l'on n'aime jamais que par charité; c'est par charité que je vous aime et que je veux être aimé de vous. Mais ce mot part d'une âme triste, et n'échappe pas à la mienne. J'ai besoin d'être auprès de vous; mais pas un moment de relâche, ni dans le mauvais temps, ni dans mon état : cela est bien cruel. Fi du *Monsieur*, je ne puis le souffrir. Je vous embrasse.

AU MÊME.

22 avril 1765.

L'amitié est une chose si sainte, que le nom n'en doit pas même être employé dans l'usage ordinaire; ainsi nous serons amis, et nous ne nous dirons pas *mon ami*. J'eus un surnom jadis que je crois mériter mieux que jamais; à Paris, on ne m'appelait que le *citoyen*. A votre égard, prenez un nom de société qui vous plaise et que je puisse vous donner. Je me plais à songer que vous devez être un jour mon cher hôte, et j'aimerais à vous en donner le titre d'avance; mais celui-là ou un autre, prenez-en un qui soit de votre goût, et qui supprime entre nous le maussade mot de *monsieur*, que l'amitié et sa familiarité doivent proscrire.

Votre petite note est très bien. Sur ce que j'apprends, il me paraît important que vous preniez vos mesures si justes et si sûres, que l'écrit paraisse avant la générale de mai. J'ai eu le plaisir de voir M. de Pury : c'est un digne homme dont je n'oublierai jamais les services. Je souffre toujours beaucoup. Je vous embrasse.

Examinez toujours le cachet de mes lettres, pour voir si elles n'ont point été ouvertes, et pour cause; je me servirai toujours de la lyre.

A M. D'IVERNOIS.

Motiers, le 22 avril 1765.

J'ai reçu, monsieur, tous vos envois, et ma sensibilité à votre amitié augmente de jour en jour : mais j'ai une grâce à vous demander; c'est de ne me plus parler des affaires de Genève, et ne plus m'envoyer aucune pièce qui s'y rapporte. Pourquoi veut-on absolument, par de si tristes images, me faire finir dans l'affliction le reste des malheureux jours que la nature m'a comptés, et m'ôter un repos dont j'ai si grand besoin, et que j'ai si chèrement acheté? Quelque plaisir que me fasse votre correspondance, si vous continuez d'y faire entrer des objets dont je ne puis ni ne veux plus m'occuper, vous me forcerez d'y renoncer.

Parmi ce que m'a apporté le neveu de M. Vieusseux, il y avait une lettre de Venise, où celui qui l'écrit a eu l'étourderie de ne pas marquer son adresse. Si vous savez par quelle voie est venue cette lettre, informez-vous, de grâce, si je ne pourrais pas me servir de la même voie pour faire parvenir ma réponse.

Je vous remercie du vin de Lunel; mais, mon cher monsieur, nous sommes convenus, ce me semble, que vous ne m'enverriez plus rien de ce qui ne vous coûte rien. Vous me paraissez n'avoir pas pour cette convention la même mémoire qui vous sert si bien dans mes commissions.

Je ne peux rien vous dire du chevalier de Malte; il est encore à Neuchâtel. Il m'a apporté une lettre de M. de Paoli qui n'est certainement pas supposée : cependant la conduite de cet homme-là est en tout si extraordinaire que je ne puis prendre sur moi de m'y fier; et je lui ai remis pour M. Paoli une réponse qui ne signifie rien, et qui le renvoie à notre correspondance ordinaire, laquelle n'est pas connue du chevalier. Tout ceci, je vous prie, entre nous.

Mon état empire au lieu de s'adoucir. Il me vient du monde des quatre coins de l'Europe. Je prends le parti de laisser à la poste les lettres que je ne connais pas, ne pouvant plus y suffire. Selon toute apparence je ne pourrai guère jouir à ce voyage du plaisir de vous voir tranquillement. Il faut espérer qu'une autre fois je serai plus heureux.

La lieutenante est à Neuchâtel. Je ne veux lui faire votre commission que de bouche. Je crains qu'elle ne pût vous aller voir seule, et que la compagnie qu'elle serait forcée de se donner ne fût pas trop du goût de madame d'Ivernois, à qui je présente mon respect. J'embrasse tendrement son cher mari.

Bien des salutations aux amis et bonnes connaissances.

A M. COINDET.

Motiers, le 27 avril 1765.

Je devrais, mon cher Coindet, vous écrire souvent, ne fût-ce que pour vous remercier. Mais acceptez, je vous prie, la bonne volonté pour l'effet; car, en ce moment, eussé-je dix mains et dix secrétaires, je ne suffirais pas à tout ce qu'on me force d'écrire. Je dois aussi des remercîments à M. Watelet et à M. Loiseau. Quand je ne leur en devrais pas, je voudrais leur écrire. En attendant que je puisse là-dessus me satisfaire, faites-leur les plus tendres salutations de ma part.

Je comprends qu'on a pu vous marquer de Genève que je quittais Motiers. On y a si bien travaillé pour cela, qu'on n'a pas douté du succès. Je ne sais pas encore si je prendrai le parti de complaire à ces messieurs, mais jusqu'ici cela dépend uniquement de ma volonté, et il est apparent que cela n'en dépendra pas moins dans la suite.

Vous aurez su que je portais autrefois l'honorable surnom de citoyen par excellence, lorsque je l'avais beaucoup moins mérité qu'aujourd'hui. Vous pouvez voir, par la couronne civique dont j'ai entouré ma devise, à la tête de mon dernier ouvrage, quelle justice je sens m'être due à cet égard. Je souhaite qu'au moins mes amis me l'accordent, en me rendant ce nom de citoyen, qui m'est si cher, et que j'ai payé si cher. Ce n'est point pour moi un titre vain, puisqu'outre que, par une élection unanime, j'ai ici une patrie qui m'a choisi, s'il est sur la terre un état où règne la justice et la liberté, je suis citoyen né de cet état-là. Conclusion : je fus et je suis le citoyen. Quiconque m'aime ne doit plus me donner d'autre nom.

A mesure que vous m'envoyez quelque chose, vous ne m'en marquez point le prix. Cela fait que je ne puis vous rendre vos débours. Vous prétendez que je ne vous devais qu'un écu pour le cadre de l'amitié : c'est une moquerie, mais soit; depuis lors le compte doit être augmenté. Donnez-m'en la note, et je chargerai Duchesne de vous rembourser. Car, pour vos soins, je ne puis les payer qu'en reconnaissance, puisque c'est le seul prix que vous en voulez agréer. Le Corneille est admirable, c'est dommage qu'il ait été un peu chiffonné dans le transport. J'ai reçu la charmante oiseleuse avec un nouveau plaisir, augmenté par les bontés de l'aimable graveur. Il mérite un nouveau remercîment pour celui dont il me dispense; sans m'acquitter, une lettre me coûte; c'est me faire un second présent que de m'en exempter.

Je vois, par le présent que vous m'avez envoyé de la part de M. Watelet, que madame Le Comte, ni lui, n'ont pas voulu profaner, dans mes mains, leurs propres ouvrages. Ils m'auraient pourtant été beaucoup plus précieux que toute autre estampe; mais, du reste, on ne saurait refuser plus magnifiquement.

Voici le huitième mois que je ne suis sorti de la chambre. Plaignez-moi, mon cher Coindet, vous qui savez que je n'ai plus d'autre plaisir que la promenade, et que je ne suis qu'une machine ambulante. Encore ma prison me serait-elle moins rude, si du moins j'y vivais tranquille, et qu'on m'y laissât le temps d'écrire à mon aise à mes amis. Je vous embrasse de tout mon cœur.

Pour trouver, s'il se peut, le repos après lequel je soupire, je prends le parti de vider ma tête de toute idée, et de l'empailler avec du foin. Je gagnerai à cela de mettre un nouvel intérêt à mes promenades, par le plaisir d'herboriser. Je voudrais trouver un recueil de plantes gravées, bien ressemblantes, quand même il faudrait y mettre un certain prix. Ne pourriez-vous point m'aider dans cette recherche? Cela me procurerait encore le plaisir de m'occuper l'hiver à les enluminer.

A M. DU PEYROU.

Le 29 avril 1765.

Votre avis, mon cher hôte, de ne faire passer aucun exemplaire par mes mains est très sage : c'est une réflexion que j'avais faite moi-même, et que je comptais vous communiquer.

J'ai reçu votre présent; je vous en remercie; il me fait grand plaisir, et je brûle d'être à portée d'en faire usage. J'ai plus que jamais la passion pour la botanique, mais je vois avec confusion que je ne connais pas encore assez de plantes empiriquement pour les étudier par système. Cependant je ne me rebuterai pas, et je me propose d'aller, dans la belle saison, passer une quinzaine de jours près de M. Gagnebin pour me mettre en état du moins de suivre Linnæus.

J'ai dans la tête que, si vous pouvez vous soutenir jusqu'au temps de notre caravane, elle vous garantira d'être arrêté durant le reste de l'année, vu que la goutte n'a point de plus grand ennemi que l'exercice pédestre. Vous devriez prendre la botanique pour remède, quand vous ne la prendriez pas par goût. Au reste, je vous avertis que le charme de cette science consiste surtout dans l'étude anatomique des plantes. Je ne puis faire cette étude à mon gré faute des instruments nécessaires, comme microscopes de diverses mesures de foyer, petites pinces bien menues, semblables aux brusselles des joailliers; ciseaux très fins à découper. Vous devriez tâcher de vous pourvoir de tout cela pour notre course; et vous verrez que l'usage en est très agréable et très instructif. Vous me parlez du temps remis : il ne l'est assurément pas ici : j'ai fait quelques essais de sortie qui m'ont réussi médiocrement, et jamais sans pluie. Il me tarde d'aller vous embrasser, mais il faut faire des visites, et cela m'épouvante un peu, surtout vu mon état.

Notre archiprêtre continue ses ardentes philippiques; il en a fait hier une, dans laquelle il s'est tellement attendri sur les miracles, qu'il fondait en larmes, et y faisait fondre ses pieux auditeurs. Il paraît avoir pris le parti le plus sûr; c'est de ne point s'embarrasser du Conseil d'état ni de la classe, mais d'aller ici son train en ameutant la canaille. Cependant tout s'est borné jusqu'à présent à quelques insultes; et, comme je ne réponds rien du tout, ils auront difficilement occasion d'aller plus loin.

Quand verrez-vous la fin de ce vilain procès? Je voudrais aussi voir déjà votre bâtiment fini pour y occuper ma cellule, et vous appeler tout de bon mon cher hôte. Bonjour.

L'homme d'ici paraît absolument forcené, et déterminé à pousser lui seul les choses aussi loin qu'elles peuvent aller. Il me paraît toujours plaisant qu'un homme aussi généralement méprisé n'en soit pas moins redoutable. S'il espère m'effrayer au point de me faire fuir, il se trompe.

AU MÊME.

2 mai 1765.

Mon cher hôte, votre lettre à mylord maréchal est très belle; il n'y a pas une syllabe à ajouter ni à retrancher, et je vous garantis qu'elle lui fera le plus grand plaisir.

Je vois par le tour que prennent les choses que l'archiprêtre sera bientôt forcé de me laisser en repos : c'est alors que je veux sortir de Motiers, lorsqu'il sera bien établi qu'étant maître d'y rester tranquille ma retraite n'aura point l'air de fuite. Je crois qu'en pareil cas je me déterminerai tout-à-fait à être à Cressier l'hôte de mon hôte, au moins si cela lui convient. Mais, quoique la maison soit trop grande pour moi, il me la faudrait tout entière, accommodée, meublée, bien fermée, et avec le petit jardin. Voilà bien des choses, voyez si ce n'est pas trop. Il y a plus : quoique au point où nous en sommes ce soit peut-être à moi une sorte d'ingratitude de ne pas accepter ce logement gratuitement, il faut, pour m'y mettre tout-à-fait à mon aise, que vous me louïez comme vous pourriez faire à tout autre, et que vous y compreniez les frais pour le mettre en état. Cela posé, je pourrais bien m'y établir pour le reste de ma vie, sauf à occuper près de vous un autre appartement en ville, quand votre bâtiment sera fait. Voilà, mon cher hôte, mes châteaux en Espagne; voyez s'il vous convient de les réaliser.

On me mande de Berne que le sieur Bertrand a demandé le 29 au sénat sa démission, et l'a obtenue sans difficulté; on ajoute qu'il quittera Berne. Le voyage de M. Chaillet n'aurait-il point contribué à cela?

Si le temps s'obstine à être mauvais, je suis bien tenté d'accepter votre offre; en ce cas, vous pourriez expédier vos tracas les plus pressés le reste de cette semaine, et m'envoyer votre carrosse lundi ou mardi prochain. Je vous irais joindre à Neuchâtel, et de là nous irions ensemble à Bienne, à pied, s'il faisait beau, en carrosse s'il faisait mauvais. Ce qui m'embarrasse est que je voudrais aller auparavant à Gorgier voir M. Andrié, et je ne sais comment arranger ces diverses courses, d'autant moins qu'il faut absolument que je sois de retour ici les huit ou dix derniers jours du mois. Vous pourriez, dimanche au soir, m'écrire votre sentiment; lundi au soir je vous ferais ma réponse; et si le mauvais temps continuait, vous m'enverriez votre carrosse pour me rendre mercredi près de vous : mais, s'il fait beau, j'irai premièrement et pédestrement à Gorgier. Voilà mes arrangements, sauf les vôtres et sauf les obstacles tirés de mon état, qui ne s'améliore point. Peut-être la vie sédentaire et méditative, la désagréable occupation d'écrire des lettres, l'attitude d'être assis qui me nuit et que je déteste, contribuent-elles à m'entretenir dans ce mauvais état.

Je reviens aux tracasseries d'ici, qui ne me fâchent pas tant par rapport à moi, que par rapport à ces braves anciens qui méritent tant d'encouragement, et que la canaille accable d'opprobres. Tout ce qui s'est fait en leur faveur n'a pas été assez solennel; des arrêts secrets n'arrêtent point la populace qui les ignore. Un arrêt affiché, ou quelque témoignage public d'approbation, voilà ce qu'on leur devrait pour l'utilité publique, et ce qui mortifierait plus cruellement l'archiprêtre que toutes les censures du Conseil d'état ou de la classe, faites à huis clos. Je prédis qu'il n'y a qu'un expédient de cette espèce qui puisse finir tout, et sur-le-champ. Je vous embrasse.

A vue de pays, je ne crois pas que la semaine prochaine je sois encore en état de voyager, à moins d'une révolution bien subite que le temps ni mon état ne me promettent pas.

AU MÊME.
Jeudi, 23 mai 1765.

J'espère, mon cher hôte, que cette vilaine goutte n'aura fait que vous menacer. Dansez et marchez beaucoup; tourmentez-la si bien qu'elle nous laisse en repos projeter et faire notre course. On dit que les pèlerins n'ont jamais la goutte; rien n'est donc tel pour l'éviter que de se faire pèlerin.

Sultan m'a tenu quelques jours en peine : sur son état présent je suis parfaitement rassuré; ce qui m'alarmait le plus était la promptitude avec laquelle sa plaie s'était refermée; il avait à la jambe un trou fort profond; elle était enflée, il souffrait beaucoup et ne pouvait se soutenir. En cinq ou six heures, avec une simple application de thériaque, plus d'enflure, plus de douleur, plus de trou, à peine en ai-je pu retrouver la place : il est gaillardement revenu de son pied à Motiers, et se porte à merveille depuis ce temps-là. Comme vous avez des chiens, j'ai cru qu'il était bon de vous apprendre l'histoire de mon spécifique; elle est aussi étonnante que certaine. Il faut ajouter que je l'ai mis au lait durant quelques jours; c'est une précaution qu'il faut toujours prendre sitôt qu'un animal est blessé.

Il est singulier que depuis trois jours je ressens les mêmes attaques que j'ai eues cet hiver : il est constaté que ce séjour ne me vaut rien à aucun égard. Ainsi, mon parti est pris; tirez-moi d'ici au plus vite. Je vous embrasse.

AU MÊME.
23 mai 1765.

Dans la crainte que vous n'ayez besoin de votre Mémoire, je vous le renvoie après l'avoir lu. Je l'ai trouvé fort bien raisonné; il me paraît seulement que vous assujétissez les sociétés en général à des lois plus rigoureuses qu'elles ne sont établies par le droit public; car, par exemple, selon vos principes, A, étant allié de B, ne pourrait postérieurement s'engager à fournir à C des troupes en certains cas contre B, engagement qui toutefois se contracte et s'exécute fréquemment, sans qu'on prétende avoir enfreint l'alliance antérieure.

Vous aurez su les nouvelles tentatives et leur mauvais succès, ce qui n'empêche pas que ce séjour ne soit devenu pour moi absolument inhabitable : ainsi j'accepte tous vos bons soins, soit pour Suchié, soit pour Cressier, soit pour la Coudre; je m'en rapporte entièrement à votre choix; et, pour moi, je ne vois qu'une raison de préférence, après celle de loger chez vous, c'est pour le logement qui sera le plus tôt prêt.

Il me paraît que vous pouvez prendre votre parti sur la brochure; je pense même que cette affaire, une fois éventée, en deviendra partout plus difficile à exécuter, et je vous conseille d'abandonner cette entreprise : que si vous persistez, vous avez de nouvelles pièces à joindre à votre recueil; et, tandis que vous le compléterez, il faut travailler d'avance à prendre si bien vos mesures que le manuscrit n'aille à sa destination qu'au moment qu'on pourra l'exécuter, et après que toutes les difficultés seront prévues et levées. La Hollande me paraît désormais le seul endroit sûr; mais il faut compter sur six mois d'attente.

Je suis bien éloigné d'avoir maintenant le loisir de travailler à notre écrit. Comme ce n'est pas un acte où le notaire doive mettre la main, et que notre convention générale est faite, rien ne presse sur le reste; c'est ce que nous pourrons rédiger ensemble à loisir. Il s'agit seulement de savoir quand vous me permettrez d'en parler à mes amis; car rien de ce qui s'intéresse à moi ne doit ignorer que je vous devrai le repos de ma vie.

A M. PANCKOUCKE.

Motiers-Travers, 29 mai 1765.

Votre dernière lettre, monsieur, m'a non-seulement désabusé, mais attendri. Oublions réciproquement nos torts, sûrs que le cœur n'y a point de part, et soyons amis comme auparavant, même plus, s'il est possible; c'est l'effet que doit produire un vrai retour entre honnêtes gens.

Il est vrai que les fanatiques de ce pays, excités, vous comprenez bien par qui, ont suscité contre moi un violent orage, dont tout l'effet est retombé sur eux; parce qu'ils m'avaient trouvé doux, ils ont cru me trouver faible : ils se sont trompés. Tous leurs efforts pour me nuire ou m'épouvanter ont tourné à leur confusion, et leur ont attiré les mortifications les plus cruelles. J'ai fait plus que des souverains n'osent faire, en triomphant d'eux. Battus dans toutes les formes légitimes, ils prennent le parti d'ameuter la canaille, et de se faire chef de bandits. Cette voie est assez bonne avec les peuples de ce vallon. Quoi qu'il en soit, je les mets au pis. Dans le zèle qui les dévore, ils pourront me faire assassiner; mais très sûrement ils ne me feront pas fuir. Il y a cependant longtemps que j'ai résolu d'aller m'établir dans le bas parmi les hommes; mais j'attendrai que les loups enragés d'ici aient achevé de hurler et de mordre. Après cela, s'ils me laissent vivre, je les quitterai. Qu'un autre étranger y tienne, s'il peut, trois ans, comme j'ai fait, et puis qu'il en dise des nouvelles.

A M. D'IVERNOIS.

Motiers, le 30 mai 1765.

Je suis très inquiet de vous, monsieur. Suivant ce que vous m'aviez marqué, j'ai suspendu mes courses et mes affaires pour revenir vous attendre ici dès le 20 : cependant ni moi ni personne n'avons entendu parler de vous. Je crains que vous ne soyez malade; faites-moi du moins écrire deux mots par charité.

Il m'est impossible de vous attendre plus longtemps que deux ou trois jours encore; mais je ne serai jamais assez éloigné d'ici pour que, lorsque vous y viendrez, nous ne puissions pas nous y joindre. On vous dira chez moi où je serai; et, selon vos arrangements de route, vous viendrez, ou l'on m'enverra chercher.

Voici, monsieur, deux lettres pour Gênes, auxquelles je vous prie de donner cours en faisant affranchir, s'il est nécessaire. J'attends de vos nouvelles avec la plus grande impatience, et vous embrasse de tout mon cœur.

A M. KLUPFFEL.

Motiers, mai 1765.

Ce n'est pas, mon cher ami, faute d'empressement à vous répondre que j'ai différé si longtemps; mais les tracas dans lesquels je me suis trouvé, et un voyage que j'ai fait à l'autre extrémité du pays, m'ont fait renvoyer ce plaisir à un moment plus tranquille. Si j'avais fait le voyage de Berlin, j'aurais pensé que je passais près d'un ancien ami, et je me serais détourné pour aller vous embrasser. Un autre motif encore m'eût attiré dans votre ville, c'eût été le désir d'être présenté par vous à madame la duchesse de Saxe-Gotha, et de voir de près cette grande princesse, qui, fût-elle personne privée, ferait admirer son esprit et son mérite. La reconnaissance m'aurait fait même un devoir d'accomplir ce projet après la manière obligeante dont il a plu à S. A. S. d'écrire sur mon compte à mylord maréchal; et, au risque de lui faire dire : N'était-ce que cela? j'aurais justifié par mon obéissance à ses ordres mon empressement à lui faire ma cour. Mais, mon cher ami, ma situation à tous égards ne me permet plus d'entreprendre de grands voyages, et un homme qui huit mois de l'année ne peut sortir de sa chambre n'est guère en état de faire des voyages de deux cents lieues. Toutes les bontés dont mylord maréchal m'honore, tous les sentiments qui m'attachent à cet homme respectable, me font désirer bien vivement de finir mes jours près de lui : mais il sait que c'est un désir qu'il m'est impossible de satisfaire; et il ne me reste, pour nourrir cette espérance, que celle de le revoir quelque jour en ce pays. Je voudrais, mon cher ami, pouvoir nourrir par rapport à vous la même espérance : ce serait une grande consolation pour moi de vous embrasser encore une fois en ma vie, et de retrouver en vous l'ami tendre et vrai près duquel j'ai passé de si douces heures, et que je n'ai jamais cessé de regretter. Je vous embrasse de tout mon cœur.

BILLET A M. DE VOLTAIRE.

Motiers, le 31 mai 1765.

Si M. de Voltaire a dit qu'au lieu d'avoir été secrétaire de l'ambassadeur de France à Venise j'ai été son valet, M. de Voltaire en a menti comme un impudent.

Si dans les années 1743 et 1744 je n'ai pas été premier secrétaire de l'ambassadeur de France, si je n'ai pas fait les fonctions de secrétaire d'ambassade, si je n'en ai pas eu les honneurs au sénat de Venise, j'en aurai menti moi-même.

A M. D'ESCHERNY.

Motiers, le 1er juin 1765.

Je suis bien sensible, monsieur, et à la bonté que vous avez de penser à mon logement, et à celle qu'ont les obligeants propriétaires de la maison de Cornaux, de vouloir bien m'accorder la préférence sur ceux qui se sont présentés pour l'habiter. Je vais à Yverdun voir mon ami M. Roguin, et mon amie madame Boy de La Tour, qui est malade, et qui croit que je lui peux être de quelque consolation. J'espère que dans quelques jours M. Du Peyrou sera rétabli, et que, vous trouvant tous en bonne santé, je pourrai consulter avec vous sur le lieu où je dois planter le piquet. Cette manière de chercher est si agréable, qu'il est naturel que je ne sois pas pressé de trouver. Bien des salutations, monsieur, de tout mon cœur.

A M. DU PEYROU.

Mardi, 11 juin 1765.

Si je reste un jour de plus je suis pris : je pars donc, mon cher hôte, pour la Ferrière, où je vous attendrai avec le plus grand empressement, mais sans m'impatienter. Ce qui achève de me déterminer est qu'on m'apprend que vous avez commencé à sortir. Je vous recommande de ne pas oublier parmi vos provisions, café, sucre, cafetière, briquet, et tout l'attirail pour faire, quand on veut, du café dans les bois. Prenez *Linnæus* et *Sauvages*, quelque livre amusant, et quelque jeu pour s'amuser plusieurs, si l'on est arrêté dans une maison par le mauvais temps. Il faut tout prévoir pour prévenir le désœuvrement et l'ennui.

Bonjour : je compte partir demain matin, s'il fait beau, pour aller coucher au Locle, et dîner ou coucher à la Ferrière le lendemain jeudi. Je vous embrasse.

AU MÊME.

A la Ferrière, le 16 juin 1765.

Me voici, mon cher hôte, à la Ferrière, où je ne suis arrivé que pour y garder la chambre, avec un rhume affreux, une assez grosse fièvre, et une esquinancie, mal auquel j'étais très sujet dans ma jeunesse, mais dont j'espérais que l'âge m'aurait exempté. Je me trompais; cette attaque a été violente, j'espère qu'elle sera courte. La fièvre est diminuée, ma gorge se dégage, j'avale plus aisément; mais il m'est encore impossible de parler.

J'apprends, par deux lettres que je viens de recevoir de M. de Pury, qu'il a pris la peine, allant comme je pense, à Monlezi, de passer chez moi; j'étais déjà parti: j'y ai regret pour bien des raisons; entre autres, parce que nous serions convenus du temps et de la manière de nous réunir. Il m'apprend que vous ne pourrez de longtemps vous mettre en campagne: cela me fait prendre le parti de me rendre auprès de vous; car je ne puis me passer plus longtemps de vous voir. Ainsi vous pouvez attendre votre hôte au plus tard sur la fin de la semaine, à moins que d'ici à ce temps je n'aie de vos nouvelles. Si vous pouviez venir à cheval jusqu'ici, je ne doute pas que l'excellent air, la beauté du paysage, et la tranquillité du pays, ne vous fît toutes sortes de biens, et que vous ne vous y rétablissiez plus promptement qu'où vous êtes.

Je n'écris point à M. le colonel, parce que je ne sais s'il est à Neuchâtel ou à sa montagne; mais je vous prie de vouloir bien lui dire ou lui marquer que je ne connais pas assez M. Fischer pour le juger; que M. le comte de Dohna, qui a vécu avec lui plus que moi, doit en mieux juger; et qu'un homme ne se juge pas ainsi de la première vue. Tout ce que je sais, c'est qu'il a des connaissances et de l'esprit; il me paraît d'une humeur complaisante et douce; sa conversation est pleine de sens et d'honnêteté; j'ai même vu de lui des choses qui paraissent m'annoncer des mœurs et de la vertu. Quand il n'est question que de voyager avec un homme, ce serait être difficile de demander mieux que cela.

Au peu que j'ai vu sur la botanique, je comprends que je repartirai d'ici plus ignorant que je n'y suis arrivé, plus convaincu du moins de mon ignorance, puisqu'en vérifiant mes connaissances sur les plantes, il se trouve que plusieurs de celles que je croyais connaître, je ne les connaissais point. Dieu soit loué! c'est toujours apprendre quelque chose que d'apprendre qu'on ne sait rien. Le messager attend et me presse; il faut finir. Bonjour, mon cher hôte; je vous embrasse de tout mon cœur.

AU MÊME.

Motiers, le 29 juin 1765.

Savez-vous, mon cher hôte, que vous me gâtez si fort, qu'il m'est désormais fort pénible de vivre éloigné de vous? Depuis deux jours que je suis de retour, il m'ennuie déjà de ne point vous voir. Je songe, en conséquence, à redescendre dès demain, et voici un arrangement qui fait à présent mon château en Espagne, et qui se réalisera ou se réformera selon que le temps, votre santé et votre volonté me le permettront.

Si le temps se remet aujourd'hui, nous descendrons demain, M. d'Ivernois, mademoiselle Le Vasseur, et moi; et, comme il n'est question que d'une nuit, pour ne pas nous séparer nous coucherons à l'auberge. Le lundi, j'irai avec M. d'Ivernois faire une promenade, d'où nous serons de retour le lendemain. M. d'Ivernois continuera son voyage, et moi j'irai avec mademoiselle Le Vasseur voir la maison de Cressier. Nous pourrons y séjourner un jour ou deux, si nous trouvons des lits, pour avoir le temps d'aller voir l'île; puis nous reviendrons. Mademoiselle Le Vasseur s'en retournera à Motiers, et moi j'attendrai près de vous que nous puissions faire la caravane du Creux du vent, après quoi chacun s'en retournera à ses affaires.

Comme la petite course que je dois faire avec d'Ivernois me rapproche du pont de Thielle, je pourrais de là me rendre directement à Cressier, et mademoiselle Le Vasseur s'y rendre aussi, de son côté, si elle trouvait une voiture, ou que vous pussiez lui en prêter une.

Tous ces arrangements un peu précipités sont inévitables, sans quoi, restant ici quelques jours encore, je suis intercepté pour le reste de la belle saison.

Il faut même, en supposant leur exécution possible, que le secret en demeure entre nous, sans quoi nous serons poursuivis, où que nous soyons, par les gens qui me viendront voir, et qui, ne me trouvant pas ici, me chercheront où que je sois. Au reste, mon état est si sensiblement empiré depuis mon retour ici, que je crains beaucoup d'y passer l'hiver, et que, malgré tous les embarras, si Cressier peut être prêt au commencement d'octobre, je suis déterminé à m'y transplanter.

Je vous écris à la hâte, mon très cher hôte, accablé de petits tracas qui m'excèdent. Comme mon voyage dépend du temps, qui paraît se brouiller, il n'est pas sûr que j'arrive demain à Neuchâtel. A tout événement, vous pourriez envoyer demain au soir à la Couronne, et, si j'y suis arrivé, m'y faire passer vos observations sur les arrangements proposés; car, comme j'arriverai le soir pour repartir le matin, je ne veux pas même qu'on me voie dans les rues. Je vous embrasse de tout mon cœur.

AU MÊME.

A l'île de la Motte, le 4 juillet 1765.

Je suis, mon cher hôte et mon ami, dans l'île, et je compte y rester quelques jours, jusqu'à ce que j'y reçoive de vos nouvelles. J'imagine qu'il ne vous sera pas difficile de m'en donner par le canal de M. le major Chambrier. Au premier signe, je vous rejoins : c'est à vous de voir en quel temps vous aurez plus de loisir à me donner. Ne soyez point inquiet de me savoir ici seul. J'y attendrai de vos nouvelles avec empressement, mais sans impatience. J'emploierai ce loisir à repasser un peu les événements de ma vie et à préparer mes Confessions. Je souhaite de consommer un ouvrage où je pourrai parler de mon cher hôte d'une manière qui contente mon cœur. Bonjour.

AU MÊME.

A Brot, le lundi 15 juillet 1765.

Vos gens, mon cher hôte, ont été bien mouillés et le seront encore, de quoi je suis bien fâché : ainsi trouvant ici un char à banc, je ne les mènerai pas plus loin.

Je pars le cœur plein de vous, et aussi empressé de vous revoir que si nous ne nous étions vus depuis longtemps. Puissé-je apprendre à notre première entrevue que tous vos tracas sont finis et que vous avez l'esprit aussi tranquille que votre honnête cœur doit être content de lui-même et serein dans tous les temps! La cérémonie de ce matin met dans le mien la satisfaction la plus douce. Voilà, mon cher hôte, les traits qui me peignent au vrai l'âme de mylord maréchal, et me montrent qu'il connaît la mienne. Je ne connais personne plus fait pour vous aimer et pour être aimé de vous. Comment ne verrais-je pas enfin réunis tous ceux qui m'aiment? ils sont dignes de s'aimer tous. Je vous embrasse.

Mademoiselle Le Vasseur est pénétrée de vos bontés, et veut absolument que je vous le dise.

A M. D'IVERNOIS.

Motiers, le 20 juillet 1765.

J'arrive il y a trois jours; je reçois vos lettres, vos envois, M. Chappuis, etc. Mille remercîments. Je vous renvoie les deux lettres. J'ai bien les bilboquets, mais je ne puis m'en servir, parce que, outre que les cordons sont trop courts, je n'en ai point pour changer et qu'ils s'usent très promptement.

Je vous remercie aussi du livre de M. Claparède. Comme mes plantes et mon bilboquet me laissent peu de temps à perdre, je n'ai lu ni ne lirai ce livre, que je crois fort beau. Mais ne m'envoyez plus de tous ces beaux livres; car je vous avoue qu'ils m'ennuient à la mort et que je n'aime pas à m'ennuyer.

Mille salutations à M. Deluc et à sa famille. Je le remercie du soin qu'il veut bien donner à l'optique. Je n'ai point d'estampes. Je le prie d'en faire aussi l'emplette, et de les choisir belles et bien enluminées; car je n'aurai pas le temps de les enluminer. Une douzaine me suffira quant à présent : je souhaite que l'illusion soit parfaite, ou rien.

Mademoiselle Le Vasseur a reçu votre envoi, dont elle vous fait ses remercîments, et moi mes reproches. Vous êtes un donneur insupportable; il n'y a pas moyen de vivre avec vous.

J'ai passé huit ou dix jours charmants dans l'île de Saint-Pierre, mais toujours obsédé d'importuns : j'excepte de ce nombre M. de Graffenried, bailli de Nidau, qui est venu dîner avec moi; c'est un homme plein d'esprit et de connaissances, titré, très opulent, et qui, malgré cela, me paraît penser très bien et dire tout haut ce qu'il pense.

Je reçois à l'instant vos lettres et envois des 16 et 17. Je suis surchargé, accablé, écrasé de visites, de lettres et d'affaires, malade par-dessus le marché, et vous voulez que j'aille à Morges m'aboucher avec M. Vernes! il n'y a ni possibilité ni raison à cela. Laissez-lui faire ses perquisitions; qu'il prouve, et il sera content de moi : mais en attendant, je ne veux nul commerce avec lui. Vous verrez à votre premier voyage ce que j'ai fait; vous jugerez de mes preuves et de celles qui peuvent les détruire. En attendant je n'ai rien publié; je ne publierai rien sans nouveau sujet de parler. Je pardonne de tout mon cœur à M. Vernes, même en le supposant coupable; je suis fâché de lui avoir nui; je ne veux plus lui nuire, à moins que je n'y sois forcé. Je donnerais tout au monde pour le croire innocent, afin qu'il connût mon cœur et qu'il vît comment je répare mes torts. Mais avant de le déclarer innocent il faut que je le croie; et je crois si décidément le contraire, que je n'imagine pas même comment il pourra me dépersuader. Qu'il prouve, et je suis à ses pieds. Mais, pour Dieu, s'il est coupable, conseillez-lui de se taire; c'est pour lui le meilleur parti. Je vous embrasse.

Notre archiprêtre fait imprimer à Yverdun une réponse que le magistrat de Neuchâtel a refusé la permission d'imprimer à cause des personnalités. Je suis bien aise que toute la terre connaisse la frénésie du personnage. Vous savez que le colonel Pury a été fait conseiller d'état. Si notre homme ne sent pas celui-là, il faut qu'il soit ladre comme un vieux porc.

Ma lettre a par oubli retardé d'un ordinaire. Tout bien pensé j'abandonne l'optique pour la botanique : et si votre ami était à portée de me faire faire les petits outils nécessaires pour la dissection des fleurs, je serais sûr que son intelligence suppléerait avantageusement à celle des ouvriers. Ces outils consistent dans trois ou quatre microscopes de différents foyers, de petites pinces délicates et minces pour tenir les fleurs, des ciseaux très fins, canifs et lancettes, pour les découper. Je serais bien aise d'avoir le tout à double, excepté les microscopes, parce qu'il y a ici quelqu'un qui a le même goût que moi et qui a été mal servi.

AU MÊME.

Motiers, le 1ᵉʳ août 1765.

Si vous n'êtes point ennuyé, monsieur, de mériter des remercîments, moi je suis ennuyé d'en faire; ainsi n'en parlons plus. Je suis, en vérité, fort embarrassé de l'emploi du présent de mademoiselle votre fille. La bonté qu'elle a eue de s'occuper de moi mérite que je m'en fasse honneur, et je n'ose. Je suis à la fois vain et sot : c'est trop; il faudrait choisir. Je crois que je prendrai le parti de tourner la chose en plaisanterie, et de dire qu'une jeune demoiselle m'enchaîne par les poignets.

Je suis indigné de l'insultante lettre du ministre : il vous croit le cœur assez bas pour penser comme lui. Il est inutile que je vous envoie ce que je lui écrirais à votre place : vous ne vous en serviriez pas. Suivez vos propres mouvements; vous trouverez assez ce qu'il faut lui dire, et vous le lui direz moins durement que moi.

M. Deluc est en vérité trop complaisant de se prêter ainsi à toutes mes fantaisies : mais je vous avoue qu'il ne saurait me faire plus de plaisir que de vouloir bien s'occuper de mes petits instruments. Je raffole de la botanique : cela ne fait qu'empirer tous les jours; je n'ai plus que du foin dans la tête : je vais devenir plante moi-même un de ces matins, et je prends déjà racine à Motiers, en dépit de l'archiprêtre qui continue d'ameuter la canaille pour m'en chasser.

J'ai grande envie de voir M. de Conzié, mais je ne compte pas pouvoir aller à sa terre pour cette année : j'ai regret aux plaisirs dont cela me prive; mais il faut céder à la nécessité.

Les lettres de l'archiprêtre sont, à ce qu'on dit, imprimées; je sais pourquoi elles ne paraissent pas. Il est étonnant que vous ayez cru que je lui ferais l'honneur de lui répondre; serez-vous toujours la dupe de ces bruits-là?

Mes respects à madame d'Ivernois. Recevez ceux de mademoiselle Le Vasseur et les salutations de celui qui vous aime.

A MADEMOISELLE D'IVERNOIS.

Motiers, le 1er août 1765.

Vous me remerciez, mademoiselle, du présent que vous me faites; et moi je devrais vous le reprocher : car si je vous fais aimer le travail, vous me faites aimer le luxe : c'est rendre le mal pour le bien. Je puis, il est vrai, vous remercier d'un autre miracle aussi grand et plus utile; c'est de me rendre exact à répondre et de me donner du plaisir à l'être. J'en aurai toujours, mademoiselle, à vous témoigner ma reconnaissance et à mériter votre amitié.

Mes respects, je vous prie, à la très bonne maman.

A M. DU PEYROU.

Motiers-Travers, le 8 août 1765.

Non, monsieur, jamais, quoi que l'on en dise, je ne me repentirai d'avoir loué M. de Montmollin. J'ai loué de lui ce que j'en connaissais, sa conduite vraiment pastorale envers moi; je n'ai point loué son caractère, que je ne connaissais pas; je n'ai point loué sa véracité, sa droiture. J'avouerai même que son extérieur, qui ne lui est pas favorable, son ton, son air, son regard sinistre, me repoussaient malgré moi : j'étais étonné de voir tant de douceur, d'humanité, de vertus, se cacher sous une aussi sombre physionomie; mais j'étouffais ce penchant injuste. Fallait-il juger d'un homme sur des signes trompeurs que sa conduite démentait si bien? fallait-il épier malignement le principe secret d'une tolérance peu attendue? Je hais cet art cruel d'empoisonner les bonnes actions d'autrui, et mon cœur ne sait point trouver de mauvais motifs à ce qui est bien. Plus je sentais en moi d'éloignement pour M. de Montmollin, plus je cherchais à le combattre par la reconnaissance que je lui devais. Supposons derechef possible le même cas, et tout ce que j'ai fait je le referais encore.

Aujourd'hui M. de Montmollin lève le masque et se montre vraiment tel qu'il est. Sa conduite présente explique la précédente. Il est clair que sa prétendue tolérance, qui le quitte au moment qu'elle eût été le plus juste, vient de la même source que ce cruel zèle qui l'a pris subitement. Quel était son objet, quel est-il à présent? je l'ignore; je sais seulement qu'il ne saurait être bon. Non-seulement il m'admet avec empressement, avec honneur à la communion, mais il me recherche, me prône, me fête, quand je parais avoir attaqué de gaîté de cœur le christianisme : et quand je prouve qu'il est faux que je l'aie attaqué, qu'il est faux du moins que j'aie eu ce dessein, le voilà lui-même attaquant brusquement ma sûreté, ma foi, ma personne; il veut m'excommunier, me proscrire; il ameute la paroisse après moi, il me poursuit avec un acharnement qui tient de la rage. Ces disparates sont-elles dans son devoir? Non; la charité n'est point inconstante, la vertu ne se contredit point elle-même, et la conscience n'a pas deux voix. Après s'être montré si peu tolérant, il s'était avisé trop tard de l'être; cette affectation ne lui allait point : et, comme elle n'abusait personne, il a bien fait de rentrer dans son état naturel. En détruisant son propre ouvrage, en me faisant plus de mal qu'il ne m'avait fait de bien, il m'acquitte envers lui de toute reconnaissance; je ne lui dois plus que la vérité, je me la dois à moi-même; et, puisqu'il me force à la dire, je la dirai.

Vous voulez savoir au vrai ce qui s'est passé entre nous dans cette affaire. M. de Montmollin a fait au public sa relation en homme d'église, et trempant sa plume dans ce miel empoisonné qui tue, il s'est ménagé tous les avantages de son état. Pour moi, monsieur, je vous ferai la mienne du ton simple dont les gens d'honneur se parlent entre eux. Je ne m'étendrai point en protestations d'être sincère; je laisse à votre esprit sain, à votre cœur ami de la vérité, le soin de la démêler entre lui et moi.

Je ne suis point, grâces au ciel, de ces gens qu'on fête et que l'on méprise; j'ai l'honneur d'être de ceux que l'on estime et qu'on chasse.

Quand je me réfugiai dans ce pays, je n'y apportai de recommandation pour personne, pas même pour mylord maréchal. Je n'ai qu'une recommandation que je porte partout, et près de mylord maréchal il n'en faut point d'autre. Deux heures après mon arrivée, écrivant à S. E. pour l'en informer et me mettre sous sa protection, je vis entrer un homme inconnu qui, s'étant nommé le pasteur du lieu, me fit des avances de toute espèce, et qui, voyant que j'écrivais à mylord maréchal, m'offrit d'ajouter de sa main quelques lignes pour me recommander. Je n'acceptai point cette offre : ma lettre partit, et j'eus l'accueil que peut espérer l'innocence opprimée, partout où règnera la vertu.

Comme je ne m'attendais pas dans la circonstance à trouver un pasteur si liant, je contai dès le même jour cette histoire à tout le monde, et entre autres à M. le colonel Roguin, qui, plein pour moi des bontés les plus tendres, avait bien voulu m'accompagner jusqu'ici.

Les empressements de M. de Montmollin continuèrent : je crus devoir en profiter; et, voyant approcher la communion de septembre, je pris le parti de lui écrire pour savoir si, malgré la rumeur publique, je pouvais m'y présenter. Je préférai une lettre à une visite pour éviter les explications verbales qu'il aurait pu vouloir pousser trop loin. C'est même sur quoi je tâchai de le prévenir; car déclarer que je ne voulais ni désavouer ni défendre mon livre, c'était dire assez que je ne voulais entrer sur ce point dans aucune discussion. Et en effet, forcé de défendre mon honneur et ma personne au sujet de ce livre, j'ai toujours passé condamnation sur les erreurs qui pouvaient y être, me bornant à montrer qu'elles ne prouvaient point que l'auteur voulût attaquer le christianisme, et qu'on avait tort de le poursuivre criminellement pour cela.

M. de Montmollin écrit que j'allai le lendemain savoir sa réponse : c'est ce que j'aurais fait s'il ne fût venu me l'apporter. Ma mémoire peut me tromper sur ces bagatelles; mais il me prévint, ce me semble; et je me souviens au moins que par les démonstrations de la plus vive joie il me marqua combien ma démarche lui faisait de plaisir. Il me dit en propres termes que lui et son troupeau s'en tenaient honorés, et que cette démarche inespérée allait édifier tous les fidèles. Ce moment, je vous l'avoue, fut un des plus doux de ma vie. Il faut connaître tous mes malheurs, il faut avoir éprouvé les peines d'un cœur sensible qui perd tout ce qui lui était cher, pour juger combien il m'était consolant de tenir à une société de frères qui me dédommagerait des pertes que j'avais faites, et des amis que je ne pouvais plus cultiver. Il me semblait qu'uni de cœur avec ce petit troupeau dans un culte affectueux et raisonnable, j'oublierais plus aisément tous mes ennemis. Dans les premiers temps je m'attendrissais au temple jusqu'aux larmes. N'ayant jamais vécu chez les protestants, je m'étais fait d'eux et de leur clergé des images angéliques; ce culte si simple et si pur était précisément ce qu'il fallait à mon cœur; il me semblait fait exprès pour soutenir le courage et l'espoir des malheureux : tous ceux qui le partageaient me semblaient autant de vrais chrétiens unis entre eux par la plus tendre charité. Qu'ils m'ont bien guéri d'une erreur si douce! Mais enfin j'y étais alors, et c'était d'après mes idées que je jugeais du prix d'être admis au milieu d'eux.

Voyant que durant cette visite M. de Montmollin ne me disait rien sur mes sentiments en matière de foi, je crus qu'il réservait cet entretien pour un autre temps, et sachant combien ces messieurs sont enclins à s'arroger le droit qu'ils n'ont pas de juger de la foi des chrétiens, je lui déclarai que je n'entendais me soumettre à aucune interrogation ni à aucun éclaircissement quel qu'il pût être. Il me répondit qu'il n'en exigerait jamais, et il m'a là-dessus si bien tenu parole, je l'ai toujours trouvé si soigneux d'éviter toute discussion sur la doctrine, que jusqu'à la dernière affaire, il ne m'en a jamais dit un seul mot, quoiqu'il me soit arrivé de lui en parler quelquefois moi-même.

Les choses se passèrent de cette sorte tant avant qu'après la communion; toujours même empressement de la part de M. de Montmollin, et toujours même silence sur les matières théologiques. Il portait même si loin l'esprit de tolérance, et le montrait si ouvertement dans ses sermons, qu'il m'inquiétait quelquefois pour lui-même. Comme je lui étais sincèrement attaché, je ne lui déguisais point mes alarmes, et je me souviens qu'un jour qu'il prêchait très vivement contre l'intolérance des protestants, je fus très effrayé de lui entendre soutenir avec chaleur que l'Eglise réformée avait grand besoin d'une réformation nouvelle, tant dans la doctrine que dans les mœurs. Je n'imaginais guère alors qu'il fournirait dans peu lui-même une si grande preuve de ce besoin.

Sa tolérance et l'honneur qu'elle lui faisait dans le monde excitèrent la jalousie de plusieurs de ses confrères, surtout à Genève. Ils ne cessèrent de le harceler par des reproches, et de lui tendre des pièges où il est à la fin tombé. J'en suis fâché, mais ce n'est assurément pas ma faute. Si M. de Montmollin eût voulu soutenir une conduite si pastorale par des moyens qui en fussent dignes, s'il se fût contenté, pour sa défense, d'employer avec courage, avec franchise, les seules armes du christianisme et de la vérité, quel exemple ne donnait-il point à l'Eglise, à l'Europe entière! quel triomphe ne s'assurait-il point! Il a préféré les armes de son métier, et les sentant mollir contre la vérité, pour sa défense, il a voulu les rendre offensives en m'attaquant. Il s'est trompé, ces vieilles armes, fortes contre qui les craint, faibles contre qui les brave, se sont brisées. Il s'était mal adressé pour réussir.

Quelques mois après mon admission, je vis entrer un soir M. de Montmollin dans ma chambre; il avait l'air embarrassé; il s'assit et garda longtemps le silence; il le rompit enfin par un de ces longs exordes dont le fréquent besoin lui a fait un talent. Venant ensuite à son sujet, il me dit que le parti qu'il avait pris de m'admettre à la communion lui avait attiré bien des chagrins et le blâme de ses confrères, qu'il était réduit à se justifier là-dessus d'une manière qui pût leur fermer la bouche, et que si la bonne opinion qu'il avait de mes sentiments lui avait fait supprimer les explications qu'à sa place un autre aurait exigées, il ne pouvait, sans se compromettre, laisser croire qu'il n'en avait eu aucune.

Là-dessus, tirant doucement un papier de sa poche, il se mit à lire, dans un projet de lettre à un ministre de Genève, des détails d'entretiens qui n'avaient jamais existé, mais où il plaçait, à la vérité fort heureusement, quelques mots par-ci par-là, dits à la volée et sur un tout autre objet. Jugez, monsieur, de mon étonnement; il fut tel que j'eus besoin de toute la longueur de cette lecture pour me remettre en l'écoutant. Dans les endroits où la fiction était la plus forte, il s'interrompait en me disant : *Vous sentez la nécessité... ma situation... ma place... il faut bien un peu se prêter.* Cette lettre, au reste, était faite avec assez d'adresse, et, à peu de chose près, il avait grand soin de ne m'y faire dire que ce que j'aurais pu dire en effet. En finissant il me demanda si j'approuvais cette lettre, et s'il pouvait l'envoyer telle qu'elle était.

Je répondis que je le plaignais d'être réduit à de pareilles ressources; que, quant à moi, je ne pouvais rien dire de semblable; mais que, puisque c'était lui qui se chargeait de le dire, c'était son affaire et non pas la mienne; que je n'y voyais rien non plus que je fusse obligé de démentir. Comme tout ceci, reprit-il, ne peut nuire à personne, et peut vous être utile ainsi qu'à moi, je passe aisément sur un petit scrupule qui ne ferait qu'empêcher le bien; mais dites-moi, au surplus, si vous êtes content de cette lettre, et si vous n'y voyez rien à changer pour qu'elle soit mieux. Je lui dis que je la trouvais bien pour la fin qu'il s'y proposait. Il me pressa tant, que, pour lui complaire, je lui indiquai quelques légères corrections qui ne signifiaient pas grand'chose. Or il faut savoir que, de la manière dont nous étions assis, l'écritoire était devant M. de Montmollin; mais durant tout ce petit colloque, il la poussa comme par hasard devant moi; et comme je tenais alors sa lettre pour la relire, il me présenta la plume pour faire les changements indiqués; ce que je fis avec la simplicité que je mets à toute chose. Cela fait, il mit son papier dans sa poche, et s'en alla.

Pardonnez-moi ce long détail; il était nécessaire. Je vous épargnerai celui de mon dernier entretien avec M. de Montmollin, qu'il est plus aisé d'imaginer. Vous comprenez ce qu'on peut répondre à quelqu'un qui vient froidement vous dire : Monsieur, j'ai ordre de vous casser la tête; mais si vous voulez bien vous casser la jambe, peut-être se contentera-t-on de cela. M. de Montmollin doit avoir eu quelquefois à traiter de mauvaises affaires; cependant je ne vis de ma vie un homme aussi embarrassé qu'il le fut vis-à-vis de moi dans celle-là : rien n'est plus gênant en pareil cas que d'être aux prises avec un homme ouvert et franc, qui, sans combattre avec vous de subtilités et de ruses, vous rompt en visière à tout moment. M. de Montmollin assure que je lui dis en le quittant que, s'il venait avec de bonnes nouvelles, je l'embrasserais; sinon que nous nous tournerions le dos. J'ai pu dire des choses équivalentes, mais en termes plus honnêtes; et quant à ces dernières expressions, je suis très sûr de ne m'en être point servi. M. de Montmollin peut reconnaître qu'il ne me fait pas si aisément tourner le dos qu'il l'avait cru.

Quant au dévot pathos dont il use pour prouver la nécessité de sévir, on sent pour quelle sorte de gens il est fait, et ni vous ni moi n'avons rien à leur dire. Laissant à part ce jargon d'inquisiteur, je vais examiner ses raisons vis-à-vis de moi, sans entrer dans celles qu'il pouvait avoir avec d'autres.

Ennuyé du triste métier d'auteur, pour lequel j'étais si peu fait, j'avais depuis longtemps résolu d'y renoncer. Quand l'*Emile* parut, j'avais déclaré à tous mes amis à Paris, à Genève et ailleurs, que c'était mon dernier ouvrage, et qu'en l'achevant je posais la plume pour ne la plus reprendre. Beaucoup de lettres me restent où l'on cherchait à me dissuader de ce dessein. En arrivant ici, j'avais dit la même chose à tout le monde, à vous-même ainsi qu'à M. de Montmollin. Il est le seul qui se soit avisé de transformer ce propos en promesse, et de prétendre que je m'étais engagé avec lui de ne plus écrire, parce que je lui en avais montré l'intention. Si je lui disais aujourd'hui que je compte aller demain à Neuchâtel, prendrait-il acte de cette parole, et si j'y manquais, m'en ferait-il un procès? C'est la même chose absolument, et je n'ai pas plus songé à faire une promesse à M. de Montmollin qu'à vous, d'une résolution dont j'informais simplement l'un et l'autre.

M. de Montmollin oserait-il dire qu'il ait entendu la chose autrement? oserait-il affirmer, comme il l'ose faire entendre, que c'est sur cet engagement prétendu qu'il m'admit à la communion? La preuve du contraire est qu'à la publication de ma *Lettre à M. l'archevêque de Paris*, M. de Montmollin, loin de m'accuser de lui avoir manqué de parole, fut très content de cet ouvrage, qu'il en fit l'éloge à moi-même et à tout le monde, sans dire alors un mot de cette fabuleuse promesse qu'il m'accuse aujourd'hui de lui avoir faite auparavant. Remarquez pourtant que cet écrit est bien plus fort sur les mystères et même sur les miracles que celui dont il fait maintenant tant de bruit; remarquez encore que j'y parle de même en mon nom, et non plus au nom du vicaire. Peut-on chercher des sujets d'excommunication dans ce dernier, qui n'ont pas même été des sujets de plainte dans l'autre.

Quand j'aurais fait à M. de Montmollin cette promesse, à laquelle je ne songeai de ma vie, prétendrait-il qu'elle fût si absurde qu'elle ne supportât pas la moindre exception, pas même d'imprimer un mémoire pour ma défense, lorsque j'aurais un procès? Et quelle exception m'était mieux permise que celle où, me justifiant, je le justifiais lui-même, où je montrais qu'il était faux qu'il eût admis dans son Église un agresseur de la religion? Quelle promesse pouvait m'acquitter de ce que je devais à d'autres et à moi-même? Comment pouvais-je supprimer un écrit défensif pour mon honneur, pour celui de mes anciens compatriotes; un écrit que tant de grands motifs rendaient nécessaire et où j'avais à remplir de si saints devoirs? A qui M. de Montmollin fera-t-il croire que je lui ai promis d'endurer l'ignominie en silence? A présent même que j'ai pris avec un corps respectable un engagement formel, qui est-ce, dans ce corps, qui m'accuserait d'y manquer, si, forcé par les outrages de M. de Montmollin, je prenais le parti de les repousser aussi publiquement qu'il ose les faire? Quelque promesse que fasse un honnête homme, on n'exigera jamais, on présumera bien moins encore, qu'elle aille jusqu'à se laisser déshonorer.

En publiant les *Lettres écrites de la montagne*, je fis mon devoir et je ne manquai point à M. de Montmollin. Il en jugea lui-même ainsi, puisque, après la publication de l'ouvrage, dont je lui avais envoyé un exemplaire, il ne changea point avec moi de manière d'agir. Il le lut avec plaisir, m'en parla avec éloge; pas un mot qui sentît l'objection. Depuis lors il me vit longtemps encore, toujours de la meilleure amitié; jamais la moindre plainte sur mon livre. On parlait dans ce temps-là d'une édition générale de mes écrits; non-seulement il approuvait cette entreprise, il désirait même s'y intéresser : il me marqua ce désir, que je n'encourageai pas, sachant que la compagnie qui s'était formée se trouvait déjà trop nombreuse, et ne voulait plus d'autre associé. Sur mon peu d'empressement, qu'il remarqua trop, il réfléchit quelque temps après que la bienséance de son état ne lui permettait pas d'entrer dans cette entreprise. C'est alors que la classe prit le parti de s'y opposer, et fit des représentations à la cour.

Du reste, la bonne intelligence était si parfaite encore entre nous, et mon dernier ouvrage y mettait si peu d'obstacle, que, longtemps après sa publication, M. de Montmollin, causant avec moi, me dit qu'il voulait demander à la cour une augmentation de prébende, et me proposa de mettre quelques lignes dans la lettre qu'il écrirait pour cet effet à mylord maréchal. Cette forme de recommandation me paraissant trop familière, je lui demandai quinze jours pour en écrire à mylord maréchal auparavant. Il se tut et ne m'a plus parlé de cette affaire. Dès lors il commença de voir d'un autre œil les *Lettres de la montagne*, sans cependant en improuver jamais un seul mot en ma présence. Une fois seulement il me dit : *Pour moi, je crois aux miracles.* J'aurais pu lui répondre : *J'y crois tout autant que vous.*

Puisque je suis sur mes torts avec M. de Montmollin, je dois vous avouer, monsieur, que je m'en reconnais d'autres encore. Pénétré pour lui de reconnaissance, j'ai cherché toutes les occasions de la lui marquer, tant en public qu'en particulier : mais je n'ai point fait d'un sentiment si noble un trafic d'intérêt ; l'exemple ne m'a point gagné, je ne lui ai point fait de présents, je ne sais pas acheter les choses saintes. M. de Montmollin voulait savoir toutes mes affaires, connaître tous mes correspondants, diriger, recevoir mon testament, gouverner mon petit ménage : voilà ce que je n'ai point souffert. M. de Montmollin aime à tenir table longtemps ; pour moi c'est un vrai supplice. Rarement il a mangé chez moi, jamais je n'ai mangé chez lui. Enfin j'ai toujours repoussé avec tous les égards et tout le respect possible l'intimité qu'il voulait établir entre nous. Elle n'est jamais un devoir dès qu'elle ne convient pas à tous deux.

Voilà mes torts, je les confesse sans pouvoir m'en repentir : ils sont grands, si l'on veut, mais ils sont les seuls, et j'atteste quiconque connaît un peu ces contrées, si je ne m'y suis pas souvent rendu désagréable aux honnêtes gens par mon zèle à louer dans M. de Montmollin ce que j'y trouvais de louable. Le rôle qu'il avait joué précédemment le rendait odieux, l'on n'aimait pas à me voir effacer par ma propre histoire celle des maux dont il fut l'auteur.

Cependant, quelques mécontentements secrets qu'il eût contre moi, jamais il n'eût pris pour les faire éclater un moment si mal choisi, si d'autres motifs ne l'eussent porté à ressaisir l'occasion fugitive qu'il avait d'abord laissé échapper : il voyait trop combien sa conduite allait être choquante et contradictoire. Que de combats n'a-t-il pas dû sentir en lui-même avant d'oser afficher une si claire prévarication ! Car passons telle condamnation qu'on voudra sur les *Lettres de la montagne*, en diront-elles, enfin, plus que l'*Emile*, après lequel j'ai été non pas laissé, mais admis à la table sacrée ? plus que la *Lettre à M. de Beaumont*, sur laquelle on ne m'a pas dit un seul mot ? Qu'elles ne soient, si l'on veut, qu'un tissu d'erreurs, que s'ensuivra-t-il ? qu'elles ne m'ont point justifié, et que l'auteur d'*Emile* demeure inexcusable ; mais jamais que celui des *Lettres écrites de la montagne* doive en particulier être condamné. Après avoir fait grâce à un homme du crime dont on l'accuse, le punit-on pour s'être mal défendu ? Voilà pourtant ce que fait ici M. de Montmollin, et je le défie, lui et tous ses confrères, de citer dans ce dernier ouvrage aucun des sentiments qu'ils censurent, que je ne prouve être plus fortement établi dans les précédents.

Mais, excité sous main par d'autres gens, il saisit le prétexte qu'on lui présente, sûr qu'en criant à tort et à travers à l'impie, on met toujours le peuple en fureur ; il sonne après coup le tocsin de Motiers sur un pauvre homme, pour s'être osé défendre chez les Genevois ; et sentant bien que le succès seul pouvait le sauver du blâme, il n'épargne rien pour se l'assurer. Je vis à Motiers : je ne veux point parler de ce qui s'y passe, vous le savez aussi bien que moi ; personne à Neuchâtel ne l'ignore ; les étrangers qui viennent le voient, gémissent, et moi je me tais.

M. de Montmollin s'excuse sur les ordres de la classe. Mais supposons-les exécutés par des voies légitimes ; si ces ordres étaient justes, comment avait-il attendu si tard à le sentir ? comment ne les prevenait-il point lui-même que cela regardait spécialement ? comment, après avoir lu et relu les *Lettres de la montagne*, n'y avait-il jamais trouvé un mot à reprendre, ou pourquoi ne m'en avait-il rien dit, à moi son paroissien, dans plusieurs visites qu'il m'avait faites ? Qu'était devenu son zèle pastoral ? Voudrait-il qu'on le prît pour un imbécile qui ne sait voir dans un livre de son métier ce qui y est que quand on le lui montre ? Si ces ordres étaient injustes, pourquoi s'y soumettait-il ? Un ministre de l'Evangile, un pasteur, doit-il persécuter par obéissance un homme qu'il sait être innocent ? Ignorait-il que paraître même en consistoire est une peine ignominieuse, un affront cruel pour un homme de mon âge, surtout dans un village où l'on ne connaît d'autres matières consistoriales que des admonitions sur les mœurs? Il y a dix ans que je fus dispensé à Genève de paraître en consistoire dans une occasion beaucoup plus légitime, et, ce que je me reproche presque, contre le texte formel de la loi. Mais il n'est pas étonnant que l'on connaisse à Genève des bienséances que l'on ignore à Môtiers.

Je ne sais pour qui M. de Montmollin prend ses lecteurs quand il leur dit qu'il n'y avait point d'inquisition dans cette affaire; c'est comme s'il disait qu'il n'y avait point de consistoire; car c'est la même chose en cette occasion. Il fait entendre, il assure même qu'elle ne devait point avoir de suite temporelle : le contraire est connu de tous les gens au fait du projet; et qui ne sait qu'en surprenant la religion du Conseil d'état, on l'avait déjà engagé à faire des démarches qui tendaient à m'ôter la protection du roi? Le pas nécessaire pour achever était l'excommunication; après quoi de nouvelles remontrances au Conseil d'état auraient fait le reste : on s'y était engagé; et voilà d'où vient la douleur de n'avoir pu réussir. Car d'ailleurs qu'importe à M. de Montmollin? Craint-il que je ne me présente pour communier de sa main? Qu'il se rassure : je ne suis pas aguerri aux communions, comme je vois tant de gens l'être : j'admire ces estomacs dévots toujours si prêts à digérer le pain sacré; le mien n'est pas si robuste.

Il dit qu'il n'avait qu'une question très simple à me faire de la part de la classe. Pourquoi donc, en me citant, ne me fit-il pas signifier cette question? Quelle est cette ruse d'user de surprise, et de forcer les gens de répondre à l'instant même, sans leur donner un moment pour réfléchir? C'est qu'avec cette question de la classe dont M. de Montmollin parle, il m'en réservait de son chef d'autres dont il ne parle point, et sur lesquelles il ne voulait pas que j'eusse le temps de me préparer. On sait que son projet était absolument de me prendre en faute, et de m'embarrasser par tant d'interrogations captieuses qu'il en vint à bout; il savait combien j'étais languissant et faible. Je ne veux pas l'accuser d'avoir eu le dessein d'épuiser mes forces; mais quand je fus cité, j'étais malade, hors d'état de sortir, et gardant la chambre depuis six mois : c'était l'hiver, il faisait froid, et c'est, pour un pauvre infirme, une étrange spécifique d'une séance de plusieurs heures, debout, interrogé sans relâche, sur des matières de théologie, devant des anciens dont les plus instruits déclarent n'y rien entendre. N'importe; on ne s'informa pas même si je pouvais sortir de mon lit, si j'avais la force d'aller, s'il faudrait me faire porter; on ne s'embarrassait pas de cela : la charité pastorale, occupée des choses de la foi, ne s'abaisse pas aux terrestres soins de cette vie.

Vous savez, monsieur, ce qui se passa dans le consistoire en mon absence, comment s'y fit la lecture de ma lettre, et les propos qu'on y tint pour en empêcher l'effet; vos mémoires là-dessus vous viennent de la bonne source. Concevez-vous qu'après cela M. de Montmollin change tout à coup d'état et de titre, et que s'étant fait commissaire de la classe pour solliciter l'affaire, il redevienne aussitôt pasteur pour la juger? *J'agissais*, dit-il, *comme pasteur, comme chef du consistoire, et non comme représentant de la vénérable classe*. C'était bien tard changer de rôle, après en avoir fait jusqu'alors un si différent. Craignons, monsieur, les gens qui font si volontiers deux personnages dans la même affaire; il est rare que ces deux en fassent un bon.

Il appuie la nécessité de sévir sur le scandale causé par mon livre. Voilà des scrupules tout nouveaux, qu'il n'eut point du temps de l'*Emile*. Le scandale fut tout aussi grand pour le moins; les gens d'église et les gazetiers ne firent pas moins de bruit; on brûlait, on brayait, on m'insultait par toute l'Europe. M. de Montmollin trouve aujourd'hui des raisons de m'excommunier dans celles qui ne l'empêchèrent pas alors de m'admettre. Son zèle, suivant le précepte, prend toutes les formes pour agir selon les temps et les lieux. Mais qui est-ce, je vous prie, qui excita dans sa paroisse le scandale dont il se plaint au sujet de mon dernier livre? Qui est-ce qui affectait d'en faire un bruit affreux, et par soi-même et par des gens apostés? Qui est-ce, parmi tout ce peuple si saintement forcené, qui aurait su que j'avais commis le crime énorme de prouver que le Conseil de Genève m'avait condamné à tort, si l'on n'eût pris soin de le leur dire, en leur peignant ce singulier crime avec les couleurs que chacun sait? Qui d'entre eux est même en état de lire mon livre et d'entendre ce dont il s'agit? Exceptons, si l'on veut, l'ardent satellite de M. de Montmollin, ce grand maréchal qu'il cite si fièrement, ce grand clerc, le Boirude de son église, qui se connaît si bien en fers de chevaux et en livres de théologie. Je veux le croire en état de lire à jeun et sans épeler une ligne entière; quel autre des ameutés en peut faire autant? En entrevoyant sur mes pages les mots d'*évangile* et de *miracles*, ils auraient cru lire un livre de dévotion; et me sachant bon homme, ils auraient dit : *Que Dieu le bénisse, il nous édifie*. Mais on leur a tant assuré que j'étais un homme abominable, un impie, qui disait qu'il n'y avait point de Dieu, et que les femmes n'avaient point d'âme, que, sans songer au langage si contraire qu'on leur tenait ci-devant, ils ont à leur tour répété : *C'est un impie, un scélérat, c'est l'Antechrist; il faut l'excommunier, le brûler!* On leur a charitablement répondu : *Sans doute; mais criez, et laissez-nous faire, tout ira bien.*

La marche ordinaire de messieurs les gens d'église me paraît admirable pour aller à leur but : après avoir établi en principe leur compétence sur tout scandale, ils excitent le scandale sur tel objet qu'il leur plaît, et puis, en vertu de ce scandale qui est leur ouvrage, ils s'emparent de l'affaire pour la juger. Voilà de quoi se rendre maîtres de tous les peuples, de toutes les lois, de tous les rois, et de toute la terre, sans qu'on ait le moindre mot à leur dire. Vous rappelez-vous le conte de ce chirurgien dont la boutique donnait sur deux rues, et qui sortant par une porte estropiait les passants, puis rentrait subtilement, et pour les panser ressortait par l'autre? Voilà l'histoire de tous les clergés du monde, excepté que le chirurgien guérissait du moins ses blessés, et que ces messieurs, en traitant les leurs, les achèvent.

N'entrons point, monsieur, dans les intrigues secrètes qu'il ne faut pas mettre au grand jour. Mais si M. de Montmollin n'eût voulu qu'exécuter l'ordre de la classe, ou faire l'acquit de sa conscience, pourquoi l'acharnement qu'il a mis à cette affaire? pourquoi ce tumulte excité dans le pays? pourquoi ces prédications violentes? pourquoi ces conciliabules? pourquoi tant de sots bruits répandus pour tâcher de m'effrayer par les cris de la populace? Tout cela n'est-il pas notoire au public? M. de Montmollin le nie; et pourquoi non, puisqu'il a bien nié d'avoir prétendu deux voix dans le consistoire? Moi, j'en vois trois, si je ne me trompe : d'abord celle de son diacre, qui n'était là que comme son représentant; la sienne ensuite, qui formait l'égalité; et celle enfin qu'il voulait avoir pour départager les suffrages. Trois voix à lui seul, c'eût été beaucoup, même pour absoudre; il les voulait pour condamner, et ne put les obtenir : où était le mal? M. de Montmollin était trop heureux que son consistoire, plus sage que lui, l'eût tiré d'affaire avec la classe, avec ses confrères, avec ses correspondants, avec lui-même. J'ai fait mon devoir, aurait-il dit, j'ai vivement poursuivi la chose : mon consistoire n'a pas jugé comme moi, il a absous Rousseau contre mon avis. Ce n'est pas ma faute; je me retire; je n'en puis faire davantage sans blesser les lois, sans désobéir au prince, sans troubler le repos public; je suis trop bon chrétien, trop bon citoyen, trop bon pasteur pour rien tenter de semblable. Après avoir échoué il pouvait encore, avec un peu d'adresse, conserver sa dignité et recouvrer sa réputation; mais l'amour-propre irrité n'est pas si sage; on pardonne encore moins aux autres le mal qu'on leur a voulu faire que celui qu'on leur a fait en effet. Furieux de voir manquer à la face de l'Europe ce grand crédit dont il aime à se vanter, il ne peut quitter la partie; il dit en classe qu'il n'est pas sans espoir de la renouer; il le tente dans un autre consistoire : mais pour se montrer moins à découvert, il ne la propose pas lui-même, il la fait proposer par son maréchal, par cet instrument de ses menées, qu'il appelle à témoin qu'il n'en a pas fait. Cela n'était-il pas finement trouvé? Ce n'est pas que M. de Montmollin ne soit fin : mais un homme que la colère aveugle ne fait plus que des sottises, quand il se livre à sa passion.

Cette ressource lui manque encore. Vous croiriez qu'au moins alors ses efforts s'arrêtent là : point du tout; dans l'assemblée suivante de la classe, il propose un autre expédient, fondé sur l'impossibilité d'éluder l'activité de l'officier du prince dans sa paroisse; c'est d'attendre que j'aie passé dans une autre, et là de recommencer les poursuites sur nouveaux frais En conséquence de ce bel expédient, les sermons emportés recommencent; on met derechef le peuple en rumeur, comptant, à force de désagrément, me forcer enfin de quitter la paroisse. En voilà trop, en vérité, pour un homme aussi tolérant que M. de Montmollin prétend l'être, et qui n'agit que par l'ordre de son corps.

Ma lettre s'allonge beaucoup, monsieur; mais il le faut, et pourquoi la couperais-je? serait-ce l'abréger que d'en multiplier les formules? Laissons à M. de Montmollin le plaisir de dire dix fois de suite : *Dinazarde, ma sœur, dormez-vous?*

Je n'ai point entamé la question de droit; je me suis interdit cette matière. Je me suis borné dans la seconde partie de cette lettre à vous prouver que M. de Montmollin, malgré le ton béat qu'il affecte, n'a point été conduit dans cette affaire par le zèle de la foi, ni par son devoir; mais qu'il a, selon l'usage, fait servir Dieu d'instrument à ses passions. Or jugez si pour de telles fins on emploie des moyens qui soient honnêtes, et dispensez-moi d'entrer dans des détails qui feraient gémir la vertu.

Dans la première partie de ma lettre je rapporte des faits opposés à ceux qu'avance M. de Montmollin. Il avait eu l'art de se ménager des indices auxquels je n'ai pu répondre que par le récit fidèle de ce qui s'est passé. De ces assertions contraires de sa part et de la mienne vous conclurez que l'un des deux est un menteur, et j'avoue que cette conclusion me paraît juste.

En voulant finir ma lettre et poser sa brochure, je la feuillette encore. Les observations se présentent sans nombre, et il ne faut pas toujours recommencer. Cependant, comment passer ce que j'ai dans cet instant sous les yeux? *Que feront nos ministres*, se disait-on publiquement, *défendront-ils l'Evangile attaqué si ouvertement par ses ennemis?* C'est donc moi qui suis l'ennemi de l'Evangile, parce que je m'indigne qu'on le défigure et qu'on l'avilisse? Eh! que ses prétendus défenseurs n'imitent-ils l'usage que j'en voudrais faire! que n'en prennent-ils ce qui les rendrait bons et justes, que n'en laissent-ils ce qui ne sert de rien à personne, et qu'ils n'entendent pas plus que moi!

Si un citoyen de ce pays avait osé dire ou écrire quelque chose d'approchant à ce qu'avance M. Rousseau, ne sévirait-on pas contre lui? Non assurément; j'ose le croire pour l'honneur de cet état. Peuples de Neuchâtel, quelles seraient donc vos franchises, si, pour quelque point qui fournirait matière de chicane aux ministres, ils pouvaient poursuivre au milieu de vous l'auteur d'un factum imprimé à l'autre bout de l'Europe, pour sa défense en pays étranger? M. de Montmollin m'a choisi pour vous imposer en moi ce nouveau joug : mais serais-je digne d'avoir été reçu parmi vous, si j'y laissais, par mon exemple, une servitude que je n'y ai point trouvée?

M. Rousseau, nouveau citoyen, a-t-il donc plus de priviléges que tous les anciens citoyens? Je ne réclame pas même ici les leurs; je ne réclame que ceux que j'avais étant homme, et comme simple étranger. Le correspondant que M. de Montmollin fait parler, ce merveilleux correspondant qu'il ne nomme point, et qui lui donne tant de louange, est un singulier raisonneur, ce me semble. Je veux avoir, selon lui, plus de priviléges que tous les citoyens, parce que je résiste à des vexations que n'endura jamais aucun citoyen. Pour m'ôter le droit de défendre ma bourse contre un voleur qui voudrait me la prendre, il n'aurait donc qu'à me dire : *Vous êtes plaisant de ne vouloir pas que je vous vole! Je volerais bien un homme du pays, s'il passait au lieu de vous.*

Remarquez qu'ici M. le professeur de Montmollin est le seul souverain, le despote qui me condamne; et que la loi, le consistoire, le magistrat, le gouvernement, le gouverneur, le roi même qui me protégent, sont autant de rebelles à l'autorité suprême de M. le professeur de Montmollin.

L'anonyme demande *si je ne me suis pas soumis comme citoyen aux lois de l'état et aux usages*, et de l'affirmative, qu'assurément on ne lui contestera pas, il conclut que je me suis soumis à une loi qui n'existe point, et à un usage qui n'eut jamais lieu.

M. de Montmollin dit à cela que cette loi existe à Genève, et que je me suis plaint moi-même qu'on l'a violée à mon préjudice. Ainsi donc la loi qui existe à Genève, et qui n'existe pas à Motiers, on la viole à Genève pour me décréter, et on la suit à Motiers pour m'excommunier. Convenez que me voilà dans une agréable position! C'était sans doute dans un de ses moments de gaîté que M. de Montmollin fit ce raisonnement-là.

Il plaisante à peu près sur le même ton dans une note sur l'offre (1) que je voulus bien faire à la classe, à condition qu'on me laissât en repos; il dit que c'est se moquer, et qu'on ne fait pas ainsi la loi à ses supérieurs.

Premièrement, il se moque lui-même quand il prétend qu'offrir une satisfaction très obséquieuse et très raisonnable à gens qui se plaignent, quoique à tort, c'est leur faire la loi.

Mais la plaisanterie est d'avoir appelé messieurs de la classe mes supérieurs, comme si j'étais homme d'église. Car qui ne sait que la classe, ayant juridiction sur le clergé seulement, et n'ayant au surplus rien à commander à qui ce soit, ses membres ne sont comme tels les supérieurs de personne (2)? Or de me traiter en homme d'église est une plaisanterie fort déplacée à mon avis. M. de Montmollin sait très bien que je ne suis pas homme d'église, et que j'ai même, grâces au ciel, très peu de vocation pour le devenir.

Encore quelques mots sur la lettre que j'écrivis au consistoire, et j'ai fini. M. de Montmollin promet peu de commentaires sur cette lettre. Je crois qu'il fait très bien, et qu'il eût mieux fait encore de n'en point donner du tout. Permettez que je passe en revue ceux qui me regardent : l'examen ne sera pas long.

Comment répondre, dit-il, *à des questions qu'on ignore?* Comme j'ai fait, en prouvant d'avance qu'on n'a point le droit de questionner.

Une foi dont on ne doit compte qu'à Dieu ne se publie pas dans toute l'Europe. Et pourquoi une foi dont on ne doit compte qu'à Dieu ne se publierait-elle pas dans toute l'Europe?

Remarquez l'étrange prétention d'empêcher un homme de dire son sentiment, quand on lui en prête d'autres; de lui fermer la bouche et de le faire parler.

Celui qui erre en chrétien redresse volontiers ses erreurs. Plaisant sophisme! Celui qui erre en chrétien ne sait pas qu'il erre. S'il redressait ses erreurs sans les connaître, il n'errerait pas moins, et de plus il mentirait. Ce ne serait plus errer en chrétien.

---

(1) Offre dont le secret fut si bien gardé, que personne n'en sut rien que quand je le publiai, et qui fut si malhonnêtement reçue, qu'on ne daigna pas y faire la moindre réponse ; il fallut même que je fisse redemander à M. de Montmollin ma déclaration, qu'il s'était doucement appropriée.

(2) Il faudrait croire que la tête tourne à M. de Montmollin, si l'on lui supposait assez d'arrogance pour vouloir sérieusement donner à messieurs de la classe quelque supériorité sur les autres sujets du roi. Il n'y a pas cent ans que ces supérieurs prétendus ne signaient qu'après tous les autres corps.

Est-ce s'appuyer sur l'autorité de l'Evangile que de rendre douteux les miracles? Oui, quand c'est par l'autorité même de l'Evangile qu'on rend douteux les miracles.

Et d'y jeter du ridicule? Pourquoi non, quand, s'appuyant sur l'Évangile, on prouve que ce ridicule n'est que dans les interprétations des théologiens?

Je suis sûr que M. de Montmollin se félicitait ici beaucoup de son laconisme. Il est toujours aisé de répondre à de bons raisonnements par des sentences ineptes.

Quant à la note de Théodore de Bèze, il n'a pas voulu dire autre chose, sinon que *la foi du chrétien n'est pas appuyée uniquement sur les miracles*.

Prenez garde, monsieur le professeur; ou vous n'entendez pas le latin, ou vous êtes un homme de mauvaise foi.

Ce passage, *non satis tuta fides eorum qui miraculis nituntur*, ne signifie point du tout, comme vous le prétendez, que *la foi du chrétien n'est pas appuyée uniquement sur les miracles*.

Au contraire, il signifie très exactement que *la foi de quiconque s'appuie sur les miracles est peu solide*. Ce sens se rapporte fort bien au passage de saint Jean qu'il commente, et qui dit de Jésus que plusieurs crurent en lui, voyant ses miracles; mais qu'il ne leur confiait point pour cela sa personne, *parce qu'ils les connaissent bien*. Pensez-vous qu'il aurait aujourd'hui plus de confiance en ceux qui font tant de bruit de la même foi?

Ne croirait-on pas entendre M. Rousseau dire, dans sa Lettre à l'archevêque de Paris, *qu'on devrait lui dresser des statues pour son* Émile? Notez que cela se dit au moment où, pressé par la comparaison d'*Émile* et des *Lettres de la montagne*, M. de Montmollin ne sait comment s'échapper; il se tire d'affaire par une gambade.

S'il fallait suivre pied à pied ses écarts, s'il fallait examiner le poids de ses affirmations, et analyser les singuliers raisonnements dont il nous paie, on ne finirait pas, et il faut finir. Au bout de tout cela, fier de s'être nommé, il s'en vante. Je ne vois pas trop là de quoi se vanter. Quand une fois on a pris son parti sur certaine chose, on a peu de mérite à se nommer.

Pour vous, monsieur, qui gardiez par ménagement pour lui l'anonyme qu'il vous reproche, nommez-vous, puisqu'il le veut; acceptez des honnêtes gens l'éloge qui vous est dû; montrez-leur le digne avocat de la cause juste, l'historien de la vérité, l'apologiste des droits de l'opprimé, de ceux du prince, de l'état et des peuples, tous attaqués par lui dans ma personne. Mes défenseurs, mes protecteurs, sont connus; qu'il montre à son tour son anonyme et ses partisans dans cette affaire : il en a déjà nommé deux; qu'il achève. Il m'a fait bien du mal : il voulait m'en faire bien davantage; que tout le monde connaisse ses amis et les miens; je ne veux point d'autre vengeance.

Recevez, monsieur, mes tendres salutations.

A MADAME LATOUR.

A Motiers, le 11 août 1765.

Chère Marianne, vous êtes affligée, et je suis désarmé; je m'attendris en me représentant vos beaux yeux en larmes. Vos larmes sècheront, mais mes malheurs ne finiront qu'avec ma vie. Que cela vous engage désormais à les respecter, et à ne plus compter avec mes défauts, car vous auriez trop à faire, et à mon âge on ne se corrige plus de rien : les violents reproches m'indignent et ne me subjuguent pas. J'avais rompu trop légèrement avec vous, j'avais tort; mais en me peignant comme un monstre, vous ne m'auriez pas ramené; je vous aurais laissé dire et je me serais tu, car je savais bien que je n'étais pas un monstre. Quand nos amis nous manquent, il faut les gronder, mais il ne faut jamais leur mettre le marché à la main sur l'estime qu'on leur doit, et qu'ils savent bien qu'on ne peut leur ôter, quoi qu'il arrive. Pardon, cher Marianne, j'avais le cœur encore un peu gros de vos reproches, il fallait le dégonfler. A présent tâchons d'oublier nos enfantillages; laissez-moi me dire mon fait sur les miens, je m'en acquitterai mieux que vous. Après cela, pardonnez-moi, n'en parlons plus, et aimons-nous bien tous trois. Ce dernier mot servira de réponse à votre amie; j'espère qu'elle ne la trouvera pas trop courte; je ne voudrais pas avoir dit ce mot-là même, si je la soupçonnais de croire qu'on pût dire plus.

Je dois des ménagements à votre tristesse, et ne veux point vous parler de mon état présent; mais, si de longtemps je ne veux pas vous écrire, n'interprétez pas ce silence en mauvaise part.

A M. D'IVERNOIS.

Motiers, le 15 août 1765.

J'ai reçu tous vos envois, monsieur, et je vous remercie des commissions; elles sont fort bien, et je vous prie aussi d'en faire mes remercîments à M. Deluc. A l'égard des abricots, par respect pour madame d'Ivernois, je veux bien ne pas les renvoyer; mais j'ai là-dessus deux choses à vous dire, et je vous les dis pour la dernière fois : l'une, qu'à faire aux gens des cadeaux malgré eux, et à les servir à notre mode et non pas à la leur, je vois plus de vanité que d'amitié; l'autre, que je suis très déterminé à secouer toute espèce de joug qu'on peut vouloir m'imposer malgré moi, quel qu'il puisse être; que quand cela ne peut se faire qu'en rompant, je romps, et que, quand une fois j'ai rompu, je ne renoue jamais; c'est pour la vie. Votre amitié, monsieur, m'est trop précieuse pour que je vous pardonnasse jamais de m'y avoir fait renoncer.

Les cadeaux sont un petit commerce d'amitié fort agréables quand ils sont réciproques : mais ce commerce demande de part et d'autre de la peine et des soins, et la peine et les soins sont le fléau de ma vie; j'aime mieux un quart d'heure d'oisiveté que toutes les confitures de la terre. Voulez-vous me faire des présents qui soient pour mon cœur d'un prix inestimable? procurez-moi des loisirs, sauvez-moi des visites, fournissez-moi des moyens de n'écrire à personne; alors je vous devrai le bonheur de ma vie, et je reconnaîtrai les soins du véritable ami; autrement non.

M. Marcuard est venu lui cinq ou sixième : j'étais malade, je n'ai pu le voir ni lui ni sa compagnie. Je suis bien aise de savoir que les visites que vous me forcez de faire m'en attirent. Maintenant que je suis averti, si j'y suis repris ce sera ma faute.

Votre M. de Fournière, qui part de Bordeaux pour me venir voir, ne s'embarrasse pas si cela me convient ou non. Comme il fait tous ses petits arrangements sans moi, il ne trouvera pas mauvais, je pense, que je prenne les miens sans lui.

Quant à M. Liotard, son voyage ayant un but déterminé qui se rapporte plus à moi qu'à lui, il mérite une exception et il l'aura. Les grands talents exigent des égards. Je ne réponds pas qu'il me trouve en état de me laisser peindre, mais je réponds qu'il aura lieu d'être content de la réception que je lui ferai. Au reste, avertissez-le que, pour être sûr de me trouver, et de me trouver libre, il ne doit pas venir avant le 4 ou le 5 septembre.

Je suis étonné du front qu'a eu le sieur Durey de se présenter chez vous, sachant que vous m'honorez de votre amitié. Je ne sais s'il a fait ce qu'il vous a dit : mais je suis bien sûr qu'il ne vous a pas dit tout ce qu'il a fait. C'est le dernier des misérables.

J'ai vu depuis quelque temps beaucoup d'Anglais, mais M. Wilkes n'a pas paru que je sache. Je vous embrasse de tout mon cœur.

A M. MOULTOU.

Motiers, le 15 août 1765.

J'ai tort, cher Moultou, de ne vous avoir pas accusé sur-le-champ la réception de l'argent et de l'étoffe. Je n'ai que mon état pour excuse ; mais cette excuse n'est que trop bonne malheureusement. Cet état est toujours le même, et ma seule consolation est qu'il ne peut plus guère changer en pis. Il n'y a plus aucune apparence au voyage d'Ecosse. C'était là que j'aurais voulu vivre ; mais tout pays est bon pour mourir, excepté toutefois celui-ci, quand on laisse quelque chose après soi.

Je crois que vous avez bien fait de vous détacher de Vernes. Les gens faux sont plus dangereux amis qu'ennemis : d'ailleurs c'est une petite perte ; je lui ai toujours trouvé peu d'esprit avec beaucoup de prétention : mais je l'aimais, le croyant bonhomme. Jugez comment j'en dois penser aujourd'hui que je sais qu'il n'est qu'un méchant sot. Cher ami, ne me parlez plus de lui, je vous prie ; ne joignons pas aux sentiments douloureux des idées déplaisantes : la paix de l'âme est le seul bien qui reste à ma portée, et le plus précieux dont je puisse jouir ; je m'y tiens. J'espère qu'à ma dernière heure le scrutateur des cœurs ne trouvera dans le mien que la justice et l'amitié.

Puisque vous n'avez pas voulu déduire ni me marquer le prix de la laine, comme je vous en avais prié, j'exige au moins que vous ne vous mêliez plus des autres commissions de mademoiselle Le Vasseur, qui me charge de vous présenter ses remercîments et ses respects. Pour moi, dans l'état où je suis, à moins qu'il ne change, il ne me faut plus d'autres provisions que celles qu'on peut emporter avec soi. Bonjour, mon ami ; je vous embrasse.

A M. D'IVERNOIS.

Motiers, le 25 août 1765.

Engagez, monsieur, je vous prie, M. Liotard non-seulement à venir seul, à moins qu'il ne lui soit extrêmement agréable de venir avec M. Wilkes, mais à différer son départ jusqu'au mois d'octobre : car en vérité, l'on ne me laisse plus respirer. Il m'est absolument nécessaire de reprendre haleine ; et lorsqu'une compagnie que j'attends à la fin de ce mois sera repartie, je serai forcé de partir moi-même pour quelque temps, pour éviter quelques-unes des bandes qui me tombent, non plus par deux ou trois, comme autrefois, mais par sept ou huit à la fois.

Vous avez eu bien tort d'imaginer que je voulusse cesser de vous écrire, puisque l'exception est faite pour vous depuis longtemps. Il est vrai que je voudrais que cela ne devînt une tâche onéreuse ni pour vous ni pour moi. Écrivons à notre aise et quand nous en aurons la commodité. Mais si vous voulez m'asservir régulièrement à vous écrire tous les huit ou quinze jours, je vous déclare une fois pour toutes que cela ne m'est pas possible ; et, quand vous vous plaindrez de m'avoir écrit tant de lettres sans réponse, vous voudrez bien vous tenir pour dit une fois pour toutes : *Pourquoi m'en écrivez-vous tant?*

Tout en vous querellant j'abuse de votre complaisance. Voici une réponse pour Venise : vous m'avez dit que vous pourriez la faire tenir ; ainsi je vous l'envoie sans savoir l'adresse. Ceux qui ont remis la lettre à laquelle celle-ci répond y suppléeront. Je vous embrasse de tout mon cœur.

A M. DU PEYROU.

Motiers, le 29 août 1765.

J'espère que vous serez arrivé à Neuchâtel heureusement. Donnez-moi de vos nouvelles, mais ne vous servez plus de la poste. J'ai résolu de ne plus écrire ni de recevoir aucune lettre par cette voie ; et je suis même forcé de prendre ce parti, puisque personne, de ma part, ne peut approcher du bureau sans y être insulté. Il faut, au lieu de cela, se servir de la messagerie, qui part d'ici tous les mardis au soir, et de Neuchâtel tous les jeudis au soir. Si vos gens sont embarrassés de trouver cette femme, ils pourront déposer leurs titres à la *Couronne*, et mesdemoiselles Petitpierre voudront bien se charger. Je vous embrasse de tout mon cœur.

A M. D'IVERNOIS.

Neuchâtel, ce lundi 10 septembre 1765.

Les bruits publics vous apprendront, monsieur, ce qui s'est passé, et comment le pasteur de Motiers s'est fait ouvertement capitaine de coupe-jarrets. Votre amitié pour moi m'engage à me presser de vous tranquilliser sur mon compte. Grâces au ciel je suis en sûreté, et hors de Motiers, où je compte ne retourner de ma vie : mais malheureusement ma gouvernante et mon bagage y sont encore ; mais j'espère que le gouvernement donnera des ordres qui contiendront ces enragés et leur digne chef. En attendant que vous soyez mieux instruit de tout, je vous conseille de ne pas vous fier à ce que vous écriront vos parents, et je suis forcé de vous déclarer qu'ils ont pris, dans cette occasion, un parti qui les déshonore. Aimez-moi toujours ; je vous aime de tout mon cœur, et je vous embrasse.

Adressez tout simplement vos lettres à M. Du Peyrou à Neuchâtel ; et pour éviter les enveloppes, mettez simplement une croix au-dessus de l'adresse ; il saura ce que cela veut dire.

A M. DU PEYROU.

Ce dimanche à midi 15 septembre.

M. le major Chambrier vient, mon cher hôte, de m'envoyer, par un bateau exprès, les deux lettres que M. Jeannin avait eu la bonté de me faire passer, et qui auraient été assez tôt dans un mois d'ici. Si vous n'avez pas la bonté de faire entendre à M. le major qu'à moins de cas très pressants il ne faut pas envoyer des bateaux exprès, je ferai des frais effroyables en lettres inutiles ; et d'autant plus onéreux, que je ne pourrai pas refuser mes lettres, comme je le faisais par la poste. J'espérais avoir, dans cette île, l'avantage que les lettres me parviendraient difficilement, et au contraire j'en suis accablé de toutes parts ; avec cette différence qu'il faut payer les bateliers qui les portent dix fois plus que par la poste. Faites-moi l'amitié, je vous supplie, ou de refuser net toutes celles qui vous viendront, ou de les garder toutes jusqu'à quelque occasion moins coûteuse. Si je ne prends pas quelque résolution désespérée, je serai entièrement écrasé ici par les lettres et par les visites.

Je ne sais ce que vous ferez de *la Vision* ; elle ne saurait paraître avec les trois fautes effroyables que j'y trouve. L'une page 3, ligne 3, en remontant, *dessous*, lisez, *des sons* ; la seconde, page 9, ligne 4, en remontant, *amuseront*, lisez, *ameuteront* ; et la troisième, page 15, ligne 11, *cris*, lisez, *coup*.

J'aurais mille choses à vous dire ; le bateau est arrivé au moment qu'on allait se mettre à table, et je fais attendre tout le monde pour le dîner ; qui me désole.

Lorsque mademoiselle Le Vasseur sera venue avec tout mon bagage, il faut qu'elle attende à Neuchâtel de mes nouvelles, et je ne puis m'arranger définitivement qu'après la réponse de Berne, que j'aurai mardi au soir tout au plus tôt. Mille choses à tous ceux qui m'aiment, mais point de lettres sur toutes choses, si ce n'est pour matières intéressantes. Je vous embrasse.

AU MÊME.

A l'île de Saint-Pierre, le 18 septembre 1765.

Enfin, mon cher hôte, me voici sûr à peu près de rester ici, mais avec de si grandes incommodités, qu'il faut en vérité toute ma répugnance à m'éloigner de vous pour me les faire endurer. Il s'agit maintenant d'avoir ici mademoiselle Le Vasseur avec mon bagage. Le receveur compte envoyer lundi, au le premier beau jour de la semaine prochaine, un bateau chargé de fruits à Neuchâtel; et pour l'amour de moi, il s'est offert d'y aller lui-même : en conséquence, j'écris à mademoiselle Le Vasseur de se tenir prête pour profiter d'une si bonne occasion, du moins pour le bagage; car, quant à elle, j'aimerais autant qu'elle cherchât quelque autre voiture, pour peu qu'il ne fît pas très beau, ou qu'elle eût quelque répugnance à venir sur un bateau chargé. Ayez la bonté qui vous est ordinaire, de donner à tout cela le coup d'œil de l'amitié.

Je suis si occupé de mon petit établissement, que je ne puis songer à autre chose, ni écrire à personne. Je dois cependant des multitudes de lettres, surtout à MM. Meuron, Chaillet, Sturler, Martinet. Comment donc faire? écrire du matin au soir? c'est ce que je ne puis faire nulle part, surtout dans cette île : ils pardonneront. Je vous enverrai la semaine prochaine la lettre pour MM. de Couvet.

Ne comptiez-vous pas paraître cette semaine? Donnez-moi des nouvelles de cela. M. de Vautravers m'a amené hier des ministres dont je me serais bien passé.

Je m'arrange sur ce que vous m'avez marqué de la messagerie. Je puis envoyer à La Neuville tous les samedis et même tous les mercredis, s'il était nécessaire. On ira retirer mes lettres à la poste, et l'on y portera les miennes; cela sera plus simple et évitera les cascades. Si vos tracas vous permettent de me donner un peu au long de vos nouvelles, tant mieux; sinon, un bonjour, je me porte bien, me suffit. Mille choses au commandant de la place sous les ordres duquel j'ai fait service une nuit. Je vous embrasse.

AU MÊME.

Le 29 septembre.

En vous envoyant, mon cher hôte, un petit bonjour avec les lettres ci-jointes, je n'ai que le temps de vous marquer que mademoiselle Le Vasseur, vos envois et mon bagage, me sont heureusement arrivés. Jusqu'ici, aux arrivants près qui ne cessent pas, tout va bien de ce côté. Puisse-t-il en être de même du vôtre! Je vous embrasse de tout mon cœur.

AU MÊME.

Ce dimanche 6 octobre, à midi.

J'envoie, mon cher hôte, à madame la commandante dix mesures de pommes reinettes, que je la supplie d'agréer, non comme un présent que je prends la liberté de lui faire, mais en échange du café que vous m'avez destiné.

Depuis ma lettre écrite et partie ce matin, j'ai reçu votre paquet du 3. Je vois avec douleur le procès qu'on vous prépare. Vous avez affaire au plus déterminé des scélérats, et vous êtes un homme de bien; jugez des avantages qu'il aura sur vous. Mensonges, cabales, fourberies, noirceurs, faux serments, faux témoins, subornation de juges; quelles armes terribles dont vous êtes privé, et qu'il emploiera contre vous! J'avoue que si sa famille le soutient, il faut qu'elle soit composée de membres qui se donnent tout ouvertement pour gens de sac et de corde; mais il faut s'attendre à tout de la part des hommes, et je suis fâché de vous dire que vous vivez dans un pays plein de gens d'esprit, mais qui n'imaginent pas même qu'il existe quelque chose qui se puisse appeler justice et vertu. J'ai l'âme navrée, et tout ceci met le comble à mes malheurs.

Vous pouvez, si vous voulez, m'envoyer la petite caisse par le retour du bateau qui portera les pommes et qui la conduira à Cerlier, où je la ferai prendre. Mon généreux ami, je vous embrasse le cœur ému et les yeux en larmes.

AU MÊME.

Le 7 octobre.

Voici, mon cher hôte, un troisième paquet depuis l'arrivée de mademoiselle Le Vasseur. Comme je vous sais fort occupé, qu'il a fait fort mauvais, et que votre ouvrage n'a peut-être point encore paru, je ne suis point en peine de votre silence, et j'espère que vous vous portez bien. Pour moi, je n'en puis pas dire autant, et c'est dommage. Il ne me manque que de la santé pour être parfaitement content dans cette île, dont je ne compte plus sortir de l'année. Je vous embrasse de tout mon cœur.

Mille remercîments et très humbles respects de mademoiselle Le Vasseur.

AU MÊME.

Ce vendredi 11 octobre.

Je suppose, mon cher hôte, que vous aurez reçu un mot de la lettre où je vous accusais la réception du dernier paquet, contenant, entre autres, un exemplaire de votre réponse au sicaire de Motiers. Deux heures après je reçus votre billet du samedi; je n'ai montré la réponse à personne, et ne la montrerai point. Je suis curieux d'apprendre ce que sa famille aura obtenu de vous. A l'éloge que vous faisiez de ces gens-là, je croyais qu'ils allaient étouffer ce monstre entre deux matelas. Tant qu'il ne s'est montré que demi-coquin, ils ont paru le désapprouver; mais, depuis qu'il s'est fait ouvertement chef de brigands, les voilà tous ses satellites. Que Dieu vous délivre d'eux et moi aussi! Tirez-vous de leurs mains comme vous pourrez, et tenons-nous désormais bien loin de pareilles gens.

AU MÊME.

Mardi soir, 15 octobre.

Voici, mon cher hôte, deux lettres auxquelles je vous prie de vouloir bien donner cours. J'ai reçu, avec la vôtre du 9, la petite caisse et le café sur lequel vous m'avez bien triché, puisque la quantité en est bien plus forte que celle en échange de laquelle j'envoyais les pommes.

J'apprends avec bien de la peine et tous vos tracas et les maladies successives de tous vos gens, surtout de M. Jeannin, qui vous est toujours fort utile et qui mérite qu'on s'intéresse pour lui. Je vous avoue, au reste, que je ne suis pas fâché que la négociation en question se soit rompue, surtout par la faute de ce sacripant; car j'étais presque sûr d'avance de ce qu'il aurait écrit et dit à tout le monde au sujet du juste désaveu que vous exigiez, et qu'il n'aurait pas manqué de donner pour un acte de sa complaisance envers sa famille, que vous aviez intéressée pour vous tirer d'embarras. Je serais assez curieux de savoir ce qui s'est fait dans le conseil de samedi, fort inutilement au reste, puisque ces messieurs n'ont aucune force pour faire valoir leur autorité, et que tout aboutit à des arrêts presque clandestins, qu'on ignore ou dont on se moque.

J'ai vu ici M. l'intendant de l'hôpital à qui M. Sturler avait eu la bonté d'écrire, et qui lui a manifesté de meilleures intentions que celles que je lui crois en effet. J'ai poussé jusqu'à la bassesse des avances pour captiver sa bienveillance qui me paraissent avoir fort mal réussi. Ce qui me console est que mon séjour ici ne dépend pas de lui, et qu'il n'osera peut-être pas témoigner la mauvaise volonté qu'il peut avoir, voyant qu'**en général** on ne voit pas à Berne de mauvais œil mon séjour ici, et que M. le bailli de Nidau paraît aussi m'y voir avec plaisir. Je ne sais s'il convient de faire cette confidence à M. Chaillet, dont le **zèle** est quelquefois trop impétueux. Mais, si vous aviez occasion d'en toucher quelque chose à M. Sturler, j'avoue que je n'en serais pas fâché, quand ce ne serait que pour savoir au juste les vrais sentiments de leurs Excellences à ce sujet; car enfin il serait désagréable d'avoir fait beaucoup de dépense pour m'accommoder ici, et d'être obligé d'en partir au printemps.

Je voudrais de tout mon cœur complaire à M. d'Escherny : mais convenez qu'il n'aurait guère pu prendre plus mal son temps pour mettre en avant cette affaire. D'ailleurs ce n'est point ici le moment d'en parler, pour des raisons qui ne regardent ni mylord, ni M. d'Escherny, ni moi, et dont je vous ferai confidence, quand nous nous verrons, sous le sceau du secret. Aussi je suis prêt à renvoyer à M. d'Escherny ses papiers, s'il est pressé : s'il ne l'est pas, le temps peut venir d'en faire usage, et alors il doit être sûr de ma bonne volonté; mais je ne puis rien promettre au-delà.

En parcourant votre ouvrage, j'avais trouvé quelques corrections à faire; mais le relisant à la hâte, je n'en ai su retrouver que trois marquées dans le papier ci-joint.

Voici quelques notes de commissions qui ne pressent point, et dont vous ferez celles que vous pourrez, lorsque vous viendrez ici, puisque vous me flattez de venir bientôt.

1° Les deux rasoirs que vous m'avez donnés sont déjà gâtés, soit par la maladresse de mes essais, soit à cause de l'extrême rudesse de ma barbe; il m'en faudrait au moins encore quatre, afin que je n'eusse pas sans cesse recours à des expédients très incommodes dans ma position, pour les faire repasser. Mais peut-être les faudrait-il un peu moins fins pour une si forte barbe.

2° J'aurais besoin d'un cahier de papier doré pour mes herbiers; je préférerais du papier doré en plein à celui qui a des ramages.

J'ai peine à me désaccoutumer tout d'un coup de lire la gazette, et à ne plus rien savoir des affaires de l'Europe. Comme vous prenez et gardez, je crois, quelque gazette, si M. Jeannin voulait bien me les envoyer suite après suite dans les occasions, je serais très attentif à n'en point égarer, et à les lui renvoyer de même. Je ne me soucie point de gazettes récentes, ni d'avoir souvent des paquets; il me suffira seulement qu'il n'y ait point d'interruption dans la suite; du reste, le temps n'y fait rien. J'ai cessé de les lire depuis le 1ᵉʳ septembre.

Dans l'accord pour ma pension, il entre entre autres choses une étrenne annuelle pour madame la receveuse. Ne pourriez-vous pas m'aider à trouver quelque cadeau honnête à lui faire, et qui cependant ne passât pas trente à trente-six francs de France? Je sais qu'elle a envie d'avoir une tabatière de femme. Nous avons jusqu'à la fin de l'année, mais la rencontre peut venir plus tôt. Voilà tout ce qui me vient à présent; mais je sens que j'oublie bien des choses. Mille pardons et embrassements.

AU MÊME.

Ile de Saint-Pierre, le 17 octobre 1765.

On me chasse d'ici, mon cher hôte. Le climat de Berlin est trop rude pour moi; je me détermine à passer en Angleterre, où j'aurais dû d'abord aller. J'aurais grand besoin de tenir conseil avec vous; mais je ne puis aller à Neuchâtel : voyez si vous pourriez par charité vous dérober à vos affaires pour faire un tour jusqu'ici. Je vous embrasse.

A M. DE GRAFFENRIED.

Bailli à Nidau.

Ile de Saint-Pierre, le 17 octobre 1765.

Monsieur,

J'obéirai à l'ordre de leurs Excellences avec le regret de sortir de votre gouvernement et de votre voisinage, mais avec la consolation d'emporter votre estime et celle des honnêtes gens. Nous entrons dans une saison dure, surtout pour un pauvre infirme : je ne suis point préparé pour un long voyage, et mes affaires demanderaient quelques préparations. J'aurais souhaité, monsieur, qu'il vous eût plu de me marquer si l'on m'ordonnait de partir sur-le-champ, ou si l'on voulait bien m'accorder quelques semaines pour prendre les arrangements nécessaires à ma situation. En attendant qu'il vous plaise de me prescrire un terme, que je m'efforcerai même d'abréger, je supposerai qu'il m'est permis de séjourner ici jusqu'à ce que j'aie mis l'ordre le plus pressant à mes affaires. Ce qui me rend ce retard presque indispensable, est que, sur les indices que je croyais sûrs, je me suis arrangé pour passer ici le reste de ma vie avec l'agrément tacite du souverain. Je voudrais être sûr que ma visite ne vous déplairait pas ; quelque précieux que me soient les moments en cette occasion, j'en déroberai de bien agréables pour aller vous renouveler, monsieur, les assurances de mon respect.

AU MÊME.

Ile de Saint-Pierre, le 20 octobre 1765.

Monsieur,

Le triste état où je me trouve et la confiance que j'ai dans vos bontés me déterminent à vous supplier de vouloir bien faire agréer à leurs Excellences une proposition qui tend à me délivrer une fois pour toutes des tourments d'une vie orageuse, et qui va mieux, ce me semble, au but de ceux qui me poursuivent que ne fera mon éloignement. J'ai consulté ma situation, mon âge, mon humeur, mes forces ; rien de tout cela ne me permet d'entreprendre en ce moment, et sans préparation, de longs et pénibles voyages, d'aller errant dans des pays froids, et de me fatiguer à chercher au loin un asile, dans une saison où mes infirmités ne me permettent pas même de sortir de la chambre. Après ce qui s'est passé, je ne puis me résoudre à rentrer dans le territoire de Neuchâtel, où la protection du prince et du gouvernement ne saurait me garantir des fureurs d'une populace excitée qui ne connaît aucun frein ; et vous comprenez, monsieur, qu'aucun des états voisins ne voudra ou n'osera donner retraite à un malheureux si durement chassé de celui-ci.

Dans cette extrémité, je ne vois pour moi qu'une seule ressource, et, quelque effrayante qu'elle apparaisse, je la prendrai non-seulement sans répugnance, mais avec empressement, si leurs Excellences veulent bien y consentir ; c'est qu'il leur plaise que je passe en prison le reste de mes jours dans quelqu'un de leurs châteaux ou tel autre lieu de leurs états qu'il leur semblera bon de choisir. J'y vivrai à mes dépens, et je donnerai sûreté de n'être jamais à leur charge ; je me soumets à n'avoir ni papier, ni plume, ni aucune communication au-dehors, si ce n'est pour l'absolue nécessité et par le canal de ceux qui seront chargés de moi ; seulement qu'on me laisse, avec l'usage de quelques livres, la liberté de me promener quelquefois dans un jardin, et je suis content.

Ne croyez point, monsieur, qu'un expédient si violent en apparence soit le fruit du désespoir ; j'ai l'esprit très calme en ce moment : je me suis donné le temps d'y bien penser, et c'est d'après la profonde considération de mon état que je m'y détermine. Considérez, je vous supplie, que si ce parti est extraordinaire, ma situation l'est encore plus : mes malheurs sont sans exemple; la vie orageuse que je mène sans relâche depuis plusieurs années serait terrible pour un homme en santé; jugez ce qu'elle doit être pour un pauvre infirme épuisé de maux et d'ennuis, et qui n'aspire qu'à mourir en paix. Toutes les passions sont éteintes dans mon cœur, il n'y reste que l'ardent désir du repos et de la retraite; je les trouverais dans l'habitation que je demande. Délivré des importuns, à couvert de nouvelles catastrophes, j'attendrais tranquillement la dernière, et n'étant plus instruit de ce qui se passe dans le monde, je ne serais plus attristé de rien. J'aime la liberté, sans doute, mais la mienne n'est point au pouvoir des hommes, et ce ne seront ni des murs ni des clefs qui me l'ôteront. Cette captivité, monsieur, me paraît si peu terrible, je sens si bien que je jouirais de tout le bonheur que je puis encore espérer dans cette vie, que c'est par là même que, quoiqu'elle doive délivrer mes ennemis de toute inquiétude à mon égard, je n'ose espérer de l'obtenir : mais je ne veux rien avoir à me reprocher vis-à-vis de moi, non plus que vis-à-vis d'autrui : je veux pouvoir me rendre témoignage que j'ai tenté tous les moyens praticables et honnêtes qui pouvaient m'assurer le repos, et prévenir les nouveaux orages qu'on me force d'aller chercher.

Je connais, monsieur, les sentiments d'humanité dont votre âme généreuse est remplie : je sens tout ce qu'une grâce de cette espèce peut vous coûter à demander; mais quand vous aurez compris que, vu ma situation, cette grâce en serait en effet une très grande pour moi, ces mêmes sentiments, qui font votre répugnance, me sont garants que vous saurez la surmonter. J'attends, pour prendre définitivement mon parti, qu'il vous plaise de m'honorer de quelque réponse.

Daignez, monsieur, je vous supplie, agréer mes excuses et mon respect.

AU MÊME.

22 octobre 1765.

Je puis, monsieur, quitter samedi prochain l'île de Saint-Pierre, et je me conformerai en cela à l'ordre de leurs Excellences : mais, vu l'étendue de leurs états et ma triste situation, il m'est absolument impossible de sortir le même jour de l'enceinte de leur territoire. J'obéirai en tout ce qui me sera possible. Si leurs Excellences me veulent punir de ne l'avoir pas fait, elles peuvent disposer à leur gré de ma personne et de ma vie : j'ai appris à m'attendre à tout de la part des hommes; ils ne prendront pas mon âme au dépourvu.

Recevez, homme juste et généreux, les assurances de ma respectueuse reconnaissance, et d'un souvenir qui ne sortira jamais de mon cœur.

A M. DU PEYROU.

Vendredi matin 25 octobre.

Je vous prie de tâcher d'obtenir de quelqu'un qui connaisse cette route un itinéraire exact, avec les noms des villes, bourgs, lieux, et bonnes auberges. Vous pourrez me l'envoyer à Basle ou à Francfort, par une adresse que je demanderai à M. de Luze. Je pars à l'instant. Je vous embrasse mille fois.

A M. DE GRAFFENRIED.

Bienne, le 25 octobre 1765.

Je reçois, monsieur, avec reconnaissance les nouvelles marques de vos attentions et de vos bontés pour moi : mais je n'en profiterai pas pour le présent; les prévenances et les sollicitations de MM. de Bienne me déterminent à passer quelque temps avec eux, et, ce qui me flatte, à votre voisinage. Agréez, monsieur, je vous supplie, mes remercîments, mes salutations et mon respect.

A M. DU PEYROU.

Bienne, le 27 octobre 1765.

J'ai cédé, mon cher hôte, aux caresses et aux sollicitations; je reste à Bienne, résolu d'y passer l'hiver, et j'ai lieu de croire que je l'y passerai tranquillement. Cela fera quelque changement dans nos arrangements, et mes effets pouvant me venir joindre avec mademoiselle Le Vasseur, je pourrai, pendant l'hiver, faire moi-même le catalogue de mes livres. Ce qui me flatte dans tout ceci est que je reste votre voisin, avec l'espoir de vous voir quelquefois dans vos moments de loisir. Donnez-moi de vos nouvelles et de celles de nos amis. Je vous embrasse de tout mon cœur.

AU MÊME.

Bienne, lundi 28 octobre 1765.

On m'a trompé, mon cher hôte, je pars demain matin avant qu'on me chasse. Donnez-moi de vos nouvelles à Basle. Je vous recommande ma pauvre gouvernante. Je ne puis écrire à personne, quelque désir que j'en aie; je n'ai pas même le temps de respirer, ni la force. Je vous embrasse.

AU MÊME.

A Basle, 30 octobre.

J'arrive malade, mais sans grand accident. M. de Luze a eu soin de me pourvoir d'une chambre, sans quoi je n'en aurais point trouvé, vu la foire. Je partirai pour Strasbourg le plus tôt qu'il me sera possible, peut-être dès demain; mais je suis parfaitement sûr maintenant qu'il m'est totalement impossible de soutenir à présent le voyage de Berlin. J'ignore absolument ce que je ferai; je renvoie à délibérer à Strasbourg. Je souhaite fort d'y recevoir de vos nouvelles. Je compte loger à l'*Esprit* chez M. Weisse; cependant, n'étant encore bien sûr de rien, ne m'écrivez à cette adresse que ce qui peut se perdre sans inconvénient. Mon cher hôte, aimez-moi toujours. Je vous aime et vous embrasse de tout mon cœur.

A M. DE LUZE.

Strasbourg, le 4 novembre 1765.

J'arrive, monsieur, du plus détestable voyage, à tous égards, que j'aie fait de ma vie. J'arrive excédé, rendu; mais enfin j'arrive, et, grâces à vous, dans une maison où je puis me remettre et reprendre haleine à mon aise, car je ne puis songer à reprendre de longtemps ma route; et si j'en ai encore une pareille à celle que je viens de faire, il me sera totalement impossible de la soutenir. Je ne me prévaux point sitôt de votre lettre pour M. Zollicoffer; car j'aime fort le plaisir de prince de garder l'incognito le plus longtemps qu'on peut. Que ne puis-je le garder le reste de ma vie! je serais encore un heureux mortel. Je ne sais au reste comment m'accueilleront les Français; mais s'ils font tant que de me chasser, ils ne choisiront pas le temps que je suis malade, et s'y prendront moins brutalement que les Bernois. Je suis d'une lassitude à ne pouvoir tenir la plume. Le cocher veut repartir dès aujourd'hui. Je n'écris donc point à M. Du Peyrou : veuillez suppléer à ce que je ne puis faire; je lui écrirai dans la semaine infailliblement. Il faut que je lui parle de vos attentions et de vos bontés mieux que je ne peux faire à vous-même. Ma manière d'en remercier est d'en profiter; et, sur ce pied, l'on ne peut être mieux remercié que vous l'êtes : mais il est juste que je lui parle de l'effet qu'a produit sa recommandation. Bonjour, monsieur; bonne foire et bon voyage. J'espère avoir le plaisir de vous embrasser encore ici.

A M. DU PEYROU.

Strasbourg, le 5 novembre 1765.

Je suis arrivé, mon cher hôte, à Strasbourg samedi, tout-à-fait hors d'état de continuer ma route, tant par l'effet de mon mal et de la fatigue, que par la fièvre et une chaleur d'entrailles qui s'y sont jointes. Il m'est aussi impossible d'aller maintenant à Potzdam qu'à la Chine, et je ne sais plus trop ce que je vais devenir; car probablement on ne me laissera pas longtemps ici. Quand on est une fois au point où je suis, on n'a plus de projets à faire; il ne reste qu'à se résoudre à toutes choses, et plier la tête sous le pesant joug de la nécessité.

J'ai écrit à mylord maréchal; je voudrais attendre ici sa réponse. Si l'on me chasse, j'irai chercher de l'autre côté du Rhin quelque humanité, quelque hospitalité; si je n'en trouve nulle part, il faudra bien chercher quelque moyen de s'en passer. Bonjour, non plus mon hôte, mais toujours mon ami. George Keith et vous m'attachez encore à la vie; de tels liens ne se rompent pas aisément.

Je vous embrasse.

AU MÊME.

Strasbourg, le 10 novembre 1765.

Rassurez-vous, mon cher hôte, et rassurez nos amis sur les dangers auxquels vous me croyez exposé. Je ne reçois ici que des marques de bienveillance, et tout ce qui commande dans la ville et dans la province paraît s'accorder à me favoriser. Sur ce que m'a dit M. le maréchal, que je vis bien, je dois me regarder comme aussi en sûreté à Strasbourg qu'à Berlin. M. Fischer m'a servi avec toute la chaleur et tout le zèle d'un ami, et il a eu le plaisir de trouver tout le monde aussi bien disposé qu'il pouvait le désirer. On me fait apercevoir bien agréablement que je ne suis plus en Suisse.

Je n'ai que le temps de vous marquer ce mot pour vous rassurer sur mon compte.

Je vous embrasse de tout mon cœur.

AU MÊME.

Strasbourg, le 17 novembre 1765.

Je reçois, mon cher hôte, votre lettre n° 6. Vous aurez vu par les miennes que je renonce absolument au voyage de Berlin, du moins pour cet hiver, à moins que mylord maréchal, à qui j'ai écrit, ne fût d'un avis contraire. Mais je le connais; il veut mon repos sur toute chose, ou plutôt il ne veut que cela. Selon toute apparence, je passerai l'hiver ici. On ne peut rien ajouter aux marques de bienveillance, d'estime, et même de respect, qu'on m'y donne, depuis M. le maréchal et les chefs du pays, jusqu'aux derniers du peuple. Ce qui vous surprendra est que les gens d'église semblent vouloir renchérir encore sur les autres. Ils ont l'air de me dire dans leurs manières: *Distinguez-nous de vos ministres; vous voyez que nous ne pensons pas comme eux.*

Je ne sais pas encore de quels livres j'aurai besoin; cela dépendra du choix de ma demeure; mais, en quelque lieu que ce soit, je suis absolument déterminé à reprendre la botanique. En conséquence, je vous prie de vouloir bien faire trier d'avance tous les livres qui en traitent, figures et autres, et les bien encaisser. Je voudrais aussi que mes herbiers et plantes sèches y fussent joints; car ne connaissant pas à beaucoup près toutes les plantes qui y sont, j'en peux tirer encore beaucoup d'instruction sur les plantes de la Suisse, que je ne trouverai pas ailleurs. Sitôt que je serai arrêté, je consacrerai le goût que j'ai pour les herbiers à vous en faire un aussi complet qu'il me sera possible, et dont je tâcherai que vous soyez content.

Mon cher hôte, je ne donne pas ma confiance à demi; visitez, arrangez tous mes papiers, lisez et feuilletez tout sans scrupule. Je vous plains de l'ennui que vous donnera tout ce fatras sans choix, et je vous remercie de l'ordre que vous y voudrez mettre. Tâchez de ne pas changer les numéros des paquets, afin qu'ils nous servent toujours d'indications pour les papiers dont je puis avoir besoin. Par exemple, je suis dans le cas de désirer beaucoup de faire usage ici de deux pièces qui sont dans le numéro 12, l'une est *Pygmalion* et l'autre l'*Engagement téméraire*. Le directeur du spectacle a pour moi mille attentions; il m'a donné pour mon usage une petite loge grillée; il m'a fait faire une clef d'une petite porte pour entrer incognito; il fait jouer les pièces qu'il juge pouvoir me plaire. Je voudrais tâcher de reconnaître ses honnêtetés, et je crois que quelque barbouillage de ma façon, bon ou mauvais, lui serait utile par la bienveillance que le public a pour moi, et qui s'est bien marquée au *Devin du village*. Si j'osais espérer que vous vous laissassiez tenter à la proposition de M. de Luze, vous apporteriez ces pièces vous-même, et nous nous amuserions à les faire répéter. Mais comme il n'y a nulle copie de *Pygmalion* il en faudrait faire faire une par précaution, surtout si, ne venant pas vous-même, vous preniez le parti d'envoyer le paquet par la poste à l'adresse de M. Zollicoffer, ou par occasion. Si vous venez, mandez-le-moi à l'avance, et donnez-moi le temps de la réponse. Selon les réponses que j'attends, je pourrai, si la chose ne vous était pas trop importune, vous prier de permettre que mademoiselle Le Vasseur vînt avec vous. Je vous embrasse.

Je reçois en ce moment le numéro 7. Ecrivez toujours par M. Zollicoffer.

A M. D'IVERNOIS.

A Strasbourg, le 11 novembre 1765.

Ne soyez point en peine de moi, monsieur; grâces au ciel, je ne suis plus en Suisse, je le sens tous les jours à l'accueil dont on m'honore ici; mais ma santé est dans un délabrement facile à imaginer. Mes papiers et mes livres sont restés dans un désordre épouvantable : la malle que vous savez a été remise à M. Martinet, châtelain du Val-de-Travers; vos papiers sont restés parmi les miens; n'en soyez point en peine; ils se retrouveront, mais il faut du temps. Vous pouvez m'écrire ici ou à l'adresse de M. Du Peyrou à Neuchâtel. Vous pouvez aussi, et même je vous en prie, tirer sur moi à vue pour l'argent que je vous dois et dont j'ignore la somme. Je ne vous dis rien de vos parents; mais malgré ce que vous m'avez fait dire par M. Desarts, je compte et compterai toujours sur votre amitié, comme vous pouvez toujours compter sur la mienne. Je vous embrasse de tout mon cœur.

A M. DU PEYROU.

Strasbourg, le 25 novembre 1765.

J'ai, mon cher hôte, votre numéro 8 et tous les précédents. Ne soyez point en peine du passeport; ce n'est pas une chose si absolument nécessaire que vous le supposez, ni si difficile à renouveler au besoin; mais il me sera toujours précieux par la main dont il me vient et par les soins dont il est la preuve.

Quelque plaisir que j'eusse à vous voir, le changement que j'ai été forcé de mettre dans ma manière de vivre ralentit mon empressement à cet égard. Les fréquents dîners en ville, et la fréquentation des femmes et des gens du monde, à quoi je m'étais livré d'abord, en retour de leur bienveillance, m'imposaient une gêne qui a tellement pris sur ma santé, qu'il a fallu tout rompre et devenir ours par nécessité. Vivant seul ou avec Fischer, qui est un très bon garçon, je ne serais à portée de partager aucun amusement avec vous, et vous iriez sans moi dans le monde, ou bien, ne vivant qu'avec moi, vous seriez dans cette ville sans la connaître. Je ne désespère pas des moyens de nous voir plus agréablement et plus à notre aise, mais cela est encore dans les futurs contingents : d'ailleurs, n'étant pas encore décidé sur moi-même, je ne le suis pas sur le voyage de mademoiselle Le Vasseur. Cependant, si vous venez, vous êtes sûr de me trouver encore ici; et, dans ce cas, je serais bien aise d'en être instruit d'avance, afin de vous faire préparer un logement dans cette maison; car je ne suppose pas que vous vouliez que nous soyons séparés.

L'heure presse, le monde vient; je vous quitte brusquement; mais mon cœur ne vous quitte pas.

A M. DE LUZE.

Strasbourg, le 27 novembre 1765

Je me réjouis, monsieur, de votre heureuse arrivée à Paris, et je suis sensible aux bons soins dont vous vous êtes occupé pour moi dès l'instant même : c'est une suite de vos bontés pour moi, qui ne m'étonne plus, mais qui me touche toujours. J'ai différé d'un jour à vous répondre, pour vous envoyer la copie que vous demandez, et que vous trouverez ci-jointe : vous pouvez la lire à qui il vous plaira; mais je vous prie de ne la pas laisser transcrire. Il est superflu de prendre de nouvelles informations sur la sûreté de mon passage à Paris : j'ai là-dessus les meilleures assurances; mais j'ignore encore si je serai dans le cas de m'en prévaloir, vu la saison, vu mon état qui ne me permet pas à présent de me mettre en route. Sitôt que je serai déterminé de manière ou d'autre, je vous le manderai. Je vous prie de me maintenir dans les bons souvenirs de madame de Faugnes, et de lui dire que l'empressement de la revoir, ainsi que M. de Faugnes, et d'entretenir chez eux une connaissance qui s'est faite chez vous, entre pour beaucoup dans le désir que j'ai de passer par Paris. J'ajoute de grand cœur, et j'espère que vous n'en doutez pas, que ma tentation d'aller en Angleterre s'augmente extrêmement par l'agrément de vous y suivre, et de voyager avec vous. Voilà quant à présent tout ce que je puis dire sur cet article : je ne tarderai pas à vous parler plus positivement; mais jusqu'à présent cet arrangement est très douteux. Recevez mes plus tendres salutations; je vous embrasse, monsieur, de tout mon cœur.

Prêt à fermer ma lettre, je reçois la vôtre sans date, qui contient les éclaircissements que vous avez eu la bonté de prendre avec Guy : ce qui me détermine absolument à vous aller joindre aussitôt que je serai en état de soutenir le voyage. Faites-moi entrer dans vos arrangements pour celui de Londres : je me réjouis beaucoup de le faire avec vous. Je ne joins pas ici ma lettre à M. de Graffenried, sur ce que vous me marquez qu'elle court Paris. Je marquerai à M. Guy le temps précis de mon départ; ainsi vous en pourrez être informé par lui. Qu'il ne m'envoie personne, je trouverai ici ce qu'il me faut. Rey m'a envoyé son commis, pour m'emmener en Hollande; il s'en retournera comme il est venu.

A M. DU PEYROU.

Strasbourg, le 30 novembre 1765.

Tout bien pesé, je me détermine à passer en Angleterre. Si j'étais en état, je partirais dès demain ; mais ma rétention me tourmente si cruellement, qu'il faut laisser calmer cette attaque, employant ma ressource ordinaire. Je compte être en état de partir dans huit ou dix jours; ainsi ne m'écrivez plus ici, votre lettre ne m'y trouverait pas; avertissez, je vous prie, mademoiselle Le Vasseur de la même chose : je compte m'arrêter à Paris quinze jours ou trois semaines; je vous enverrai mon adresse avant de partir Au reste, vous pouvez toujours m'écrire par M. de Luze, que je compte joindre à Paris pour faire avec lui le voyage. Je suis très fâché de n'avoir pas encore écrit à madame de Luze. Elle me rend bien peu de justice si elle est inquiète de mes sentiments; ils sont tels qu'elle les mérite, et c'est tout dire. Je m'attache aussi très véritablement à son mari. Il a l'air froid et le cœur chaud; il ressemble en cela à mon cher hôte : voilà les gens qu'il me faut.

J'approuve très fort d'user sobrement de la poste, qui en Suisse est devenue un brigandage public : elle est plus respectée en France; mais les ports y sont exhorbitants, et j'ai, depuis mon arrivée ici, plus de cent francs de ports de lettres. Retenez et lisez les lettres qui vous viennent pour moi; ne m'envoyez que celles qui l'exigent absolument; il suffit d'un petit extrait des autres.

Je reçois en ce moment votre paquet n° 10. Vous devez avoir reçu une de mes lettres où je vous priais d'ouvrir toutes celles qui vous venaient à mon adresse : ainsi vos scrupules sont fort mal placés. Je ne sais si je vous écrirai encore avant mon départ; mais ne m'écrivez plus ici. Je vous embrasse de la plus tendre amitié.

A M. D'IVERNOIS.

Strasbourg, le 2 décembre 1765.

Vous ne doutez pas, monsieur, du plaisir avec lequel j'ai reçu vos deux lettres et celle de M. Deluc. On s'attache à ce qu'on aime à proportion des maux qu'il nous coûte. Jugez par là si mon cœur est toujours au milieu de vous. Je suis arrivé dans cette ville malade et rendu de fatigue. Je m'y repose avec le plaisir qu'on a de se retrouver parmi les humains, en sortant du milieu des bêtes féroces. J'ose dire que depuis le commandant de la province jusqu'au dernier bourgeois de Strasbourg, tout le monde désirait de me voir passer ici mes jours : mais telle n'est pas ma vocation. Hors d'état de soutenir la route de Berlin, je prends le parti de passer en Angleterre. Je m'arrêterai quinze jours ou trois semaines à Paris, et vous pouvez m'y donner de vos nouvelles chez la veuve Duchesne, libraire, rue Saint-Jacques.

Je vous remercie de la bonté que vous avez eue de songer à mes commissions. J'ai d'autres prunes à digérer; ainsi disposez des vôtres. Quant aux bilboquets et aux mouchoirs, je voudrais bien que vous pussiez me les envoyer à Paris, car ils me feraient grand plaisir ; mais à cause que les mouchoirs sont neufs, j'ai peur que cela ne soit difficile. Je suis maintenant très en état d'acquitter votre petit mémoire sans m'incommoder. Il n'en sera pas de même lorsque, après les frais d'un voyage long et coûteux, j'en serai à ceux de mon premier établissement en Angleterre : ainsi, je voudrais bien que vous voulussiez tirer sur moi à Paris à vue, le montant du mémoire en question. Si vous voulez absolument remettre cette affaire au temps où je serai plus tranquille, je vous prie au moins de me marquer à combien tous vos déboursés se montent, et permettre que je vous en fasse mon billet. Considérez, mon bon ami, que vous avez une nombreuse famille à qui vous devez compte de l'emploi de votre temps, et que le partage de votre fortune, quelque grande qu'elle puisse être, vous oblige à n'en rien laisser dissiper, pour laisser tous vos enfants dans une aisance honnête. Moi, de mon côté, je serai inquiet sur cette petite dette tant qu'elle ne sera pas ou payée ou réglée. Au reste, quoique cette violente expulsion me dérange, après un peu d'embarras je me trouverai du pain et le nécessaire pour le reste de mes jours, par des arrangements dont je dois vous avoir parlé; et quant à présent rien ne me manque. J'ai tout l'argent qu'il me faut pour mon voyage et au-delà, et avec un peu d'économie, je compte me retrouver bientôt au courant comme auparavant. J'ai cru vous devoir ces détails pour tranquilliser votre honnête cœur sur le compte d'un homme que vous aimez. Vous sentez que dans le désordre et la précipitation d'un départ brusque, je n'ai pu emmener mademoiselle Le Vasseur errer avec moi dans cette saison, jusqu'à ce que j'eusse un gîte ; je l'ai laissée à l'île Saint-Pierre, où elle est très bien et avec de très honnêtes gens. Je pense à la faire venir ce printemps, en Angleterre, par le bateau qui part d'Yverdun tous les ans. Bonjour, monsieur; mille tendres salutations à votre chère famille et à tous nos amis; je vous embrasse de tout mon cœur.

A M. DAVID HUME.

Strasbourg, le 4 décembre 1765.

Vos bontés, monsieur, me pénètrent autant qu'elles m'honorent. La plus digne réponse que je puisse faire à vos offres est de les accepter, et je les accepte. Je partirai dans cinq ou six jours pour aller me jeter entre vos bras; c'est le conseil de mylord maréchal, mon protecteur, mon ami, mon père; c'est celui de madame de Boufflers, dont la bienveillance éclairée me guide autant qu'elle me console; enfin j'ose dire c'est celui de mon cœur, qui se plaît à devoir beaucoup au plus illustre de mes contemporains, dont la bonté surpasse la gloire. Je soupire après une retraite solitaire et libre où je puisse finir mes jours en paix. Si vos soins bienfaisants me la procurent, je jouirai tout ensemble et du seul bien que mon cœur désire, et du plaisir de le tenir de vous. Je vous salue, monsieur, de tout mon cœur.

A M. DE LUZE.

Paris, le 16 décembre 1765.

J'arrive chez madame Duchesne plein du désir de vous voir, de vous embrasser, et de concerter avec vous le prompt voyage de Londres, s'il y a moyen. Je suis ici dans la plus parfaite sûreté; j'en ai en poche l'assurance la plus précise. Cependant, pour éviter d'être accablé, je veux y rester le moins qu'il me sera possible, et garder le plus parfait incognito, s'il se peut : ainsi ne me décélez, je vous prie, à qui que ce soit. Je voudrais vous aller voir; mais, pour ne pas promener mon bonnet dans les rues, je désire que vous puissiez venir vous-même le plus tôt qu'il se pourra.

Je vous embrasse, monsieur, de tout mon cœur.

A M. DU PEYROU.

Paris, le 17 décembre 1765.

J'arrive d'hier au soir, mon aimable hôte et ami. Je suis venu en poste, mais avec une bonne chaise, et à petites journées. Cependant j'ai failli mourir en route; j'ai été forcé de m'arrêter à Epernay, et j'y ai passé une telle nuit, que je n'espérais plus revoir le jour : toutefois me voici à Paris dans un état assez passable. Je n'ai vu personne encore, pas même M. de Luze, mais je lui ai écrit en arrivant. J'ai le plus grand besoin de repos; je sortirai le moins que je pourrai. Je ne veux pas m'exposer derechef aux dîners et aux fatigues de Strasbourg. Je ne sais si M. de Luze est toujours d'humeur de passer à Londres; pour moi, je suis déterminé à partir le plus tôt qu'il me sera possible, et tandis qu'il me reste encore des forces, peur arriver enfin en lieu de repos.

Je viens en ce moment d'avoir la visite de M. de Luze, qui m'a remis votre billet du 7, daté de Berne. J'ai écrit en effet la lettre à M. le bailli de Nidau; mais je ne voulus point vous en parler pour ne point vous affliger : ce sont, je crois, les seules réticences que l'amitié permette.

Voici une lettre pour cette pauvre fille qui est à l'île : je vous prie de la lui faire passer le plus promptement qu'il se pourra; elle sera utile à sa tranquillité. Dites, je vous supplie, à madame la commandante combien je suis touché de son souvenir, et de l'intérêt qu'elle veut bien prendre à mon sort. J'aurais assurément passé des jours bien doux près de vous et d'elle; mais je n'étais pas appelé à tant de bien. Faute du bonheur que je ne dois plus attendre, cherchons du moins la tranquillité. Je vous embrasse de tout mon cœur.

A M. D'IVERNOIS.

Paris, le 18 décembre 1765.

Avant-hier au soir, monsieur, j'arrivai ici très fatigué, très malade, ayant le plus grand besoin de repos. Je n'y suis point incognito, et je n'ai pas besoin d'y être : je ne me suis jamais caché, et je ne veux pas commencer. Comme j'ai pris mon parti sur les injustices des hommes, je les mets au pis sur toutes choses, et je m'attends à tout de leur part, même quelquefois à ce qui est bien. J'ai écrit en effet la lettre à M. le bailli de Nidau; mais la copie que vous m'avez envoyée est pleine de contre-sens ridicules et de fautes épouvantables. On voit de quelle boutique elle vient. Ce n'est pas la première fabrication de cette espèce, et vous pouvez croire que des gens si fiers de leurs iniquités ne sont guère honteux de leurs falsifications. Il court ici des copies plus fidèles de cette lettre, qui viennent de Berne, et qui font assez d'effet. M. le Dauphin lui-même, à qui on l'a lue dans son lit de mort, en a paru touché, et a dit là-dessus des choses qui feraient bien rougir mes persécuteurs, s'ils les savaient, et qu'ils fussent gens à rougir de quelque chose.

Vous pouvez m'écrire ouvertement chez madame Duchesne, où je suis toujours. Cependant j'apprends à l'instant que M. le prince de Conti a eu la bonté de me faire préparer un logement au Temple, et qu'il désire que je l'aille occuper. Je ne pourrai guère me dispenser d'accepter cet honneur; mais, malgré mon délogement, vos lettres sous la même adresse me parviendront également.

AU MÊME.

Paris, le 20 décembre 1765.

Votre lettre, mon bon ami, m'alarme plus qu'elle ne m'instruit. Vous me parlez de mylord maréchal pour avoir la protection du roi; mais de quel roi entendez-vous parler? Je puis me faire fort de celle du roi de Prusse, mais de quoi vous servirait-elle auprès de la médiation? Et s'il est question du roi de France, quel crédit mylord maréchal a-t-il à sa cour? Employer cette voie serait vouloir tout gâter.

Mon bon ami, laissez faire vos amis, et soyez tranquille. Je vous donne ma parole que si la médiation a lieu, les misérables qui vous menacent ne vous feront aucun mal par cette voie-là. Voilà sur quoi vous pouvez compter. Cependant ne négligez pas l'occasion de voir M. le résident, pour parer aux préventions qu'on peut lui donner contre vous : du reste, je vous le répète, soyez tranquille; la médiation ne vous fera aucun mal.

Je déloge dans deux heures pour aller occuper au Temple l'appartement qui m'y est destiné. Vous pourrez m'écrire *à l'hôtel de Saint-Simon, au Temple, à Paris*. Je vous embrasse de la plus tendre amitié.

A M. DE LUZE.

22 décembre 1765.

L'affliction, monsieur, où la perte d'un père tendrement aimé plonge en ce moment madame de Verdelin, ne me permet pas de me livrer à des amusements, tandis qu'elle est dans les larmes. Ainsi nous n'aurons point de musique aujourd'hui. Je serai cependant chez moi ce soir comme à l'ordinaire; et, s'il entre dans vos arrangements d'y passer, ce changement ne m'ôtera pas le plaisir de vous y voir. Mille salutations.

A MADAME LATOUR.

A Paris, le 24 décembre 1765.

J'ai reçu vos deux lettres, madame; toujours des reproches! Comme, dans quelque situation que je puisse être, je n'ai jamais autre chose de vous, je me le tiens pour dit, et m'arrange un peu là-dessus.

Mon arrivée et mon séjour ici ne sont point un secret. Je ne vous ai point été voir parce que je ne vais voir personne, et qu'il ne me serait pas possible, avec la meilleure santé et le plus grand loisir, de suffire, dans un si court espace, à tous les devoirs que j'aurais à remplir. C'en serait remplir un bien doux d'aller vous rendre mes hommages; mais, outre que j'ignore si vous pardonneriez cette indiscrétion à un homme avec lequel vous ne voulez qu'une correspondance mystérieuse, ce serait me brouiller avec tous mes anciens amis de donner sur eux aux nouveaux la préférence; et, comme je n'en ai pas trop, que tous me sont chers, je n'en veux perdre aucun, si je puis, par ma faute.

A M. DU PEYROU.

A Paris, le 24 décembre 1765.

Je vous envoie, mon cher hôte, l'incluse ouverte, afin que vous voyiez de quoi il s'agit. Tout le monde me conseille de faire venir tout de suite mademoiselle Le Vasseur, et je compte sur votre amitié et sur vos soins pour lui procurer les moyens de venir le plus promptement et le plus commodément qu'il sera possible. Je voudrais qu'elle vînt tout de suite, ou qu'elle attendît le mois d'avril, parce que je crains pour elle les approches de l'équinoxe où la mer est très orageuse. Disposez de tout selon votre prudence, en faisant, pour l'amour de moi, grande attention à sa commodité et à sa sûreté.

Notre voyage est arrangé pour le commencement de janvier; M. de Luze aura pu vous en rendre compte. J'ai l'honneur d'être, en attendant, l'hôte de M. le prince de Conti. Il a voulu que je fusse logé et servi avec une magnificence qu'il sait bien n'être pas selon mon goût; mais je comprends que, dans la circonstance, il a voulu donner en cela un témoignage public de l'estime dont il m'honore. Il désirait beaucoup me retenir tout-à-fait, et m'établir dans un de ses châteaux à douze lieues d'ici; mais il y avait à cela une condition nécessaire que je n'ai pu me résoudre d'accepter, quoiqu'il ait employé durant deux jours consécutifs toute son éloquence, et il en a beaucoup, pour me persuader. L'inquiétude où il était sur mes ressources m'a déterminé à lui exposer nos arrangements; j'ai fait, par la même raison, la même confidence à tous mes amis devenus les vôtres, et qui, j'ose le dire, ont conçu pour vous la vénération qui vous est due. Cependant, une inquiétude déplacée sur tous les hasards leur a fait exiger de moi une promesse dont il faut que je m'acquitte, très persuadé que c'est un soin bien superflu; c'est de vous prier de prendre les mesures convenables pour que, si j'avais le malheur de vous perdre, je ne fusse pas exposé à mourir de faim. Au reste, c'est un arrangement entre vous et vos héritiers, sur lequel il me suffit de la parole que vous m'avez donnée.

On se fait une fête en Angleterre d'ouvrir une souscription pour l'impression de mes ouvrages. Si vous voulez en tirer parti, j'ose vous assurer que le produit en peut être immense, et plus grand de mon vivant qu'après ma mort. Si cette idée pouvait vous déterminer à y faire un voyage, je désirerais autant de la voir exécutée, que je le craignais en toute autre occasion.

Je ne voudrais pas, mon cher hôte, séparer mes livres; il faut vendre tout ou m'envoyer tout. Je pense que les livres, l'herbier, et les estampes, le tout bien emballé, peut m'être envoyé par la Hollande, sans que les frais soient immenses, et je ne doute pas que MM. Portalès, et surtout M. Paul, qui m'a fait des offres si obligeantes, ne veuille bien se charger de ce soin. Toutefois, si vous trouvez l'occasion de vous défaire du tout, sauf les livres de botanique dont j'ai absolument besoin, j'y consens. Je pense que vous ferez bien aussi de m'envoyer toutes les lettres et autres papiers relatifs à mes mémoires, parce que mon projet est de rassembler et transcrire d'abord toutes mes pièces justificatives; après quoi je vous enverrai les originaux à mesure que je les transcrirai. Vous devez en avoir déjà la première liasse; j'attends, pour faire la seconde, une trentaine de lettres de 1758, qui doivent être entre vos mains. *Pygmalion* ne m'est plus nécessaire, n'étant plus à Strasbourg; mais je ne serais pas fâché de pouvoir lire à mes amis le *Lévite d'Ephraïm* dont beaucoup de gens me parlent avec curiosité.

Je vous écris avec beaucoup de distraction, parce qu'il me vient du monde sans cesse, et que je n'ai pas un moment à moi. Extérieurement, je suis forcé d'être à tous les survenants; intérieurement, mon cœur est à vous, soyez-en sûr. Je vous embrasse.

Si vous me répondez sur-le-champ, je pourrai recevoir encore votre lettre, soit sous le pli de M. de Luze, soit directement *à l'hôtel de Saint-Simon, au Temple.*

A M. DE LUZE.

26 décembre 1765.

Je ne saurais, monsieur, durer plus longtemps sur ce théâtre public. Pourriez-vous, par charité, accélérer un peu notre départ? M. Hume consent à partir le jeudi 2 à midi pour aller coucher à Senlis. Si vous pouvez vous prêter à cet arrangement, vous me ferez le plus grand plaisir. Nous n'aurons pas la berline à quatre; ainsi vous prendrez votre chaise de poste, M. Hume la sienne, et nous changerons de temps en temps. Voyez, de grâce, si tout cela vous convient, et si vous voulez m'envoyer quelque chose à mettre dans ma malle. Mille tendres salutations.

A M. D'IVERNOIS.

Paris, le 30 décembre 1765.

Je reçois, mon bon ami, votre lettre du 23. Je suis très fâché que vous n'ayez pas été voir M. de Voltaire. Avez-vous pu penser que cette démarche me ferait de la peine? que vous connaissez mal mon cœur! Eh, plût à Dieu qu'une heureuse réconciliation entre vous, opérée par les soins de cet homme illustre, me faisant oublier tous ses torts, me livrât sans mélange à mon admiration pour lui! Dans les temps où il m'a le plus cruellement traité, j'ai toujours eu beaucoup moins d'aversion pour lui que d'amour pour mon pays. Quel que soit l'homme qui vous rendra la paix et la liberté, il me sera toujours cher et respectable. Si c'est Voltaire, il pourra du reste me faire tout le mal qu'il voudra; mes vœux constants, jusqu'à mon dernier soupir, seront pour son bonheur et pour sa gloire.

Laissez menacer les jongleurs; *tel fiert qui ne tue pas.* Votre sort est presque entre les mains de M. de Voltaire; s'il est pour vous, les jongleurs vous feront fort peu de mal. Je vous conseille et vous exhorte, après que vous l'aurez suffisamment sondé, de lui donner votre confiance. Il n'est pas croyable que, pouvant être l'admiration de l'univers, il veuille en devenir l'horreur : il sent trop bien l'avantage de sa position pour ne pas la mettre à profit pour sa gloire. Je ne puis penser qu'il veuille, en vous trahissant, se couvrir d'infamie. En un mot, il est votre unique ressource : ne vous l'ôtez pas. S'il vous trahit, vous êtes perdu, je l'avoue; mais vous l'êtes également s'il ne se mêle pas de vous. Livrez-vous donc à lui rondement et franchement; gagnez son cœur par cette confiance; prêtez-vous à tout accommodement raisonnable. Assurez les lois et la liberté; mais sacrifiez l'amour-propre à la paix. Surtout aucune mention de moi, pour ne pas aigrir ceux qui me haïssent; et si M. de Voltaire vous sert comme il le doit, s'il entend sa gloire, comblez-le d'honneurs, et consacrez à Apollon pacificateur, *Phœbo pacatori,* la médaille que vous m'aviez destinée.

FIN DU ONZIÈME VOLUME.

Paris. — Typ. GAITTET et C., rue Gît-le-Cœur, 7.

COLLECTION J. BRY AINÉ

— 1 FRANC LE VOLUME ILLUSTRÉ —

VOLTAIRE

Le Siècle de Louis XIV.	1 vol.
Précis du Siècle de Louis XV. — Histoire du Parlement de Paris.	1 vol.
La Henriade. — Essai sur la Poésie épique.	1 vol.
Dictionnaire philosophique.	5 vol.

J.-J. ROUSSEAU

Les Confessions. — Les Rêveries. — Lettres à M. Vernes — Dictionnaire de Botanique. — Pièces inédites.	2 vol.
La Nouvelle Héloïse. — Les Amours de Mylord Edouard. — Lettres à Sara. — Contes et Poésies diverses.	2 vol.
Emile. — Lettre à M. de Beaumont. — Pièces diverses.	2 vol.
Politique.	1 vol.
Théâtre. — Ecrits sur la Musique.	1 vol.

LA FONTAINE

Fables — Poèmes divers.	1 vol.

MOLIÈRE

Les dix premières livraisons sont en vente.

Typ. Gaittet et Cⁿ, rue Gît-le-Cœur, 7, à Paris.

www.ingramcontent.com/pod-product-compliance
Lightning Source LLC
Chambersburg PA
CBHW062014180426
43200CB00029B/909